Der Sport im Recht der EU vor und nach dem Vertrag von Lissabon

Augsburger Studien zum internationalen Recht

Herausgegeben von

Volker Behr
ehem. Lehrstuhl für Bürgerliches Recht, Zivilprozessrecht, Ausländisches und Internationales Privatrecht

Luis Greco
Professur für Strafrecht, Strafprozeßrecht und Wirtschaftsstrafrecht

Christoph Vedder
ehem. Lehrstuhl für Öffentliches Recht, Völkerrecht und Europarecht sowie Sportrecht, Jean Monnet-Lehrstuhl für Europäisches Recht

Juristische Fakultät der Universität Augsburg

Band 22

PETER LANG

Felix Burkhart

Der Sport im Recht der EU vor und nach dem Vertrag von Lissabon

PETER LANG

Bibliografische Information der Deutschen Nationalbibliothek
Die Deutsche Nationalbibliothek verzeichnet diese Publikation in der Deutschen Nationalbibliografie; detaillierte bibliografische Daten sind im Internet über http://dnb.d-nb.de abrufbar.

Zugl.: Augsburg, Univ., Diss., 2017

Logo auf dem Umschlag:
Abdruck mit freundlicher Genehmigung der
Universität Augsburg

D 384
ISSN 1861-664X
ISBN 978-3-631-76706-1 (Print)
E-ISBN 978-3-631-76707-8 (E-PDF)
E-ISBN 978-3-631-76708-5 (EPUB)
E-ISBN 978-3-631-76709-2 (MOBI)
DOI 10.3726/b14644

Peter Lang – Berlin · Bern · Bruxelles · New York ·
Oxford · Warszawa · Wien

Diese Publikation wurde begutachtet.

www.peterlang.com

Die vorliegende Arbeit wurde im Wintersemester 2017/2018 von der Juristischen Fakultät der Universität Augsburg als Dissertation angenommen. Die Arbeit befindet sich auf dem Stand Mai 2014. Ihr wurde im Mai 2018 ein Nachtrag beigefügt, der unter Einbeziehung der aktuellen Literatur auf die wichtigsten zwischenzeitlichen Entwicklungen und Entscheidungen eingeht.
Mein besonderer Dank gilt meinem Doktorvater, Herrn Professor Dr. Christoph Vedder, für die Betreuung der Arbeit und die stets wertvollen Hinweise. Herrn Professor Dr. Thilo Rensmann, LL.M. danke ich für die zügige Erstellung des Zweitgutachtens. Ich danke Herrn Professor Dr. Christoph Vedder und seinen Mitherausgebern für die Aufnahme der Arbeit in diese Schriftreihe.
Mein lieber Dank gilt schließlich meiner Frau Astrid und meinen Eltern, die mich während der Erstellung dieser Arbeit in jeglicher Hinsicht unterstützt haben.

Berlin, im Juni 2018 Felix Burkhart

Inhaltsverzeichnis

A. Einleitung

I. Ausgangspunkt der Untersuchung

Im Mittelpunkt der Untersuchung steht das Verhältnis von Union[1] und Sport. Was im ersten Moment aufgrund seiner Abstraktheit nicht unbedingt problematisch erscheint, erweist sich bei näherer Betrachtung als vielschichtiges und themenreiches Problemfeld, welches sowohl sportrechtliche als auch sportpolitische Fragestellungen aufwirft und von zahlreichen Akteuren geprägt wird. Das Verhältnis von Union und Sport kann aus unterschiedlichen Perspektiven betrachtet werden, es betrifft Union, Mitgliedstaaten, Sportverbände sowie Private gleichermaßen. Sport und Recht begegnen sich sowohl auf regionaler und nationaler Ebene, aber ebenso auf europäischer und internationaler Ebene. Die Berührungspunkte sind vielfältig. Der Sport selbst ist eine vielschichtige Materie, die wirtschaftliche, soziale, kulturelle, gesundheitliche und pädagogische Aspekte vereinigt. Zwischen Sportpolitik und anderen Politikbereichen kommt es daher zu entsprechenden Überschneidungen.

Insbesondere in den letzten Jahrzehnten des vorigen Jahrhunderts hat sich um den Sport ein rasant wachsender Wirtschaftsfaktor entwickelt. Dies zeigt sich vor allem bei internationalen Großereignissen wie den Olympischen Spielen oder den Welt- und Europameisterschaften im Fußball, die unvergleichliche multimediale Aufmerksamkeit erlangen. Darüber hinaus erlangt der Sport wirtschaftliche Bedeutung unter anderem als Arbeitgeber und Import- und Exportkraft. Als Wirtschaftsfaktor hat der Sportsektor rechtliche Vorgaben zu beachten. Auf Ebene der Union bestehen daher Berührungspunkte zu den Grundfreiheiten, dem Wettbewerbsrecht sowie dem Beihilferecht.

Bedeutung und Auswirkungen des Sports lassen sich jedoch nicht auf seine wirtschaftliche Komponente begrenzen. Sport weist darüber hinaus unter anderem soziale, gesundheitliche und kulturelle Aspekte auf. Sport bringt Menschen zusammen, trägt zum körperlichen und seelischen Wohlbefinden bei und ist in unterschiedlicher Ausgestaltung Bestandteil verschiedener Kulturen und nationaler Identitäten. Ausgehend von dieser Perspektive sind zahlreiche Berührungspunkte zwischen Sport und Union erkennbar, die vor allem aufgrund der immer stärker ausgeprägten politischen Integration vermehrt zu Tage treten.

---

1 Im Folgenden findet auch im historischen Kontext ausschließlich die Bezeichnung Union, die gemäß Art. 1 UAbs. 3 Satz 3 EUV Rechtsnachfolgerin der Gemeinschaft ist, Verwendung.

Neben diesen weitestgehend positiven Auswirkungen weist der Sport auch negative Seiten auf. Im Mittelpunkt stehen eine Reihe großer Doping-Skandale, wie beispielsweise rund um die Tour de France 1998. Ähnliches gilt für Rassismus, Gewalt in Stadien, Wettbetrug und Korruption, um nur einige der Problemfelder zu nennen. Auch die Schattenseite des Sports weist somit zahlreiche Berührungspunkte mit dem Recht der Union auf, die sowohl die binnenmarktrechtliche als auch die politische Dimension des Integrationsprozesses betreffen.

II. Rechtlicher Hintergrund

1. Europäisches Sportrecht und europäische Sportpolitik

Dennoch spielte der Sport auf Ebene der Union lange Zeit nur eine untergeordnete Rolle. Ihm wurde insbesondere in sportpolitischer Hinsicht von den Unionsorganen keine Beachtung geschenkt. Es war der Gerichtshof, der in seinem Urteil *Walrave & Koch* erstmals grundlegend Stellung bezog zum Verhältnis zwischen Sportsektor und Union.[2] Die Entscheidung stellt den Anfangspunkt einer Rechtsprechung dar, die das Verhältnis von Sport und Unionsrecht entscheidend prägen sollte. Der Gerichtshof entwickelte sich schnell zur treibenden und entscheidenden Kraft bei der Fortentwicklung des Verhältnisses zwischen Sport und Union. Diese Entwicklung war vor allem bedingt durch die Kommerzialisierung und Internationalisierung des Sports.[3] Die stark zunehmenden wirtschaftlichen Aktivitäten des Sportsektors führten zu immer stärkeren Berührungspunkten mit dem zunächst vor allem auf wirtschaftliche Integration ausgerichteten Recht der Union. Die Grundfreiheiten, die wettbewerbsrechtlichen und die beihilferechtlichen Vorschriften beanspruchen auch gegenüber dem Sportsektor Geltung. Die Konfrontation mit diesen rechtlichen Vorschriften war und ist für die Sportverbände allerdings ungewohnt, da sie jedenfalls auf Ebene der Mitgliedstaaten die Angelegenheiten ihrer Sportart weitestgehend autonom regulieren können. Der Gerichtshof hatte sich in seiner sportbezogenen Rechtsprechung daher von Beginn an mit der Autonomie des Sports und den Besonderheiten des Sports auseinanderzusetzen.

Maßgeblich aus der Rechtsprechung des Gerichtshofs und der Entscheidungspraxis der Kommission zum Verhältnis von Unionsrecht und Sport entwickelte

2 EuGH, *Walrave & Koch*, Rs. C-36/74, Slg. 1974, S. I-1405.

3 *Haas*, in: Haas/Haug/Reschke, B 1. Kapitel Rn. 59 ff.; *Weisemann/Spieker*, Sport, Spiel und Recht, S. 2; hierzu auch *McKinsey & Company, Inc.*, S. 4 ff.

sich in der Folge das europäische Sportrecht.[4] Das europäische Sportrecht vor Inkrafttreten des Vertrages von Lissabon ergibt sich demnach nicht aus gesetztem Recht, sondern in erster Linie aus dieser Rechtsprechung des Gerichtshofs und den Entscheidungen der Kommission.

Parlament, Kommission und Rat hingegen schenkten dem Sport bis Mitte der 80er Jahre kaum Beachtung. Erst langsam gelangte der Sport in das Bewusstsein auch der politischen Kräfte der Union. Die Rechtsprechung des Gerichtshofs zum Verhältnis von Sport und Unionsrecht sowie die immer stärkere Entwicklung der politischen Integration hatten zur Folge, dass die politischen Organe der Union den Sport in ihre Agenda aufnahmen. Als Ausgangspunkt der sportpolitischen Aktivitäten gilt der Adonnino-Bericht aus dem Jahr 1985.[5] Der Fokus dieser frühen Initiativen lag allerdings weniger auf den wirtschaftlichen Aspekten des Sports, sondern vielmehr auf seiner gesellschaftlichen Bedeutung. Auf diese Weise wurde der Sport verstärkt in den politischen Integrationsprozess auf Unionsebene einbezogen. Die mit der Sportpolitik befassten Organe lieferten im Laufe der Jahre zahlreiche Beiträge, die sich mit dem Verhältnis von Union und Sport auseinandersetzen. Hieraus resultierte trotz fehlender vertraglicher Grundlage die Sportpolitik der Union,[6] die angesichts der Vielschichtigkeit des Sports auf in anderen Bereichen bestehenden Kompetenzen gründete.

2. Unionsrechtliche Grundlagen

Europäisches Sportrecht und europäische Sportpolitik entwickelten sich über Jahrzehnte fort, ohne dass im Vertragswerk der Union eine entsprechende Kompetenz der Union vorgesehen war. Gemäß dem Prinzip der begrenzten Einzelermächtigung, Art. 5 Abs. 1 Satz 1 EUV, ist die Union von einer Übertragung ihrer Zuständigkeiten durch die Mitgliedstaaten abhängig. Ohne ausdrückliche Übertragung verbleibt die Zuständigkeit bei den Mitgliedstaaten. Da europäisches Sportrecht und europäische Sportpolitik bereits vor Inkrafttreten des Vertrages von Lissabon ohne solche Rechtsgrundlage existierten,[7] warf bereits die grundsätzliche Anwendbarkeit des Unionsrechts auf den Sportbereich zahlreiche Fragen auf.

---

4 Eine ähnliche Unterteilung findet sich bei *Tokarski/Steinbach*, Spuren, S. 89 ff., die das vom Gerichtshof geprägte europäische Sportrecht als „indirekte Sportpolitik" bezeichnen; aufgegriffen von *Bogaert/Vermeersch*, ELRev 2006, 821 (822).

5 Bericht an den Europäischen Rat (Mailand, 28. und 29.06. 1985), „Adonnino-Bericht" des ad-hoc Ausschusses Europa der Bürger, Bull. EG., Beil. 7/1985

6 *Tokarski/Steinbach*, Spuren, S. 69 ff. wählen hierfür den Begriff der „direkten Sportpolitik"; *Kornbeck*, SuG 2006, 81 (83 ff.) wählt die Unterscheidung vertikal/horizontal.

7 *Weatherill*, in: Siekmann, Lex Sportiva, S. 299; *Parrish*, Entertainment Law 2003, 20 ff.

3. Organisation, Autonomie und Besonderheiten des Sports

Von wesentlicher Bedeutung im Verhältnis von Sport und Recht auch auf europäischer Ebene sind die Organisationsstruktur, die Autonomie sowie die Besonderheiten des Sports. Zumindest in Europa richtet sich die Organisation des Sports nach dem Ein-Verbands-Prinzip. Danach kann es für eine bestimmte Sportart nur einen Weltverband geben, dem gegebenenfalls ein Kontinentalverband, jedenfalls aber ein nationaler sowie regionaler Verband untergliedert ist.[8] Diese fachlich und räumlich monopolartige Struktur resultiert letztlich aus der Notwendigkeit einheitlicher Regelsetzung und -durchsetzung.[9]

Die Regulierung des Sportsektors erfolgt dabei weitestgehend außerhalb des staatlichen Wirkungsbereichs. Unter dem Schutz der Vereinigungsfreiheit, in Deutschland gewährleistet über Art. 9 Abs. 1 GG und auf Ebene der Union über Art. 12 Abs. 1 GRC, agieren Vereine und Verbände weitestgehend autonom. Die Autonomie des Sports gewährleistet die selbstständige Regelung innerer Angelegenheiten, die Bestimmung der inneren Ordnung in freier Willensbestimmung und ohne staatlichen Einfluss.[10] Damit einher geht die Kompetenz, Normen aufzustellen, anzuwenden und durchzusetzen. Gleichwohl gilt die Autonomie nicht uneingeschränkt, sie findet ihre Grenzen insbesondere in anderen Grundrechten und rechtsstaatlichen Prinzipien, auf Ebene der Union insbesondere im Anwendungsbereich der Grundfreiheiten und des Wettbewerbsrechts.[11] Überhaupt muss sich der Sport dann, wenn er den Schutzbereich der Autonomie verlässt, an den allgemeinen Vorschriften messen lassen.

Dreh- und Angelpunkt im Verhältnis zwischen Sport und Recht insbesondere auf Ebene der Union sind seit jeher die Besonderheiten des Sports, die sowohl europäisches Sportrecht als auch europäische Sportpolitik maßgeblich prägen. Davon sind für den Sport typische Merkmale umfasst, die ihn im Vergleich zu anderen Materien auszeichnen. Aufgrund dieser typischen Charakteristika fordert der Sport eine Sonderstellung, die vor allem zur Geltung kommt, wenn sich die regulatorischen Sphären von Staat und Sport überschneiden.[12] Autonomie

---

8 *Pfister*, in: Fritzweiler/*Pfister/Summerer*, Praxishandbuch Sportrecht, S. 13; *Vieweg*, JuS 1983, 825 (826).

9 *Haas*, in: Haas/Haug/Reschke, B 2. Kapitel Rn. 1 f.

10 *Vieweg*, JuS 1983, 825 (826); *Fritzweiler*, SpuRt 2011, 1; *Steiner*, NJW 1991, 2729 (2730).

11 *Schäfer*, Die Vereinbarkeit der „50+1"-Regel mit dem Europarecht, S. 69 f.; *Haas*, in: Haas/Haug/Reschke, B 2. Kapitel Rn. 3 f.

12 *Pfister*, in: Fritzweiler/Pfister/Summerer, Praxishandbuch Sportrecht, Praxishandbuch Sportrecht, S. 10 f.

und Besonderheiten des Sports bestehen nicht losgelöst voneinander. Je mehr eine Materie den Besonderheiten des Sports zuzurechnen ist, desto größer sind die verbandlichen Spielräume zur autonomen Regelung der jeweiligen Materie.[13]

III. Ziel der Arbeit

Die grundsätzlichen Ausführungen ermöglichen einen ersten Eindruck vom Verhältnis zwischen Union und Sport. Es bestehen zahlreiche Berührungspunkte zwischen Sport und Union, auch aufgrund der Vielschichtigkeit des Sports. Seine Strukturen, Charakteristika und sein Autonomieanspruch machen ihn zu einem einzigartigen gesellschaftlichen Phänomen. Existierte im Primärvertragsrecht über Jahrzehnte hinweg keine Bestimmung zum Sport, gelang es mit dem Vertrag von Lissabon, den Sport in Art. 165 AEUV zu verankern. Diese Normierung wirft eine Vielzahl an Fragestellungen auf. Erfährt das Verhältnis von Union und Sport eine umfassende Neuordnung? Oder läuft die Verankerung auf eine bloße Festschreibung der bisherigen Praxis hinaus? Inwieweit kommen Autonomie und Besonderheiten des Sports zur Geltung? Welche Möglichkeiten bieten sich Union, Mitgliedstaaten und Verbänden aufgrund des Art. 165 AEUV? Betrifft Art. 165 AEUV europäisches Sportrecht und europäische Sportpolitik gleichermaßen?

Anhand dieser lediglich beispielhaften Aufzählung werden die vielfältigen möglichen Auswirkungen des Art. 165 AEUV und die Zielsetzungen der Untersuchung bereits ansatzweise erkennbar. Aufgabe der Arbeit ist es vor diesem Hintergrund, europäisches Sportrecht und europäische Sportpolitik vor Inkrafttreten des Vertrages von Lissabon darzustellen. Die Auseinandersetzung mit der rechtlichen, rechtstatsächlichen sowie rechtspolitischen Situation vor der primärrechtlichen Normierung des Sports erscheint unerlässlich, um die Auswirkungen der Vorschrift angemessen beurteilen zu können. Denn das Verhältnis zwischen Union und Sport hat sich über Jahrzehnte hinweg ohne rechtliches Fundament entwickelt. Ziel der Arbeit ist es letztlich, Inhalt, Bedeutung und Reichweite der Aufnahme des Sports in Art. 165 AEUV im Rahmen einer umfassenden Analyse anhand der gängigen Auslegungsmethoden zu ermitteln. Anwendungsbereich und Charakter der Vorschrift sind zu klären. Es soll darüber hinaus beurteilt werden, ob und gegebenenfalls auf welche Weise sich Art. 165 AEUV auf die vor dem Vertrag von Lissabon bestehenden Gegebenheiten im Verhältnis zwischen Union und Sportwelt auswirkt. Zudem sollen neben der Rechtslage vor dem Reformvertrag und der Vorschrift selbst auch die seit Inkrafttreten des Art. 165 AEUV auf

---

13 *Schäfer*, Die Vereinbarkeit der „50+1“-Regel mit dem Europarecht, S. 71; *Pfister*, in: Fritzweiler/Pfister/Summerer, Praxishandbuch Sportrecht, S. 12.

seiner Grundlage nunmehr ergangenen Maßnahmen und die im Sportbereich seitdem ergangenen Urteile und Entscheidungen einbezogen werden. Gleiches gilt für die Literatur: Mittlerweile ist in der gesamten aktuellen Kommentarliteratur auch der Sport umfassend berücksichtigt worden.

Das Verhältnis zwischen Union und Sport wird auf diese Weise einer umfassenden Untersuchung unterzogen, welche die Situation vor und nach dem Vertrag von Lissabon sowie die sportrelevanten Passagen des Art. 165 AEUV selbst einbezieht.

IV. Gang der Untersuchung

Am Beginn der Untersuchung steht die Auseinandersetzung mit der Stellung des Sports im Rahmen der europäischen Verträge (B.). Hierzu wird auf die im Zuge der Vertragsreformen von Amsterdam und Nizza zum Sport ergangenen Erklärungen sowie auf die im Europäischen Verfassungsvertrag vorgesehene Regelung zum Sport eingegangen. Es folgen Darstellung und Bewertung der gesamten sportbezogenen Rechtsprechung des Gerichtshofs (C.), der maßgeblichen wettbewerbsrechtlichen Entscheidungen der Kommission im Sportbereich (D.) sowie der sportpolitischen Maßnahmen der Union (E.). Hieran schließt die Analyse der Aufnahme des Sports in den AEUV an (F.). Eingehend untersucht werden dabei Art. 6 AEUV und schwerpunktmäßig Art. 165 AEUV. Die Analyse des Art. 165 AEUV folgt dabei nicht den einzelnen Absätzen, sondern vielmehr der inneren Systematik der Vorschrift. Dargestellt werden das Unionsziel gemäß Abs. 2 7. Spiegelstrich, die Unionsaufgabe gemäß Abs. 1 UAbs. 2, Abs. 3 sowie mögliche Maßnahmen auf Grundlage des Art. 165 AEUV gemäß Abs. 4. Abschließend erfolgt eine Bewertung der Auswirkungen der primärrechtlichen Verankerung des Sports, der zugleich zusammenfassender Charakter zukommt (G.).

B. Der Sport im Rahmen der europäischen Verträge

Die endgültige Aufnahme des Sports in die europäischen Verträge sollte bis zum Vertrag von Lissabon andauern. Mehr als drei Jahrzehnte nach der ersten Entscheidung des Gerichtshofs zum Verhältnis zwischen Sport und dem Unionsrecht[14] gelang es, den Sport in die europäischen Verträge aufzunehmen. Nichtsdestotrotz gab es bereits vorher, vor allem im Zusammenhang mit den Verhandlungen zu früheren Verträgen Bestrebungen, den Sport zumindest in die Nähe der Vertragswerke zu rücken. Im Zuge der Regierungskonferenzen von Maastricht, Amsterdam und Nizza konnte man sich zwar nicht auf eine Aufnahme des Sports in das Primärrecht einigen, erreichte aber zumindest im Rahmen der Verhandlungen zu Amsterdam und Nizza eine erste Annäherung an das Primärrecht in Form von Erklärungen der Regierungskonferenz bzw. des Europäischen Rates.[15] Auch der Vertrag über eine Verfassung für Europa sah bereits eine Regelung zum Sport vor. Dessen Umsetzung scheiterte jedoch an der mangelnden Ratifizierung in einigen Mitgliedstaaten.

I. Die Anfänge – keine Unionszuständigkeit im Bereich des Sports

Die EU verfügt nicht über eine Kompetenz-Kompetenz, sie ist kein Staat, dem eine Allzuständigkeit zusteht. Diese verbleibt trotz der Übertragung zahlreicher Kompetenzen bei den einzelnen Mitgliedstaaten. Daher ist die Union bezüglich ihrer Zuständigkeiten und Kompetenzen davon abhängig, dass ihr diese für die jeweiligen Bereiche von den Mitgliedstaaten in den Verträgen der Union ausdrücklich übertragen werden. Dieses Prinzip der begrenzten Einzelermächtigung ist nunmehr in Art. 5 Abs. 1 Satz 1, Abs. 2 EUV niedergelegt.[16]

Im Bereich des Sports sahen die Verträge der Union seit ihrer Gründung keine Zuständigkeit auf europäischer Ebene vor. Dies war zumindest in den Anfangsjahren nicht verwunderlich, da die Union zunächst vor allem auf wirtschaftliche Integration und Verwirklichung des Binnenmarkts ausgelegt war und der wirtschaftliche Aspekt des Sports noch nicht die heutige Bedeutung hatte. Erst mit

---

14 EuGH, *Walrave & Koch*, Rs. C-36/74, Slg. 1974, S. I-1405.

15 Hierzu sogleich ausführlich unter B.II.

16 Hierzu *Callies*, in: Callies/Ruffert, Art. 5 EUV Rn. 6 ff.

dem Vertrag von Maastricht vom 07.02.1992[17] wurde auch die politische Integration eingeleitet. Auf politischer Ebene hatte der Sport bis dahin kaum eine Rolle gespielt, obwohl sich der Gerichtshof bereits im Jahr 1974 in seinem Urteil *Walrave & Koch*[18] und bald darauf in der Entscheidung *Donà*[19] grundsätzlich zum Verhältnis von Unionsrecht und Sport geäußert hatte. Erst nahezu zwei Jahrzehnte später fand der Sport im Zuge der Politisierung der EU mehr und mehr die Beachtung von Kommission, Rat, Parlament und Verbänden.

Dabei standen zu Beginn sportpolitische Maßnahmen im Mittelpunkt, die in erster Linie kulturelle und soziale Aspekte des Sports zum Inhalt hatten. Zu erwähnen ist insofern vor allem der *Adonnino*-Bericht, der im Auftrag des Rates von Fontainebleau erstellt wurde und Erwägungen und Vorschläge enthielt, die auf eine verstärkte Wahrnehmung und Akzeptanz von Seiten der Bürger im Hinblick auf die Aktivitäten der Union zielten.[20] Ebenso wurde versucht, erste konkrete Programme und Initiativen im Bereich des Sports auf Unionsebene wie beispielsweise das Förderprogramm Eurathlon ins Leben zu rufen.[21] Angesiedelt waren die ersten sportpolitischen Schritte im Schnittbereich von Sport und Kultur bzw. Sozialem sowie in der Öffentlichkeitsarbeit, da eine unmittelbare Kompetenz für den Sport fehlte und dieser damals eher im kulturellen oder sozialen Zusammenhang betrachtet wurde und weniger als Wirtschaftsfaktor. Zwar wurde erkannt, dass die sportpolitischen Aktivitäten einer primärvertraglichen Befugnis entbehrten, dennoch sollten jegliche Maßnahmen auf Grundlage der bestehenden Strukturen durchgeführt werden.[22] Da jedoch, insbesondere nach Streichung des Programmes Eurathlon aufgrund fehlender Kompetenz der Union, die hiermit verbundenen Probleme und Beschränkungen zu Tage traten, forderten Unionsorgane, aber auch Sportverbände verstärkt die Schaffung einer Unionszuständigkeit.

---

17 ABl. 1992, C 191, S. 1.

18 EuGH, *Walrave & Koch*, Rs. C-36/74, Slg. 1974, S. 1405.

19 EuGH, *Donà*, Rs. C-13/76, Slg. 1976, S. 1333.

20 Adonnino-Bericht des ad-hoc Ausschusses „Europa der Bürger“, Bull. EG., Beil. 7/1985; ausführlich zum Bericht siehe unter E.I., dort auch zu weiteren sportpolitischen Maßnahmen auf Unionsebene.

21 Eurathlon – Programm der Europäischen Kommission zur Förderung des Sports, ABl.1994, C 297, S. 7; kritisch zur sportpolitischen Tätigkeit der Union trotz fehlender Zuständigkeit *Lenzen*, EuR 1996, 214 (215 f.); zum Programm ausführlich auch unter E.III.

22 Mitteilung der Kommission, Die europäische Gemeinschaft und der Sport vom 31.07.1991, SEK (91) 1438 endg.

1. Erste Forderungen des Parlaments nach einer Unionskompetenz im Sportbereich

Erst in den frühen 90er Jahren wurde von Seiten der Organe der EU und hier vor allem durch das Parlament erkannt, dass die ersten Bemühungen der Union um eine kohärente Sportpolitik ins Leere laufen würden, wenn es nicht gelingt, den Sport in den europäischen Verträgen zu verankern. Ohne ein sicheres rechtliches Fundament – so die Erkenntnis insbesondere nach dem Scheitern des Förderprogrammes EURATHLON – könne der Aufbau von sportpolitischen Maßnahmen nicht bewerkstelligt werden.

Diese konkreten Forderungen nach Schaffung einer Rechtsgrundlage wurden im Jahr 1994 laut. Der Bericht *Die Europäische Gemeinschaft und der Sport*[23] enthält einen Entschließungsantrag, in dem die vorangegangenen Aktivitäten von Parlament und Kommission aufgegriffen, die wesentlichen Berührungspunkte von Sport und Unionsrecht aufgezeigt und Vorschläge für eine Weiterentwicklung des Verhältnisses erbracht werden. Wie die meisten bislang ergangenen sportpolitischen Initiativen entstammt auch dieser sogenannte *Larive*-Report dem Ausschuss für Kultur, Jugend, Bildung und Medien. Vor allem im Kulturbereich wurden offenbar die größten Konvergenzen zum Sportsektor gesehen, nicht zuletzt deshalb, weil sein wirtschaftliches Potential noch nicht voll zu Tage getreten war bzw. der Sport noch nicht in diesem Kontext wahrgenommen wurde. Dies wird aus dem Bericht selbst erkenntlich, da hier die mit dem Vertrag von Maastricht eingeführten Befugnisse der Union im kulturellen und sozialen Bereich als Verfestigung einer Rechtsgrundlage für eine europäische Sportpolitik angesehen werden.[24] Durch die Ausweitung der Ziele der Union auf diese Bereiche werde eine Verbindung zwischen dem Sport und der Union hergestellt, obgleich der Sport selbst in den Verträgen nicht erwähnt wurde.[25] Hervorgehoben werden in diesem Zusammenhang bereits die besondere Bedeutung des Subsidiaritätsprinzips im Bereich des Sports und die lediglich flankierende Aufgabe europäischer Sportpolitik in Anbetracht der bei den Mitgliedstaaten und Verbänden verbliebenen Kompetenzen. Auch wenn eine Rechtsgrundlage, die einer Verfestigung überhaupt zugänglich gewesen wäre, nicht ersichtlich ist, so bestand augenscheinlich das Bestreben, die neuen Kompetenzen auch der Sportpolitik zu Nutze zu machen. Eine Sportpolitik unter dem Deckmantel der Kultur war gegenüber einer Sportpolitik ohne jegliche Kompetenzgrundlage sicherlich vorzugswürdig.

23 ABl.1994, C 205, S. 486.

24 ABl. 1994, C 205, S. 487.

25 PE 205.671/B/endg. vom 29.04.1994, S. 3.

Auch den Verfassern des Entschließungsantrags war jedoch bewusst, dass die neuen Zuständigkeiten aus den Bereichen Kultur und Soziales das Problem der fehlenden Kompetenz – zumindest auf Dauer – nicht zu lösen vermochten. Der Bericht enthält daher als abschließende Forderung den Vorschlag, dass der Sport bei einer künftigen Vertragsänderung als Politikbereich der Europäischen Union genannt werden sollte.[26] Soweit ersichtlich war dies die erste Forderung seitens eines Legislativorgans der Union nach einer primärrechtlichen Verankerung des Sports. Die mit dem Vertrag von Maastricht eingeleitete politische Integration sollte möglichst im Rahmen der anstehenden neuerlichen Vertragsänderung um eine Sportkompetenz erweitert werden.

Etwa drei Jahre sollte es dauern, ehe von Seiten des Parlaments erneut die Schaffung einer Unionsbefugnis für den Sportbereich gefordert wurde. Wiederum war es der Ausschuss für Kultur, Jugend, Bildung und Medien, der in dieser Hinsicht aktiv wurde und in seinem „Bericht über die Rolle der Europäischen Union im Bereich des Sports“[27] einen erneuten Entschließungsantrag vorlegte. Der Bericht war zu diesem Zeitpunkt erwartungsgemäß geprägt von den Auswirkungen des *Bosman*-Urteils, nahm aber auch die Ergebnisse der Europäischen Sportforen auf und setzte sich mit konkreten Vorschlägen der europäischen Sportbewegung zur Aufnahme des Sports in die europäischen Verträge auseinander.[28] Gemäß der Bestimmung des Ausschusses behandelte auch der ebenfalls nach seiner Berichterstatterin benannte *Pack*-Report primär die sozialen, kulturellen und gesellschaftlichen Aspekte des Sports. Im Hinblick auf die verstärkt aufkommende wirtschaftliche Beachtung, die dem Sport insbesondere vor dem Hintergrund der *Bosman*-Entscheidung zukam, wurde eine drohende Vernachlässigung dieser Aspekte angemahnt. Zurückzuführen sei dies vor allem auf die mangelnde primärrechtliche Verankerung des Sports.[29] Der Bericht enthält daher als zentrale Erwägung den Vorschlag, den Sport im Rahmen der anstehenden Vertragsänderung in Amsterdam zumindest in den Kulturartikel Art. 128 EGV[30] aufzunehmen, erwägt darüber hinaus aber auch die Aufnahme eines sportspezifischen Artikels oder eines entsprechenden Protokolls.[31]

---

26 ABl. 1994, C 205, S. 489.

27 PE 221.803/endg. vom 28.05.1997.

28 Vgl. PE 221.803/endg. vom 28.05.1997, S. 4.

29 PE 221.803/endg. vom 28.05.1997, S. 5 f.

30 Seit dem Vertrag von Amsterdam wurde die Kompetenz im Kulturbereich in Art. 151 EGV geführt, nunmehr Art. 167 AEUV.

31 PE 221.803/endg. vom 28.05.1997, S. 6, 8; vgl. auch die Entschließung zur Rolle der Europäischen Union im Bereich des Sports, ABl. 1997, C 200, S. 252; so auch *Tettinger*,

2. Aktivitäten in Verbänden und Mitgliedstaaten

Wie bereits angesprochen, gingen die Akzente auf dem Weg zu einer Unionskompetenz Sport nicht allein von den Unionsorganen aus. Vielmehr leisteten sowohl Verbände als auch Mitgliedstaaten entscheidende Beiträge, welche die europäischen Organe wiederum aufgriffen.[32] So machten sich sowohl deutsche Sportfunktionäre unter Regie des Deutschen Sportbundes (DSB)[33] als auch die Vereinigung der staatsunabhängigen Sportdachverbände (ENGSO)[34] dafür stark, den Sport im Rahmen der Überarbeitung des Vertrages von Maastricht durch Schaffung eines eigenen Sportartikels im Primärrecht zu verankern.[35] Die Befugnis sollte dabei entsprechend Art. 128 EGV und damit entsprechend den Kompetenzen im Bereich der Kultur ausgestaltet werden.[36] Größte Sorge innerhalb der Verbände im Zusammenhang mit einem eigenen Sportartikel waren die Berücksichtigung und Erhaltung der Autonomie des Sports. Auch wurde auf die Vorgehensweise bei der Regelung der Kulturkompetenz, die das Subsidiaritätsprinzip besonders hervorhob, verwiesen.[37]

Über die bereits genannten Vorschläge hinaus wurde angedacht, den Sport ohne Schaffung eines eigenen Sportartikels im Rahmen der Kulturkompetenzen zu behandeln.[38] Zu dieser Ansicht tendierte zunächst offenbar die deutsche Bundesregierung.[39] Einem eigenen Sportartikel wurde somit durchaus skeptisch entgegengetreten. Dies verdeutlichen unter anderem die Beschlüsse der Konferenzen der Sportminister der Länder.[40] Bereits im Zuge der Konferenz

---

JZ 2000, 1069 (1076); für eine Protokollerklärung sprach sich zwischenzeitlich auch die UEFA aus, hierzu die Nachweise bei *Parrish*, Entertainment Law 2003, 20 (33).

32 Vgl. PE 221.803/endg. vom 28.05.1997, S. 4.

33 Nach Zusammenschluss mit dem Nationalen Olympischen Komitee für Deutschland (NOK) nunmehr Deutscher Olympischer Sportbund (DOSB).

34 European Non-Governmental Sports Organisation, Sitz in Stockholm, Dachorganisation der nationalen Sportverbände sowie der nationalen olympischen Kommittees von 34 Mitgliedstaaten der Europäischen Union.

35 Dies geht auch hervor aus eine Rede des Mitgliedes der Kommission Karel van Miert, der jedoch einer Aufnahme des Sports skeptisch gegenüber steht, abgedruckt in *Brokamp*, Auswirkungen der EU-Politiken auf den Sport, S. 43 ff.

36 *Aktuelles Stichwort*, SpuRt 1994, 229; *Scholz/Aulehner*, SpuRt 1996, 44 (47).

37 *Aktuelles Stichwort*, SpuRt 1994, 229 (230).

38 So *Palme*, JZ 1996, 238 (24).

39 Vgl. hierzu den Hinweis auf die Stellungnahme der Bundesregierung in EuGH, *Bosman*, Rs. C-415/93, Slg. 1995, S. I-4921 Rn. 72.

40 Eine Zusammenfassung der Beschlüsse von 1977 bis 2013 ist zu finden unter http://www.sportministerkonferenz.de/ beschluesse, zuletzt abgerufen am 30.06.2014.

im Jahr 1988 wurde eine wachsende Aktivität der Union im Sportsektor trotz fehlender Zuständigkeit festgestellt. Die Sorge war, dass schon die binnenmarktrechtlichen Kompetenzen einen zu weitreichenden Einfluss der Union ermöglichen könnten.[41] Hinzu kam mit dem Vertrag von Maastricht die Ebene der politischen Integration, von der auch ohne eigenen Sportartikel vielfache Auswirkungen auf den Sport erwartet wurden.[42] Die skeptische Haltung war unter anderem damit begründet, dass neben den Vorteilen eines Sportartikels, wie etwa einer verstärkten Anerkennung der Autonomie oder der Aussicht auf umfangreichere und gezieltere Förderprogramme, durchaus die hiermit verbundenen Nachteile und Risiken gesehen wurden. Insofern wurde befürchtet, dass die Union eine Zuständigkeit im Sportbereich eher extensiv auslegen könnte. Angesichts des weitreichenden Autonomieanspruchs der Verbände kamen deshalb Bedenken auf.[43]

II. Erste Annäherungen – Die Erklärungen von Amsterdam und Nizza

Die zunehmenden Bemühungen um eine Verankerung des Sports im europäischen Vertragswerk sollten aufgrund dieser zumindest vordergründig gegensätzlichen Positionen auch im Rahmen der Überarbeitung der Verträge auf den Regierungskonferenzen von Amsterdam und Nizza weitgehend erfolglos bleiben. Es gelang lediglich, den Sport jeweils in Erklärungen aufzunehmen, die von der Regierungskonferenz bzw. vom Rat abgegeben wurden. Dies kann dem ersten Anschein nach als Misserfolg gewertet werden, da die intensivierten Bemühungen nicht das gewünschte Ergebnis brachten. Allerdings waren die Voraussetzungen für die Aufnahme eines Sportartikels alles andere als günstig. Der Vertrag von Amsterdam war weniger auf eine Weiterentwicklung der politischen Integration, wie sie mit dem Vertrag von Maastricht angestoßen wurde, ausgerichtet, sondern zielte vielmehr darauf ab, Demokratiedefizite zu beheben und die institutionellen Voraussetzungen für eine geographische Erweiterung der Union zu schaffen. Da der hierfür entscheidende Durchbruch auf dem Rat von Amsterdam nicht gelungen war, hatte sich der Rat von Nizza ebenfalls mit diesen Aspekten auseinanderzusetzen. Aufgrund der klaren Prioritäten bei der Vertragsüberarbeitung konnte

41 Beschluss/Empfehlung der 11. Konferenz der Sportminister der Länder am 09.12.1988 in Würzburg;

42 Beschluss/Empfehlung der 16. Konferenz der Sportminister der Länder am 17./18.09.1992 auf Norderney.

43 *Aktuelles Stichwort,* SpuRt 1994, 229 (230); *Streinz,* SpuRt 1998, 89 (96).

für eine vertiefte Auseinandersetzung mit den für und gegen einen Sportartikel sprechenden Argumenten daher nur wenig Raum verbleiben.[44]

1. Die Amsterdamer Erklärung Nr. 29 zum Sport

Im Zuge der Verabschiedung des Vertrages von Amsterdam vom 02.10.1997[45] fügte die Regierungskonferenz in der Schlussakte folgende Erklärung Nr. 29 zum Sport bei:[46]

> *„Die Konferenz unterstreicht die gesellschaftliche Bedeutung des Sports, insbesondere die Rolle, die dem Sport bei der Identitätsfindung und der Begegnung der Menschen zukommt. Die Konferenz appelliert daher an die Gremien der Europäischen Union, bei wichtigen, den Sport betreffenden Fragen die Sportverbände anzuhören. In diesem Zusammenhang sollten die Besonderheiten des Amateursports besonders berücksichtigt werden.“*

a. Rechtliche Einordnung

Derartige separate Erklärungen zählen nicht zum Primärrecht, da sie insbesondere keine Protokolle und Anhänge gemäß Art. 51 EUV darstellen. Sie können unter bestimmten Voraussetzungen entsprechend Art. 31 Abs. 2 WVRK[47] lediglich zur Auslegung der Verträge herangezogen werden und entfalten im Übrigen keine unmittelbare rechtliche Wirkung.[48] Die Erklärung Nr. 29 ist allerdings trotz fehlender Verbindlichkeit insofern beachtlich, als der Sport hierin erstmals im Rahmen der Weiterentwicklung der Union und in unmittelbarem Zusammenhang mit europäischem Primärrecht Erwähnung findet. War Derartiges im Zuge der Verhandlungen zum Vertrag von Maastricht nicht gelungen, bedeutet die Erklärung Nr. 29 den ersten konkreten Schritt zu einer Aufnahme des Sports in das europäische Vertragswerk.

b. Bedeutung

Die wichtige Rolle der Erklärung Nr. 29 zeigt sich nicht zuletzt in der Rechtsprechung des Gerichtshofs und in den Schlussanträgen der Generalanwälte,

---

44 In diese Richtung äußerten sich auch hochrangige Sportfunktionäre, zitiert bei *Weatherill*, JEPP 2012, 238 (243); so auch MEP Axel Schäfer; abgedruckt in *Brokamp*, Auswirkungen der EU-Politiken auf den Sport, S. 119 ff.

45 ABl. 1997, C 340, S. 1.

46 ABl. 1997, C 340, S. 136.

47 Wiener Übereinkommen über das Recht der Verträge vom 23.05.1969.

48 *Dörr*, in: Grabitz/Hilf/Nettesheim, Art. 51 EUV Rn. 5; *Nolte*, Staatliche Verantwortung im Bereich Sport, S. 289.

die unter Verweis hierauf besonders die soziale und gesellschaftliche Bedeutung des Sports betonen und unter Berufung auf die Erklärung eine Bereichsausnahme für den Sport ablehnen.[49] Trotz fehlender rechtlicher Verbindlichkeit erlangt die Amsterdamer Erklärung daher rechtliche Bedeutung insofern, als ihre Vorgaben als Auslegungs- und Abwägungsgesichtspunkte berücksichtigt werden können.[50]

Insgesamt wurden von der Regierungskonferenz 51 Erklärungen angenommen. Für die deutsche Bundesregierung war dabei vor allem die Erklärung Nr. 29 von grundsätzlicher Bedeutung. Der Sport sollte demnach nicht nur unter wirtschaftlichen Gesichtspunkten wahrgenommen werden, zudem wird der Dialog zwischen Union und Sportverbänden herausgestellt.[51] Die Erklärung gebe den Verbänden die Möglichkeit, ihre Interessen auf europäischer Ebene zu wahren.[52] Auch die Länder reagierten überaus positiv auf die Erklärung von Amsterdam. Sie sei ein „deutliches politisches Signal"[53] dafür, dass die Union den besonderen Belangen des Sports verstärkt Rechnung tragen will.

Allerdings wurde zugleich erkannt, dass eine unverbindliche Erklärung, die in erster Linie eine „politische Willensbekundung"[54] darstellt, nicht ausreichen würde, um dem bisweilen angespannten Verhältnis von Union und Sportwelt die gewünschten Konturen und Entwicklungsmöglichkeiten zu geben.[55] Die Amsterdamer Erklärung sollte daher um eine Verpflichtung für die Unionsorgane, die besonderen Merkmale des Sports zu berücksichtigen, erweitert werden.[56] Ohnehin wurde darüber hinaus die Forderung nach einer Verankerung des Sports im Primärrecht aufrechterhalten, auch wenn diesbezüglich zu diesem Zeitpunkt innerhalb der Länder noch keine Einigkeit erzielt werden

---

49 EuGH, *Deliege*, Rs. C-51/96, Slg. 2000, I-02549, Rn. 42; EuGH, *Lehtonen*, Rs. C-176/96, Slg. 2000, S. I-2681, Rn. 33; Schlussanträge der Generalanwältin *Kokott* vom 06.03.2008 – Rs. C-49/07 Slg. 2008, S. I-4863 Rn. 25 f.; hierzu auch *Siekmann*, in: Blanpain/Colucci/Hendrickx, The Future of Sports Law in the European Union, S. 38 ff. sowie *Nolte*, Staatliche Verantwortung im Bereich Sport, S. 290 f.

50 So schon *Streinz*, SpuRt 1998, 89 (96).

51 Denkschrift zum Vertrag von Amsterdam, BT-Drs. 13/9339, S. 164.

52 9. Sportbericht der Bundesregierung vom 26.10.1999, BT-Drs. 14/1859, S. 20.

53 Beschluss der 21. Konferenz der Sportminister der Länder am 04./05.12.1997 in Hamburg.

54 *Tettinger*, JZ 2000, 1069 (1075).

55 So die große Anfrage der Fraktion der CDU im Landtag von Nordrhein-Westfalen, LT-Drs. 12/4482, S. 1.

56 Beschluss der 22. Konferenz der Sportminister der Länder am 03./04.12.1998 in Hamburg.

konnte.[57] Vor diesem Hintergrund wurde die Kommission schon bald nach Inkrafttreten des Vertrages von Amsterdam auf einem informellen Treffen der Sportminister der EU aufgefordert, eine Arbeitsgruppe zur Frage einzurichten, wie den Besonderheiten des Sports im Primärrecht unter Achtung des Subsidiaritätsprinzips Rechnung getragen werden kann.[58] Dieser Vorstoß stieß auf breite Zustimmung.[59]

Inhaltlich war es mit der Erklärung offensichtlich trotz ihrer Kürze gelungen, die wesentlichen Aspekte des Verhältnisses von Unionsrecht und Sportsektor zumindest anzureißen. Der Sport sollte insbesondere in seiner gesellschaftlichen Dimension erfasst werden, ohne dass dabei der Autonomieanspruch der Sportverbände Einschränkungen erfährt. Aufgrund der mangelnden Rechtsverbindlichkeit konnte die Erklärung Nr. 29 zum Sport letztlich aber weder die Hoffnungen der Sportverbände noch die Vorstellungen der Mitgliedstaaten und letztlich auch die Ziele der Union nicht befriedigen.

2. Erklärung des Europäischen Rates von Nizza

So bemühten sich im Vorfeld der auf dem Rat von Nizza anstehenden Überarbeitung des europäischen Primärrechts Verbände, Unionsorgane und auch Mitgliedstaaten erneut um die Aufnahme eines eigenen Sportartikels. Bereits auf den Ratsgipfeln zwischen Amsterdam und Nizza war versucht worden, die primärrechtliche Verankerung voranzubringen, jedoch ohne Erfolg.[60] Letztlich sollte auch im Zuge des Rates von Nizza kein Durchbruch gelingen, wenn auch das Ziel wiederum ein Stück näher rückte.

---

57 9. Sportbericht der Bundesregierung vom 26.10.1999, BT-Drs. 14/1859, S. 20; *Schneider*, SpuRt 2002, 137 (138).

58 Schlussfolgerungen des Vorsitzes der EU-Ratspräsidentschaft bei dem informellen Treffen der Sportminister der Europäischen Union vom 31.05. bis 02.06.1999 in Paderborn – „Paderborner Schlussfolgerungen", abgedruckt in Anlage 1, NRW LT-Drs. 12/4806.

59 Hierzu die Schlussfolgerungen des Ausschusses der Regionen in seiner Stellungnahme zum „Europäischen Sportmodell", ABl. 1999, C 374, S. 62; siehe auch den Beschluss der 23. Konferenz der Sportminister der Länder am 02./03.12.1999 in Potsdam.

60 So forderte der europäische Rat (Santa Maria da Feira) vom 19./20.06.2000 in den Schlussfolgerungen des Vorsitzes die Kommission und den Rat auf, im Rahmen gemeinsamer Politiken die besonderen Merkmale des Sports in Europa und seine gesellschaftliche Funktion zu berücksichtigen, http://www.consilium.europa.eu/ueDocs/cms_Data/docs/pressData/ de/ec/00200-r1.d0.htm, zuletzt abgerufen am 30.06.2014; hierzu und zur Behandlung des Sports auf weiteren zwischenzeitlichen Ratsgipfeln siehe *Grodde*, Vertragsfreiheit autonomer Sportverbände, S. 84 ff.

a. *Zwischen Amsterdam und Nizza*

Vor allem das europäische Parlament machte sich stark für die Aufnahme des Sports im Vertragswerk. In einer als Reaktion auf den Helsinki-Bericht der Kommission angenommenen Entschließung forderte das Parlament die anstehende Regierungskonferenz auf, in Art. 151 EGV eine ausdrückliche Bezugnahme auf den Sport aufzunehmen, damit die Union in ihrem Vorgehen die kulturelle, wirtschaftliche und soziale Dimension des Sports anerkennt.[61] Zwar wurde hiermit lediglich eine Bezugnahme im Rahmen der Kulturzuständigkeit in Aussicht gestellt und nicht etwa die Schaffung einer eigenständigen Sportkompetenz verlangt. Gleichwohl wäre es bereits mit einem derartigen Verweis gelungen, den Sport in das Primärrecht zu übernehmen. Der Makel der fehlenden Verbindlichkeit der Erklärung von Amsterdam hätte auf diese Weise beseitigt werden können. Kurz vor dem Ratsgipfel empfahl das Parlament in seiner *Entschließung zur Vorbereitung der Reform der Verträge und der nächsten Regierungskonferenz* erneut, im Zuge der Überarbeitung des Primärrechts die Aufnahme von Vertragsbestimmungen über Bereiche wie „Fremdenverkehr, Energiepolitik, [...] und Sport zu prüfen."[62] An dieser Stelle ist nicht mehr von einer bloßen Bezugnahme im Bereich der Kultur die Rede, sondern wird nunmehr konkret die Möglichkeit eines eigenen Sportartikels erwogen.

Auch die deutsche Sportpolitik erhoffte sich vom Ratsgipfel in Nizza die Aufnahme des Sports in das Primärrecht. In Anbetracht der angespannten Lage zwischen Kommission und Sportverbänden, die auf wettbewerbsrechtliche Entscheidungen der Kommission zurückzuführen war, hielten die Sportminister der Länder eine diesbezügliche Klarstellung für dringend geboten. Die vom Parlament vorgeschlagene Änderung der Verträge begrüßten sie ausdrücklich.[63] Auch der Sportausschuss des Deutschen Bundestages arbeitete intensiv auf die Aufnahme eines eigenen Sportartikels hin. Die Erklärung von Amsterdam sei in diesem Zusammenhang nicht ausreichend. Der Sport müsse bei einer künftigen Revision der Verträge im Rahmen eines eigenständigen Artikels, der die gesamte Dimension des Sports umfasst, berücksichtigt werden.[64] Der Sportausschuss hatte sich im

---

61 Entschließung zu dem Bericht der Europäischen Kommission an den Rat – Helsinki-Bericht, ABl. 2001, C 135, S. 274 (276).

62 ABl. 2000, C 189, S. 222 (226).

63 Gefordert wurde zumindest eine der Erklärung von Amsterdam entsprechende Erklärung; Beschluss der 24. Sportministerkonferenz der Länder am 19./20.10.2000 in Potsdam.

64 Europadebatte des Sportausschusses des Deutschen Bundestages, abgedruckt in *Danckert/Schütt*, Kraftmaschine Parlament, S. 233.

Hinblick darauf bereits mit dem Entwurf eines eigenen Sportartikels durch den DSB befasst, der den Sport in seiner gesamten Dimension in den Blick nehmen sollte und die Autonomie der Sportverbände hervorhob. Darüber hinaus enthielt der Entwurf des DSB eine horizontale Klausel bezüglich der Berücksichtigung besonderer sportlicher Aspekte, wonach „die EU bei ihrer Tätigkeit aufgrund anderer Bestimmungen [des EG-Vertrages] den sportlichen Aspekten Rechnung trägt, insbesondere zur Wahrung und Förderung seiner Merkmale, seines sozialen Status und seiner Strukturen.“[65] Die Aufnahme eines eigenen Sportartikels wurde gerade deshalb vorangetrieben, weil trotz der Erklärung von Amsterdam der Sport von Seiten der Organe der Union weiterhin in erster Linie im Hinblick auf seine wirtschaftlichen Aspekte wahrgenommen wurde. Die Beachtung der gesellschaftlichen, sozialen und kulturellen Komponente – beispielsweise im Rahmen umfangreicher Förderprogramme – geriet mangels rechtlicher Grundlage zwangsläufig zu kurz.[66]

b. Bedeutung

Beim Treffen von Nizza vom 7. bis 10.12.2000 bezog der Europäische Rat dann tatsächlich Stellung zur Rolle des Sports. In seiner *Erklärung über die im Rahmen gemeinsamer Politiken zu berücksichtigenden Merkmale des Sports und seine gesellschaftliche Funktion in Europa*[67] werden primär die Rolle des Amateur- und Breitensports sowie die Autonomie der Sportverbände herausgearbeitet. Die autonome Organisation der Verbände wird als zentrales Element der Struktur des Sports betont, die Zuständigkeit der Verbände und der Mitgliedstaaten im Bereich der Sportpolitik anerkannt. Darüber hinaus bezieht der Europäische Rat Stellung zur Ausbildungsfunktion des Sports, zum Schutz junger Sportler sowie zum Sport im wirtschaftlichen Umfeld.

Die Erklärung nahm der Vorsitz in seinen Schlussfolgerungen zum Europäischen Rat von Nizza im Zusammenhang mit einem „Europa der Kultur“ zur Kenntnis.[68] Im Anschluss an den Europäischen Rat von Nizza wurde der Ver-

---

65 Abgedruckt ist der Vorschlag des DSB in *Tokarski/Steinbach*, Spuren, S. 76 f.

66 „Sport in den EU-Verträgen“, Ausschussdrucksache Nr. 131 des Sportausschusses des Deutschen Bundestages, vert. am 14.03.2000, S. 1; teilweise abgedruckt bei *Tokarski/Steinbach*, Spuren, S. 76 f.

67 Dok. SN 400/00 ADD 1, S. 25, abrufbar unter http://www.consilium.europa.eu/de/european-council/conclusions/1993-2003.

68 Dok. SN 400/00, abrufbar unter http://www.consilium.europa.eu/de/european-council/conclusions/1993-2003..

trag von Nizza am 11.12.2000 beschlossen.[69] Die im Vorfeld hierzu abgegebene Erklärung des Europäischen Rates rückt den Sport ein weiteres Mal nach der Amsterdamer Erklärung Nr. 29 zum Sport in die Nähe des europäischen Primärrechts. Wie auch die Amsterdamer Erklärung Nr. 29 zum Sport ist aber auch die Erklärung des Europäischen Rates von Nizza nicht rechtlich verbindlich und stellt so keine Rechtsgrundlage dar für Maßnahmen und Initiativen von Unionsorganen.[70] Die Erklärung wirkt vielmehr im Rahmen ihrer politischen Dimension. Darüber hinaus können solche Erklärungen herangezogen werden bei der Überprüfung der Rechtmäßigkeit von Praktiken oder Regelungen der Sportverbände, vor allem im Bereich der Rechtfertigung. Wie schon die Amsterdamer Erklärung wurden auch die Inhalte der Erklärung von Nizza von Rechtsprechung und Generalanwaltschaft angenommen. Sie stellen demnach Leitlinien dar, die im Rahmen der Auslegung und rechtlichen Analyse Bedeutung gewinnen können.[71]

Der Forderung von Seiten der Verbände, den Sport in seinem gesamten Spektrum zu erfassen, wurde mit der Erklärung von Nizza Folge geleistet, die wirtschaftliche, gesellschaftliche, kulturelle und soziale Aspekte berücksichtigte. War die Amsterdamer Erklärung noch eher als kurze programmatische Erklärung zu sehen, so wurden mit der Erklärung des Rates von Nizza einzelne Themen benannt, welchen der dringendste Handlungsbedarf beigemessen wurde. Mit Blick auf die inhaltliche Ausgestaltung konnte die Erklärung von Nizza gegenüber ihren Vorgängern und vor allem der Erklärung von Amsterdam daher als Fortschritt gesehen werden. Weiterhin ungelöst verblieb indes das Problem der mangelnden Verbindlichkeit. Denn trotz inhaltlicher Weiterentwicklung blieb auch die Erklärung von Nizza diesbezüglich hinter den Erwartungen zurück.

III. Ein erster Versuch - Art. III-282 EVV

Aus diesem Grund setzten sich sowohl die deutsche Sportpolitik als auch Sportverbände weiterhin für die Verankerung des Sports in den Verträgen ein.

---

69 Vertrag von Nizza zur Änderung des Vertrages über die Europäische Union, ABl. 2001, C 80, S. 1.

70 *Weatherill*, in: Siekmann, Lex Sportiva, S. 307; *Summerer*, in: Fritzweiler/Pfister/Summerer, Praxishandbuch Sportrecht, S. 591 und 593.

71 Schlussanträge der Generalanwältin *Sharpston* vom 16.07.2009, Rs. C-325/08, Slg. 2010, S. I-2177 Rn. 47; zur Amsterdamer Erklärung Nr. 29 zum Sport siehe EuGH, *Deliege*, Rs. C-51/96, Slg. 2000, S. I-2549 Rn. 42 und EuGH, *Lehtonen*, Rs. C-176/96, Slg. 2000, S. I-2681 Rn. 33; so auch *Streinz*, EuZW 1998, 137 (146); hierzu auch *Siekmann*, in: Blanpain/Colucci/Hendrickx, The Future of Sports Law in the European Union, S. 38 ff.

Nachdem die Bundesregierung schon an der Annahme der Erklärungen von Amsterdam und Nizza maßgeblich beteiligt war, verfolgte sie ihr Anliegen im Hinblick auf die Regierungskonferenz von 2004 und die laufenden Arbeiten des Europäischen Konvents für eine Europäische Verfassung weiter. Offenbar war es bislang jedoch nicht gelungen, alle Mitgliedstaaten von der Bedeutung eines eigenen Sportartikels zu überzeugen.[72] Ungeachtet dessen war mittlerweile zumindest die Mehrheit der Mitgliedstaaten der Ansicht, dass die Aufnahme des Sports in das Vertragswerk unter Berücksichtigung der Besonderheiten des Sports weiter vorangetrieben werden sollte.[73] Vor allem in Deutschland wurden die Bemühungen nochmals intensiviert. Der Sportausschuss des deutschen Bundestages forderte nach umfassender Auseinandersetzung mit der Thematik, dass aufgrund der unzureichenden Ausgestaltung der Erklärung von Amsterdam im Rahmen der kommenden Revision der EU-Verträge der Sport in einem eigenen Artikel Berücksichtigung finden müsse.[74]

1. Das Ringen um die Verankerung des Sports auf dem Europäischen Konvent

a. Zunächst erfolglose Bemühungen

Es schien jedoch, als würden die Bemühungen zum wiederholten Male erfolglos bleiben. Die Aufnahme des Sports in die Verfassung spielte jedenfalls zu Beginn der Tätigkeit des Konvents, wie auch im Rahmen der vorangegangenen Regierungskonferenzen, eine nur untergeordnete Rolle. Die Überarbeitung der komplementären Zuständigkeiten bzw. unterstützenden Maßnahmen war der Arbeitsgruppe V übertragen worden, die in ihrem Abschlussbericht an den Konvent feststellen musste, dass keine breite Mehrheit für die Aufnahme des Sports in den Verfassungsentwurf gefunden werden konnte.[75] In Deutschland hatte sich der Bundesrat bereits einige Monate zuvor mit der künftigen Kompetenzverteilung auseinandergesetzt und zu den Themen des Konvents eine Entschließung erlassen. Diese spiegelte den bis dahin gefahrenen Kurs von Bundesregierung und Bundestag nicht wieder. Der Bundesrat konstatierte, dass Sport nicht in die

72 Vor allem Großbritannien und Dänemark zeigten sich skeptisch gegenüber einer Verankerung des Sports im Primärrecht; dies geht aus dem Protokoll Nr. 23 zur 23. Sitzung des Sportausschusses des Bundestages vom 22.03.2000, S. 2 hervor.

73 Vgl. 10. Sportbericht der deutschen Bundesregierung, BT-Drs. 14/9517, S. 26.

74 23. Protokoll zur 23. Sitzung des Sportausschusses des Bundestages vom 22.03.2000, S. 11.

75 Abschlussbericht der Arbeitsgruppe V vom 04.11.2002, KONV 375/1/02, S. 9.

Zuständigkeit der EU fiele und auch in Zukunft der EU keine entsprechenden Zuständigkeiten übertragen werden sollten.[76] Den Ausführungen des Bundesrates zufolge waren die Erklärungen von Amsterdam und Nizza ausreichend, um die Eigenständigkeit und Bedeutung des Sports bei der Kollision mit dem Unionsrecht zu bewahren.[77] Die Bundesregierung hingegen war weiterhin der Auffassung, dass sich bezüglich der Aufnahme des Sports im Primärrecht eine gemeinsame und tragfähige Haltung der Mitgliedstaaten herausbilden muss. Diesem Ziel war man augenscheinlich bereits nahe gekommen, da auf einem informellen Treffen der Sportministerinnen und -minister bereits weitgehende Einigung in dieser Hinsicht bestand.[78] Ziel war es unter anderem, eine klare Abgrenzung der Kompetenzen im Sportbereich zwischen Union und Mitgliedstaaten zu schaffen.[79]

Vor diesem Hintergrund erscheint es trotz der teilweise vorherrschenden Skepsis überraschend, dass in einem ersten und vorläufigen Entwurf des Konvents der Sport keine Berücksichtigung fand.[80] Man war den Empfehlungen der Arbeitsgruppe V gefolgt, überdies standen andere Bereiche im Fokus der Konventsarbeiten.

b. Erste Entwürfe eines Sportartikels

Offensichtlich konnte sich letztere Auffassung, die auch die Bundesregierung teilte, aber doch durchsetzen, denn im folgenden Entwurf des Konvents war der Sport bereits enthalten. Der Entwurf führte den Sport unter den unterstützenden Maßnahmen auf.[81] Nach der ersten Einschätzung der zuständigen Arbeitsgruppe V und dem hierauf aufbauenden ersten Vertragsentwurf war diese Wendung zwar nicht mehr zu erwarten. Jedoch hatten in der Zwischenzeit in erster Linie Sportverbände und -organisationen erfolgreiche Lobbyarbeit betrieben. Insbesondere IOC, EOC und ENGSO bemühten sich intensiv um die Aufnahme des Sportartikels, wobei sich die Verhandlungen als zäh erwiesen

76 Entschließung des Bundesrates zu den Themen des Konvents zur Zukunft der Europäischen Union vom 20.06.2002, BR-Drs. 586/02, S. 11.

77 BR-Drs. 586/02, S. 11.

78 10. Sportbericht der Bundesregierung vom 20.06.2002, BT-Drs. 14/9517, S. 27.

79 Dies geht aus dem Freiburger Entwurf für einen Europäischen Verfassungsvertrag vom 12.11.2002 hervor, KONV 495/03, S. 13.

80 Vorläufiger Entwurf für den Verfassungsvertrag vom 28.10.2002, KONV 369/02.

81 Entwurf des Europäischen Konvents vom 06.02.2003, KONV 528/03, S. 10.

und nur kollektive Anstrengungen zum Ziel führen konnten.[82] Vor allem die Verhandlungsführer Großbritanniens stellten sich im Hinblick auf eine Ausweitung jeglicher Unionskompetenzen und so auch im Bereich des Sports noch quer.[83]

Ein weiterer Entwurf des Konvents sah die Aufnahme des Sports in die unterstützenden Maßnahmen gemäß Art. 16 vor und enthielt in Art. III-182 erstmals Grundsätze und Ausführungen zu diesen Maßnahmen.[84] Die auf den Sport bezogenen Teile des Entwurfs glichen teilweise bereits der finalen Version. Die Formulierung des Art. III-182 Abs. 1 UAbs. 2 EVV lautete: „Die Union trägt in Anbetracht der sozialen und pädagogischen Funktion des Sports zur Förderung seiner europäischen Aspekte bei".[85] Bislang fand sich also kein Verweis auf die besonderen Merkmale des Sports, geschweige denn auf seine Autonomie, auch ist die Rede von europäischen Aspekten, nicht aber von einer Dimension. Die Formulierung des Unionsziels im Entwurf zu Art. III-182 Abs. 2 g) EVV hingegen fasst den Begriff der europäischen Dimension des Sports auf, beschränkt sich jedoch unter anderem auf die Förderung der Fairness bei Wettkämpfen und die Förderung der Zusammenarbeit zwischen den Sportorganisationen. Zwar beauftragt der Entwurf in Abs. 3 die Union mit der Förderung der Zusammenarbeit mit den für den Bildungsbereich zuständigen Organisationen, nimmt die Sportorganisationen in diesen Förderauftrag jedoch nicht auf.

Dieser Vorschlag unterschied sich hierdurch deutlich vom Entwurf des DSB, der auch vom Sportausschuss des Deutschen Bundestages aufgegriffen worden war.[86] Der Entwurf konnte daher den Vorstellungen und Zielsetzungen der Sportverbände und -organisationen nicht entsprechen. Zwar wurde allein die Aufnahme des Sports in den Entwurf als wichtiger Schritt für den Sport in Europa angesehen. Erwünscht war jedoch eine weitergehende Formulierung, die den Respekt vor den spezifischen Merkmalen des Sports sowie seiner Autonomie vermittelt.[87]

---

82 Hierzu der Beitrag zum Konvent von Hubert Haenel et al. vom 10.01.2003, KONV 478/03, S. 3.

83 Nachweise zu den Bemühungen der Sportverbände und -organisationen finden sich bei *Garcia/Weatherill*, JEPP 2012, 238 (245 f.) und *Parrish*, Entertainment Law 2003, 20 (33).

84 Entwurf des Europäischen Konvents vom 18.07.2003, KONV 850/03, S. 147.

85 Entwurf des Europäischen Konvents vom 18.07.2003, KONV 850/03, S. 147.

86 Hierzu oben B.III.

87 Beschlüsse der 27. Sportministerkonferenz am 27./28.11.2003 in Magdeburg.

c. *Abschließende Fassung des Art. III-282 EVV*

Der abschließende Entwurf des Konvents sollte daher insbesondere im Hinblick auf die Zuständigkeit im Bereich des Sports nochmals überarbeitet werden. Unter italienischer Präsidentschaft gelang es durch intensivierte Bemühungen von Seiten der zuständigen Sportminister, der Verbände[88] und maßgeblichen Einsatz einiger Regierungen,[89] den entsprechenden Verfassungsartikel entscheidend zu ändern. Die von der Regierungskonferenz beschlossene endgültige Fassung enthielt die entscheidende Ergänzung, dass die Union bei der Förderung des Sports seine besonderen Merkmale zu berücksichtigen hat.[90] Den Forderungen der Verbände und Mitgliedstaaten wurde damit Rechnung getragen.

Somit wurde der Sport in die nach Art. 149 EGV bereits bestehende Kompetenz der Union im Bereich der Bildung und Jugend aufgenommen. Die sportbezogenen Passagen des Art. III-282 EVV lauteten:

> *„(1) […]*
> *Die Union trägt unter Berücksichtigung der besonderen Merkmale des Sports, seiner auf freiwilligem Engagement basierenden Strukturen und seiner sozialen und pädagogischen Funktion zur Förderung der europäischen Aspekte des Sports bei.*
> *Die Tätigkeit der Union hat folgende Ziele:*
> *a) […]*
> *g) Entwicklung der europäischen Dimension des Sports durch Förderung der Fairness und der Offenheit von Sportwettkämpfen und der Zusammenarbeit zwischen den für den Sport verantwortlichen Organisationen sowie durch den Schutz der körperlichen und seelischen Unversehrtheit der Sportler, insbesondere junger Sportler.*
>
> *(2) Die Union und die Mitgliedstaaten fördern die Zusammenarbeit mit Drittländern und den für den Bildungsbereich und Sport zuständigen internationalen Organisationen, insbesondere dem Europarat.*
>
> *(3) Als Beitrag zur Verwirklichung der Ziele dieses Artikels*
> *a) werden durch Europäisches Gesetz oder Rahmengesetz unter Ausschluss jeglicher Harmonisierung der Rechtsvorschriften der Mitgliedstaaten Fördermaßnahmen festgelegt. Es wird nach Anhörung des Ausschusses der Regionen und des Wirtschafts- und Sozialausschusses erlassen;*
> *b) gibt der Rat auf Vorschlag der Kommission Empfehlungen ab.“*

---

88 Hierzu die Nachweise bei *Garcia/Weatherill*, JEPP 2012, 238 (247 f.).

89 So wirkte offenbar die deutsche Bundesregierung maßgeblich auf die Verankerung im Primärrecht hin, hierzu der 11. Sportbericht der Bundesregierung vom 04.12.2006, BT-Drs. 16/3750, S. 22.

90 Weitergehende Forderungen, die einer Querschnittsklausel entsprachen, wurden demgegenüber nicht berücksichtigt, vgl. KONV 821/03, S. 105 f.

Gegenüber den ersten Entwürfen des Konvents ergeben sich wesentliche Änderungen. Während bislang die Besonderheiten des Sports keine Erwähnung fanden, ist die verpflichtende Berücksichtigung dieser Besonderheiten in Art. III-282 Abs. 1 UAbs. 2 EVV aufgenommen worden. Darüber hinaus wurde im Rahmen der Mittel zur Erreichung der Unionsziele gemäß Art. III-282 Abs. 1 UAbs. 3 g) EVV die Förderung der Fairness bei Wettkämpfen um die Förderung von deren Offenheit ergänzt. Im Rahmen der Förderung der Zusammenarbeit werden nunmehr auch die für den Sport zuständigen internationalen Organisationen erwähnt.[91]

2. Das Scheitern des Verfassungsvertrages – vergebliche Bemühungen?

Tatsächlich fanden die Anstrengungen von Seiten der Sportverbände und der Mitgliedstaaten Anerkennung auf Unionsebene. War im Zusammenhang mit den Verträgen von Amsterdam und Nizza dem Sport bereits verstärkt Aufmerksamkeit geschenkt worden, so sah der Vertrag über eine Verfassung für Europa erstmals vor, den Sport im Primärrecht zu verankern. Dieser sollte in Art. III-282 EVV eine dem jetzigen Art. 165 AEUV in weiten Teilen entsprechende Vorschrift enthalten.

Nachdem sich der Europäische Rat am 17. und 18.06.2004 nach den mehrjährigen Vorarbeiten, die mit der Tagung des Rates im Dezember 2001 im belgischen Laeken begannen, auf einen Vorschlag zum Verfassungsvertrag einigen konnte, wurde dieser am 29.10.2004 von den Staats- und Regierungschefs der zum damaligen Zeitpunkt 25 Mitgliedstaaten unterzeichnet. Die nach Art. IV-447 EVV zum Inkrafttreten erforderliche Ratifikation des Vertrages gelangte durch die ablehnenden Referenden in Frankreich und den Niederlanden ins Stocken, worauf auch in weiteren Mitgliedstaaten der Ratifizierungsprozess auf unbestimmte Zeit verschoben wurde. Schließlich folgte die gänzliche Aufgabe des Verfassungskonzepts.[92] Die Entwicklung endete mit der Erteilung eines Mandats zur Ausarbeitung eines Reformvertrages durch den Europäischen Rat vom 21. und 22.06.2007 in Brüssel.[93]

91 Umfassend zu den Regelungen des EVV siehe *Wiesner*, Unionsziele im Europäischen Verfassungsrecht, S. 118 ff.

92 Ausführlich zur Entwicklung des EVV siehe *Streinz/Ohler/Herrmann*, VvL, S. 18 ff.

93 Abrufbar unter http://europa.eu/legislation_summaries/other/constitution_european_council_2007_de.htm, zuletzt aufgerufen am 06.09.2012.

Die Bemühungen um die Verankerungen des Sports im Primärrecht sollten indes nicht vergebens gewesen sein. Wie in den meisten anderen Bereichen, gelang es auch bezüglich des Sports, die Regelungen in den nachfolgenden Vertrag von Lissabon zu übernehmen.

IV. Die Qual der Wahl – Mögliche Formen einer Verankerung des Sports im Rahmen der Verträge

Aus den obigen Ausführungen zeichnen sich verschiedene Möglichkeiten ab, den Sport in das Vertragswerk der Union aufzunehmen.[94] Eingereicht wurden diese von Sportverbänden und Mitgliedstaaten, von Unionsorganen und aus dem Kreis der Literatur. Die vorgeschlagenen Lösungen decken dabei das gesamte Spektrum an vermittelnden und einseitigen Varianten ab. Auch für eine Nulllösung wurde plädiert, wonach von der Aufnahme des Sports gänzlich abzusehen war.[95] Nachdem jedoch sogar die lange Zeit skeptischen Verbände auf die Aufnahme des Sports drängten, war abzusehen, dass diese Variante keine wirkliche Alternative mehr darstellen sollte.

1. Protokoll

Angedacht wurde zum einen die Berücksichtigung des Sports im Rahmen eines Protokolls.[96] Diese hätte im Rahmen der Regierungskonferenzen verabschiedet werden können und sie erhielt Bindungswirkung gemäß Art. 51 EUV. Dadurch wäre der größte Kritikpunkt der Erklärungen von Amsterdam und Nizza beseitigt worden, die als bloße Erklärungen keine Bindungswirkung im Sinne von Art. 51 EUV entfalten.[97] Ein solches Protokoll hätte insbesondere den Wünschen der Sportwelt entsprochen, denn als Inhalt des Protokolls wäre in erster Linie die Aufnahme einer Verpflichtung zur Berücksichtigung von Autonomie und Be-

---

94 Vgl hierzu auch *Siekmann/Parrish/Verhoogt/Martins/Olfers*, Professional Sport in the Internal Market, S. 85; dies stellt eine vom Parlament in Auftrag gegebene Studie vom September 2005 dar, PE 358 378.

95 Siehe hierzu nur die Reaktion des Bundesrates in seiner Entschließung zu den Themen des Konvents zur Zukunft der Europäischen Union vom 20.06.2002, BR-Drs. 586/02, S. 11.

96 Bericht über die Rolle des Sports in der Europäischen Union vom 28.05.1997, PE 221.803/endg., S. 6, 8; so auch *Tettinger*, JZ 2000, 1069 (1076); für eine Protokollerklärung sprach sich auch die UEFA aus, hierzu die Nachweise bei *Parrish*, Entertainment Law 2003, 20 (33).

97 *Becker*, in: Schwarze, Art. 51 EUV Rn. 10; *Dörr*, in: Grabitz/Hilf/Nettesheim, Art. 51 EUV Rn. 9.

sonderheiten des Sports in Frage gekommen. Angedacht war, die Erklärungen von Amsterdam und Nizza inhaltlich weiterzuführen, allerdings auf rechtlich verbindlicher Grundlage gemäß Art. 51 EUV. Für die Begründung neuer Zuständigkeiten der Union hingegen wäre eine Protokollerklärung angesichts des Prinzips der begrenzten Einzelermächtigung gemäß Art. 5 Abs. 1 Satz 1 EUV nicht ausreichend.

Betrachtet man die verschiedenen Protokolle, die bislang erlassen wurden, so erscheint diese Lösung kaum praktikabel. Protokolle umfassen zumeist institutionelle Regelungen oder behandeln Einzelfragen zum Anwendungsbereich des Vertragswerkes.[98] Enthalten Protokolle materielles Recht, so beschränkt sich dies in der Regel auf Konkretisierungen bereits bestehender vertraglicher Regelungen.[99] Eine solche fehlte jedoch im Bereich des Sports. Dieser Weg hätte hauptsächlich den Interessen des Sportsektors gedient, da zwar eine Berücksichtigungsverpflichtung durchführbar gewesen wäre, nicht jedoch die Erweiterung der Zuständigkeiten der Union. Folge wäre eine Beschränkung der Kompetenzen in den Bereichen des Wettbewerbsrechts und der Grundfreiheiten gewesen, die mit den Ansprüchen der Union und wohl auch der meisten Mitgliedstaaten nicht zu vereinbaren gewesen wäre. Letztlich darf daran gezweifelt werden, inwieweit sich hierdurch die Ziele des Sportsektors tatsächlich hätten erreichen lassen. Denn sowohl Gerichtshof als auch Kommission tragen den Besonderheiten des Sports und seiner Autonomie in ihren Entscheidungen auch ohne ausdrückliche Verankerung des Sports in den Verträgen bereits Rechnung. Dabei wurde trotz der fehlenden Verbindlichkeit auf die Erklärungen von Amsterdam und Nizza bereits zurückgegriffen. Es ist dementsprechend unwahrscheinlich, dass ein Protokoll die von den Verbänden erhoffte verstärkte Berücksichtigung hätte hervorrufen können.

Eine ähnliche Variante bestünde darin, die Berücksichtigung der Besonderheiten und der Autonomie des Sports im Rahmen der Grundfreiheiten gemäß Art. 45 ff. AEUV bzw. der Wettbewerbsregeln gemäß Art. 101 ff. AEUV festzuschreiben. Diese Variante einer Berücksichtigungsklausel wäre hinsichtlich ihrer Reichweite hinter einer Bereichsausnahme zurückgeblieben, hätte jedoch in verbindlicher Form die Berücksichtigungspflicht festschreiben können. So bestehen die im vorigen Absatz angeführten Bedenken fort, weshalb auch diese Variante letztlich nicht praktikabel erscheint.

98 *Becker*, in: Schwarze, Art. 51 EUV Rn. 1.

99 Vgl. zu den Funktionen der Protokollen *Dörr*, in: Grabitz/Hilf/Nettesheim, Art. 51 EUV Rn. 10 ff.

2. Bereichsausnahmen

Einen zumindest inhaltlich ähnlichen Weg zeigt die Aufnahme von Bereichsausnahmen in Bereich der Grundfreiheiten und des Wettbewerbsrechts auf.[100] Auch hierdurch wäre die mangelnde Verbindlichkeit der Erklärungen von Amsterdam und Nizza behoben worden. Im Übrigen aber sieht sich ein solcher Vorschlag den soeben im Zusammenhang mit der Protokolllösung beschriebenen Problemen ausgesetzt. Die Aufnahme von Bereichsausnahmen wäre allein den Verbandsinteressen entgegen gekommen, hätte für die Union indes eine weitreichende Beschränkung ihrer Kompetenzen bedeutet.[101] Darüber hinaus enthält das Vertragswerk Bereichsausnahmen nur in sehr begrenztem Ausmaß, beispielsweise in Art. 45 Abs. 4 und Art. 51 Abs. 1 AEUV für Teile der öffentlichen Verwaltung und Ausübung öffentlicher Gewalt. Für den Sport als stark wachsender und bedeutender Wirtschaftsfaktor wäre eine solche Ausnahme nicht zu rechtfertigen.

3. Eigener Sportartikel

Ein eigenständiger Sportartikel im Primärrecht wäre in unterschiedlicher Ausgestaltung denkbar.

Dabei ist das Modell eines umfassenden Artikels zu nennen, der den verschiedenen Zielen und Anliegen von Verbänden, Mitgliedstaaten und Union gleichermaßen Rechnung trägt. Der Artikel wäre in den Verträgen ebenfalls im Bereich des jetzigen Titels XII für allgemeine und berufliche Bildung, Jugend und Sport oder Titel XIII für Kultur zu verorten. Denn alle Parteien messen dem Sport ungeachtet seiner immensen wirtschaftlichen Bedeutung gerade im Bereich seiner kulturellen, gesellschaftlichen und sozialen Komponenten hohes Potential bei. Sowohl die Besonderheiten des Sports und seine Autonomie als auch die Erweiterung der Kompetenzen der Union müssten in eine solche Bestimmung aufgenommen werden. Darüber hinaus könnte eine Klausel vereinbart werden, welche die Union verpflichtet, die Besonderheiten des Sports zu berücksichtigen, auch wenn sie auf Grundlage anderer Zuständigkeiten tätig wird.[102] Auch eine über Maßnahmen der Unterstützung, Koordinierung und Ergänzung gemäß Art. 6 AEUV hinausgehende Zuständigkeit könnte im Rahmen dessen geschaffen werden. Die oben angesprochene Verortung des Sports im Zusammenhang mit Kultur, Bildung und gesellschaftlichen Aspekten bedeutet allerdings nicht, dass

---

100 Hierzu unter anderem *Scholz/Aulehner*, SpuRt 1996, 44 (47).

101 *Bogaert/Vermeersch*, ELRev 2006, 821 (837).

102 Eine solche Querschnittsklausel war unter anderem im Vorschlag des DSB zu einem Sportartikel enthalten, abgedruckt bei *Tokarski/Steinbach*, Spuren, S. 76 f.

eine Zuständigkeit der Union zur Regulierung wirtschaftlicher Gesichtspunkte im Bereich des Sports ausgeschlossen wäre. Eine solche könnte mit einem eigenständigen Sportartikel jedenfalls eingeführt werden. Diese Ausgestaltung erweist sich als Gegensatz zu den bislang beschriebenen Möglichkeiten der Verankerung durch Protokollerklärung oder Bereichsausnahme. Denn sowohl Mitgliedstaaten als auch Verbänden waren und sind derart weitreichende Kompetenzübertragungen vor allem im Bereich des Sports – zumindest noch – ein Dorn im Auge.

Daneben ist allerdings eine vermittelnde Variante realisierbar, die auf Maßnahmen der Unterstützung, Koordinierung und Ergänzung beschränkt bleibt, jedoch in einem eigenen Sportartikel verwirklicht wird. In Anbetracht der Bedenken von Verbänden und Mitgliedstaaten gegenüber einer Ausweitung der Befugnisse der Union im Bereich des Sports wären diese Kompetenzen gegebenenfalls auf den kulturellen, gesellschaftlichen und sozialen Bereich zu begrenzen. Die Möglichkeit, eine horizontale Klausel zu verankern, die zur Berücksichtigung der Besonderheiten des Sports verpflichtet, bestünde dennoch fort und entspräche jedenfalls den Wünschen der Verbände.

4. Aufnahme des Sports in bestehende Artikel

Aufgrund der oftmals betonten Nähe des Sports zu Kultur und Bildung sowie angesichts seiner gesellschaftlichen und sozialen Komponenten liegt es letztlich nahe, den Sport in bestehende Artikel aus diesen Bereichen zu inkorporieren. Dies könnte klare Signale bezüglich der Ausrichtung einer künftigen Sportpolitik der Union setzen. Inhaltlich wäre auch hier eine vermittelnde Ausgestaltung denkbar, wie sie im vorigen Absatz bereits angedeutet wurde. Insbesondere die Integration des Sports in den Kulturartikel stand deshalb immer wieder im Mittelpunkt der Diskussion um die Aufnahme des Sports in die europäischen Verträge.[103]

V. Gemeinsames Ziel – Ziehen an einem Strang trotz gegenläufiger Interessen

Es sollten nach der ersten Erwähnung des Sports im Zusammenhang mit dem europäischen Primärrecht durch die Erklärung Nr. 29 zum Sport auf der Regierungskonferenz von Amsterdam nahezu zwei Jahrzehnte vergehen, bis es schließlich im Verfassungsvertrag beinahe gelang, den Sport als Kompetenzfeld der Union in das Primärrecht aufzunehmen. Waren es zu Beginn des Entwicklungsprozesses vor allem das Parlament und einzelne Mitgliedstaaten – darunter

103 Siehe oben unter B.I.1.

auch die Bundesrepublik – so erkannten im Laufe der Zeit die Sportverbände, dass die mit einer unionsrechtlichen Sportkompetenz verbundenen Vorteile die befürchteten Nachteile durchaus überwiegen. Sie setzten sich daher verstärkt dafür ein, die erforderliche Unionskompetenz zu verwirklichen. Beachtenswert ist diese Wende deshalb, weil mit den Mitgliedstaaten, Verbänden und nicht zuletzt der Union und ihren Organen selbst unterschiedlichste Vorstellungen und Zielsetzungen in einem Bereich aufeinanderprallten, der zwar auch auf europäischer Ebene auf ein großes öffentliches Interesse stößt, im Übrigen jedoch nicht zu den Kernthemen der Union zählte. Die Gegensätze werden besonders deutlich anhand der dargestellten Vorschläge betreffend die genaue Ausgestaltung der Aufnahme des Sports. Unterschiedlichste Optionen stehen hierfür zur Verfügung, welche den vielfältigen Interessen der zahlreichen Akteure in unterschiedlicher Weise Rechnung tragen. Die spätere Analyse und Auslegung der Vorschrift des Art. 165 AEUV wird diesen Hintergrund und die langjährige Entwicklung beachten. Denn die vielschichtige und zumindest teilweise gegensätzliche Herangehensweise der verschiedenen Akteure sollte sich auch in Art. 165 AUEV niederschlagen.

C. Die Rechtsprechung des Gerichtshofs zum Sport

Aufgabe des Gerichtshofes ist gemäß Art 19 Abs. 1 S. 2 EUV die Wahrung des Rechts bei der Auslegung und Anwendung der Verträge. Diese weite und offene Aufgabenzuweisung ist auf die korrespondierende Kompetenzfülle von Kommission und Rat zurückzuführen, die noch dazu für lange Zeit einer demokratischen Kontrolle weitestgehend entbehrte.[104] Dabei kommt dem Gerichtshof eine Kompetenzkontrolle im positiven wie im negativen Sinne zu, da er sowohl die Erfüllung der Verpflichtungen aus den Verträgen als auch die Einhaltung der Kompetenzgrenzen überwacht.[105] Den Begriff des Rechts nahm der Gerichtshof häufig zum Anlass, Regelungslücken zu schließen und rechtsfortbildend tätig zu werden, um einen möglichst umfassenden Rechtsschutz zu gewähren, wobei die Wahrung des Rechts beschränkt ist auf die Auslegung und Anwendung der Verträge.[106] Diese weite Auslegung und Inanspruchnahme seiner Kompetenzen ließen den Gerichtshof neben der Kommission bald zum „Motor der Integration" werden.[107]

Die Rechtsprechung des Gerichtshofes im Bereich des Sports und dabei in erster Linie zu Fragen der Grundfreiheiten und des Wettbewerbsrechts erweist sich als besonders anschauliches Beispiel des Selbstverständnisses des EuGH.[108] Dabei war und ist es nicht selbstverständlich, dass Rechtsfragen im Bereich des Sports vor ordentlichen Gerichten oder dem Gerichtshof verhandelt werden. Denn aufgrund der Autonomie des Sports verfügt dieser über seine eigene Gerichtsbarkeit, weshalb regelmäßig die Gerichte der jeweiligen Verbände mit dem Court of Arbitration for Sport (CAS)[109] an der Spitze zur Entscheidung berufen sind. Diese Konstellation sowie die auf den Bereich der europäischen Verträge

---

104 *Streinz*, Europarecht, Rn. 610.

105 *Mayer*, in: Grabitz/Hilf/Nettesheim, Art. 19 EUV Rn. 27.

106 EuGH, *Foto-Frost*, Rs. 314/85, Slg. 1987, S. 4199 Rn. 16; *Callies*, NJW 2005, 929 (930).

107 *Streinz*, Europarecht, Rn. 610; *Mayer* in *Grabitz/Hilf/Nettesheim*, Art. 19 EUV Rn. 42; *Callies*, NJW 2005, 929 (933).

108 Zur Rolle des Gerichtshofes in diesem Bereich siehe auch *Parrish*, Sports law and policy in the European Union, S. 80 ff.

109 Französische Bezeichnung Tribunal Arbitral du Sport (TAS), mit Sitz in Lausanne, Schweiz; im Deutschen auch als Internationaler Sportgerichtshof bezeichnet. Der CAS wird von einer vom IOC unabhängigen Organisation und Stiftung nach Schweizer Recht, dem International Council of Arbitration for Sport (ICAS), verwaltet.

beschränkte Zuständigkeit führt dazu, dass vor dem Gerichtshof Rechtssachen mit Bezug zum Sport beschränkt sind auf Fragen zu den Grundfreiheiten und zum Wettbewerbsrecht, und darüber hinaus, was nicht zuletzt auch an der langen Verfahrensdauer liegen mag,[110] in ihrer Zahl überschaubar.

Auch wenn somit nur wenige Rechtssachen aus dem Sportbereich bis zum Gerichtshof gelangen, sind ihre Auswirkungen nicht nur im Bereich des Sports spürbar, sondern reichen bisweilen weit in andere Rechtsbereiche hinein.[111] Dabei handelt es sich in der Regel um Vorabentscheidungen gemäß Art. 267 AEUV, die Fragen zur Vereinbarkeit sportverbandlicher Regelungen mit den Grundfreiheiten zum Gegenstand haben, aber auch um Entscheidungen im Rechtsmittelverfahren zu wettbewerbsrechtlichen Verstöße, über die im Vorfeld von Kommission und Gericht entschieden wurde. Den Anfang machte das Urteil *Walrave & Koch*[112] bereits Mitte der 70er Jahre, in dem der EuGH erstmals die Anwendbarkeit des Unionsrechts auf sportliche Betätigungen annahm. Diese Rechtsprechung wurde im Fall *Dona*[113] weitergeführt. Die Entwicklung erreichte mit dem Fall *Bosman*[114] ihren ersten Höhepunkt, der insbesondere die Anwendung der Grundfreiheit des Art. 39 EGV (Art. 45 AEUV) in Bezug auf Regelungen und Praktiken von Sportverbänden betraf. Im Jahr 2000, mit den Entscheidungen *Deliege*[115] und *Lehtonen*[116], wurde die Anwendbarkeit des Unionsrechts auf den Sport bestätigt und die Rechtsprechung zu den Freizügigkeitsbestimmungen weitergeführt. In der Folge standen mit *Kolpak*[117] und *Simutenkov*[118] Fragen zu sportverbandlichen Regelungen in Bezug auf Assoziierungsabkommen der Union mit Drittländern

110 Vgl. hierzu den Fall des argentinischen Tennisspielers *Cañas*, der wegen einer Dopingsperre aus dem Jahr 2005 Beschwerde zur Kommission einlegte, gegen deren Zurückweisung er Nichtigkeitsklage erhob, die vom Gericht im Jahr 2012 ebenfalls zurückgewiesen wurde, da *Cañas* seine aktive Karriere mittlerweile beendet hatte; zum Ganzen auch unter D.I.5.

111 Vgl. hierzu etwa EuGH, *Bosman*, Rs. C-415/93, Slg. 1995, S. I-4921, und dessen Auswirkungen auf die Rechtsprechung zur unmittelbaren Drittwirkung der Grundrechte, hierzu *Streinz*, EuZW 2000, 459 ff.; *Gramlich*, DÖV 1996, 801 ff.; *Lengauer*, Drittwirkung von Grundfreiheiten, S. 146 ff.

112 EuGH, *Walrave & Koch*, Rs. C-36/74, Slg. 1974, S. 1405.

113 EuGH, *Donà*, Rs. C-13/76, Slg. 1976, S. 1333.

114 EuGH, *Bosman*, Rs. C-415/93, Slg. 1995, S. I-4921.

115 EuGH, *Deliege*, Rs. C-51/96, Slg. 2000, S. I-2549.

116 EuGH, *Lehtonen*, Rs. C-176/96, Slg. 2000, S. I-2681.

117 EuGH, *Kolpak*, Rs. C 438/00, Slg. 2003, S. I-4135.

118 EuGH, *Simutenkov*, Rs. 265/03, Slg. 2005, S. I-2579.

im Mittelpunkt. Das Urteil im Fall *Meca-Medina*[119] als weiterer Höhepunkt befasste sich erstmals grundlegend mit wettbewerbsrechtlichen Fragen in Bezug zum Sport, an die der Gerichtshof in der Sache *MOTOE*[120] anknüpfte. Zudem bezog der EuGH, erstmals nach Inkrafttreten des Lissaboner Vertrages, nochmals Stellung zu Beschränkungen der Grundfreiheiten in *Bernard*[121]. Zuletzt hatte sich der Gerichtshof in *Karen Murphy*[122] mit der grenzüberschreitenden Ausstrahlung von Sportveranstaltungen auseinanderzusetzen.

Die sportbezogene Judikatur verdeutlicht die entscheidende Rolle des Gerichtshofes bei der Entwicklung des Sports auf europäischer Ebene,[123] denn gerade in diesem Sektor war er es, der von Beginn an auch für die anderen Organe der EU die wegweisenden Akzente setzte auf dem Weg zu einer Sportpolitik der EU und vor allem zu einem europäischen Sportrecht.[124] Die in der Folge dargestellten Urteile gelten als Wegbereiter und bilden die Grundlage für eine Auseinandersetzung mit dem Sport auf der Ebene der Union. Dabei wird vor allem die Systematik und Vorgehensweise des Gerichtshofs bei der Beurteilung von Praktiken und Regelungen von Sportverbänden untersucht und herausgearbeitet.

I. Die sportbezogene Rechtsprechung des Gerichtshofs

In der folgenden Darstellung sind die Urteile des Gerichtshofs zum Sport enthalten. Dabei werden die Schwerpunkte bei den wegweisenden Urteilen gesetzt. Aufgeführt wird die Rechtsprechung anhand des Sachverhalts sowie der wesentlichen Aussagen und Entscheidungsgründe. Eine zu umfassende und vertiefte Analyse der einzelnen Urteile wäre in Anbetracht der Thematik nicht zielführend, dieser Aufgabe wird sich an anderer Stelle angenommen.[125] Der Schwerpunkt der Untersuchung der Rechtsprechung liegt auf der Anwendbarkeit des Unionsrechts, den Besonderheiten des Sports sowie der Herangehensweise des Gerichtshofs bei der Lösung des Spannungsverhältnisses zwischen Unionsrecht und Sportsektor. So sollen Übersicht und Besprechung der Ent-

---

119 EuGH, *Meca-Medina*, Rs. C-519/04, Slg. 2006, S. I-6991.

120 EuGH, *MOTOE*, Rs. C-49/07, Slg. 2008, S. I-4863.

121 EuGH, *Bernard*, Rs. C-325/08, Slg. 2010, S. I-2177.

122 EuGH, *Karen Murhphy*, Rs- C-403/08, Slg. 2011, S. I-9083.

123 Ähnlich *Kornbeck*, SuG 2006, 81 (94 f.).

124 Zu diesem Begriff, der seine Ausgestaltung zumindest bis zum Vertrag von Lissabon durch die Rechtsprechung des Gerichtshofs erfuhr, siehe auch *Weatherill*, in: Siekmann, S. 299 ff. und oben A.II.1.

125 Siehe hierzu die Verweise auf weiterführende Literatur in den Fußnoten zu den jeweiligen Urteilsbesprechungen.

scheidungen die Grundlage für die Analyse des Art. 165 AEUV bieten, da eine solche ohne Beachtung der Rechtsprechung des Gerichtshofs gerade auf dem Gebiet des Sports nicht denkbar ist.

1. Walrave & Koch[126]

Bruno Walrave und *Norbert Koch*, zwei niederländische Radfahrer hatten vor einem niederländischen Gericht gegen Bestimmungen der Union Cycliste Internationale[127] geklagt, nach denen bei Steherrennen[128] der Schrittmacher dieselbe Staatsangehörigkeit besitzen muss wie sein Radrennfahrer. Das niederländische Gericht legte die Frage nach der Auslegung der Art. 7 Abs. 1, 48 und 59 Abs. 1 EWG-Vertrag (Art. 18, Art. 45 und Art. 56 AEUV) dem Gerichtshof zur Vorabentscheidung vor. Die Rechtssache gab die Gelegenheit, sich erstmals grundsätzlich zum Verhältnis von Sport und Sportverbänden einerseits und dem Unionsrecht andererseits zu äußern.

Erstmalig mit dieser Problemstellung befasst, entschied der Gerichtshof, dass angesichts der Ziele der Union sportliche Betätigungen dem Unionsrecht nur insoweit unterfallen, als sie einen Teil des Wirtschaftslebens ausmachen.[129] Letzteres sei jedenfalls für die Tätigkeit als Berufssportler anzunehmen, die durch eine entgeltliche Arbeits- oder Dienstleistung gekennzeichnet ist. Unter diesen Voraussetzungen unterliegen Regelungen und Praktiken die Ausübung des Sports betreffend, den Bestimmungen zur Freizügigkeit, welche das allgemeine Diskriminierungsverbot konkretisieren.[130] Diese Einschränkungen gelten jedoch nicht bei der Aufstellung von Wettkampfmannschaften, wie beispielsweise Nationalmannschaften. Denn die Bildung dieser Mannschaften beträfe rein sportliche Interessen und hätte im Übrigen nichts mit wirtschaftlicher Betätigung zu tun.[131] Darüber hinaus entschied der Gerichtshof, dass die Beschränkungsverbote nicht nur auf Maßnahmen staatlicher Behörden anwendbar seien, sondern dass sich diese auf sonstige Maßnahmen erstrecken, die eine kollektive Regelung enthalten. Bei der Überprüfung der Satzungsbestimmung

---

126 EuGH, *Walrave & Koch*, Rs. C-36/74, Slg. 1974, S. 1405; hierzu auch *Parrish*, Sports law and policy in the European Union, S. 86 ff.; *Hilf*, NJW 1984, 517 ff.

127 UCI, Internationaler Radsportverband.

128 Steherrennen sind Bahnrennen, bei denen der Radrennfahrer, auch Steher genannt, hinter einem Motorrad, das als Schrittmacher bezeichnet wird, im Windschatten fährt; hierzu auch Schlussanträge, GA *Warner*, Rs. C-36/74, Slg. 1974, S. 1405 (1423).

129 EuGH, *Walrave & Koch*, Rs. C-36/74, Slg. 1974, S. 1405 Rn. 4.

130 EuGH, *Walrave & Koch*, Rs. C-36/74, Slg. 1974, S. 1405 Rn. 5 f.

131 EuGH, *Walrave & Koch*, Rs. C-36/74, Slg. 1974, S. 1405 Rn. 9.

eines Sportverbandes seien daher die entsprechenden Vorschriften des EWG-Vertrages zu berücksichtigen.[132]

2. Donà[133]

Diese Rechtsprechung wurde vom Gerichtshof in der Rechtssache *Donà* bestätigt. Der konstruierte Fall betraf eine Regelung des italienischen Fußballverbandes, die vorsah, dass nur italienische Staatsangehörige Mitglieder des Verbandes sein können und somit in der ersten und zweiten Liga als Profis oder Halbprofis spielberechtigt sind. Der Spielervermittler *Gaetano Donà* hatte den Vorsitzenden eines Vereins auf Ersatz von Kosten verklagt, die ihm im Zusammenhang mit der Ermittlung ausländischer Spieler für diesen Verein entstanden waren. Der Vorsitzende *Mario Mantero* verweigerte die Zahlung unter Hinweis auf besagte Regelung des italienischen Fußballverbandes, woraufhin *Donà* geltend machte, dass diese Regelung gegen Art. 7, Art. 48 und Art. 59 EWG-Vertrag (jetzt Art. 18, Art. 45 und Art. 56 AEUV) verstieße. Dies veranlasste das italienische Gericht zur Einleitung eines entsprechenden Vorabentscheidungsverfahrens vor dem EuGH.

Der Gerichtshof entschied, dass die Tätigkeit als Profi oder Halbprofi im Fußball eine wirtschaftliche Betätigung darstelle und daher die Freizügigkeitsregeln zur Anwendung kommen.[134] Wie bereits in der Rechtssache *Walrave & Koch* entschieden, sei der Geltungsbereich der Bestimmungen zur Freizügigkeit aber eingeschränkt, wenn Spieler aus nichtwirtschaftlichen Gründen, die mit dem besonderen Charakter und Rahmen bestimmter Begegnungen zusammenhängen und ausschließlich den Sport betreffen, von diesen Begegnungen ausgeschlossen werden. Solche Begegnungen seien vor allem in den Spielen von Nationalmannschaften zu sehen.[135] Der Gerichtshof stellt somit im Unterschied zu seiner Rechtsprechung in *Walrave & Koch* nicht mehr auf die Bildung der Nationalmannschaften ab, sondern vielmehr auf die jeweilige Begegnung.[136] Ob die Regelungen des italienischen Verbandes gegen diese Vorschriften verstießen, ließ der

132 EuGH, *Walrave & Koch*, Rs. C-36/74, Slg. 1974, S. 1405 Rn. 25.

133 EuGH, *Donà*, Rs. C-13/76, Slg. 1976, S. 1333.

134 EuGH, *Donà*, Rs. C-13/76, Slg. 1976, S. 1333 Rn. 12 f.

135 EuGH, *Donà*, Rs. C-13/76, Slg. 1976, S. 1333 Rn. 14 ff.; Der Generalanwalt sah den Anwendbarkeitsvorbehalt nicht nur auf Nationalmannschaften begrenzt, sondern forderte vielmehr eine grundsätzliche Bereichsausnahme für rein sportliche und darüber hinaus verhältnismäßige Regeln, Schlussanträge, GA *Trabucchi*, Rs. C-13/76, Slg. 1976, S. 1333 (1343 f.)

136 Die Bedeutung und Reichweite dieser Unterscheidung – sofern eine solche vom Gerichtshof überhaupt beabsichtigt war – verbleibt indes unklar, letztlich ist diese

Gerichtshof offen. Er überließ die Entscheidung darüber, ob die Satzungsregelung des Verbandes auf nichtwirtschaftlichen und somit rein sportlichen Erwägungen beruht und daher keinen Verstoß darstellte, dem innerstaatlichen Gericht. Bestätigt wurde die Rechtsprechung der Rechtssache *Walrave & Koch* auch darin, dass kollektive Regelungen nichtstaatlicher Stellen im Arbeits- oder Dienstleistungsbereich das Verbot der unterschiedlichen Behandlung aus Gründen der Staatsangehörigkeit zu beachten haben.[137]

3. Heylens[138]

Auch die Rechtssache *Heylens* betraf keinen Sportler, sondern vielmehr den belgischen Staatsangehörigen *Georges Heylens*, der als Fußballtrainer mit belgischem Trainerschein um dessen Anerkennung durch die französischen Behörden ersuchte, um seiner Anstellung als Trainer des französischen Teams OSC Lille nachgehen zu können. Nachdem das zuständige Ministerium die Anerkennung unter Berufung auf die negative Einschätzung eines Ausschusses, der diese jedoch nicht begründet hatte, verweigerte, und gegen diese Entscheidung Rechtsmittel nicht vorgesehen waren, wurde vom französischen Berufsverband der Fußballtrainer gegen *Heylens* ein Strafverfahren eingeleitet, da dieser seiner Tätigkeit als Trainer des OSC Lille weiter nachging.

Der Gerichthof entschied auf die Vorlagefrage des französischen Gerichts, dass es zwar – zumindest solange eine Harmonisierung durch die EU aussteht – den Mitgliedstaaten zusteht, die Voraussetzungen, unter denen ausländische Diplome und Zertifikate den inländischen entsprechen, selbst zu bestimmen.[139] Dabei muss jedoch in Anbetracht der Freizügigkeit der Arbeitnehmer gemäß Art. 48 EWG-Vertrag (Art. 45 AEUV) gewährleistet sein, dass die Entscheidung über die Anerkennung des ausländischen Diploms zum einen mit einer begründeten Stellungnahme versehen wird, zum anderen aber auch die Möglichkeit besteht, gegen eine solche Entscheidung gerichtlich vorzugehen.[140] Zwar behandelte der Fall eine Regelung in Form eines mitgliedstaatlichen Gesetzes und berührt daher die unmittelbare Drittwirkung der Grundfreiheiten nicht, jedoch ist in Anbetracht

---

Rechtsprechung nach dem Urteil in der Rechtssache *Meca-Medina* auch überholt; hierzu unter C.I.9.

137 EuGH, *Donà*, Rs. C-13/76, Slg. 1976, S. 1333 Rn. 17 f.

138 EuGH, *Heylens*, Rs. C-222/86, Slg.1987, S. 4097; hierzu auch *Parrish*, Sports law and policy in the European Union, S. 89 f.; *Summerer*, in: Fritzweiler/Pfister/Summerer, Praxishandbuch Sportrecht, S. 601.

139 EuGH, *Heylens*, Rs. C-222/86, Slg.1987, S. 4097 Rn. 10.

140 EuGH, *Heylens*, Rs. C-222/86, Slg.1987, S. 4097 Rn. 14 ff.

der Rechtsprechung in *Walrave & Koch* sowie *Donà* davon auszugehen, dass entsprechende Regelungen von Sportverbänden ebenfalls die Beschränkungsverbote der Grundfreiheiten zu beachten haben. Insofern liegt in dieser Entscheidung ein unmittelbarer Bezug zur Ausübung eines Sports eher fern, sie zeigt jedoch, dass auch bei Regelungen, die nicht die Ausübung des Sports betreffen, das Spannungsverhältnis zwischen Sportsektor und Unionsrecht zum Tragen kommen kann.

4. Bosman[141]

a. *Sachverhalt*

In der ersten Entscheidung des Gerichtshofs nach Gründung der Europäischen Union[142] hatte sich der EuGH erneut vor allem mit sportbezogenen Fragen zur Grundfreiheit der Freizügigkeit auseinanderzusetzen. *Jean-Marc Bosman*, seit 1988 belgischer Profi-Fußballer beim RC Lens, wurde im April 1990, nachdem er ein Vertragsverlängerungsangebot mit deutlich verringerten Bezügen abgelehnt hatte, von seinem Verein auf die Transferliste gesetzt.[143] Auch aufgrund der sehr hoch veranschlagten Ablösesumme zeigte zunächst kein Verein Interesse an einem Zwangstransfer, jedoch konnte sich *Jean-Marc Bosman* mit dem französischen Zweitligaverein US Dünkirchen über einen Transfer einigen. Auch der RC Lens und US Dünkirchen konnten vertraglich einer Entschädigungsleistung für den belgischen Club zu, wobei beide Verträge unter der aufschiebenden Bedingung standen, dass *Bosman* vom belgischen Fußballverband URBSFA gegenüber dem französischen Fußballverband FFF freigegeben würde. Zur Erteilung dieser Freigabe kam es indes nicht, der Transfer zu USD scheiterte und *Jean-Marc Bosman* wurde vom RCL zunächst für ein Jahr gesperrt. In Folge der Klage des Fußball-Profis leitete das zweitinstanzliche belgische Gericht ein Vorabentscheidungsverfahren vor dem Gerichtshof ein. Dieses Verfahren hatte sowohl die Grundfreiheit der Arbeitnehmerfreizügigkeit gemäß Art. 48 EWG-Vertrag (Art. 45 AEUV), als auch die wettbewerbsrechtlichen Bestimmungen der Art. 85 und 86 EWG-Vertrag (Art. 101 und 102 AEUV) zum Gegenstand.

---

141 EuGH, *Bosman*, Rs. C-415/93, Slg. 1995, S. I-4921; hierzu auch *Hilf/Pache*, NJW 1996, 1169 ff.; *Palme*, JZ 1996, 238 ff.; *Fischer*, SpuRt 96, 34 ff.; *Scholz/Aulehner*, SpuRt 96, 44 ff.; zu den praktischen Auswirkungen auf die Organisation des Profifußballs siehe *Westermann*, DZWIR 1996, 82 ff.

142 Vertrag über die Europäische Union – Vertrag von Maastricht vom 07.02.1992, ABl. 1992, C 191, S. 1.

143 Eine ausführliche Darstellung des Sachverhalts bis zum Verfahren vor dem Gerichtshof bietet *Blanpain*, AuR 1996, 161 ff.

b. Entscheidung

Die Entscheidung betraf erstens die Frage, ob ein Verein von einem anderen Verein für einen Spieler, dessen Vertrag endet, eine Ablöse verlangen kann und zweitens, ob Satzungen von Sportverbänden Bestimmungen in Form von sog. Ausländerklauseln vorsehen können, die den Zugang von ausländischen Angehörigen der EG-Mitgliedstaaten zu den von ihnen veranstalteten Wettbewerben beschränken.

Der Gerichtshof nahm sich beider Fragen an, beantwortete diese vor allem im Hinblick auf die Grundfreiheit der Freizügigkeit, und ließ die Frage nach der Vereinbarkeit mit wettbewerbsrechtlichen Vorschriften offen.[144] Der Generalanwalt hatte sich mit einem solchen Verstoß zwar ausführlich auseinandergesetzt und ihn im Ergebnis bejaht, eine Entscheidung des Gerichtshofs hierüber konnte jedoch unterbleiben, da zuvor bereits der Verstoß gegen Art. 48 EGV bejaht wurde.[145]

Insbesondere von den Verbänden, aber auch von Seiten der Mitgliedstaaten war eingewandt worden, dass die meisten auch professionellen Sportverbände und -vereine keiner, jedenfalls aber nur unbedeutender wirtschaftlichen Tätigkeit nachgehen. Nicht nur aus diesem Grund sei Art. 48 EWG-Vertrag auf den Sport nicht anwendbar. Grundsätzlich sei wegen der Besonderheiten des Sports und des Subsidiaritätsprinzips größtmögliche Zurückhaltung der Union geboten.[146]

aa. Anwendbarkeit des Unionsrechts

Unter Verweis auf seine bisherige sportbezogene Rechtsprechung bestätigte der Gerichtshof die Anwendbarkeit des Unionsrechts auf den Sportsektor, soweit die jeweils ausgeübte Tätigkeit zum Wirtschaftsleben gehört. Die Tätigkeit von Berufsfußballspielern stelle eine entgeltliche Tätigkeit dar, die somit dem Unions-

---

144 Stellung zum Verhältnis zwischen Sportsektor und europäischem Wettbewerbsrecht sollte der Gerichtshof erst in der Entscheidung zu *Meca-Medina* im Jahr 2006 beziehen; das Verfahren in der Rechtssache *Balog*, C-264/98, das ebendiese Frage bereits betraf, wurde aufgrund einer Einigung zwischen dem klagenden Fußballspieler und dem Verein für gegenstandlos erklärt; hierzu die unveröffentlichten und einen Verstoß gegen Wettbewerbsrecht bejahenden Schlussanträge der Generalanwältin *Stix-Hackl*, ECLR 2002, 81 ff.

145 Schlussanträge, GA *Lenz*, Rs. C-415/93, , Slg. 1995, S. I-4921 Rn. 253 ff.

146 EuGH, *Bosman*, Rs. C-415/93, Slg. 1995, S. I-4921 Rn. 70; Schlussanträge, GA *Lenz*, Rs. C-415/93, , Slg. 1995, S. I-4921 Rn. 126 ff.

recht unterliegt.[147] Nicht anwendbar seien die Bestimmungen zur Freizügigkeit lediglich dann, wenn für Regelungen und Praktiken der Sportverbände nichtwirtschaftliche Gründe, die mit dem rein sportlichen Charakter bestimmter Begegnungen oder Veranstaltungen zusammenhängen, angeführt werden können.[148] Diese Beschränkung des Geltungsbereichs dürfe jedoch nicht weiter gehen, als es ihr Zweck erfordert. Eine Bereichsausnahme für den Sport ließe sich dadurch nicht rechtfertigen.[149] Auch der in Art. 11 EMRK verankerte Grundsatz der Vereinigungsfreiheit vermöge derartige Regelungen der Sportverbände nicht zu rechtfertigen, denn es sei nicht erkennbar, dass diese Regelungen für die Ausübung der Vereinigungsfreiheit erforderlich wären.[150]

Nochmals bestätigt wurde auch die Anwendbarkeit der Grundfreiheit der Freizügigkeit auf Verbandsregelungen. Anderenfalls sei die Freizügigkeit zwischen den Mitgliedstaaten gefährdet, wenn die Abschaffung von Beschränkungen durch Regelungen der Verbände im Rahmen ihrer Autonomie unterlaufen werden könnte. Daher sei die Grundfreiheit des Art. 48 EWG-Vertrag auf private Kollektivregelungen anzuwenden.[151]

bb. Verstoß gegen Unionsrecht

Ein Verstoß gegen die Freizügigkeitsregelungen sei darin zu sehen, dass die Transferregelungen einen Spieler daran hindern, bei einem Verein eines anderen Mitgliedstaates zu spielen, wenn seinem bisherigen Club die Transferentschädigung nicht gezahlt wird.[152]

Auch ein Verstoß der Ausländerklauseln gegen Art. 48 EWG-Vertrag wurde vom Gerichtshof angenommen. Die Begrenzung der Anzahl von Spielern mit anderer Staatsangehörigkeit als derjenigen des nationalen Verbandes, der die jeweilige Ausländerklausel in seinen Statuten aufgestellt hat, erweist sich als unionsrechtswidrig, da sie das Recht der Berufsspieler einschränkt, in anderen Mitgliedstaaten ihren Beruf auszuüben.[153]

---

147 EuGH, *Bosman*, Rs. C-415/93, Slg. 1995, S. I-4921 Rn. 73.

148 Z.B. Bestimmungen über die Zusammensetzung von Nationalmannschaften, siehe hierzu EuGH, *Walrave & Koch*, Rs. C-36/74, Slg. 1974, S. 1405 Rn. 10.

149 EuGH, *Bosman*, Rs. C-415/93, Slg. 1995, S. I-4921 Rn. 76.

150 EuGH, *Bosman*, Rs. C-415/93, Slg. 1995, S. I-4921 Rn. 79 f.; kritisch hierzu *Scholz/Aulehner*, SpuRt 1996, 44 (45).

151 EuGH, *Bosman*, Rs. C-415/93, Slg. 1995, S. I-4921 Rn. 82 ff.

152 EuGH, *Bosman*, Rs. C-415/93, Slg. 1995, S. I-4921 Rn. 100; Schlussanträge, GA *Lenz*, Rs. C-415/93, , Slg. 1995, S. I-4921 Rn. 162.

153 EuGH, *Bosman*, Rs. C-415/93, Slg. 1995, S. I-4921 Rn. 119.

cc. Rechtfertigungsgründe

Insbesondere Sportverbände und Regierungen der Mitgliedstaaten beriefen sich in ihren Stellungnahmen darauf, der Verstoß gegen Art. 48 EWG-Vertrag sei gerechtfertigt aus nichtwirtschaftlichen Gründen, die ausschließlich den Sport als solchen betreffen. Wenn schon eine Bereichsausnahme für den Sport nicht anerkannt wird, so sollten doch die Besonderheiten des Sports auf der Ebene der Rechtfertigung entsprechende Berücksichtigung finden.

Als solche Besonderheiten wurden bezüglich der Ausländerklauseln die Gewährleistung der Identifikation des Publikums mit der Lieblingsmannschaft, die Schaffung einer ausreichenden Reserve an einheimischen Spielern für die Nationalmannschaft sowie die Aufrechterhaltung des sportlichen Gleichgewichts zwischen unterschiedlich finanzstarken Vereinen angeführt.[154] Auch beriefen sich die Verbände auf ihre Vereinigungsfreiheit, auf der ihre Autonomie beruht. Diese sei mit dem Recht des einzelnen Sportlers auf Freizügigkeit im Wege einer Güterabwägung in Einklang zu bringen.[155]

Der Gerichtshof erteilte diesen Versuchen einer Rechtfertigung jedoch eine Absage. Er bereif sich insbesondere darauf, dass es sich nicht um rein sportliche Aspekte handelt, wie dies bei Spielen von Nationalmannschaften der Fall sei, sondern um den Vereinsfußball, der wirtschaftlich geprägt ist. Die von Seiten der Verbände ins Feld geführten Argumente seien daher nicht geeignet, die Ausländerklauseln zu rechtfertigen.[156]

Bezüglich der Transferregelungen stützten sich die Verbände in erster Linie darauf, die Regelungen seien erforderlich als Anregung für Vereine, im Hinblick auf eine Ausbildungsentschädigung die Jugend verstärkt zu fördern sowie zum Schutz der weltweiten Organisation des Fußballs.[157] Erstere Erwägung wurde vom Gerichtshof grundsätzlich als geeignet angesehen, die Transferbestimmungen zu rechtfertigen. Jedoch seien die tatsächlich zu zahlenden Ablösesummen nicht an die entstandenen Ausbildungskosten gekoppelt, überdies sei der Erhalt einer solchen Entschädigung aufgrund der ungewissen Entwicklung der unzähligen Talente zu ungewiss, als dass von einer gesicherten Aussicht auf eine

---

154 EuGH, *Bosman*, Rs. C-415/93, Slg. 1995, S. I-4921 Rn. 122 ff.

155 Schlussanträge, GA *Lenz*, Rs. C-415/93, , Slg. 1995, S. I-4921 Rn. 216; Die Kollision der Grundfreiheit der Freizügigkeit mit der Vereinigungsfreiheit wird vom Gerichtshof im Rahmen der Rechtfertigung nicht weiter erörtert; siehe hierzu auch *Hilf*, NJW 1984, 517 (522); *Gramlich*, DÖV 1996, 801 (805 ff.).

156 EuGH, *Bosman*, Rs. C-415/93, Slg. 1995, S. I-4921 Rn. 107 ff.

157 EuGH, *Bosman*, Rs. C-415/93, Slg. 1995, S. I-4921 Rn. 105 ff.

Entschädigung gesprochen werden könnte.[158] Auch die weltweite Organisation des Fußballs sei nicht betroffen, denn die Entscheidung betreffe lediglich das Transfersystem innerhalb der Union.[159] Trotz der grundsätzlichen Anerkennung der Autonomie sowie der Besonderheiten des Sports gelang es der Sportwelt letztlich nicht, den Gerichtshof von einer darauf gründenden Rechtfertigung zu überzeugen.

5. Deliege[160]

Der Fall *Deliege* betraf eine belgische Judoka. Der Europäische Judo-Dachverband (EJU) hatte ein Regelwerk für die Teilnahme an europäischen Judo-Wettbewerben erlassen, bei denen für die Olympiaqualifikation erforderliche Punkte gesammelt werden konnten. Teilnahmevoraussetzung für die europäischen Wettbewerbe war die Aufnahme in eine Liste und entsprechende Meldung durch den nationalen Judo-Verband. Zudem enthielten die Listen Quoten. *Christelle Deliege* wurde vom belgischen Verband LBJ nicht ausgewählt und sah sich in der Fortführung ihrer Karriere als Judoka behindert.

Zur Vorlage vor den EuGH kam die Frage, ob es mit der Dienstleistungsfreiheit vereinbar sei, dass ein Profi-Sportler oder Halbprofi bzw. ein Anwärter auf diesen Status für die Teilnahme an internationalen Wettbewerben der vorherigen Auswahl durch den nationalen Verband bedarf.

Hatte der belgische Verband noch geltend gemacht, dass das Unionsrecht auf den Amateursport keine Anwendung finde, so stellte der Gerichtshof klar, dass die einseitige Qualifizierung eines Sportlers als Amateur durch einen Verband keine Bedeutung für die Frage habe, ob die jeweilige Tätigkeit als Teil des Wirtschaftsleben im Sinne des Unionsrechts zu sehen ist.[161] Der Generalanwalt hatte noch ausgeführt, dass der Bereich, in dem die in Frage stehenden Regeln des belgischen Verbandes erlassen wurden, von der Autonomie der Sportverbände

---

158 EuGH, *Bosman*, Rs. C-415/93, Slg. 1995, S. I-4921 Rn. 108; hierzu ausführlich Schlussanträge, GA *Lenz*, Rs. C-415/93, , Slg. 1995, S. I-4921 Rn. 237 ff.

159 EuGH, *Bosman*, Rs. C-415/93, Slg. 1995, S. I-4921 Rn. 112; beachte hierzu Schlussanträge, GA *Lenz*, Rs. C-415/93, , Slg. 1995, S. I-4921 Rn. 246, der die Tatsache, dass der Transfer von Spielern aus Drittstaaten nach Ablauf ihrer Verträge durchaus weiter von einer Ablösezahlung abhängig gemacht werden kann, für durchaus problematisch hält.

160 EuGH, *Deliege*, Rs. C-51/96, Slg. 2000, S. I-2549, hierzu auch *Röthel*, EuZW 2000, 375 (379 ff.); *Streinz*, SpuRt 2000, 221 ff.

161 EuGH, *Deliege*, Rs. C-51/96, Slg. 2000, S. I-2549 Rn. 45 f.; so bereits Schlussanträge, GA *Cosmas*, Rs. C-51/96, Slg. 2000, S. I-2549 Rn. 26, 46.

und ihrem daraus entspringendem Selbstregulierungsrecht gedeckt seien und die Freizügigkeitsregelungen aus diesem Grund schon nicht anwendbar seien.[162]

Der Gerichtshof hingegen bestätigte seine Rechtsprechung zur Anwendbarkeit des Unionsrechts auf den Sport insoweit, als die sportliche Tätigkeit zum Wirtschaftsleben gehört. Dabei bezog er sich zur Begründung ausdrücklich auf die Erklärung Nr. 29 zum Vertrag von Amsterdam.[163] Bestätigt wurde zudem die bisherige Rechtsprechung in *Walrave & Koch* und *Bosman*, wonach Regelungen die Freizügigkeitsbestimmungen nicht verletzen, wenn sie mit dem spezifischen Charakter und Rahmen der sportlichen Begegnungen zusammenhängen und den Sport als solchen betreffen; einer generellen Bereichsausnahme für den Sport erteilte der Gerichtshof auch an dieser Stelle eine Absage.[164]

In der Folge entschied der EuGH, dass Auswahlregeln, wie sie von den Judo-Verbänden aufgestellt werden und den Zugang zu Wettbewerben eingrenzen, nicht als Verletzung der Dienstleistungsfreiheit zu sehen sind. Die mit den Auswahlregelungen verbundenen Beschränkungen, die unausweichlich mit bestimmten Auswahlkriterien einhergehen, seien für internationale Wettbewerbe notwendige Beschränkungen. Aufgrund der besonderen Strukturen im Bereich des Sports seien die nationalen Verbände letztlich am besten dafür geeignet, eine Auswahlentscheidung zu treffen.[165] Die Nachteile, die *Deliege* infolge der Auswahl anderer Judokas entstanden, waren von ihr hinzunehmen. Eine Verletzung von Unionsrecht war hiermit nicht verbunden.

6. Lehtonen[166]

Das kurz darauf folgende Urteil in der Sache des finnischen Basketballspielers *Jyri Lehtonen* griff die wesentlichen Argumente der Sache *Deliege* auf. Die Vorlageentscheidung betraf die Frage, ob es den Freizügigkeits- und Wettbewerbsbestimmungen zuwider laufe, wenn ein Berufsspieler mit der Staatsangehörigkeit eines Mitgliedstaates von einem Verein nicht mehr erstmalig innerhalb einer laufenden Spielzeit eingesetzt werden darf, falls er nach einem bestimmten Zeitpunkt verpflichtet wurde.

---

162 Schlussanträge, GA *Cosmas*, Rs. C-51/96, Slg. 2000, S. I-2549 Rn. 74 ff.

163 EuGH, *Deliege*, Rs. C-51/96, Slg. 2000, S. I-2549 Rn. 41 f.; hierzu oben B.II.1.

164 EuGH, *Deliege*, Rs. C-51/96, Slg. 2000, S. I-2549 Rn. 43; so auch in EuGH, *Bosman*, Rs. C-415/93, Slg. 1995, S. I-4921 Rn. 76.

165 EuGH, *Deliege*, Rs. C-51/96, Slg. 2000, S. I-2549 Rn. 67 f.

166 EuGH, *Lehtonen*, Rs. C-176/96, Slg. 2000, S. I-2681; hierzu auch *Röthel*, EuZW 2000, 375 (379 ff.); *Streinz*, SpuRt 2000, 221 ff.

Nach Bestätigung der Anwendbarkeit des Unionsrechts und insbesondere der Bestimmungen zur Freizügigkeit, stellte der Gerichtshof fest, dass die in Frage stehenden Regeln ein Hindernis für die Freizügigkeit der Arbeitnehmer bedeuten.[167] Während somit im Urteil zu *Deliege* eine Verletzung von Unionsrecht abgelehnt wurde, sah der Gerichtshof eine solche als gegeben und verneinte darüber hinaus auch eine Rechtfertigung.

Sowohl Sportverbände als auch die Stellung nehmenden Regierungen führten nichtwirtschaftliche Gründe für die Aufstellung der Regeln an, um eine Rechtfertigung zu begründen. Die Festsetzung einer Frist für Spielertransfers verfolge in erster Linie den rein sportlichen Zweck, und zwar, den geordneten Ablauf sportlicher Wettkämpfe und vor allem der Play-Off Entscheidungen sicherzustellen, da anderenfalls der sportliche Wert einer Mannschaft im laufenden Wettbewerb erheblich verändert werden könnte. Zwar erkannte der Gerichtshof diese Erwägungen dem Grunde nach an, erachtete sie jedoch als zu weitgehend und in Anbetracht des Zwecks nicht erforderlich.[168] Dies beruhte auf dem Umstand, dass die Regelungen unterschiedliche Fristen für den Transfer von Spielern aus Mitgliedstaaten und Spielern außerhalb der Union vorsahen. Letztlich überließ es der Gerichtshof dem vorlegenden belgischen Gericht, die Frage der Rechtfertigung endgültig zu entscheiden, wobei sportliche Gründe hierbei zuvorderst zu berücksichtigen seien.[169]

7. Kolpak[170]

Maros Kolpak, slowakischer Staatsangehöriger und Handballtorwart, schloss im Jahr 1997 einen auf drei Jahre befristeten Arbeitsvertrag mit dem deutschen Zweitligisten TSV Östringen e. V.. Er bezog ein monatliches Gehalt, hatte seinen Wohnsitz in Deutschland und verfügte über eine gültige Aufenthaltserlaubnis. Gemäß der Spielordnung des Deutschen Handballbundes (DHB) durften in den Bundesligen je Mannschaft höchstens zwei Spieler eingesetzt werden, die nicht Staatsangehörige eines Mitgliedstaates der EU bzw. eines EU-assoziierten Drittstaates sind, die im Hinblick auf die Freizügigkeitsbestimmungen gleichgestellt sind. *Maros Kolpak* wurde vom DHB als solcher Spieler eingestuft und erhielt einen Spielerausweis mit der entsprechenden Beschränkung. Hiergegen

167 EuGH, *Lehtonen*, Rs. C-176/96, Slg. 2000, S. I-2681 Rn. 49.

168 EuGH, *Lehtonen*, Rs. C-176/96, Slg. 2000, S. I-2681 Rn. 56.

169 EuGH, *Lehtonen*, Rs. C-176/96, Slg. 2000, S. I-2681 Rn. 59.

170 EuGH, *Kolpak*, Rs. C 438/00, Slg. 2003, S. I-4135; hierzu auch *Holzke*, SpuRt 2004, 1 ff.; *Weiß*, SpuRt 2003, 157 f.

erhob der Spieler erfolgreich Klage, unter Berufung auf Art. 48 EGV (jetzt Art. 45 AEUV) und auf Art. 38 Abs. 1 des Assoziierungsabkommens zwischen der EG und der Slowakei.[171] Letzteres besagte, dass Staatsangehörige der Slowakei, die in einem Mitgliedstaat rechtmäßig beschäftigt sind, so zu behandeln sind, dass ihnen hinsichtlich der Arbeitsbedingungen, der Entlohnung und der Entlassung keine Benachteiligung aus Gründen der Staatsangehörigkeit entsteht. Gegen das erstinstanzliche Urteil legte der DHB Berufung vor dem OLG Hamm ein, das wiederum dem Gerichtshof die Frage zur Vorabentscheidung vorlegte, ob Art. 38 Abs. 1 des Assoziierungsabkommens der entsprechenden Regelung des DHB entgegensteht.

Obgleich die Slowakei mittlerweile Mitgliedstaat der Union geworden ist, bleibt die Entscheidung weiterhin von Bedeutung, zum einen, weil der Gerichtshof seine bisherigen Entscheidungen aufgreift und weiterführt, zum anderen hat die EU eine Vielzahl weiterer Assoziierungsabkommen mit anderen Staaten geschlossen. Darüber hinaus wurden mit einigen Ländern Partnerschaftsabkommen vereinbart, die nicht auf einen künftigen Beitritt abzielen, sondern auf politischen Dialog und verstärkte Handelskooperation ausgerichtet sind.[172] Diese Abkommen enthalten zumindest teilweise den Assoziierungsabkommen entsprechende Regelungen, weshalb die Entscheidungen zu Letzteren übertragbar sind.[173]

Der Gerichtshof bestätigte unter Berufung auf sein Urteil in der Sache *Pokrzeptowicz-Meyer*[174], die das Assoziierungsabkommen mit Polen betraf, dass Art. 38 Abs. 1 des Assoziierungsabkommens unmittelbar anwendbar ist und sich Einzelne daher auf die Bestimmung berufen können. Dabei richte sich Art. 38 Abs. 1 des Assoziierungsabkommens nicht nur an Behörden, sondern müsse gleichermaßen für Sportverbände gelten, da sie zur kollektiven Regelung unselbstständiger Arbeit erlassen.[175] Insofern verweist der Gerichtshof auf seine Rechtsprechung in den Rechtssachen *Walrave & Koch*, *Donà* und vor allem *Bosman*.[176] Die Regelung des DHB erachtete der Gerichtshof als Hindernis für die Freizügigkeit der Arbeitnehmer und sah daher einen Verstoß der Verbandsvorschrift gegen

---

171 ABl. 1994, L 359, S. 1.

172 Z.B. die Partnerschaftsabkommen mit Russland, ABl. 1997, L 327, S. 3, oder der Ukraine, ABl. 1998, L 049, S. 3.

173 So geschehen in der Entscheidung *Simutenkov*, unten C.I.8.

174 EuGH, *Pokrzeptowicz-Meyer*, Rs. C-162/00, Slg. 2002, S. I-1049 Rn. 19 ff.

175 EuGH, *Kolpak*, Rs. C 438/00, Slg. 2003, S. I-4135 Rn. 36 f.

176 EuGH, *Kolpak*, Rs. C 438/00, Slg. 2003, S. I-4135 Rn. 31 f.; so auch Schlussanträge, GA *Stix-Hackl*, Rs. C 438/00, Slg. 2003, S. I-4135 Rn. 54.

das Gleichbehandlungsgebot des Art. 38 Abs. 1 des Assoziierungsabkommens gegeben.[177]

In der Folge verblieb die Frage, ob die Regelung des DHB aus sportlichen Gründen gerechtfertigt sein könnte.[178] Der Verband hatte argumentiert, dass die Regelung seiner Spielordnung rein sportlichen Zielen diene und die Entscheidung über eine solche Ausländerklausel in Anbetracht der durch das Grundgesetz geschützten Vereinigungsfreiheit allein dem jeweiligen Verband zustehe.[179] Der Gerichtshof verwies jedoch auf die Ähnlichkeit der Regelung zu derjenigen im Fall *Bosman* und konnte nicht feststellen, dass die Regelung einzig sportlichen Zielen dienen könnte. Das Ziel, mit Hilfe der Ausländerklauseln eine Reserve an einheimischen Spielern zu schaffen, erkannte der EuGH nicht an, da auch jungen deutschen Spielern die Möglichkeit offenstehe, im Ausland an den Hochleistungssport herangeführt zu werden und im Übrigen eine unbegrenzte Anzahl an Spieler aus anderen Mitgliedstaaten eingesetzt werden kann.[180]

8. Simutenkov[181]

Mit dem Urteil in der Rechtssache des russischen Profifußballers *Igor Simutenkov* knüpfte der Gerichtshof unmittelbar an seine Rechtsprechung im Fall *Kolpak* an.[182] *Simutenkov* war als Spieler beim spanischen Verein CD Teneriffa beschäftigt, hatte seinen Wohnsitz in Spanien und besaß eine Lizenz des spanischen Fußballverbandes RFEF als Spieler ohne Staatsangehörigkeit eines Mitgliedstaates der Union. Im Jahr 2001 stellte er beim RFEF einen Antrag auf Erteilung einer Lizenz, die derjenigen der Spieler aus den Mitgliedstaaten der Union entsprechen sollte. Er berief sich dabei auf das Partnerschaftsabkommen zwischen der Gemeinschaft und Russland,[183] das in Art. 23 Abs. 1 bestimmte, dass rechtmäßig beschäftigte russische Staatsangehörige hinsichtlich Arbeitsbedingungen, Entlohnung und Entlassung aufgrund ihrer Staatsangehörigkeit nicht ungleich behandelt werden dürfen. Der Antrag wurde vom RFEF abgelehnt. Nach den Verbandsstatuten

177 EuGH, *Kolpak*, Rs. C 438/00, Slg. 2003, S. I-4135 Rn. 49 ff.

178 EuGH, *Kolpak*, Rs. C 438/00, Slg. 2003, S. I-4135 Rn. 52 ff.

179 Schlussanträge, GA *Stix-Hackl*, Rs. C 438/00, Slg. 2003, S. I-4135 Rn. 29.

180 EuGH, *Kolpak*, Rs. C 438/00, Slg. 2003, S. I-4135 Rn. 56.

181 EuGH, *Simutenkov*, Rs. 265/03, Slg. 2005, S. I-2579, hierzu *Streinz*, Spurt 2005, 158 f.; *Hendrickx*, ISLJ 2005/3-4, 13 ff.

182 Die Rechtsprechung in den Sachen *Kolpak* und *Simutenkov* wurde in der Folge vom Gerichtshof erneut bestätigt, diesmal bezogen auf das Assoziierungsabkommen mit der Türkei, EuGH, *Nihat Kavheci*, Rs. C-152/08, Slg. 2008, S. I-6291.

183 ABl. 1997, L 327, S. 1.

durften darüber hinaus in Punktspielen höchstens drei Spieler ohne Staatsangehörigkeit eines Mitgliedstaates der Union oder des EWR teilnehmen.

Der Gerichtshof bestätigte seine Rechtsprechung in der Sache *Kolpak* und bejahte daher sowohl die unmittelbare Anwendbarkeit des Partnerschaftsabkommens als auch die unmittelbare Drittwirkung der Bestimmungen, wiederum im Einklang mit seiner Entscheidung in der Rechtssache *Bosman.*[184] Die unterschiedliche Zielsetzung des auf verstärkte Zusammenarbeit ausgerichteten Partnerschaftsabkommens einerseits und des auf eine schrittweise Integration abzielenden Abkommens mit der Slowakei in der Sache *Kolpak* andererseits gab dem EuGH keine Veranlassung zu einer abweichenden Entscheidung.[185] Beide Abkommen sollten gewährleisten, dass Ungleichbehandlungen hinsichtlich der Arbeitsbedingungen im Vergleich zu Angehörigen von Mitgliedstaaten ausgeschlossen sind. Eine solche Ungleichbehandlung ergebe sich jedoch aus der Regelung des RFEF, die sich auf die Arbeitsbedingungen und den Kern der von Profispielern ausgeübten Tätigkeit auswirkt.[186] Hatte der Gerichtshof in seinen Entscheidungen in den Fällen *Bosman* und *Kolpak* noch eine Rechtfertigung der Ausländerklausel geprüft, so beschränkte er sich nunmehr auf die Feststellung, dass sportliche Erwägungen eine solche in diesen Fällen nicht begründen können.[187]

9. Meca-Medina[188]

Mit *Meca-Medina* folgte im Jahr 2006 eine Entscheidung, die ähnliche Wellen schlug wie zuvor schon *Bosman.*[189] Es waren aber weniger die Grundfreiheiten und deren Verhältnis zum Sport, als vielmehr Regelungen von Sportverbänden und deren Auswirkungen auf das Wettbewerbsrecht, über die der Gerichtshof zu befinden hatte. Die Auseinandersetzung mit dem Wettbewerbsrecht im Hinblick auf Regelungen von Sportverbänden hatte der Gerichtshof bis dahin entweder vermieden oder erhielt nicht die Gelegenheit, eine Entscheidung zu treffen.[190]

---

184 EuGH, *Simutenkov*, Rs. 265/03, Slg. 2005, S. I-2579 Rn. 33.

185 EuGH, *Simutenkov*, Rs. 265/03, Slg. 2005, S. I-2579 Rn. 35 f.; so auch Schlussanträge, GA *Stix-Hackl*, Rs. 265/03, Slg. 2005, S. I-2579 Rn. 35.

186 EuGH, *Simutenkov*, Rs. 265/03, Slg. 2005, S. I-2579 Rn. 37 f.

187 EuGH, *Simutenkov*, Rs. 265/03, Slg. 2005, S. I-2579 Rn. 38.

188 EuGH, *Meca-Medina*, Rs. C-519/04, Slg. 2006, S. I-6991.

189 Kritisch hierzu *Infantino*, SpuRt 2007, 12 ff., *Olfers*, ISLJ 2008/1–2, 93 f.; dagegen *Pfister*, SpuRt 2007, 58 f.; *Weatherill*, in: Biondi/Eeckhout/Ripley, EU Law after Lisbon, S. 407 f.; *Weatherill*, ECLR 2006, 645 ff.

190 Siehe EuGH, *Bosman*, Rs. C-415/93, Slg. 1995, S. I-4921 Rn. 138; hierzu auch oben Fn. 144; eine weitere, in diese Richtung gehende Entscheidung des Gerichtshofes zum

David Meca-Medina und *Igor Maicen*, berufsmäßige Langstreckenschwimmer aus Spanien und Slowenien, wurden bei der Weltmeisterschaft 1999 positiv auf Nandrolon getestet und daraufhin gemäß den Bestimmungen des Doping Codes des Weltschwimmverbandes (FINA) für vier Jahre gesperrt. Die Sperre wurde vom Court of Arbitration for Sport (CAS)[191] im Februar 2000 zunächst bestätigt.[192] In der Folge legten die betroffenen Sportler Beschwerde bei der Kommission ein, um Verstöße gegen Art. 81, 82 EGV (Art. 101, 102 AEUV) durch die Anti-Doping Bestimmungen zu rügen.[193] Da diese zurückgewiesen wurde, erhoben *Meca-Medina* und *Majcen* gegen die Entscheidung der Kommission Klage vor dem Gericht,[194] um nach deren Abweisung das Rechtsmittelverfahren vor dem Gerichtshof zu betreiben.

Das Gericht hatte noch entschieden, dass die Doping-Regeln der FINA auf rein sportlichen Erwägungen beruhen und aus diesem Grund nicht in den Geltungsbereich der Grundfreiheiten oder der Wettbewerbsbestimmungen fallen. Voraussetzung hierfür sei vielmehr, dass Regelungen der Sportverbände wirtschaftliche Auswirkungen hervorrufen.[195] Das Gericht lehnte dabei bereits eine Beschränkung der Grundfreiheiten bzw. des Wettbewerbs ab und behandelte die Erwägungen zu sportlichen bzw. wirtschaftlichen Aspekten nicht auf Ebene der Rechtfertigung. Dies bedeutete letztlich eine Bereichsausnahme für rein sportliche Betätigungen.[196] Über hiermit verbundene Fragen und Regelungen hätten

---

Verhältnis von Wettbewerbsrecht und Regelungen von Sportverbänden ist bislang ausgeblieben. Das Verfahren Rs. C-243/06 des belgischen Fußballclubs SA Chaleroi, unterstützt von der Organisation der bedeutendsten europäischen Fußballvereine, G14, gegen die FIFA die Vereinbarkeit der FIFA Statuten betreffend, die eine Pflicht zur Abstellung von Vereinsspielern für Spiele der Nationalmannschaften vorsahen, mit dem europäischen Wettbewerbsrecht, wurde gestrichen, nachdem sich die Parteien letztlich einigen konnten; hierzu auch *Heermann*, causa sport 2008, 111 ff.

191 Meca-Medina and Majcen v. FINA, Entscheidung vom 29.02.2000, CAS 99/A/234 und CAS99/A/235 (nicht veröffentlicht); siehe zum CAS allgemein bereits Fn. 109.

192 Mit Schiedsspruch vom 23.05.2001 reduzierte der CAS die Sperre auf zwei Jahre, siehe EuGH, *Meca-Medina*, Rs. C-519/04, Slg. 2006, S. I-6991 Rn. 13.

193 KOM, *Meca-Medina*, Entscheidung vom 01.08.2002, COMP/38158, hierzu unter D.I.3.

194 EuG, *Meca-Medina*, Rs. T-313/02, Slg. 2004, S. II-3291; hierzu und zur Entscheidung der Kommission *Schroeder*, SpuRt 2006, 1 ff.; *Weatherill*, ECLR 2005, 416 ff.; *Blackshaw*, ISLJ 2005/3–4, 51 f.

195 EuG, *Meca-Medina*, Rs. T-313/02, Slg. 2004, S. II-3291 Rn. 44 ff.; hierzu auch die Schlussanträge, GA *Léger*, Rs. C 519/04, Slg. 2006, S. I-6991 Rn. 18 ff.

196 EuG, *Meca-Medina*, Rs. T-313/02, Slg. 2004, S. II-3291 Rn. 47.

die mit der Beilegung rein sportlicher Streitigkeiten betrauten Stellen – in erster Linie die Verbandsgerichtsbarkeit – zu entscheiden.[197]

Diesen Ausführungen trat der Gerichtshof im Rechtsmittelverfahren entgegen. Der bloße Umstand, dass eine Regelung rein sportlichen Charakters ist, führe nicht dazu, dass die Ausübung der jeweiligen Sportart sowie die Tätigkeit der Sportverbände und -vereine nicht in den Geltungsbereich der Verträge fallen. Vielmehr müssen sich diesbezügliche Regelungen und Praktiken an den Rahmen der sich aus den Verträgen ergebenden Verpflichtungen halten.[198] Eine generelle Bereichsausnahme könne auch für Bestimmungen rein sportlichen Charakters nicht angenommen werden.[199] Auf eine Verletzung der Grundfreiheiten ging der EuGH nicht weiter ein, stellte lediglich fest, dass eine Regelung, die in Bezug auf die Grundfreiheiten als nicht wirtschaftlich anzusehen ist, dennoch dem Tatbestand der Wettbewerbsregeln unterfallen kann.[200]

Ob die Regelungen tatsächlich einen Verstoß im Hinblick auf Art. 81, 82 EGV (Art. 101, 102 AEUV) darstellten, ließ der Gerichtshof offen. Er beschränkte sich unter Anwendung des dreistufigen *Wouters*-Tests[201] auf die Feststellung, dass die Regelungen der FINA trotz eines etwaigen Verstoßes jedenfalls gerechtfertigt seien, da mit ihnen ein legitimer Zweck verfolgt wird.[202] Allgemeines Ziel der Anti-Doping Regeln ist der faire Ablauf der Sportwettkämpfe und die damit einhergehende Gewährleistung der Chancengleichheit, Gesundheit, Ehrlichkeit und Objektivität des Wettkampfes. Sanktionen seien erforderlich, um die Einhaltung des Dopingverbotes sicherzustellen und eine hierdurch hervorgerufene Wettbewerbsbeschränkung im Sinne von Art. 81 EGV (Art. 101 AEUV) sei mit dem angestrebten Ziel untrennbar verbunden.[203] Der mit einer Regelung rein sportlichen Charakters verbundene legitime Zweck kann insoweit zu einer Rechtfertigung einer Beschränkung führen, als

---

197 EuG, *Meca-Medina*, Rs. T-313/02, Slg. 2004, S. II-3291 Rn. 67; die Entscheidung des Gerichts stieß vor allem auf Seiten der Sportverbände auf großen Zuspruch, vgl. stellvertretend für die UEFA *Infantino*, SpuRt 2007, 12 ff.

198 EuGH, *Meca-Medina*, Rs. C-519/04, Slg. 2006, S. I-6991 Rn. 27 f.

199 EuGH, *Meca-Medina*, Rs. C-519/04, Slg. 2006, S. I-6991 Rn. 26; so auch in EuGH, *Bosman*, Rs. C-415/93, Slg. 1995, S. I-4921 Rn 76 und EuGH, *Deliege*, Rs. C-51/96, Slg. 2000, S. I-2549 Rn. 43.

200 EuGH, *Meca-Medina*, Rs. C-519/04, Slg. 2006, S. I-6991 Rn. 33.

201 Hierzu eingehend unter C.II.3.b. und D.II.3.

202 EuGH, *Meca-Medina*, Rs. C-519/04, Slg. 2006, S. I-6991 Rn. 45.

203 EuGH, *Meca-Medina*, Rs. C-519/04, Slg. 2006, S. I-6991 Rn. 44 ff.

die entsprechenden Regelungen nicht über das zur Erreichung dieses Zweckes Erforderliche hinausgehen.[204]

10. MOTOE[205]

Der Fall *MOTOE* hatte nur am Rande tatsächlich Bezug zum Sport. Dennoch haben sowohl der Gerichtshof, als auch die Generalanwältin *Kokott* Aussagen zum Verhältnis von Sport und europäischem Wettbewerbsrecht getroffen.

Das griechische Straßenverkehrsrecht sah einen Genehmigungsvorbehalt unter anderem für Motorradrennen vor. Eine solche Genehmigung beantragte der auf den Betrieb derartiger Rennen spezialisierte griechische Verband *MOTOE* beim zuständigen Ministerium, welches erfolglos versuchte, das erforderliche Einvernehmen des griechischen Automobil- und Reiseverbandes (ELPA) einzuholen. Letzterer veranstaltete selbst Motorradrennen und schloß in deren Rahmen Sponsoring-, Werbe- und Versicherungsverträge ab. Der ELPA unterlag bei der Erteilung der Genehmigung keiner Kontrolle oder Bindung und nahm damit eine Doppelrolle ein, indem er einerseits selbst Rennen im eigenen Interesse veranstaltete, andererseits aber die Entscheidung beeinflussen konnte, ob und inwieweit dies anderen Verbänden zu gestatten sei.[206] Die Klage von *MOTOE* vor den nationalen Gerichten wurde zunächst abgewiesen, letztlich wurde jedoch ein Vorabentscheidungsverfahren vor dem Gerichtshof eingeleitet um zu klären, ob die Praktiken des ELPA unter Art. 82 und Art. 86 EGV (Art. 102 und Art. 106 AEUV) fallen und mit diesen Vorschriften vereinbar sind.

Die den Sport betreffenden Passagen des Urteils behandeln die Prüfung des Unternehmensbegriffs.[207] Der Gerichtshof stellte klar, dass jede eine wirtschaftliche Tätigkeit ausübende Einrichtung unabhängig von ihrer Rechtsform und der Art ihrer Finanzierung dem Begriff des Unternehmens im Sinne der Art. 81 ff. EGV (Art. 101 ff. AEUV) unterfällt, weshalb auch Sportverbände vom Anwen-

---

204 EuGH, *Meca-Medina*, Rs. C-519/04, Slg. 2006, S. I-6991 Rn. 47 f.; so auch schon EuGH, *Lehtonen*, Rs. C-176/96, Slg. 2000, S. I-2681 Rn. 57 und EuGH, *Bosman*, Rs. C-415/93, Slg. 1995, S. I-4921 Rn. 127; siehe zur Prüfung der Vereinbarkeit von sportlichen Regelwerken mit den Wettbewerbsregeln auch *Kienapfel/Stein*, EC Competition Policy Newsletter Nr. 3 2007, S. 6 ff.

205 EuGH, *MOTOE*, Rs. C-49/07, Slg. 2008 S. I-4863, hierzu *Weatherill*, ISLJ 2009/1–2, 3 ff.

206 Schlussanträge, GA *Kokott*, Rs. C-49/07, Slg. 2008 S. I-4863 Rn. 28.

207 Kritisch zur Anwendung des Unternehmensbegriffs auf Sportverbände durch EuGH und Kommission *Subiotto*, ECLR 2010, 323.

dungsbereich der Vorschriften erfasst sind. Trotz des Bezugs zum Sport ging der Gerichtshof nicht – wie seit den Rechtssachen *Walrave & Koch* und *Donà* üblich – auf einer ersten Prüfungsstufe darauf ein, ob die Tätigkeit aufgrund dieses Bezugs überhaupt zum Wirtschaftsleben im Sinne von Art. 2 EGV gehört und damit in den Anwendungsbereich der Verträge einbezogen ist. Vielmehr stellte er bei der Prüfung, ob ELPA ein Unternehmen im Sinne der Wettbewerbsvorschriften sei, mit Verweis auf seine Rechtsprechung zu *Walrave & Koch* und *Bosman* fest, dass es der Anwendung der Verträge nicht entgegenstehe, wenn eine wirtschaftliche Tätigkeit eine Verbindung zum Sport aufweist. Dies gelte auch im Zusammenhang mit dem Wettbewerbsrecht.[208]

Somit wurde diese bisherige erste Prüfungsstufe vom Gerichtshof im Rahmen der Überprüfung des Unternehmensbegriffs abgehandelt und damit ein anderer Ansatzpunkt gewählt. War bislang maßgeblich, ob sportliche Tätigkeiten – und somit auch solche von Sportverbänden und -vereinen – Teil des Wirtschaftslebens sind und daher anhand der Verträge zu messen sind, steht nun fest, dass jede wirtschaftliche Tätigkeit den Verträgen unterfällt und ein etwaiger Bezug zum Sport keine andere Betrachtung rechtfertigt. Auch die Generalanwältin betonte diesbezüglich die wirtschaftliche Dimension des Sports und stellte klar, dass entscheidendes Kriterium ist, ob es sich trotz sportlichen Bezugs um eine wirtschaftliche Tätigkeit handelt.[209] Zudem arbeitete sie zu Beginn ihrer Ausführungen entgegen der vom Gerichtshof gewählten Prüfungssystematik heraus, dass es keine Bereichsausnahme für den Sport gebe, unter Berufung auf die Erklärungen von Amsterdam und Nizza sowie auf das Weißbuch Sport der Kommission. Auch die Aufnahme des Sports in das Primärrecht durch den Vertrag von Lissabon wurde in diesem Zusammenhang hervorgehoben.[210]

In der Ausgestaltung der angegriffenen Regelung, wonach die Genehmigung zur Veranstaltung der Wettbewerbe vom Einverständnis des ELPA abhängt, der wiederum selbst derartige Wettkämpfe veranstaltet, sah der Gerichtshof einen Verstoß gegen Art. 82 und Art. 86 EGV (Art. 102 und Art. 106 AEUV). Denn der ELPA verschafft sich durch die Befugnis, über die Veranstaltung von Motorradrennen und die Wettbewerbsbedingungen zu bestimmen, einen eindeutigen Vorteil gegenüber seinen Wettbewerbern.[211]

---

208 EuGH, *MOTOE*, Rs. C-49/07, Slg. 2008 S. I-4863 Rn. 22.

209 Schlussanträge, GA *Kokott*, Rs. C-49/07, Slg. 2008 S. I-4863 Rn. 38.

210 Schlussanträge, GA *Kokott*, Rs. C-49/07, Slg. 2008 S. I-4863 Rn. 25 ff.

211 EuGH, *MOTOE*, Rs. C-49/07, Slg. 2008 S. I-4863 Rn. 51.

11. Bernard[212]

Im ersten Urteil mit Bezug zum Sport nach dem Inkrafttreten des Vertrages von Lissabon hatte sich der Gerichtshof wiederum mit Regelungen von Sportverbänden und deren Verhältnis zu den Grundfreiheiten auseinanderzusetzen. Die in Streit stehende Bestimmung der Berufsfußball-Charta des französischen Fußballverbandes (FFF) betraf Espoir-Spieler im Alter von 16 bis 22 Jahren, die einen Ausbildungsvertrag bei einem professionellem Verein unterzeichnet hatten. Espoir-Spieler waren nach Abschluss der Ausbildung verpflichtet, ein etwaiges Vertragsangebot ihres Ausbildungsvereins anzunehmen. Für den Fall der Ablehnung sah die Regelung eine Sperre von drei Jahren für die Tätigkeit bei einem französischen Verein vor. Olivier Bernard lehnte ein entsprechendes Angebot seines Ausbildungsvereins Olympique Lyonnais ab, unterschrieb stattdessen beim englischen Erstligisten Newcastle United und wurde aufgrund dieses Vertrags von Olympique Lyonnais auf Schadensersatz verklagt, gestützt auf Vorschriften des französischen Arbeitsgesetzbuches. Nachdem der Schadensersatz in zweiter Instanz vor dem Cour d'appel abgelehnt wurde, legte Olympique Lyonnais hiergegen Rechtsmittel ein, woraufhin das Cour de cassation ein Vorabentscheidungsverfahren vor dem Gerichtshof einleitete.

Der Gerichtshof hatte darüber zu entscheiden, ob die Regelung der Berufsfußball-Charta des FFF gegen den Grundsatz der Arbeitnehmerfreizügigkeit gemäß Art. 39 EGV (Art. 45 AEUV) verstoße und ob die Regelung gegebenenfalls gerechtfertigt sei.

Entsprechend seiner bisherigen Rechtsprechung bestätigte der Gerichtshof, dass die Tätigkeit eines Berufsfußballspielers vom Geltungsbereich des Unionsrechts erfasst wird und insbesondere dem Anwendungsbereich der Grundfreiheit der Arbeitnehmerfreizügigkeit unterfällt. Auch die kollektiven Regelungen von Sportverbänden seien hieran zu messen.[213] Der Gerichtshof sah in der Regelung des FFF zudem eine Beschränkung der Arbeitnehmerfreizügigkeit, da ein Espoir-Spieler aufgrund der drohenden Schadensersatzforderung davon abgehalten werden kann, nach Ende seiner Ausbildungszeit zu einem Verein in einem anderen Mitgliedstaat zu wechseln.[214]

---

212 EuGH, *Bernard*, Rs. C-325/08, Slg. 2010, S. I-2177; hierzu auch *Dahm*, EuZW 2010, 342 ff.; *Eichel*, EuR 2010, 685 ff.; *Weatherill*, ISLJ 2010/1–2, 3 ff.

213 EuGH, *Bernard*, Rs. C-325/08, Slg. 2010, S. I-2177 Rn. 30.

214 EuGH, *Bernard*, Rs. C-325/08, Slg. 2010, S. I-2177 Rn. 35; Schlussanträge, GA *Sharpston*, Rs. C-325/08, Slg. 2010, S. I-2177 Rn. 40 f.

Im Rahmen der anschließenden Prüfung der Rechtfertigung betont der Gerichtshof zunächst unter Verweis auf seine *Bosman*-Rechtsprechung[215] die soziale und erzieherische Bedeutung des Sports und sieht aufgrund dessen die Anwerbung, Ausbildung und Förderung junger Spieler grundsätzlich als legitimen Zweck an.[216] In dieser Ansicht sieht sich der Gerichtshof durch die ausdrückliche Erwähnung dieser Aspekte des Sports in Art. 165 Abs. 1 Unterabs. 2 AEUV bestärkt.[217] Eine Regelung, die eine Ausbildungsentschädigung vorsieht, falls ein Spieler nach Ende des Ausbildungsvertrages zu einem anderen Verein wechselt, kann daher gerechtfertigt sein, da die kostspielige Ausbildung und Förderung der jungen Talente immer auch unter der Voraussetzung geschieht, dass durch den späteren Einsatz des Spielers im eigenen Verein eine gewisse Kompensation dieses finanziellen Aufwands erlangt werden kann.[218]

Eine solche Regelung ist jedoch nur dann gerechtfertigt, wenn sie nicht über das hinausgeht, was zur Erreichung des legitimen Zwecks unbedingt erforderlich ist. Da die streitige Bestimmung der Charta des FFF vorliegend keine Vorgaben zum Umfang einer solchen Entschädigung machte und der verlangte Schadensersatz nicht an der Höhe der Ausbildungskosten, sondern vielmehr anhand der Höhe des gesamten Schadens bemessen wurde, konnte die Regelung diese Voraussetzung nicht erfüllen. Die Rechtfertigung wurde vom Gerichtshof daher abgelehnt.[219]

12. Karen Murphy[220]

Auch die Entscheidung des Gerichtshof zur Rechtssache *Karen Murphy* weist zumindest im weiteren Sinne Bezug zum Sport auf. Die Ausführungen des Ge-

---

215 EuGH, *Bosman*, Rs. C-415/93, Slg. 1995, S. I-4921 Rn. 105 f., siehe oben C.4.

216 EuGH, *Bernard*, Rs. C-325/08, Slg. 2010, S. I-2177 Rn. 39; so auch die Schlussanträge, GA *Sharpston*, Rs. C-325/08, Slg. 2010, S. I-2177 Rn. 45, 47, die diese Ansicht insbesondere auch auf die Erklärung von Nizza (siehe oben B.II.2.) und das Weißbuch Sport (siehe unten E.VIII.) stützt.

217 EuGH, *Bernard*, Rs. C-325/08, Slg. 2010, S. I-2177 Rn. 40.

218 EuGH, *Bernard*, Rs. C-325/08, Slg. 2010, S. I-2177 Rn. 42 ff.; womöglich erhält der Gerichtshof alsbald Gelegenheit zur erneuten Auseinandersetzung mit sportverbandlich normierten Ausbildungsentschädigungen, da sich zwischen der FIFA und dem ehemaligen Regionalligisten SV Wilhelmshaven ein diesbezüglicher Konflikt anbahnt, hierzu http://www.spiegel.de/sport/fussball/fussball-regionalliga-der-sv-wilhelmshaven-kaempft-gegen-die-fifa-a-958080.html, abgerufen am 30.06.2014.

219 EuGH, *Bernard*, Rs. C-325/08, Slg. 2010, S. I-2177 Rn. 46 ff.

220 EuGH, *Karen Murphy*, Rs. C-403/08, Slg. 2011, S. I-9083; hierzu auch *Vedder*, ZUM 2012, 190 ff.; *Poll*, SpuRt 2012, 5 ff.; *Heermann*, GRUR 2012, 791 ff.

richtshofs verdienen gerade angesichts der wenigen verfügbaren Urteile nach Verankerung des Sports in Art. 165 AEUV Beachtung.[221]

Zur grundsätzlichen Anwendbarkeit des Europarechts auf Sachverhalte mit Bezug zum Sport äußert sich der EuGH nicht. Hierfür gab es aufgrund der Ausgestaltung des Sachverhalts auch keinen Grund. Denn das Verhältnis des Sports zum Unionsrecht war nicht maßgeblicher Gegenstand des Urteils, wie bereits in der Entscheidung *MOTOE*. Lediglich die Generalanwältin stellte unter Berufung auf die Rechtssache *MOTOE* fest, dass ein faktischer Bezug zum Sport der Anwendung der Verträge auf eine wirtschaftliche Tätigkeit nicht entgegensteht.[222]

Gegenstand des Urteils ist der Empfang von Ausstrahlungen von Fußballspielen der englischen Premier League, für die vom Veranstalter des Ligabetriebs, FAPL,[223] territorial begrenzte Exklusivrechte vergeben werden, mittels einer griechischen Decoder-Karte in Großbritannien. Dabei setzte sich der Gerichtshof insbesondere mit der Frage auseinander, inwieweit die FAPL an den Begegnungen der englischen Fußballliga Urheberrechte geltend machen kann. Unter anderem hatte sich die FAPL auf solche Urheberrechte berufen und diese als Rechtfertigung für die von ihren Regelungen ausgehende Beschränkung der Dienstleistungsfreiheit gemäß Art. 56 AEUV angeführt.

Der Gerichtshof schloss ein solches Urheberrecht – zumindest auf europarechtlicher Ebene – aus. Sportereignisse könnten keinen urheberrechtlichen Schutz genießen, da sie keine geistigen Schöpfungen und daher kein Werk im Sinne der Urheberrechtsrichtlinie seien. Mit diesen Feststellungen begnügt sich der Gerichtshof allerdings nicht, sondern führt hierzu weiter aus, dass Sportereignisse als solche einzigartig sind und einen Originalcharakter aufweisen, die einen vergleichbaren Schutz verdienen, der von den nationalen Rechtsordnungen zu gewähren sei. Der Gerichtshof bezieht sich insofern ausdrücklich auf Art. 165 Abs. 1 Unterabs. 2 AEUV, wonach die Union zur Förderung der europäischen Dimension des Sports beiträgt und dabei unter anderem dessen besondere Merkmale berücksichtigt.[224] Vor diesem Hintergrund sind die weiteren Ausführungen zu lesen, wonach nationale Regelungen zum Schutz von Sportereignissen zwar

---

221 Der Gerichtshof hatte aufgrund der nationalen Ausgangsverfahren über eine Reihe von Rechtsfragen zu entscheiden, deren Beantwortung für die Thematik der vorliegenden Arbeit allerdings weniger relevant ist; dargestellt werden im Folgenden daher allein die für die Behandlung des Sports im Unionsrecht maßgeblichen Inhalte des Urteils.

222 Schlussanträge, GA *Kokott*, Rs. C-403/08, Slg. 2011, S. I-9083 Rn. 46.

223 Football Association Premier League.

224 EuGH, *Karen Murphy*, Rs. C-403/08, Slg. 2011, S. I-9083 Rn. 101.

eine Beschränkung der Dienstleistungsfreiheit darstellen, jedoch das Unionsrecht dieser Regelung in Anbetracht ihres rechtfertigenden Charakters und der Anerkennung der besonderen Merkmale des Sports in Art. 165 AEUV nicht entgegenstehen würde.[225] Ausdrücklich werden somit den Mitgliedstaaten Möglichkeiten aufgezeigt, Sportereignisse entsprechend zu schützen. Eine solche Regelung kann sich auf unionsrechtlicher Ebene insbesondere auf die von Art. 165 AEUV ausgehende Berücksichtigungspflicht stützen.

Darzustellen sind an dieser Stelle weitere Erwägungen der Generalanwältin Kokott. Die FAPL hatte als weitere Rechtfertigung vorgetragen, dass die Nutzung von griechischen Decoderkarten die Durchsetzung von Übertragungssperrzeiten erschwert, die für gewisse Zeitfenster vorgegeben sind und verhindern sollen, dass Fans vom Besuch der Stadien und der Teilnahme an Amateurspielen abgehalten werden. Im Erlass solcher Sperrzeiten sieht die Generalanwältin ein primär sportliches Interesse, welches im Unionsrecht anzuerkennen sei. Sie beruft sich dabei auf die Vorgaben Art. 165 AEUV. Eine rechtfertigende Berufung des Verbandes auf dieses sportliche Interesse scheitert letztlich allein an der fehlenden Notwendigkeit und Eignung der Sperrzeiten.[226]

II. Von Walrave über Bosman zu Karen Murphy – Fortentwicklung unter Beibehaltung bewährter Grundsätze

Regelungen und Praktiken von Sportverbänden kollidieren auf Eben des Unionsrechts entweder mit Bestimmungen zum Schutz der Grundfreiheiten oder aber mit wettbewerbsrechtlichen Vorschriften.[227] Fragen zur Vereinbarkeit sportverbandlicher Regelungen mit den Grundfreiheiten und dem Diskriminierungsverbot machen dabei den Großteil der Rechtsprechung des Gerichtshofs mit Sportbezug aus. Erst mit der Entscheidung *Meca-Medina* bezog der Gerichtshof auch Stellung zu wettbewerbsrechtlichen Aspekten. Auf diesem Gebiet war bis dahin allein die Kommission treibende Kraft bei der Beurteilung sportverbandlicher Praktiken. Ihre Entscheidungen werden im Anschluss dargestellt. In den folgenden Ausführungen wird die Rechtsprechung systematisiert und bewertetet.

Zunächst ist die Frage der Anwendbarkeit grundsätzlich zu klären, wozu sowohl auf Urteile zu den Grundfreiheiten als auch aus dem Bereich des Wettbewerbs-

225 EuGH, *Karen Murphy*, Rs. C-403/08, Slg. 2011, S. I-9083 Rn. 104.

226 Zum Ganzen die Schlussanträge, GA *Kokott*, Rs. C-403/08, Slg. 2011, S. I-9083 Rn. 203 ff.

227 Zu anderen möglichen Schnittpunkten mit dem Unionsrecht siehe *Streinz*, SpuRt 1998, 89 (94 ff.).

rechts zurückgegriffen werden kann. Im Anschluss hieran wird die Systematik der Rechtsprechung für die Bereiche der Grundfreiheiten und des Wettbewerbsrechts getrennt herausgearbeitet. Auf diese Ergebnisse wird bei der Auslegung sowie der Darstellung der Auswirkungen des Art. 165 AEUV zurückzugreifen sein, da das europäische Sportrecht im Vorfeld des Vertrages von Lissabon maßgeblich auf den Entscheidungen des Gerichtshofs beruht.

Dabei liegt ein Schwerpunkt der Untersuchung auf dem Umgang der Rechtsprechung mit den Besonderheiten des Sports. Diese besonderen Merkmale sind es, die das Verhältnis von Unionsrecht und Sportsektor entscheidend prägen, sei es bei der grundsätzlichen Frage, ob Unionsrecht überhaupt anwendbar ist, sei es bei der Frage, auf welche Weise es gegebenenfalls anzuwenden ist. Andere Aspekte und Prüfungspunkte werden im Zuge dessen zwar berührt, eine Auseinandersetzung hiermit ist jedoch für die Thematik der Arbeit nicht zielführend. Insofern wird an geeigneter Stelle auf weitergehende Literatur verwiesen.[228]

1. Anwendbarkeit des Unionsrechts

a. Sport als Teil des Wirtschaftslebens

Von der Anwendbarkeit der europarechtlichen Bestimmungen und vor allem der Grundfreiheiten auf Regelwerke und Praktiken von Sportverbänden geht der Gerichtshof seit seinen Urteilen in den Rechtssachen *Walrave* und *Dona* aus. Betroffen von solchen Regeln können nicht nur die Sportler selbst sein, sondern wie in den Fällen *Donà* und *Heylens* auch Trainer oder andere Personen aus dem Sportsektor. Voraussetzung ist, dass die jeweilige sportliche Betätigung eine wirtschaftliche Tätigkeit darstellt und daher insoweit dem Unionsrecht unterstellt ist, als sie zum Wirtschaftsleben gehört. Damit unterfällt vor allem der Bereich des (semi-) professionellen Sports dem Unionsrecht,[229] da nicht nur der allgegenwärtige Fußball, sondern nahezu alle Sportarten mittlerweile nicht zu unterschätzende wirtschaftliche Auswirkungen haben und die ökonomische und betriebswirtschaftliche Ebene heutzutage nicht mehr wegzudenken ist.[230]

---

228 Ähnliche Zusammenstellungen sind zu finden bei *Streinz*, SpuRt 1998, 1 ff., 45 ff., 89 ff.; *Parrish*, Sports law and policy in the European Union, S. 85 ff.; *Summerer*, in: Fritzweiler/Pfister/Summerer, Praxishandbuch Sportrecht, S. 611 ff.

229 Zum Amateursport siehe *Streinz*, SpuRt 1998, 1 (6); *Summerer*, in: Fritzweiler/Pfister/Summerer, Praxishandbuch Sportrecht, S. 595.

230 Zur wirtschaftlichen Bedeutung und zum Umfang, insbesondere der Spielertransfers im Fußball siehe die von der Kommission in Auftrag gegebene Studie *The Economic and Legal Aspects of Transfers of Players*, Januar 2013, S. 111 ff., abrufbar unter

Dabei ist es zunächst unerheblich, welchem Bereich der Tätigkeit eines Sportverbandes eine Regelung zu entnehmen ist. Zur Überprüfung vor dem Gerichtshof gelangten unter anderem Regelungen über die Organisation einer Sportart, wie etwa Transferbestimmungen oder Klauseln zur Zusammensetzung der Mannschaften, ebenso wie Anti-Doping-Regeln und auch Bestimmungen, die nicht unmittelbar die Ausübung der Sportart, sondern vielmehr Trainer oder Vermittler angehen.

b. Bereichsausnahme

Einer grundsätzlichen Bereichsausnahme für den Sport, auch als Sportvorbehalt bezeichnet, erteilt der Gerichtshof aufgrund der wirtschaftlichen Bedeutung des Sports von jeher eine Absage, auch wenn die Sportverbände wiederholt eine wirtschaftliche Tätigkeit abgestritten und ihre Autonomie betont haben. Der Gerichtshof lehnt die Bereichsausnahme dabei unter anderem unter Berufung auf die Erklärung von Amsterdam ab.

Die Versagung einer Bereichsausnahme bedeutet indes nicht, dass der professionelle Sport uneingeschränkt dem Unionsrecht und damit den Schranken der Grundfreiheiten unterworfen ist. Auch wenn diese Einschränkung in keinem Fall zur Anwendung kam, betonte der Gerichtshof immer wieder, dass bei rein sportlichen Regelungen, die etwa die Bildung oder die Begegnung von Nationalmannschaften betreffen, das Unionsrecht nicht zur Anwendung kommen sollte. Allerdings war in Anbetracht der Entwicklung auch der Nationalmannschaften hin zu einem vor allem von wirtschaftlichen Erwägungen gelenkten Sektor fraglich, ob eine klare Trennung von sportlichen und wirtschaftlichen Aspekten überhaupt noch möglich ist.[231] Konsequenterweise wird der Vorbehalt für Nationalmannschaften in der neueren Rechtsprechung zur Rechtssache *Bernard* nicht mehr erwähnt. Hieraus dürfte zu folgern sein, dass auch Regelungen zu Nationalmannschaften zukünftig einer Einzelfallüberprüfung unterliegen und nicht von vornherein dem Anwendungsbereich der Verträge entzogen sind.[232]

c. Regelungen rein sportlichen Charakters

Der Kommerzialisierung des Sports hat der Gerichtshof in seiner neueren Rechtsprechung in der Sache *Meca-Medina* Rechnung getragen und dadurch

---

http://ec.europa.eu/sport/library/documents/f-studies/cons-study-transfers-final-rpt.pdf, zuletzt abgerufen am 30.06..2014.

231 Kritisch zum Vorbehalt für Nationalmannschaften *Thöny*, SpuRt 1999, 177 ff.

232 So *Thöny*, SpuRt 1999, 177 (180 f.); a.A.: *Kronberg*, Bindung von Sportverbänden an die Grundfreiheiten, S. 31 ff.

Rechtssicherheit geschaffen.[233] Auszugehen ist weiterhin von der ständigen Rechtsprechung, dass die Ausübung des Sports insoweit unter das Unionsrecht fällt, als sie zum Wirtschaftsleben zählt. Das Gericht hatte im Rahmen der Überprüfung der zugrunde liegenden Kommissionsentscheidung in *Meca-Medina* unter Berufung auf die bisherige Rechtsprechung des EuGH[234] noch erklärt, dass Regelungen rein sportlichen Charakters wie die in Frage stehende Anti-Doping Regelung des IOC vom Anwendungsbereich des EG-Rechts auszunehmen seien.[235] Dem ist der Gerichtshof entgegengetreten. Auch Regelungen rein sportlichen Charakters sind nicht generell vom Anwendungsbereich des Unionsrechts befreit. Vielmehr ist zunächst zu prüfen, ob es sich bei der jeweiligen sportlichen Betätigung um eine wirtschaftliche Tätigkeit handelt, wie sie vor allem bei professionellen oder semiprofessionellen Sportlern anzunehmen ist. Ist eine solche Tätigkeit zu bejahen, gelten grundsätzlich die Bestimmungen des Unionsrechts, insbesondere die Freizügigkeits- und Wettbewerbsregeln.[236] Im Anschluss daran ist auf Ebene des Tatbestands oder der Rechtfertigung abzugrenzen, ob die einzelne Regelung oder Praxis eines Verbandes einen rein sportlichen Zweck verfolgt, jeweils bezogen auf die Vorschriften zum Schutz der Grundfreiheiten bzw. des Wettbewerbsrechts.[237] Etwaige Ausnahmen oder Besonderheiten sind für die Freizügigkeits- bzw. Wettbewerbsregeln getrennt zu prüfen, da es insoweit zu unterschiedlichen Ergebnissen kommen kann.[238]

d. *Aufgabe der Unterscheidung von rein sportlichen und wirtschaftlichen Gründen auf Ebene der Anwendbarkeit*

Letztlich kann nicht mehr von einer Anwendbarkeitsausnahme gesprochen werden, sondern ist festzustellen, dass die Besonderheiten des Sports erst auf der Ebene des Tatbestands, wie etwa in den Entscheidungen *Deliege* und *Meca-Medina* geschehen,[239] oder auf der Ebene der Rechtfertigung, wie in den Rechtssachen

---

233 *Kienapfel/Stein,* EC Competition Policy Newsletter Nr. 3 2007, S. 6 (7).

234 Bis zur Entscheidung *Meca-Medina* schien aufgrund der bis dahin ergangenen Urteile, beginnend mit *Walrave & Koch* eine partielle Bereichsausnahme denkbar für Regelungen rein sportlichen Charakters; hierzu *Vermeersch*, JCER 2007, 238 ff.

235 Hierzu auch oben C.I.9.

236 *Emmerich,* JuS 2006, 1123 (1125).

237 Zu dieser Abgrenzung siehe *Heermann*, causa sport 2006, 345 ff.; *Schwarze/Hetzel*, EuR 2005, 581 (586 f.).

238 Aufgabe der Konvergenzthese, EuGH, *Meca-Medina,* Rs. C-519/04, Slg. 2006, S. I-6991 Rn. 33; zustimmend *Heermann*, WuW 2009, 394 (400).

239 Oben C.I.5

Bosman, Lehtonen und *Bernard*,[240] geprüft werden. In Letzterer unterbleibt auf der Prüfungsebene der Anwendbarkeit bereits jegliche Unterscheidung von sportlichen und wirtschaftlichen Zwecken. Dies ist nur konsequent, haben sich die Gegebenheiten des Sports seit der Entscheidung *Walrave & Koch* Mitte der 70er Jahre doch erheblich geändert. Auch erschien die vom Gerichtshof angedachte Anwendbarkeitsausnahme für Regelungen rein sportlichen Charakters ohnehin nur schwer greifbar, so dass ihre Reichweite stets unklar verblieb.[241]

Bestätigt wird diese Tendenz der Rechtsprechung, an dieser Stelle der Prüfung nicht weiter zwischen Regelungen rein sportlichen Charakters und solchen mit wirtschaftlichen Auswirkungen zu unterscheiden, durch die Entscheidungen *MOTOE* und *Karen Murphy*. Zwar betrafen die Urteile sportliche Aspekte nur am Rande, der Gerichtshof stellte jedoch fest, dass der Umstand, eine wirtschaftliche Tätigkeit weise Verbindungen zum Sport auf, der Anwendung der Verträge nicht entgegensteht.[242] Zwar ist diese Aussage in Anbetracht des nur geringen Bezugs der Rechtssache zum Sport mit Vorsicht zu genießen, jedoch zeigt sich daran, dass der Gerichtshof den Anwendungsbereich der Verträge auf den Sport nicht mehr um eine „begrenzte Bereichsausnahme"[243] für Regelungen rein sportlichen Charakters beschränkt sieht.

e. Anwendbarkeit des Unionsrechts auf sportliche Tätigkeit mit wirtschaftlichem Charakter

Den Ausführungen des Gerichtshof in der Rechtssache *Meca-Medina* ist somit zu entnehmen, dass eine sportliche Betätigung, die den Charakter einer wirtschaftlichen Tätigkeit aufweist, den europäischen Verträgen unterfällt und somit auch die Verbandsregelungen, die die jeweilige Sportart betreffen. Verfolgt eine bestimmte Verbandsregelung rein sportliche Zwecke, so kann dies auf Tatbestands- oder Rechtfertigungsebene der Freizügigkeits- oder Wettbewerbsregeln unter dem Gesichtspunkt der Besonderheiten des Sports Berücksichtigung finden.[244] Abzustellen ist für die Frage der Anwendbarkeit des Unionsrechts somit nicht auf den Charakter der jeweiligen sportverbandlichen Regelung, sondern allein auf

---

240 Oben C.I.9. und C.I.11.

241 Ähnlich auch *Weatherill*, ISLJ 2007/1–2, 33 f.

242 Hierzu auch unter C.II.3.a.aa.; diese Aussage wurde auch von der Generalanwältin in ihren Schlussanträgen zur Rechstssache *Murphy* aufgegriffen, Schlussanträge, GA *Kokott*, Rs. C-403/08, Slg. 2011, S. I-9083 Rn. 46.

243 *Eichel*, EuR 2010, 685 (688).

244 Hierzu sogleich unter C.II.2.d.

den Charakter der Verbandstätigkeit. Ist dieser ein wirtschaftlicher, wie zumeist im (semi-) professionellen Bereich des Sports, kommt das Unionsrecht uneingeschränkt zur Anwendung. Die in *Walrave & Koch* und *Dona* noch angedachte Ausnahme auf der Ebene der Anwendbarkeit wurde somit aufgegeben.[245]

Der Gerichtshof trägt damit dem Umstand Rechnung, dass es in Anbetracht der weiter voranschreitenden Kommerzialisierung des Sports kaum mehr Regelungen geben wird, die nicht zumindest einen mittelbaren Bezug zu einer wirtschaftlichen Tätigkeit aufweisen. Nachdem in den letzten Entscheidungen des Gerichtshofes in *Meca-Medina, MOTOE* und *Bernard* eine mögliche Anwendbarkeitsausnahme für Nationalmannschaften nicht mehr erwähnt wurde, wird bei Überprüfung diesbezüglicher Regelungen in der Zukunft richtigerweise erst auf Ebene des Tatbestands und vor allem der Rechtfertigung eine Berücksichtigung der besonderen Merkmale des Sports erfolgen.[246]

Nicht richtig ist in Anbetracht dessen, dass hierdurch die Autonomie der Sportverbände missachtet würde oder die Besonderheiten des Sports ungeachtet blieben.[247] Der Gerichtshof verschiebt die Prüfung dieser Gesichtspunkte lediglich auf die Ebene des Tatbestandes bzw. der Rechtfertigung und trägt hierdurch den tatsächlichen Gegebenheiten und der Dynamik des Wirtschaftszweiges Sports Rechnung.[248]

2. Sportverbandliche Regelungen und die Grundfreiheiten

Während die Frage der Anwendbarkeit des Unionsrechts Grundfreiheiten und Wettbewerbsregeln gleichermaßen betrifft, wird nun allein die Systematik der Rechtsprechung des Gerichtshofs bei der Prüfung sportverbandlicher Regelungen anhand der Grundfreiheiten dargestellt. Grundfreiheiten und sportliche Betätigung verfügen über zahlreiche Berührungspunkte, die zumeist die unmittelbare Ausübung einer Sportart durch die Sportler und Sportlerinnen betreffen. Sportverbandliche Bestimmungen, die sich an den Grundfreiheiten zu messen haben, erfüllen zumeist den Zweck, den Sport an sich zu regeln, sei es im Hinblick auf die Organisation einer Sportart oder die Durchführung von Wettbewerben.

---

245 So auch *Rincon*, JCER 2007, 224 (235 f.).

246 Von einem Nationalmannschaftsvorbehalt auf Ebene der Anwendbarkeit scheint sich der Gerichtshof somit verabschiedet zu haben; anders hierzu *Kronberg*, Bindung von Sportverbänden an die Grundfreiheiten, S. 31 ff.

247 In diese Richtung *Infantino*, SpuRt 2007, 12 ff.

248 So auch *Heermann*, WuW 2009, 394 (399); *Heermann*, causa sport 2006, 345 (357); *Pfister*, SpuRt 2007, 58 (59); *Klees*, EuZW 2008, 391 (393); *Epiney*, NVwZ 2007, 1012 (1021).

a. *Unmittelbare Drittwirkung*

Spätestens seit der *Bosman*-Entscheidung ist es Sportverbänden verwehrt, sich darauf zu berufen, dass die Grundfreiheiten auf nichtstaatliche Stellen keine Anwendung finden. Die mit *Bosman* zementierte unmittelbare Drittwirkung der Grundfreiheiten schlug nicht nur im Bereich des Sports große Wellen.[249] Ausschlaggebend ist, dass nur durch eine Erstreckung des Anwendungsbereichs der Grundfreiheiten auf kollektive Regelungen nichtstaatlicher Stellen ein Unterlaufen oder Umgehen des durch die Grundfreiheiten gewährleisteten Schutzes verhindert werden kann. Vor allem in Bereichen, in denen der Staat die Autonomie nichtstaatlicher privater Verbände anerkennt, müssen deren Regelungen und Praktiken zur Sicherung und zum Schutz der Grundfreiheiten die Bestimmungen des Unionsrechts achten.

b. *Sportler aus Drittstaaten*

Die vom EuGH in den Urteilen *Walrave & Koch, Donà* und *Bosman* niedergelegten Grundsätze sind gleichermaßen anwendbar, wenn die Regelungen der Sportverbände Sportler aus Drittstaaten betreffen. Dies gilt jedenfalls seit den Entscheidungen in den Fällen *Kolpak* und *Simutenkov* dann, wenn entsprechende Assoziierungs- oder Partnerschaftsabkommen ein Verbot der Ungleichbehandlung bezüglich der Arbeitsbedingungen vorsehen.

c. *Verletzung der Freizügigkeitsregeln*

Die Urteile des Gerichtshofs betrafen zumeist die Freiheit des Personenverkehrs und dabei vor allem die Arbeitnehmerfreizügigkeit gemäß Art. 45 AEUV. Problematisch erwiesen sich in der Rechtsprechung solche Regelungen und Praktiken, die an die Staatsangehörigkeit der jeweiligen Sportler anknüpfen. Hierunter fallen insbesondere Ausländerklauseln. Aber auch bei Ausbildungsentschädigungen oder Transferzahlungen nahm der Gerichtshof wiederholt Verletzungen des Schutzbereichs der Grundfreiheiten an. Keinen Verstoß erkannte der Gerichtshof dagegen in der Entscheidung *Deliege* bei Auswahlregeln für Turniere und Wettkämpfe, die nicht den Zugang zum Arbeitsmarkt regeln und auch keine Ausländerklauseln enthalten.[250] Begründet wurde dies mit der Autonomie der Verbände und deren Befugnis und Eignung, solche Regeln aufzustellen. Besonderheiten des Sports werden somit in dieser Entscheidung bereits auf Tatbestandsebene berück-

---

249 Zum Ganzen auch *Streinz*, EuZW 2000, 459 ff.; *Gramlich*, DÖV 1996, 801 ff.

250 hierzu oben C.I.5.

sichtigt. Dies stellt bislang jedoch einen Einzelfall dar, da im Übrigen – auch in nachfolgenden Entscheidungen – stets die Rechtfertigungsebene Standort für die Berücksichtigung etwaiger Besonderheiten des Sports war und ist.

d. Rechtfertigung

Schon in der Rechtssache *Bosman* berücksichtigte der Gerichtshof bei der Prüfung von Verletzungen der Grundfreiheiten besondere sportliche Aspekte, die zwar nicht zu einer Bereichsausnahme für den Sport, jedoch zu einer Rechtfertigung des jeweiligen Regelwerkes oder der jeweiligen Praxis führen können. Zwar forderten die Sportverbände in späteren Verfahren wiederholt eine solche Bereichsausnahme, allerdings können die hierfür angeführten Gründe nach der Rechtsprechung des Gerichtshofs erst auf der Ebene der Rechtfertigung Berücksichtigung finden. Als Bespiel sei die von den Verbänden als Argument für eine Bereichsausnahme immer wieder angeführte Verbandsautonomie genannt: Die Sportverbände leiten ihre Autonomie aus dem Recht auf Vereinigungsfreiheit ab, europarechtlich gestützt auf Art. 12 Abs. 1 GRC i.V.m. Art. 6 Abs. 1 EUV bzw. Art. 11 EMRK i.V.m. Art. 6 Abs. 2 EUV.[251] Dies kann zwar nicht als Argument für eine Bereichsausnahme herangezogen werden, jedoch ist auf der Rechtfertigungsebene eine Abwägung durchzuführen, innerhalb derer Grundfreiheiten und Grundrechte gegenübergestellt werden. Dabei handelt es sich nicht etwa um eine einfache Güterabwägung, sondern nur ein überragend wichtiges Verbandsinteresse vermag die Beschränkung der Freizügigkeit rechtfertigen.[252] Im Rahmen dieser Einzelfallprüfung spielt vor allem der jeweilige Zweck der Regelung der Sportverbände eine Rolle und ob die Regelung sich im Rahmen dessen hält, was zur Erreichung des Zweckes unbedingt erforderlich ist. Insbesondere bei Regelungen rein sportlichen Charakters liegt eine Rechtfertigung nach der bisherigen Rechtsprechung des Gerichtshofes nahe.

Die Einzelfallbetrachtung birgt einerseits Unsicherheiten für die Praxis der Verbände, da regelmäßig nur schwer abzuschätzen sein wird, ob eine Regelung bereits zu weit geht oder sich noch an das zur Erreichung ihres Zwecks Erforderliche hält. Insbesondere genügt es zur Rechtfertigung einer Regelung nicht, sich

---

251 Vom EuGH wurde die Vereinigungsfreiheit im Zusammenhang mit der Autonomie der Verbände grundsätzlich bereits in der Rechtssache *Bosman* anerkannt, EuGH, *Bosman*, Rs. C-415/93, Slg. 1995, S. I-4921 Rn. 80; hierzu auch *Streinz*, SpuRt 2000, 221 (225 ff.).

252 Schlussanträge, GA *Lenz*, Rs. C-415/93, Slg. 1995, S. I-4921 Rn. 216; *Hilf*, NJW 1984, 517 (522); zur Kollision von Grundfreiheiten und Grundrechten auch *Gramlich*, DÖV 1996, 801 (805 ff.); zur Abwägung *Kronberg*, Bindung von Sportverbänden an die Grundfreiheiten, S. 183 ff.

lediglich generell auf Besonderheiten des Sports zu berufen. Es müssen vielmehr die genauen Ziele und Zwecke, die mit einer Regelung oder Praxis verbunden sind, vorgetragen werden, um dem Gerichtshof die Überprüfung zu ermöglichen, ob die Regelung den besonderen Charakter des Sports betrifft und geeignet ist, die Verletzung der Grundfreiheiten zu rechtfertigen.[253] Andererseits erscheint es nur auf der Stufe der Rechtfertigung mittels einer Einzelfallbeurteilung in angemessener Weise möglich, den Besonderheiten des Sports Rechnung zu tragen. Besondere Aufmerksamkeit bei der Beurteilung der Rechtfertigung schenkt der Gerichtshof dabei den diversen Erklärungen, Initiativen und Maßnahmen der Organe der EU und berücksichtigt deren Vorgaben, Gedanken und Zielsetzungen.[254] Insbesondere die Erklärungen von Amsterdam und Nizza finden wiederholt in der Rechtsprechung des Gerichtshofs und auch in den Schlussanträgen der Generalanwälte Erwähnung. So beispielsweise in den Entscheidungen zu Deliege und Lehtonen, in denen unter Berufung auf die Erklärung Nr. 29 von Amsterdam die Anwendbarkeit des Unionsrechts auf die Ausübung des Sports begründet wurde.[255] Die Aufnahme des Sports in Art. 165 AEUV bliebt in diesem Zusammenhang nicht unberücksichtigt. Insbesondere die in Art. 165 Abs. 1 UAbs. 2 AEUV normierten Pflichten zur Berücksichtigung der besonderen Merkmale des Sports sowie seiner sozialen und erzieherischen Funktion zieht der Gerichtshof bei der Überprüfung sportverbandlicher Regelungen und Praktiken heran. Betreffen sportverbandliche Regelungen den sozialen und erzieherischen Aspekt des Sports oder aber die besonderen Merkmale des Sports, ist diesem Umstand aufgrund der primärrechtlichen Verankerung Rechnung zu tragen. Allerdings beruft sich der Gerichtshof primär auf seine bisherige Rechtsprechung und greift lediglich ergänzend und bestätigend auf Art. 165 Abs. 1 UAbs. 2 AEUV zurück.[256] Die Anwendung des Art. 165 Abs. 1 UAbs. 2 AEUV entspricht insoweit der Praxis des Gerichtshofs bei der Heranziehung der Erklärungen von Amsterdam und Nizza.

Zumeist wurden vom Gerichtshof Rechtfertigungsgründe zwar erwogen, jedoch wegen Unverhältnismäßigkeit abgelehnt.[257] Sofern die jeweiligen Re-

---

253 Vgl. hierzu nur EuGH, *Kolpak*, Rs. C 438/00, Slg. 2003, S. I-4135 Rn. 55; EuGH, *Bosman*, Rs. C-415/93, Slg. 1995, S. I-4921 Rn. 131 ff.

254 Siehe hierzu unten E.

255 EuGH, *Deliege*, Rs. C-51/96, Slg. 2000, S. I-2549 Rn. 42; EuGH, *Lehtonen*, Rs. C-176/96, Slg. 2000, S. I-2681 Rn. 33; zu den Erklärungen siehe auch oben B.II.1

256 EuGH, *Bernard*, Rs. C-325/08, Slg. 2010, S. I-2177 Rn. 40; vgl. auch EuGH, *Karen Murphy*, Rs. C-403/08, Slg. 2011, S. I-9083 Rn. 104.

257 So unter anderem in den Rechtssachen *Bosman*, *Lehtonen* und zuletzt im Fall *Bernard*, oben C.I.

gelungen aber den Grundsatz der Verhältnismäßigkeit wahren, anerkennt der Gerichtshof unter anderem die Erhaltung eines finanziellen Gleichgewichts zwischen den Vereinen oder die Sicherung eines geordneten Ablaufs sportlicher Wettkämpfe. Lediglich bei Ausländerklauseln scheint eine Rechtfertigung, außer im Zusammenhang mit Nationalmannschaften, auch unter Heranziehung rein sportlicher Gründe ausgeschlossen.[258]

3. Sportverbandliche Regelungen und die Vorschriften des Wettbewerbsrechts

Nachdem die Frage der grundsätzlichen Anwendbarkeit auch der Wettbewerbsregeln bereits dargestellt wurde, gehen die folgenden Überlegungen auf die Vorgehensweise des Gerichtshofs bei der Prüfung von Verstößen gegen diese Vorschriften durch sportverbandliche Regeln oder Praktiken ein. Ist schon die Zahl der Urteile, die die Vereinbarkeit sportverbandlicher Regelungen mit den Grundfreiheiten zum Gegenstand hatten, überschaubar, so steht im Bereich des Wettbewerbsrechts im Wesentlichen nur die Entscheidung *Meca-Medina* zur Verfügung. Bis dahin hatte es der Gerichtshof vermieden, sich hiermit auseinanderzusetzen.[259] Zu einer Entscheidung in der Rechtssache *Chaleroi & G14 gegen FIFA u. a.*, mit der die Vereinbarkeit von Regeln zur Abstellung von Vereinsspielern für Spiele der Nationalmannschaften mit dem Wettbewerbsrecht überprüft werden sollte, kam es nicht, da das Verfahren aufgrund einer Einigung der Parteien gestrichen wurde.[260] Erkenntnisse lassen sich zudem der Entscheidung *MOTOE* entnehmen. Es ist allerdings davon auszugehen, dass gerade die fortschreitende Kommerzialisierung des Sportsektors zu weiteren Urteilen des Gerichtshofs zum Verhältnis von Sport und Wettbewerbsrecht führen wird.

Die Prüfung sportverbandlicher Regelungen anhand des Wettbewerbsrechts erfolgt im Wesentlichen in drei Schritten.

---

258 Solche Klauseln wurden bereits in der Rechtssache *Bosman* als Verletzung des Art. 45 AEUV angesehen. Setzte sich der Gerichtshof darin noch mit einer möglichen Rechtfertigung auseinander, lassen die Entscheidungen *Kolpak* und *Simutenkov* erkennen, dass eine Rechtfertigung auch aus Erwägungen rein sportlichen Charakters nicht möglich ist.

259 Vgl. EuGH, *Bosman*, Rs. C-415/93, Slg. 1995, S. I-4921 Rn. 138.

260 EuGH, Rs. C-243/06, ABl. 2006, C 212, S. 11; die Einigung kam zustande in Form der Züricher Absichtserklärung vom 15.01.2008, die eine finanzielle Entschädigung der Vereine durch UEFA und FIFA für das Abstellen von Spieler für Spiele der Nationalmannschaften vorsieht; hierzu die Pressemitteilung der FIFA vom 15.01.2008, http://de.fifa.com/aboutfifa/ organisation/news/newsid=672463/index.html, zuletzt abgerufen am 30.06.2014; zum Ganzen auch *Heermann*, causa sport 2008, 111 (114).

a. Tatbestand der Art. 101, 102 AEUV

Auf einer ersten Prüfungsstufe ist festzustellen, ob der jeweilige Verband oder Verein, der ein Regelwerk erlassen hat, ein Unternehmen oder eine Unternehmensvereinigung im Sinne von Art. 101 oder 102 AEUV darstellt, dessen bzw. deren Regelung eine Wettbewerbsbeschränkung im Sinne von Art. 101 AEUV oder den Missbrauch einer marktbeherrschenden Stellung im Sinne von Art. 102 AEUV begründet. Maßgeblich ist – angesichts der bisherigen Entscheidungspraxis – vor allem Art. 101 AEUV, weshalb in der folgenden Beurteilung der Schwerpunkt hierauf liegen wird.[261]

aa. Persönlicher Anwendungsbereich

Unter einem Unternehmen versteht der Gerichtshof jede eine wirtschaftliche Tätigkeit ausübende Einrichtung, unabhängig von ihrer Rechtsform und der Art ihrer Finanzierung. Eine Gewinnerzielungsabsicht wird nicht verlangt.[262] Diese Sichtweise wird auf Sportverbände bzw. -vereine regelmäßig zutreffen, was der Gerichtshof in den Entscheidungen *Meca-Medina* und *MOTOE* bestätigt hat.[263] Es dürften keine Zweifel bestehen, dass angesichts der immer mehr in den Vordergrund rückenden kommerziellen Aspekte des Sports auch von professionellen Sportverbänden und -vereinen eine wirtschaftliche Tätigkeit ausgeübt wird.[264] Handelt es sich um einen nationalen oder internationalen Verband, so ist bezüglich der wirtschaftlichen Tätigkeit gegebenenfalls auf die einzelnen Mitglieder in Form der Sportvereine abzustellen und der Dachverband dann als Unternehmensvereinigung einzuordnen.[265] Als wirtschaftliche Tätigkeit zu sehen ist unter anderem die Vergabe von Übertragungsrechten oder der Verkauf von Marketingartikeln. Sollte eine wirtschaftliche Tätigkeit abzulehnen sein, sind auch Art. 101,

---

261 Zum Missbrauch der marktbeherrschenden Stellung siehe unten D.II.5. sowie *Grätz*, Missbrauch der marktbeherrschenden Stellung durch Sportverbände, S. 130 ff.

262 EuGH, *MOTOE*, Rs. C-49/07, Slg. 2008 S. I-4863 Rn. 27 f.

263 EuGH, *Meca-Medina*, Rs. C-519/04, Slg. 2006, S. I-6991 Rn. 30, 38; EuGH, *MOTOE*, Rs. C-49/07, Slg. 2008 S. I-4863 Rn. 21 f.

264 So auch *Heermann*, WuW 2009, 394 (401); näher hierzu *Schwarze/Hetzel*, EuR 2005, 581 (588 f.); auch von Seiten der Verbände wird die wirtschaftliche Tätigkeit mittlerweile nicht mehr abgestritten und als Argument gegen die Anwendbarkeit des Unionsrechts auf ihre Tätigkeit angeführt; diese Aussage trifft jedenfalls für professionelle Verbände zu; zur Situation im Amateurbereich siehe *Geulen*, NVwZ 2012, 1517 ff.

265 Hierzu *Schroeder*, SpuRt 2006, 1 (2); KOM, *ENIC*, Entscheidung vom 27.06.2002, COMP /37 806 Rn. 24 f., hierzu unten D.I.1.

102 AEUV nicht anwendbar. Zu beachten ist darüber hinaus, dass keine Konvergenz angenommen werden kann. Gehen von einer sportverbandlichen Regelung in Bezug auf Grundfreiheiten keine wirtschaftlichen Auswirkungen aus, hat dies nicht zur Folge, dass dieses Ergebnis auch für die Frage der Vereinbarkeit mit den wettbewerbsrechtlichen Vorschriften der Art. 101 und 102 AEUV gelten muss.[266]

Zu untersuchen ist an dieser Stelle die Feststellung des Gerichtshofs in der Entscheidung *MOTOE*, wonach der Umstand, dass eine wirtschaftliche Tätigkeit eine Verbindung zum Sport aufweist, der Anwendung der Verträge und insbesondere des Wettbewerbsrechts nicht entgegensteht.[267] Die Aussage bezieht sich somit sowohl auf die grundsätzliche Anwendbarkeit des Unionsrechts als auch auf die Frage, ob es sich bei Sportverbänden um Unternehmen im Sinne der Art. 101 f. AEUV handelt und damit die Wettbewerbsregeln der Art. 101 ff. AEUV Anwendung finden. Der Gerichthof behandelt entsprechend der Entscheidungspraxis der Kommission[268] beide Fragen in einem gemeinsamen Prüfungspunkt, da die wirtschaftliche Tätigkeit jeweils entscheidendes Kriterium ist. Allerdings ist zu berücksichtigen, dass es sich in *MOTOE* zwar um einen Sportverband handelte, nicht jedoch um ein sportliches Regelwerk oder eine bestimmte sportbezogene Praxis. Die Aussagen sind daher nur beschränkt übertragbar auf andere Sachlagen. Dem ersten Augenschein nach ist mit oben genannter Feststellung des EuGH eine Ausweitung des Anwendungsbereichs der Wettbewerbsvorschriften verbunden. Dabei darf jedoch nicht außer Acht bleiben, dass die Aussage nicht weiter geht als die Feststellungen in *Meca-Medina*. Sie bedeutet und bestätigt, dass der Gerichtshof nicht mehr gewillt ist, Bereichsausnahmen für den Sport zu gewähren, auch nicht für rein sportbezogene Regelungen, sofern eine wirtschaftliche Tätigkeit bejaht werden kann. Ein faktischer Bezug zum Sport ändert hieran nichts. Hieraus zu folgern, dass die besonderen Merkmale des Sports vollkommen ausgeschlossen bleiben, wäre dennoch ungerechtfertigt. Die Berücksichtigung des Sportbezugs hat vielmehr im Rahmen der nächsten Prüfungsstufen zu erfolgen, wodurch im Einzelfall eine differenziertere Beurteilung möglich ist.

bb. Sachlicher Anwendungsbereich

Die weiteren Voraussetzungen des Tatbestands betreffen die Fragen, ob die jeweilige Regelung oder Praxis des Sportverbands grundsätzlich eine Wettbewerbsbeschränkung im Sinne des Art. 101 AEUV oder den Missbrauch einer beherrschenden

266 Hierzu schon oben C.II.1.c.

267 EuGH, *MOTOE*, Rs. C-49/07, Slg. 2008 S. I-4863 Rn. 22; hierzu auch oben C.I.10.

268 Hierzu unten D.II.2.

Stellung im Sinne von Art. 102 AEUV bedeutet. Der Gerichtshof hat sich bislang vor allem mit einer Wettbewerbsbeschränkung gemäß Art. 101 AEUV auseinandergesetzt und für den Fall der Anti-Doping-Regeln des IOC, die als Sanktion den Ausschluss von Wettkämpfen zur Folge haben, bejaht. Grundsätzlich stellt der Gerichtshof auch in diesem Zusammenhang allein auf den Charakter der jeweiligen sportlichen Tätigkeit ab. Ob darüber hinaus Besonderheiten des Sports abweichende Ergebnisse herbeiführen können, spielt noch keine Rolle. Darüber hinaus muss – auch wenn vom Gerichtshof nicht geprüft – die wettbewerbswidrige Handlung geeignet sein, den zwischenstaatlichen Handel zu beschränken.[269]

Über den Missbrauch einer beherrschenden Stellung entschied der Gerichtshof allein in der Rechtssache MOTOE. Auch wenn aufgrund des Sachverhalts ein unmittelbarer Bezug zum Sport nicht gegeben ist und daher unter anderem Besonderheiten des Sports nicht angesprochen wurden, ist dennoch bemerkenswert, dass der Gerichtshof im Falle des griechischen Reise- und Automobilverbandes (ELPA) den Missbrauch einer beherrschenden Stellung gemäß Art. 102 AEUV bejahte.[270] Anträge auf Durchführung von Motorradrennen waren vom Einverständnis des ELPA abhängig, der jedoch selbst solche kommerziellen Wettbewerbe veranstaltete. Der ELPA konnte somit Wettbewerber gezielt an der Veranstaltung von Motorradrennen hindern. An diesem Punkt ist an Art. 49 Abs. 1 der UEFA-Statuten[271] zu denken, wonach die UEFA allein über die Durchführung und Aufhebung internationaler Wettbewerbe in Europa entscheidet, an denen Verbände und/oder deren Vereine teilnehmen. Vor dem Hintergrund der Rechtsprechung des Gerichtshofs zu *MOTOE* erscheint nicht ausgeschlossen, dass auch Art. 49 Abs. 1 der UEFA-Statuten den Missbrauch einer beherrschenden Stellung begründet. Dass internationale Fußballverbände gegebenenfalls eine beherrschende Stellung einnehmen, wurde vom Gericht für den Weltverband FIFA bereits bejaht.[272] Nach den Ausführungen des Gerichtshofs ist es nicht fernliegend, dass auch ein Missbrauch zu bejahen wäre, sollte die UEFA anderen Verbänden oder Unternehmen die Veranstaltung von europäischen Fußballwettbewerben untersagen.[273] Nicht ausgeschlossen erscheint

---

269 *Schwarze/Hetzel*, EuR 2005, 581 (591); *Kienapfel/Stein*, EC Competition Policy Newsletter Nr. 3 2007, S. 6 (8); siehe hierzu die Leitlinien der Kommission über den Begriff der Beeinträchtigung des zwischenstaatlichen Handels in den Art. 81 und 82 des Vertrags, ABl. 2004, C 101, S. 81.

270 Hierzu kritisch *Heermann*, causa sport 2009, 226 (236).

271 UEFA-Statuten, Ausgabe 2014, abrufbar unter http://de.uefa.org/documentlibrary/aboutuefa/, zuletzt abgerufen am 30.06.2014.

272 EuG, *Piau*, Rs. T-193/02, Slg. 2005, S. II-209 Rn. 115, hierzu unten D.I.4.

273 So schon *Hellenthal*, SpuRt 2002, 93.

allerdings in Anbetracht der Autonomie und des Ein-Verbandsprinzips[274] eine Rechtfertigung aufgrund dieser Besonderheiten des Sports.[275]

b. Tatbestandsausnahme von Art. 101 Abs. 1 AEUV gemäß dem Wouters-Test

Nachdem der Gerichtshof in *Meca-Medina* sich von seiner bisherigen Aussage distanziert hat, rein sportliche Regelungen von der Anwendbarkeit des Unionsrechts auszunehmen, wurde von Seiten der Verbände eingewandt, dass dadurch die Besonderheiten des Sports und insbesondere die Autonomie der Verbände missachtet werden.[276] Dabei finden die Besonderheiten des Sports nach wie vor Berücksichtigung, nunmehr jedoch auf der Ebene des Tatbestands und gegebenenfalls der Rechtfertigung.[277]

Der Gerichtshof hat in *Meca-Medina* auf seine Entscheidung in der Rechtssache *Wouters*[278] zurückgegriffen, mit der er einen dreistufigen Test eingeführt hatte, welchen er in die Prüfung des Tatbestands integrierte. Der Test dient der Überprüfung, ob in bestimmten Konstellationen im Zusammenhang mit Regelungen oder Satzungen nichtstaatlicher Stellen trotz grundsätzlicher Anwendbarkeit und Bejahung einer Wettbewerbsbeschränkung eine Ausnahme vom Tatbestand der Art. 101 Abs. 1 AEUV zu gewähren ist.[279] An dieser Stelle können nunmehr bereits

---

274 Danach ist für jede Sportart nur ein Weltfachverband vorgesehen, dem neben einzelnen Kontinentalfachverbänden nur ein nationaler Fachverband angehören darf; hierzu *Pfister*, in: Fritzweiler/Pfister/Summerer, Praxishandbuch Sportrecht, S. 12 f. und oben A.II.3.; anerkannt wird das Ein-Verbandsprinzip auch von Seiten der europäischen Organe, zum Europäischen Sportmodell der Kommission *Osmann*, SpuRt 1999, 228 (229).

275 Eine vertiefende Auseinandersetzung kann aufgrund der Thematik der vorliegenden Untersuchung nicht erfolgen; siehe weiterführend *Hellenthal*, SpuRt 2002, 93 ff., der zwar den Missbrauch einer beherrschenden Stellung aufgrund der Regelung des Art. 49 Abs. 1 UEFA-Statuten bejaht, sich jedoch in der Folge nicht mit einer Rechtfertigung aufgrund der Besonderheiten des Sports auseinandersetzt.

276 In diese Richtung *Infantino*, SpuRt 2007, 12 ff.

277 Die genaue dogmatische Einordnung verbleibt unklar, da der *Wouters*-Test auf der Ebene des Tatbestands zu verordnen ist, der Gerichtshof dort aber bereits von einer Rechtfertigung spricht, womit die Grenzen verschwimmen; genauer insofern *Kienapfel/Stein*, EC Competition Policy Newsletter Nr. 3 2007, S. 6 (8).

278 EuGH, *Wouters*, Rs. C-309/99, Slg. 2000, S. I-1577 Rn. 97.

279 Die Rechtssache *Wouters* betraf nach Ansicht des EuGH mit dem Unionsrecht zu vereinbarende Regelungen der niederländischen Anwaltskammer, die es Rechtsanwälten verbaten, eine professionelle Partnerschaft mit Wirtschaftsprüfern im Rahmen

der rein sportliche Charakter einer Regelung Berücksichtigung finden sowie die Besonderheiten des Sports in die Prüfung einfließen.

Auf der ersten Stufe ist der Gesamtzusammenhang, in dem die Regelung oder Praxis zustande gekommen ist oder ihre Wirkungen entfaltet, und insbesondere die Zielsetzung der Regelung oder Praxis zu würdigen.[280] Die Bestimmung der legitimen Zielsetzung wirkt sich maßgeblich auf die folgenden Stufen des Tests aus. Dabei können Verbände mit einer Regelung oder Praxis sehr vielfältige Ziele verfolgen; ihre Autonomie gewährt hier einen weiten Spielraum bei der Ausgestaltung.[281] Zu denken ist dabei unter anderem an Regelungen zu Durchführung und Ablauf von Wettkämpfen, zur Gewährleistung der Gesundheit und Chancengleichheit der Athleten, oder zur Schaffung oder Sicherung eines finanziellen Gleichgewichts zwischen Mitgliedern eines Verbandes oder einer Liga.

Auf der zweiten Stufe ist sodann zu prüfen, ob die von der Regelung oder Praxis ausgehende Beschränkung des Wettbewerbs notwendig mit der jeweiligen Zielsetzung verbunden ist,[282] ob die Beschränkung der Zielsetzung somit immanent ist. Meist wird sich die notwendige Verbindung von Beschränkung und Zielsetzung ohne weiteres feststellen lassen.

Die dritte Stufe letztlich betrifft die Verhältnismäßigkeit. Zu prüfen ist, ob die Regelung oder Praxis des Verbandes in Anbetracht ihrer Zielsetzung verhältnismäßig ausgestaltet ist.[283] Die sportverbandliche Regelung darf dabei – entsprechend der ständigen Rechtsprechung bezogen auf die Grundfreiheiten – nicht über das hinausgehen, was zur Erreichung des legitimen Zieles unbedingt erforderlich ist.[284] Im Rahmen dieser Prüfung sind unter anderem die Schwere etwaiger Folgen oder Sanktionen im Falle eines Verstoßes gegen die Regelung einzustellen, aber auch die jeweiligen (gegenläufigen) Interessen sowie gegebenenfalls grundrechtliche Positionen. Hier ist auf Seiten der Verbände an die Besonderheiten des Sports sowie ihre Autonomie zu denken, garantiert im Anwendungsbereich der Verträge über die Vereinigungsfreiheit gemäß Art. 12 GRC und Art. 11 EMRK. Zu beachten ist dabei, dass diese Autonomie keinesfalls zu einer Verdrängung jeglicher anderweitiger Interessen führt. Dem ist der Gerichtshof bereits in seiner *Bosman*-Entscheidung entgegengetreten und hat betont, dass das Subsidia-

---

einer gemischten Sozietät einzugehen; zur Übertragung dieser Rechtsprechung auf den Sport bereits *Schroeder*, SpuRt 2006, 1 (4).

280 EuGH, *Meca-Medina*, Rs. C-519/04, Slg. 2006, S. I-6991 Rn. 42 f.

281 *Heermann*, WuW 2009, 394 (402).

282 EuGH, *Meca-Medina*, Rs. C-519/04, Slg. 2006, S. I-6991 Rn. 42, 44.

283 EuGH, *Meca-Medina*, Rs. C-519/04, Slg. 2006, S. I-6991 Rn. 42.

284 EuGH, *Meca-Medina*, Rs. C-519/04, Slg. 2006, S. I-6991 Rn. 54.

ritätsprinzip nicht dazu führen darf, dass die Autonomie der Verbände die dem Einzelnen durch die Verträge verliehenen Rechte einschränkt.[285]

Im Rahmen des *Wouters*-Tests kann den Besonderheiten des Sports und insbesondere der Autonomie hinreichend Rechnung getragen werden. Der Gerichtshof scheint in der Entscheidung *Meca-Medina* zur tatbestandsimmanenten Überprüfung dieser Gesichtspunkte zu neigen. Eine abschließende Beurteilung ist indes nur bedingt möglich, da der Gerichtshof die letzte Stufe des *Wouters*-Tests mit der Ebene der Rechtfertigung gleichsetzt bzw. Elemente der verschiedenen Stufen vermengt. Eine ausdrückliche Prüfung der Rechtfertigungsebene und insbesondere des Art. 101 Abs. 3 AEUV erfolgte nicht, was tendenziell für eine auch zukünftige Berücksichtigung schon auf Tatbestandsebene spricht.[286] Zu bedenken ist dabei, dass der Gerichtshof die Regelung des IOC als verhältnismäßig erachtete und im Ergebnis bereits die Erfüllung des Tatbestands des Art. 101 Abs. 1 AEUV ablehnen konnte, weshalb es der Überprüfung der Rechtfertigung bzw. einer Freistellung gemäß Art. 101 Abs. 3 AEUV nicht bedurfte.[287] Sollte eine sportverbandliche Regelung oder Praxis den *Wouters*-Test hingegen nicht bestehen, wäre im Anschluss auf Ebene der Rechtfertigung an eine Freistellung zu denken.[288] Ungeachtet dieser Möglichkeit erweist sich die Ebene des Tatbestands als besser geeignet, die Besonderheiten des Sports angemessen zu berücksichtigen, da die Anwendung des Art. 101 Abs. 3 AEUV schon bezüglich seines Wortlauts Probleme bereitet. Besonderheiten des Sports können in die Prüfung der Freistellungsentscheidung nicht ohne eine großzügige Auslegung der Vorschrift hineingelesen werden.[289]

c. *Rechtfertigung oder Freistellung gemäß Art. 101 Abs. 3 AEUV*

Ist der Tatbestand der Art. 101 und 102 AEUV zu bejahen, muss im letzten Schritt trotz hiergegen vorgebrachter Bedenken überprüft werden, ob eine Rechtfertigung oder im Falle des Art. 101 AEUV auch eine Freistellung gemäß Abs. 3

---

285 EuGH, *Bosman*, Rs. C-415/93, Slg. 1995, S. I-4921 Rn. 81; *Heermann*, WuW 2009, 394 (404).

286 So auch *Grätz*, Missbrauch der marktbeherrschenden Stellung durch Sportverbände, S. 76 und *Klees*, EuZW 2008, 391 (393).

287 Zur Übertragung des *Wouters*-Test auf die Prüfung der marktbeherrschenden Stellung im Sinne von Art. 102 AEUV *Heermann*, WuW 2009, 489 (497 f.).

288 So auch *Kienapfel/Stein*, EC Competition Policy Newsletter Nr. 3 2007, S. 6 (8); zu einer solchen Freistellung bezogen auf sportverbandliche Regelungen siehe *Schroeder*, SpuRt 2006, 1 (4 ff.); *Schwarze/Hetzel*, EuR 2005, 581 (594).

289 *Heermann*, WuW 2009, 394 (406 f.).

in Betracht kommt.[290] Die Überprüfung der Rechtfertigungsebene wird jedoch kaum zu anderen Ergebnissen führen, da der *Wouters*-Test einer Rechtfertigungsprüfung sehr nahe kommt und dort bereits Verhältnismäßigkeitsgesichtspunkte einfließen. Im Hinblick auf eine Freistellung gemäß Art. 101 Abs. 3 AEUV wären die Besonderheiten des Sports gegebenenfalls auch an dieser Stelle zu berücksichtigen, wobei dies in Anbetracht des Wortlauts des Art. 101 Abs. 3 AEUV ungleich schwieriger ist, als im Rahmen des *Wouters*-Tests.[291]

4. Die Entwicklung eines europäischen Sportrechts

Diese Ausführungen zeigen, dass der Gerichtshof in seinen Urteilen mit Bezug zum Sport einer Systematik folgt und es ihm trotz der überschaubaren Zahl der Entscheidungen gelungen ist, Grundsätze aufzustellen, an denen sich die Praxis zumindest weitgehend orientieren kann. Es haben sich mittlerweile Grundsätze herauskristallisiert, die insbesondere von den Verbänden, aber auch von weiteren Unionsorganen beachtet werden. Der Gerichtshof hat auf diese Weise ein europäisches Sportrecht entwickelt, welches das Spannungsfeld von Sportsektor einerseits und Unionsrecht andererseits zum Gegenstand hat. Maßgeblicher Faktor innerhalb des Spannungsfeldes ist die Frage nach der angemessenen Berücksichtigung der besonderen Merkmale des Sports bei der Prüfung der Vereinbarkeit sportverbandlicher Regelungen anhand der Grundfreiheiten und Wettbewerbsregeln.

Keine Zweifel bestehen nunmehr an der grundsätzlichen Anwendbarkeit des Unionsrechts, ebenso kann eine Bereichsausnahme für den Sport ausgeschlossen werden. Die Anwendbarkeit des Unionsrechts und dabei insbesondere der Grundfreiheiten ist zwangsläufige Folge der immer weiter und schneller voranschreitenden Kommerzialisierung des Sports, und nicht nur des Fußballsektors.[292] Auch der Autonomieanspruch vermag in Anbetracht dessen eine grundsätzliche Ausnahme nicht zu begründen.[293] Letztlich hat sich auch innerhalb der Verbände die Ansicht durchgesetzt, dass die Forderung nach einer Bereichsausnahme vergebens war und ist. Zuletzt wurde im *Bosman*-Urteil ernsthaft versucht, den Sportsektor als Ganzes dem Anwendungsbereich des Unionsrechts zu entziehen.

---

290 Zu Freistellung gemäß Art. 101 Abs. 3 AEUV siehe *Manville*, ISLJ 2009/1–2, 25 (34); *Schroeder*, SpuRt 2006, 1 (4 ff.); *Schwarze/Hetzel*, EuR 2005, 581 (594).

291 Siehe hierzu auch unten ausführlicher D.II.4.

292 *Steiner*, causa sport 2009, 14 (22); *Streinz*, SpuRt 1998, 89 (96); *Mittag*, in: Tokarski/Petry, HB Sportpolitik, S. 111.

293 *Palme*, JZ 1996, 238 (241); *Fritzweiler*, SpuRt 2011, 1; im Ergebnis auch *Summerer*, in: Fritzweiler/Pfister/Summerer, Praxishandbuch Sportrecht, S. 595.

Die Argumentation konzentriert sich vielmehr darauf, den Besonderheiten des Sports bei der Anwendung des Unionsrechts einen angemessenen Stellenwert zu gewährleisten.

Das Einfalltor für rein sportliche Erwägungen und Zwecke und somit die besonderen Merkmale des Sports ist – was die Beurteilung sportverbandlicher Regelungen anhand der Grundfreiheiten anbelangt[294] – allein die Ebene der Rechtfertigung.[295] An diesem Prüfungspunkt bestehen Spielräume, um Regelungen und Praktiken unionsrechtskonform zu gestalten. Hier anerkennt und prüft der Gerichtshof die Gründe, die von den Verbänden zur Rechtfertigung ihrer Regelungen und Praktiken angeführt werden. Zwar sind mit dieser Einzelfallprüfung Unwägbarkeiten verbunden, jedoch zeigt sich, dass der Gerichtshof durchaus gewillt ist, die Besonderheiten des Sports anzuerkennen. Je mehr der rein sportliche Charakter einer Regelung im Vordergrund steht und somit wirtschaftliche Beweggründe zurückstehen, desto eher ist der Gerichtshof bereit, dies in Anbetracht der Autonomie des Sports anzuerkennen. Dieser Respekt vor den Besonderheiten des Sports zeigt sich nicht zuletzt in der Entscheidung *Deliege*. Der Gerichtshof verneint bereits eine Verletzung des Art. 45 AEUV vor allem mit dem Argument, dass aufgrund der besonderen Struktur des Sports die Sportverbände und -organisationen am besten geeignet seien, Auswahlregeln für sportliche Wettkämpfe zu treffen. Daran ist zur erkennen, dass der Gerichtshof sich zwar keinesfalls gehindert sieht, bei Verstößen gegen die Freizügigkeitsbestimmungen die verbandlichen Regeln und Praktiken zu verwerfen, aber andererseits gewillt ist, den Verbänden an geeigneter Stelle und vorbehaltlich der Beachtung des Verhältnismäßigkeitsgrundsatzes die von ihnen geltend gemachte Autonomie und damit verbundenen Freiräume tatsächlich zu gewähren.[296] Als geeignete Prüfungsebene sieht der Gerichtshof ausweislich seiner Entscheidung zu *Bernard* – und mit Ausnahme von *Deliege* auch in früheren Urteilen – allerdings die Ebene der Rechtfertigung; dies gilt jedenfalls bei einer Überprüfung sportverbandlicher Regeln am Maßstab der Grundfreiheiten.

Ähnlich stellt sich die Situation dar beim Verhältnis von Sport und Wettbewerbsrecht. Die Besonderheiten des Sports finden bei Überprüfung einer sportverbandlichen Regelung anhand der Art. 101 und 102 AEUV Einzug auf Tatbestandsebene über den sog. *Wouters*-Test. Die Berücksichtigung auf Ebene

---

294 Oben C.II.2.d.

295 So auch *Becker*, in: Schwarze, Art. 165 AEUV Rn. 11; *Epiney*, NVwZ 2011, 1425 (1426).

296 So auch *Weatherill*, in: Siekmann, Lex Sportiva, S. 303 f.; *Streinz*, SpuRt 2000, 221 (227); *Klees*, EuZW 2008, 391 (393).

der Rechtfertigung oder über Art. 101 Abs. 3 AEUV erscheint hier weniger geeignet, auch wenn dadurch ein Gleichlauf der Prüfungsebenen nicht gelingen kann. Letztlich läuft aber sowohl die Prüfung der Rechtfertigung, als auch der *Wouters*-Test auf eine Verhältnismäßigkeitsprüfung hinaus, die eine hinreichende Berücksichtigung der Besonderheiten des Sports gewährleistet. Die Besonderheiten des Sports erfordern eine Einzelfallüberprüfung, die auf Tatbestands- oder Rechtfertigungsebene mittels einer Verhältnismäßigkeitsprüfung durchgeführt werden kann. Diese Verhältnismäßigkeitsprüfung im Bereich der Grundfreiheiten und über den *Wouters*-Test auch des Wettbewerbsrechts gewährleistet, dass zumindest an dieser Stelle Erkenntnisse und Grundsätze aus den verschiedenen Rechtsgebieten übertragen werden können. Zwar läuft diese Vorgehensweise auf eine Einzelfallentscheidung hinaus, mit der Unsicherheiten verbunden sind. Allerdings kann dadurch dem Anspruch des Sportsektors auf hinreichende Berücksichtigung seiner Belange einerseits und den Anforderungen des Unionsrechts andererseits, das trotz dieser Besonderheiten Anwendung finden muss, angemessen Rechnung getragen werden.[297]

Mag es auch aus dogmatischer Sicht im Einzelnen noch unklar bleiben, an welchem Prüfungspunkt und in welcher Form der Gerichtshof das Einfallstor für die Besonderheiten des Sports öffnet, so ist demgegenüber eindeutig, dass die Rechtsprechung sich des speziellen Charakters des Sportsektors bewusst ist. Festzuhalten ist, dass die Befürchtungen von Seiten der Verbände unbegründet sind. Keinesfalls bedeutet die Änderung der Rechtsprechung zu sportverbandlichen Regeln und die Aufgabe eines Anwendbarkeitsvorbehalts für Regelungen rein sportlichen Charakters einen Rückschritt für die Berücksichtigung der Besonderheiten des Sports. Die Versagung eines begrenzten Anwendbarkeitsvorbehalts für Regelungen rein sportlichen Charakters war zwangsläufige Folge aufgrund der Veränderungen des Sportsektors hin zu einem Wirtschaftszweig. Da es kodifiziertes Sportrecht auf der Ebene der EU bis zur Einführung des Art. 165 AEUV nicht gab, oblag es dem Gerichtshof, seine Rechtsprechung an die geänderten Gegebenheiten des Sportsektors anzupassen.

297 *Stein*, SpuRt 2008,46 (48 f.).

D. Entscheidungen der Kommission im Bereich des Sports

Zwar mag der Gerichtshof der wichtigste Faktor gewesen sein bei der Entwicklung und Integration des Sports auf Ebene des Unionsrechts, beginnend mit der Entscheidung *Walrave & Koch* bereits im Jahr 1974. Vor allem auf dem Gebiet des Wettbewerbsrechts ist indes die Rolle der Kommission hervorzuheben. Beschränkt sich die Entscheidungspraxis des Gerichtshofs hier im Wesentlichen auf das Urteil in *Meca-Medina*, so stehen diesem eine bedeutend größere Zahl an Entscheidungen der Kommission gegenüber, die das Verhältnis von Sport und Wettbewerbsrecht zum Gegenstand haben und somit europäisches Sportrecht darstellen. Dabei orientiert sich die Kommission zwar maßgeblich an den Urteilen des Gerichtshofs, sie setzt jedoch selbst Akzente, die wiederum vom Gerichtshof aufgegriffen werden.[298] Zumeist wird die Kommission in diesem Bereich auf Beschwerden hin tätig – von Mitbewerbern, aber ebenso von Sportlern selbst oder im Sportbereich tätigen Unternehmen. Entscheidungen ergehen bei weitem nicht in allen Fällen, die Tätigkeit der Kommission ist vielmehr zunächst darauf ausgelegt, durch Verhandlungen etwaige wettbewerbsrechtliche Verstöße auszuräumen.

Die Entscheidungen der Kommission behandeln verschiedene Bereiche des Sportsektors. Besondere Aufmerksamkeit schenkte die Kommission immer wieder der zentralen Vergabe von Medienrechten durch Sportverbände oder der Vergabe in deren Auftrag. Diese Fälle betreffen sportliche Aspekte nur am Rande, sie kommen jedoch zumindest in der *UEFA Champions League*-Entscheidung zum Tragen. Anders ist dies im Falle von Transfer-Bestimmungen der *FIFA* und der *UEFA*, die wiederholt Gegenstand von Untersuchungen der Kommission waren[299] und bezüglich derer die Kommission nunmehr selbst aktiv geworden

298 So geschehen bei der Übertragung des *Wouters*-Tests auf die Überprüfung sportverbandlicher Regelungen anhand des Wettbewerbsrechts, oben C.II.3.b. und unten D.II.3.

299 Transferbestimmungen der Verbände stehen immer wieder im Fokus der wettbewerbsrechtlichen Untersuchungen, wobei der Gerichtshof in der Rechtssache *Bosman* eine Auseinandersetzung hiermit noch scheute, während die Kommission bereits zu Beginn des neuen Jahrtausends umfassende Untersuchungen und Verhandlungen mit *UEFA* und *FIFA* führte, die letztlich zu diversen Zugeständnissen von Seiten der Sportverbände führten; hierzu die Pressemittelung vom 06.12.2000,

ist.[300] Ebenso relevant sind die Kommissionsentscheidungen zu Anti-Doping-Regeln, die in *Meca-Medina* und *Canas* zur Überprüfung kamen, aber auch zu Multi-Ownership-Regeln der UEFA, die im Mittelpunkt der Entscheidung *ENIC* standen.

Die folgende Übersicht zu Entscheidungen der Kommission im Bereich des Sports beschränkt sich auf die Darstellung derjenigen Entscheidungen, die Aspekte des speziellen Charakters des Sports betreffen. Gerade im Bereich des Wettbewerbsrechts stehen wirtschaftliche Erwägungen im Vordergrund, weshalb eine Vielzahl von Entscheidungen für die Untersuchung des Umgangs der Kommission mit den Besonderheiten des Sports nicht herangezogen werden kann, obwohl ihnen ein zumindest vordergründiger Bezug zum Sport nicht abgesprochen werden kann.

Soweit Entscheidungen mangels Relevanz für die Thematik dieser Arbeit nicht besprochen werden, sind entsprechende Hinweise zu finden. Dies bezieht sich insbesondere auf Entscheidungen über den Verkauf von Tickets, unter anderem für die Fußballweltmeisterschaften[301] oder aber auch den Vertrieb von Sportartikeln.[302] Da einige der Kommissionsentscheidungen darüber hinaus nicht veröffentlicht sind, wird insoweit auf die Urteile des Gerichts zurückgegriffen, die auf Nichtigkeitsklagen gegen die Entscheidungen der Kommission ergangen sind.

Vereinzelt kommen auch staatliche Maßnahmen auf den Prüfstand, wenn diese in Form von Beihilfen für Vereine oder Verbände geeignet sind, den innergemeinschaftlichen Handel zu beeinträchtigen.[303] Zuletzt standen in diesem

---

IP/00/1417 sowie die Pressemittelung vom 05.06.2002, IP/02/824; hierzu auch *Tokarski/Steinbach/Petry/Jesse*, Two Players – One Goal?, S. 88 f.; zur wettbewerbsrechtlichen Beurteilung von Transferbestimmungen siehe auch *Schwarze/Hetzel*, EuR 2005, 581 (596 ff.)

300 Siehe hierzu die von der Kommission in Auftrag gegebene Studie *The Economic and Legal Aspects of Transfers of Players*, Januar 2013, http://ec.europa.eu/sport/library/documents/f-studies/cons-study-transfers-final-rpt.pdf , zuletzt abgerufen am 30.06.2014 sowie die zugehörige Pressemitteilung der Kommission vom 07.02.2013 – IP/13/95, http://europa.eu/rapid/press-release_IP-13-95_de.pdf, zuletzt abgerufen am 30.06.2014.

301 Vgl. KOM, *Weltmeisterschaft 1998*, IV/36.888, ABl. 2000, L 005, S. 55 und KOM, *Weltmeisterschaft 1990*, IV/33.384, ABl. 1992, L 326, S. 31.

302 Vgl. KOM, *Tretorn*, IV/32/948, ABl. 1994, L 378, S. 45.

303 So z. B. KOM, *decreto salva calcio*, K(2005) 1794, ABl. 2006, L 353, S. 16, wobei in diesem Falle keine unionsrechtswidrige Beihilfe angenommen werden konnte, nachdem die italienischen Behörden auf Aufforderung der Kommission die Regelung entschärft hatten; ähnlich auch die Pressemitteilung der Kommission vom

Bereich wiederholt staatliche Förderungen von Multifunktionshallen zur Überprüfung, wobei die Kommission diesbezüglich keine Bedenken erhoben hat.[304]

I. Sportbezogene Beschlüsse der Kommission im Bereich des Wettbewerbsrechts

1. ENIC[305]

Die Entscheidung der Kommission in *ENIC* betraf eine Beschwerde des britischen Unternehmens ENIC gemäß Art. 3 Abs. 2 der Verordnung Nr. 17/62 vom 10.07.1962, das unter anderem Mehrheitsanteile an diversen professionellen Fußballvereinen in der EU und der Schweiz besaß. Die Beschwerde richtete sich gegen eine Regelung der UEFA aus dem Jahr 1998, die für den Fall, dass bei zwei oder mehr Vereinen dieselbe Person oder dasselbe Unternehmen die Kontrolle ausüben, nur einem dieser Vereine die Teilnahme an europäischen Wettbewerben erlaubte („Multi-Ownership-Regelung"). ENIC sah in dieser Regel einen nicht zu rechtfertigenden Verstoß gegen Art. 101 Abs. 1 und 102 AEUV.[306] Die Regel sei insbesondere unverhältnismäßig und nicht das mildeste Mittel, um den mit dem Besitz mehrerer Vereine verbundenen Risiken wirksam zu begegnen.[307] Die UEFA hingegen argumentierte unter Berufung auf die Rechtsprechung des EuGH, dass es sich um eine Regelung rein sportlichen Charakters handele, die nicht vom Anwendungsbereich des EGV umfasst sei. Der mit der Rechtsprechung in *Walrave & Koch, Donà* und *Bosman* begründete begrenzte Anwendungsvorbehalt sei zu beachten, die zu den Grundfreiheiten entwickelten Grundsätze somit zu übertragen. Die Regelung sei darüber

---

06.03.1023, IP/13/192, in der die Kommission auf ihre Untersuchung betreffend die finanzielle Unterstützung von fünf holländischen Profifußballvereinen durch öffentliche Mittel hinweist, wobei nach Einschätzung der Kommission die Einhaltung der entsprechenden unionsrechtlichen Vorgaben zweifelhaft erscheint.

304 Hierzu KOM, *Multifunktionshalle der Stadt Erfurt*, C(2013) 1517, Rn. 14.; ebenso wurden auch Multifunktionshallen in Kopenhagen, Dänemark, und Uppsala, Schweden, genehmigt, KOM, IP/13/394 vom 02.05.2013 und IP/13/434 vom 15.05.2013; eine weitergehende Auseinandersetzung erscheint in Anbetracht der Zielsetzung der Arbeit und der noch sehr überschaubaren Anzahl an Entscheidungen nicht angebracht, eingehend hierzu *Werner*, SpuRt 2013, 181 ff.; *Otter/Glavanovits*, causa sport 2013, 277 ff.

305 KOM, *ENIC*, COMP/37 806.

306 In der Folge wird stets die nunmehr geltende Fassung des AEUV zitiert, nicht die entsprechenden Bestimmungen gemäß Art. 81 f. EGV.

307 KOM, *ENIC*, COMP/37 806 Rn. 15.

hinaus notwendig, da anderenfalls beim Publikum Zweifel an der Integrität des Wettbewerbs und der Verdacht von Absprachen entstehen könnten. Der Eindruck von Ehrlichkeit und Authentizität beim Zuschauer sei wichtigste Voraussetzung für den Sport.[308] Darüber hinaus sei es – wie vom Gerichtshof in *Deliege* entschieden – allein Aufgabe der Verbände, derartige Regelungen aufzustellen.[309]

Die Kommission wies die Beschwerde gegen die UEFA-Regelung zurück. Bereits einige Jahre zuvor hatte die Kommission angedeutet, dass sie bezüglich der „Multiple-Ownership-Regelung“ keine wettbewerbsrechtlichen Bedenken erhebe. Dabei hatte sich die Kommission allerdings noch darauf berufen, dass die wettbewerbsrechtlichen Regelungen keine Anwendbarkeit finden, weil die Satzungsbestimmung des Sportbandes eine rein sportliche Regel darstellt.[310]

Hiervon ging die Kommission offensichtlich nicht mehr aus. Die UEFA sei eine Vereinigung von Unternehmen im Sinne von Art. 101 Abs. 1 AEUV, auf die das Wettbewerbsrecht Anwendung findet. Mit ihrer Regelung verfolge sie zwar nicht das Ziel, den Wettbewerb zu beschränken, die Regelung sei jedoch tatsächlich geeignet, die Handlungsfreiheit von Klubs oder deren Besitzern zu beschränken. In der Folge bedient sich die Kommission bereits des *Wouters*-Tests und überträgt diese Rechtsprechung des Gerichtshofs auf die Sportverbände.[311] Unter Achtung des Gesamtzusammenhangs, in dem die UEFA ihre Regelung erlassen habe, sei eine solche Beschränkung der Handlungsfreiheit und damit des Wettbewerbs notwendig mit der Erreichung des Ziels verbunden, die Integrität der europäischen Fußballwettbewerbe zu gewährleisten. Der Zweck der Regelung, zu verhindern, dass beim Publikum der Eindruck eines fairen und ehrlichen Wettbewerbs verloren geht, ist unerlässliche Voraussetzung, um das Interesse der Zuschauer und somit Vermarktungsmöglichkeiten aufrechtzuerhalten. Jedenfalls sei die Regelung verhältnismäßig und gehe nicht über das hinaus, was zur Erreichung dieses legitimen Ziels notwendig ist.[312] Ob zusätzlich eine beherrschende Stellung der UEFA im Sinne des Art. 102 AEUV angenommen werden kann, ließ die Kommission offen, da ein Missbrauch durch Erlass der Regelung jedenfalls ausgeschlossen werden konnte.[313]

---

308 KOM, *ENIC*, COMP/37 806 Rn. 20.

309 KOM, *ENIC*, COMP/37 806 Rn. 21.

310 Pressemitteilung der Kommission vom 09.12.1999, IP/99/965.

311 Hierzu oben C.I.9.; der Gerichtshof ist der Kommission diesbezüglich in seiner Entscheidung *Meca-Medina* gefolgt.

312 KOM, *ENIC*, COMP /37 806 Rn. 40 f.

313 KOM, *ENIC*, COMP /37 806 Rn. 43 ff.

2. UEFA Champions League[314]

Die Entscheidung der Kommission betrifft die Regelungen der UEFA über die gemeinsame Vermarktung der Rechte am Champions League Wettbewerb im Fußball. Die Regelungen wurden vom europäischen Verband bereits im Februar 1999 angemeldet,[315] im November 2001 aber erneut zur Überprüfung gestellt, nachdem die Kommission in der Zwischenzeit Verstöße gegen die Wettbewerbsregeln angemahnt hatte. Die UEFA war und ist aufgrund der Regelungen im Namen der teilnehmenden Vereine allein zum Verkauf bestimmter Rechte an der Champions League berechtigt. Infolge der Änderungen der Vermarktungsregelung verblieb den Vereinen aber hinsichtlich bestimmter Rechte an Spielen der Qualifikationsrunde die zur UEFA parallele Vermarktungsmöglichkeit. Alle anderen Spiele der Hauptrunde sollten allein durch die UEFA vergeben werden können. Die Vergabe der gemeinsam vermarkteten Rechte sollte mittels eines Vergabeverfahrens erfolgen, welches mit der Änderung eingeführte diverse Rechtepakete zum Inhalt hat. Die UEFA berief sich vor allem darauf, dass die Vorschriften des EGV nicht anwendbar seien, da es sich um Regelungen rein sportlichen Charakters handele, die allein die Schaffung von finanzieller Solidarität zwischen den Vereinen und die Organisation des Wettbewerbs zum Zweck hätten. Darüber hinaus bestünde zwischen den Vereinen ein besonderes Verhältnis, das einer Anwendung der Wettbewerbsregeln nicht zugänglich sei.[316]

Die von der UEFA vorgesehene neue Vermarktungsregelung wurde von der Kommission als mit dem Wettbewerbsrecht vereinbar gebilligt. Keine Bedenken hatte die Kommission hinsichtlich der Anwendbarkeit des EGV, da die Tätigkeit der UEFA dem Wirtschaftsleben zuzurechnen sei. Besonderheiten des Sports seien an dieser Stelle nicht zu berücksichtigen, sondern vielmehr erst bei Würdigung einer Freistellung gemäß Art. 101 Abs. 3 AEUV.[317] Die UEFA sei sowohl eine Unternehmensvereinigung[318] als auch aufgrund ihrer eigenen wirtschaftlichen Tätigkeit selbst ein Unternehmen.[319] Darüber hinaus stellte die Kommission eine Einschränkung des Wettbewerbs gemäß Art. 101 Abs. 1 AEUV fest. Denn auf-

314 KOM, *UEFA Champions League*, COMP/C.2–37.398, ABl. 2003, L 291, S. 25.

315 Mitteilung der Kommission Nr. 37.632 zum Antrag der UEFA auf Negativattest bzw. Einzelfreistellung *Integrität der UEFA-Klubwettbewerbe*, ABl. 1999, C 363, S. 2.

316 KOM, *UEFA Champions League*, COMP/C.2–37.398, ABl. 2003, L 291, S. 25 (45).

317 KOM, *UEFA Champions League*, COMP/C.2–37.398, ABl. 2003, L 291, S. 25 (45).

318 Hierzu schon oben D.I.1.

319 KOM, *UEFA Champions League*, COMP/C.2–37.398, ABl. 2003, L 291, S. 25 (42); so auch KOM, *Bundesliga*, COMP/C-2/37.214 Rn. 21.

grund der ausschließlichen Vergabe durch die UEFA sei eine separate Vergabe durch einzelne Vereine ausgeschlossen, wodurch ein Wettbewerb hinsichtlich der Rechtevergabe verhindert werde.[320] Den Schwerpunkt der Entscheidung macht in der Folge die Freistellung gemäß Art. 81 Abs. 3 EGV aus. Die Kommission würdigt dabei unter Berufung auf die Erklärung von Nizza[321] die Besonderheiten des Sports und dabei insbesondere das Ziel, finanzielle Solidarität zwischen den Vereinen zu fördern,[322] auch wenn dies für die Freistellung letztlich nicht entscheidungserheblich war, sondern insofern vor allem die Vorteile einer zentralen Vermarktung und deren Weitergabe an Verbraucher den Ausschlag gaben.[323]

3. Meca-Medina[324]

In ihrer Entscheidung über die Beschwerde der Langstreckenschwimmer *Meca-Medina* und *Majcen* wies die Kommission die Beschwerde gegen Anti-Doping-Regelungen des IOC (Internationales Olympisches Komitee) wegen Verstoßes gegen Art. 101 und 102 AEUV zurück.[325] Entsprechend der bisherigen Rechtsprechung des Gerichtshofs in den Rechtssachen *Walrave & Koch und Donà* hatte die Kommission, später bestätigt durch das Gericht, eine partielle Bereichsausnahme für den Sport angenommen, soweit Regelungen rein sportlichen Charakters oder Spielregeln betroffen sind.[326] Die Kommission stellte fest, dass die von den Beschwerdeführern angegriffenen Anti-Doping-Regelungen nicht dem

---

320 KOM, *UEFA Champions League*, COMP/C.2–37.398, ABl. 2003, L 291, S. 25 (43).

321 KOM, *UEFA Champions League*, COMP/C.2–37.398, ABl. 2003, L 291, S. 25 (46).

322 KOM, *UEFA Champions League*, COMP/C.2–37.398, ABl. 2003, L 291, S. 25 (51).

323 Ähnlich in der Folge auch KOM, *Bundesliga*, COMP/C-2/37.214, die ebenfalls die Zentralvermarktung von Medienrechten zum Gegenstand hatte, die Übertragung der ersten und zweiten deutschen Fußball Bundesliga betreffend, und die von der Kommission nach anfänglichen Bedenken im Hinblick auf die Vereinbarkeit mit Art. 101 Abs. 1 AEUV nicht mehr beanstandet wurden, nachdem der Liga-Fußballverband, für den DFB für die Vergabe der Medienrechte verantwortlich, entsprechende Zugeständnisse machte; so auch die Entscheidung der Kommission zur gemeinsamen Vermarktung von Medienrechten der FA Premier League, in der die Kommission nach Verhandlungen und der Abgabe von Verpflichtungszusagen des Verbandes das wettbewerbsrechtliche Verfahren einstellte, KOM, *Premier League*, COMP/C-2/38.173.

324 KOM, *Meca-Medina*, COMP/38158.

325 Zum Urteil des EuG, *Meca-Medina*, Rs. T-313/02, Slg. 2004, S. II-3291; zum Urteil des EuGH in der Rechtssache *Meca-Medina* siehe oben C.I.9.

326 KOM, *Meca-Medina*, COMP/38158 Rn. 38, 63; EuG, *Meca-Medina*, Rs. T-313/02, Slg. 2004, S. II-3291 Rn. 41, 62.

wirtschaftlich geprägten Bereich der Tätigkeit des IOC unterfallen und daher auch von der Anwendbarkeit der Wettbewerbsregeln auszunehmen sind.[327] Dennoch wurde für den Fall der Anwendbarkeit hilfsweise die Vereinbarkeit der IOC-Regelungen anhand des Wettbewerbsrechts geprüft. Hierfür wurde auch in *Meca-Medina* der *Wouters*-Test herangezogen, im Rahmen dessen die Besonderheiten des Sports auf Ebene des Tatbestands Berücksichtigung finden.[328] Am Ergebnis änderte dies jedoch nichts. Kommission und Gericht waren vielmehr der Auffassung, dass derartige Regelungen rein sportlichen Charakters allein den Regeln des Sports unterliegen und im Falle von Streitigkeiten die Zuständigkeit der Verbandsgerichtsbarkeit gegeben ist.[329] Die Kommission könne nicht die Rolle der Sportverbände übernehmen, die ihnen in regulatorischer und wissenschaftlicher Hinsicht zukommt.[330]

4. Piau[331]

Eine ähnlich Aufsehen erregende Entscheidung der Kommission erging im Fall des französischen Spielervermittlers *Laurent Piau* zum Spielervermittlerreglement der FIFA. *Piau* hatte gegen das ursprüngliche Reglement der FIFA bei der Kommission bereits am 23.03.1998 Beschwerde eingelegt, woraufhin die Kommission Ermittlungen aufnahm. *Piau* rügte vor allem einen Verstoß gegen die Grundfreiheiten und insbesondere die Dienstleistungsfreiheit, die Kommission jedoch leitete – ihren Kompetenzen entsprechend – ein Verfahren zur Prüfung der Vereinbarkeit des Reglements mit Art. 101 AEUV ein. Die FIFA änderte daraufhin ihre Regelung mehrfach dahingehend, dass Voraussetzung für die Tätigkeit eines Spielervermittlers eine vom jeweiligen nationalen Verband zu erteilende Lizenz ist, die durch Ablegung einer schriftlichen Prüfung erlangt werden kann sowie der Abschluss einer Haftpflichtversicherung. Verträge zwischen Vermittler und Spieler wurden darüber hinaus auf zwei Jahre begrenzt, auch wurden Sanktionsregelungen eingeführt. Die Kommission hatte aufgrund der Änderung kein In-

---

327 KOM, *Meca-Medina*, COMP/38158 Rn. 38.

328 KOM, *Meca-Medina*, COMP/38158 Rn. 43 ff.

329 EuG, *Meca-Medina*, Rs. T-313/02, Slg. 2004, S. II-3291 Rn. 67.

330 KOM, *Meca-Medina*, COMP/38158 Rn. 50.

331 Die Entscheidung der Kommission ist selbst nicht veröffentlicht, die Besprechung geht daher zurück auf die Entscheidung des Gerichts; siehe aber die Pressemitteilung der Kommission vom 18.04.2002, IP/02/585; zum Fall auch *Vetter*, SpuRt 2005, 233 ff.; *Martins*, ISLJ 2005/ 3–4, 8 ff.; *Martins*, ISLJ 2007/1–2, 43 ff.; zum Status der Spielervermittler nach Veröffentlichung des Weißbuchs Sport siehe *Jellinghaus*, ISLJ 2008/1–2, 91 f.

teresse an einer Fortsetzung des Verfahrens,[332] *Piau* jedoch hielt seine Beschwerde aufrecht, die daraufhin mit Entscheidung vom 15.04.2002 zurückgewiesen wurde. Gegen diese Kommissionentscheidung erhob *Piau* Nichtigkeitsklage vor dem Gericht.[333]

Das Gericht bestätigte die Einschätzung der Kommission, dass kein wettbewerbsrechtlicher Verstoß gegeben sei.[334] Hatte sich die FIFA noch darauf berufen, dass sie keine Unternehmensvereinigung im Sinne des Art. 81 EGV bzw. Art. 82 EGV sei,[335] erteilte das Gericht diesem Argument allerdings eine Absage. Die Tatsache, dass innerhalb der in der FIFA vereinigten Verbände ein Großteil der Vereine gemäß dem Verbandsreglement keinen Profistatus innehat, ändere nichts daran, dass diese einer wirtschaftlichen Tätigkeit nachgehen können. Darüber hinaus sind jedenfalls auch die nationalen Verbände Unternehmen im Sinne des Wettbewerbsrechts, nicht zuletzt aufgrund der Vermarktung der Spiele.[336]

In der Folge stellte das Gericht fest, dass der Beruf des Spielervermittlers zwar dem Umfeld des Sports zuzuordnen ist, jedoch weder den spezifischen Charakters des Sports noch die Organisationsfreiheit der Sportverbände betrifft. Die FIFA wird somit mit ihrem Reglement auf einem Gebiet tätig, das von ihrer Autonomie nicht gedeckt ist.[337] Einem Sportverband fehlt für eine solche wirtschaftliche Tätigkeit in diesem Fall die Rechtsetzungsbefugnis, vorbehaltlich einer gesonderten Übertragung durch die zuständigen hoheitlichen Stellen.[338] Aufgrund des wettbewerbseinschränkenden Lizenzerfordernisses nahm das Gericht grundsätzlich einen Verstoß gegen Wettbewerbsrecht an, bestätigte aber die Entscheidung der Kommission, eine Freistellung gemäß Art. 101 Abs. 3 AEUV zu gewähren. Begründet wurde dies damit, dass nationale Regelungen für Spielervermittler nicht existieren und das Reglement darauf abzielt, Professionalisierung und Ethik dieses Marktes zu verbessern.[339] Dabei betonte das Gericht, dass die Besonderheiten

---

332 KOM, Pressemitteilung vom 18.04.2002, IP/02/585, in der sie sich jedoch die Wiederaufnahme des Verfahrens vorbehält für den Fall, dass von Seiten der Mitgliedstaaten ein gesetzlicher Rahmen für die Tätigkeit der Spielervermittler geschaffen wird.

333 EuG, *Piau*, Rs. T-193/02, Slg. 2005, S. II-209.

334 Das hiergegen vom Kläger erhobene Rechtsmittel zum Gerichtshof wurde zurückgewiesen, EuGH, *Piau*, Rs. C-171/05 P, Slg. 2006, S. I-37.

335 EuG, *Piau*, Rs. T-193/02, Slg. 2005, S. II-209 Rn. 65, 67

336 EuG, *Piau*, Rs. T-193/02, Slg. 2005, S. II-209 Rn. 70 ff.; so auch schon in KOM, *ENIC*, COMP /37 806 Rn. 25.

337 EuG, *Piau*, Rs. T-193/02, Slg. 2005, S. II-209 Rn. 73 ff.

338 EuG, *Piau*, Rs. T-193/02, Slg. 2005, S. II-209 Rn. 76.

339 EuG, *Piau*, Rs. T-193/02, Slg. 2005, S. II-209 Rn. 102.

des Sports nicht für eine Rechtfertigung herangezogen werden können, da das Reglement nur im Umfeld des Sports erlassen wurde, jedoch außerhalb des Bereichs, der aufgrund des spezifischen Charakters des Sports besonderen Schutz verdient.[340] Zudem bezog das Gericht Stellung zur Vereinbarkeit der FIFA-Regeln mit Art. 82 EGV. Entgegen der Ansicht der Kommission wurde zumindest bejaht, dass die FIFA eine beherrschende Stellung innehat, wenn sie diese auch nicht missbräuchlich ausnutzt. Das Gericht spricht dem Verband eine Leitungsmacht im Fußballsport und den hiermit verbundenen wirtschaftlichen Tätigkeiten zu.[341]

5. Cañas[342]

Nachdem die Entscheidung des Gerichtshofs in der Rechtssache *Meca-Medina* einige Fragen zur Vereinbarkeit von Anti-Doping-Vorschriften mit dem Unionsrecht offen gelassen hatte, ließ der nächste Fall hierzu nicht lange auf sich warten.

Der argentinische Tennisprofi *Guillermo Cañas* wurde im Februar 2005 bei einer Dopingkontrolle im Rahmen eines Tennisturniers positiv auf HCT[343] getestet. Im August wurde er daher von der ATP[344] für 24 Monate gesperrt und musste die seit dem Positivtest eingespielten Turnierprämien zurückzahlen. Die ATP ist eine Vereinigung, die international Tennisturniere auf verschiedenen Ebenen veranstaltet. Die Teilnehmer und Mitglieder sind dem Reglement der ATP unterworfen, welches unter anderem Anti-Doping-Regelungen enthält, die auf dem Anti-Doping-Code der Welt-Anti-Doping-Agentur beruhen (WADA). *Cañas* zog gegen die Entscheidung der ATP vor den Court of Arbitration for Sport (CAS). Dieser reduzierte – auch nach zwischenzeitlicher Beschwerde zum ordentlichen Gericht in Lausanne – die Sperre auf 15 Monate und setzte die Rückzahlungsverpflichtungen herab, ließ die Sperre im Übrigen jedoch bestehen.[345] Der Tennisprofi jedoch erhob gegen die ATP, die WADA und den ICAS, letztere als Trägerin des CAS, Beschwerde zur Kommission. Er machte geltend, dass die Sportgremien im Zusammenhang mit Vereinbarungen

---

340 EuG, *Piau*, Rs. T-193/02, Slg. 2005, S. II-209 Rn. 105.

341 EuG, *Piau*, Rs. T-193/02, Slg. 2005, S. II-209 Rn. 115.

342 KOM, *Cañas*, COMP/39471; kritisch hierzu *Subiotto*, ECLR 2010, 323 (328 f.).

343 Hydrochlorothiazid (HCT); es handelt sich dabei nicht um eine leistungssteigernde Substanz, sondern um ein Maskierungsmittel, da die Möglichkeit besteht, durch die Einnahme von HCT bestimmte andere leistungssteigernde Substanzen zu verdecken und deren Nachweisbarkeit auszuschließen bzw. deutlich zu erschweren.

344 Association of Tennis Professionals.

345 *Guilermo Cañas v. ATP Tour*, Entscheidung CAS 205/A/951 vom 23.05.2007; zum CAS allgemein, auch zu seinem Träger ICAS, siehe Fn. 109.

oder abgestimmten Verhaltensweisen gegen Art. 101 AEUV verstoßen hätten und darüber hinaus der Missbrauch einer beherrschenden Stellung gemäß Art. 102 AEUV anzunehmen sei. Die Anti-Doping-Regeln der ATP gingen zu weit, da sie die versehentliche Einnahme verbotener Substanzen ebenso wie die vorsätzliche sanktionieren, und seien daher unverhältnismäßig.[346] Das Zusammenwirken der Sportgremien, die Unternehmen im Sinne des Wettbewerbsrechts seien, bezüglich dieser Regelungen begründe die Verstöße gegen Art. 101 f. AEUV.[347]

Die Kommission lehnte eine weitergehende Untersuchung von Wettbewerbsverstößen der Sportgremien mangels ausreichenden Gemeinschaftsinteresses ab und wies die Beschwerde zurück.[348] Dem ging jedoch eine wettbewerbsrechtliche Beurteilung der geltend gemachten Verstöße voraus. Die Kommission lehnte im Falle des ICAS und der WADA bereits deren Eigenschaft als Unternehmen im Sinne der Art. 101 ff. AEUV ab. Der ICAS als Träger des CAS führe keine wirtschaftliche Tätigkeit aus, sondern beschränke sich im Wesentlichen auf die Finanzierung und Verwaltung des CAS als Schiedsgericht. Die WADA betrachtet die Kommission als eine Art Gesetzgeber und Überwachungsgremium im weltweiten Kampf gegen Doping im Sport. Wirtschaftliche Aktivitäten im Sinne des Wettbewerbsrechts seien darin nicht zu erkennen.[349] Demgegenüber müsse die ATP als Unternehmen in diesem Sinne gesehen werden, da sie als Veranstalter von Profiturnieren, die sie auch entsprechend vermarktet, sehr wohl auf eine wirtschaftliche Betätigung ausgerichtet sei. Die Anti-Doping-Regeln wiederum seien im Zusammenhang mit der Organisation der Turniere zu sehen, da sie deren fairen und gerechten Ablauf sicherstellen und die Gesundheit der Sportler schützen sollen.[350] Der Ansicht des Beschwerdeführers, dass ATP, WADA und ICAS als Vereinigung von Unternehmen bzw. sogar als

346 KOM, *Cañas*, COMP/39471 Rn. 30.

347 KOM, *Cañas*, COMP/39471 Rn. 3, 5.

348 Der Beschwerdeführer erhob gegen die Zurückweisung Nichtigkeitsklage zum Gericht, EuG, *Cañas*, Rs. T-508/09, ABl. 2010, C 80, S. 26, das jedoch aufgrund der Aufgabe der Tätigkeit des Klägers als Profitennisspieler eine Entscheidung in der Sache ablehnte, EuG, *Cañas*, T-509/09, ABl. 2012, C 151, S. 28, woraufhin *Guillermo Cañas* am 01.06.2012 Rechtsmittel zum Gerichtshof erhob, EuGH, *Cañas*, C-269/12 P, ABl. 2012, C 235, S. 8, mit dem Antrag, die Entscheidung des Gerichts aufzuheben und eine Entscheidung in der Sache anzuordnen; mittlerweile hat der Gerichtshof die Entscheidung des Gerichts mit Urteil vom 20.06.2013 bestätigt und das Rechtsmittel des Sportlers zurückgewiesen.

349 KOM, *Cañas*, COMP/39471 Rn. 24.

350 KOM, *Cañas*, COMP/39471 Rn. 25 f.

ein einzelnes Unternehmen zu sehen seien, folgte die Kommission nicht, da sie weder wirtschaftlich noch rechtlich ausreichende Verbindungen zwischen den Organisationen erkannte.[351]

Wie bereits in ihren früheren Entscheidungen zu *ENIC* und *Meca-Medina* greift die Kommission in der Folge auf den vom Gerichtshof in der Rechtssache *Wouters* entwickelten Test zurück und überträgt diese Grundsätze auf Regelungen von Sportverbänden.[352] Bezugnehmend auf *Meca-Medina* sieht die Kommission als im Lichte des Wettbewerbsrechts legitime Ziele der Anti-Doping-Regeln vor allem den ordnungsgemäßen und fairen Ablauf der Wettbewerbe sowie den Schutz der Gesundheit der Sportler.[353] Die Kommission setzt sich ausgehend von diesen Grundsätzen mit den diversen Beschwerdepunkten auseinander. Bezüglich der Vorwürfe, dass auch die Einnahme nicht leistungssteigernder Substanzen sanktioniert wird und überdies eine positive Probe verschuldensunabhängig zu Sanktionen führt, konnte die Kommission in Anbetracht möglicher Ausgleiche auf der Rechtsfolgenseite keine Unverhältnismäßigkeit feststellen, die nach dem *Wouters*-Test zu einer Einschränkung des Wettbewerbs im Sinne von Art. 101 AEUV führen könnte.[354] Auch bezüglich der Einordnung und Klassifizierung der verschiedenen Substanzen in den Anti-Doping-Regeln der ATP kamen keine wettbewerbsrechtlichen Bedenken auf. Die Kommission verweist an dieser Stelle auf das Recht der Sportverbände, im Rahmen ihrer Autonomie darüber zu entscheiden, welche Substanzen sie auf welche Weise verbieten.[355] Auf die regulatorische und wissenschaftliche Hoheit der Verbände hatte die Kommission bereits in *Meca-Medina* hingewiesen.[356]

Auch im Hinblick auf Art. 102 AEUV konnte die Kommission keinen Verstoß feststellen. Die Kommission beschränkt sich auf die Feststellung, dass – sollte überhaupt eine beherrschende Stellung anzunehmen sein – jedenfalls keine Anzeichen für den Missbrauch einer solchen zu erkennen sind.[357]

Zuletzt bezieht die Kommission auch generell Stellung zum Verfahren und betont, dass sie nicht in der Lage ist und nicht die Kompetenzen besitzt, um als Rechtsmittelinstanz für Streitigkeiten im Bereich des Sports zu dienen, insbesondere im Falle von Streitigkeiten zwischen einzelnen Sportlern und ihren

351 KOM, *Cañas*, COMP/39471 Rn. 27.
352 Hierzu oben D.I.1. und D.I.3.
353 KOM, *Cañas*, COMP/39471 Rn. 32.
354 KOM, *Cañas*, COMP/39471 Rn. 33 ff.
355 KOM, *Cañas*, COMP/39471 Rn. 36.
356 KOM, *Meca-Medina*, COMP/38158 Rn. 50.
357 KOM, *Cañas*, COMP/39471 Rn. 44.

Verbänden. Insofern seien allein die Sportgerichtsbarkeit mit dem CAS an der Spitze und zudem in begrenztem Umfang die ordentlichen Gerichte zuständig.[358]

II. Die Besonderheiten des Sports in der Entscheidungspraxis der Kommission

Es wurde oben bereits erwähnt, dass der Untersuchungsgegenstand auch im Hinblick auf die Entscheidungen der Kommission aufgrund der Thematik der vorliegenden Arbeit eingeschränkt ist. Dementsprechend ist auch bei der Darstellung der wettbewerbsrechtlichen Entscheidungspraxis der Kommission im Bereich des Sports zu beachten, dass gewisse Aspekte mangels Relevanz nicht besprochen werden. Dies betrifft beispielsweise die Fragen des relevanten Marktes oder die Betroffenheit des zwischenstaatlichen Handels, die an anderer Stelle behandelt werden.[359] Fragen der Berücksichtigung des besonderen Charakters des Sports in Bezug auf das europäische Wettbewerbsrecht stellen sich dagegen in erster Linie bei der grundsätzlichen Frage der Anwendbarkeit sowie bei der Überprüfung, ob Verbände Unternehmen im Sinne der Art. 101 ff. AEUV darstellen, ob eine Wettbewerbsbeschränkung oder der Missbrauch einer marktbeherrschenden Stellung anzunehmen ist oder eine Freistellung gewährt werden kann.

1. Anwendbarkeit des Unionsrechts und insbesondere der Wettbewerbsregelungen

Im Hinblick auf die Frage der Anwendbarkeit der unionsrechtlichen Vorschriften orientiert sich die Kommission an der Rechtsprechung des Gerichtshofs. Entsprechend der bereits in *Walrave & Koch* aufgestellten Grundsätze ist das Unionsrecht auch auf Sportverbände anwendbar, wenn eine wirtschaftliche Tätigkeit anzunehmen ist. Ausgebrochen aus diesem Schema ist die Kommission, zunächst bestätigt durch das Gericht, in ihrer Entscheidung *Meca-Medina*, da sie hier bereits auf der Ebene der grundsätzlichen Anwendbarkeit der Frage nachging, ob eine Regelung rein sportlichen Charakters von den Vorschriften des Unionsrechts erfasst wird, und dies ablehnte. Dem ist der Gerichtshof in seiner gleichnamigen Entscheidung jedoch entgegengetreten: Abzustellen ist an dieser Stelle auf die

358 KOM, *Cañas*, COMP/39471, Rn. 49, in diese Richtung auch schon Rn. 38 ff.

359 Siehe zur Anwendung des europäischen Wettbewerbsrechts im Bereich des Sports u.a. *Heermann*, WuW 2009, 394 ff.; *Schwarze/Hetzel*, EuR 2005, 581 ff.; *Schroeder*, SpuRt 2006, 1 ff.; umfassend *Grätz*, Missbrauch der marktbeherrschenden Stellung durch Sportverbände, S. 56 ff.

Tätigkeit des jeweiligen Verbandes und nicht auf den Charakter der jeweiligen Verbandsregelungen.[360] Art. 101 ff. AEUV sind damit anwendbar, wenn der Verband einer wirtschaftlichen Tätigkeit nachgeht. Dieses Merkmal kann indes nicht bei allen Sportorganisationen angenommen werden, wie die Entscheidung *Cañas* zeigt, in der die Kommission eine wirtschaftliche Betätigung von WADA und ICAS abgelehnt hat. Nicht jegliche Sportgremien sind somit den Bestimmungen des Unionsrechts unterworfen, wobei vor allem die großen Verbände wie die UEFA kaum abstreiten können, dass wirtschaftliche Aspekte mehr und mehr in den Fokus rücken und mittlerweile das Handeln bestimmen.

Da wirtschaftliche Aspekte auch bei der Frage relevant werden, ob Verbände Unternehmen oder Unternehmensvereinigungen im Sinne der Art. 101, 102 AEUV darstellen, sind die Entscheidungen der Kommission an dieser Stelle nicht immer eindeutig. Vielmehr werden beide Prüfungspunkte vermengt und wird bei dem Prüfungspunkt der Unternehmenseigenschaft die Frage der Anwendbarkeit mit abgehandelt.[361]

Für eine Berücksichtigung des besonderen Charakters des Sports ist im Rahmen dessen kein Raum. Erst bei den folgenden Prüfungspunkten kann dies erfolgen, während auf Ebene der Anwendbarkeit allein wirtschaftliche Gesichtspunkte ausschlaggebend sind. Ob und auf welche Weise den Besonderheiten des Sports und dem rein sportlichen Charakter einer Verbandsregelung Rechnung getragen wird, ist eine Frage, die an dieser Stelle noch nicht entschieden werden sollte, um den Unterschieden zwischen der wirtschaftlichen Betätigung eines Verbandes und seiner auf die Ausübung des Sports bezogenen Tätigkeit als Satzungsgeber ausreichend Rechnung tragen zu können. Eine Bereichsausnahme wird somit auch in der Entscheidungspraxis der Kommission nicht gewährt. Der zwischenzeitlich in der Entscheidung zu *Meca-Medina* aufkommenden Tendenz, eine zumindest begrenzte Ausnahme zu gewähren, wurde vom Gerichtshof ein Riegel vorgeschoben.

2. Unternehmen im Sinne von Art. 101 ff. AEUV

Professionelle Sportvereine sind Unternehmen im Sinne der Art. 101 ff. AEUV, ebenso wie die Sportverbände. Letztere können aufgrund des Zusammenschlusses der einzelnen Vereine in ihrer Gesamtheit auch als Unternehmensvereinigungen eingestuft werden. Dies entspricht der ständigen Entscheidungspraxis

360 Hierzu oben C.II.1.c.

361 So geschehen in KOM, *ENIC*, COMP/37806 Rn. 25 und KOM, *Cañas*, COMP/39471 Rn. 19.

der Kommission, die zugleich auch betont, dass dies trotz der in den Verbänden bisweilen miteingebundenen Amateurvereine gelten muss.[362] Zu betrachten sind die Vereine und Verbände an dieser Stelle unter rein wirtschaftlichen Gesichtspunkten. Besonderheiten des Sports fließen in die Beurteilung der Eigenschaft als Unternehmen oder Unternehmensvereinigung nicht ein. Ausschlaggebende Kriterien sind unter anderem der Verkauf von Tickets, Transfers von Spielern, der Verkauf von Lizenzprodukten und von Vermarktungsrechten. In Anbetracht dessen werden die meisten Sportverbände Unternehmen im wettbewerbsrechtlichen Sinne darstellen. Andererseits lässt sich hieraus keine allgemein gültige Regelung ableiten. Nicht sämtliche im Bereich des Sports tätigen Gremien, Verbände und Organisationen unterfallen dem Wettbewerbsrecht. Da allein maßgeblich eine wirtschaftliche Tätigkeit ist, hat die Kommission in *Cañas* die Unternehmenseigenschaft des ICAS und der WADA abgelehnt. In solchen Fällen sind es allerdings mangelnde ökonomische Aktivitäten und nicht etwa Besonderheiten des Sports, die zu dieser Einschätzung führen. Letztlich erfahren Unternehmen aus dem Bereich des Sports zumindest im Rahmen dieses Prüfungspunkts gegenüber Unternehmen anderer Wirtschaftszweige keine Sonderbehandlung.

3. Wettbewerbsbeschränkung gemäß Art. 101 Abs. 1 AEUV

Bei der Prüfung, ob Regelungen eines Sportverbandes eine Wettbewerbsbeschränkung gemäß Art. 101 Abs. 1 AEUV hervorrufen, ging die Kommission erstmals in der Entscheidung *ENIC ./. UEFA* neue Wege, indem sie den vom Gerichtshof in der Rechtssache *Wouters* entwickelten Drei-Stufen-Test auf diese Konstellation übertrug.[363] Auch in den Entscheidungen *Meca-Medina* und *Cañas* wählte die Kommission den *Wouters*-Test zur Beurteilung, ob eine Wettbewerbsbeschränkung vorlag. Der Test ermöglicht es bereits auf der Ebene des Tatbestands, die Besonderheiten des Sports in die Prüfung einfließen zu lassen. An dieser Stelle ist nun nicht mehr die wirtschaftliche Tätigkeit des jeweiligen Verbandes maßgeblich, sondern vielmehr die von diesem Verband erlassene Regelung. Der Test berücksichtigt zum einen die mit einer sportverbandlichen Regelung verfolgten Ziele und enthält auf der letzten Stufe eine Prüfung am Grundsatz der Verhältnismäßigkeit. Diese Prüfungspunkte eröffnen das Einfalltor für die Besonderheiten des Sports. Denn im Rahmen der Prüfung, ob eine Regelung verhältnismäßig aus-

---

362 KOM, *UEFA Champions League*, COMP/C.2–37.398, ABl. 2003, L 291, S. 25 (42); KOM, *Bundesliga*, COMP/C-2/37.214 Rn. 21; KOM, *ENIC*, COMP/37806 Rn. 25.

363 Zum *Wouters*-Test in der Rechtsprechung des EuGH siehe auch oben C.II.3.b.

gestaltet ist, kann insbesondere dem Bestreben der Verbände, den Charakter ihrer Sportart zu bewahren, Rechnung getragen werden. Regelmäßig wird insofern angeführt, dass die Ergebnisoffenheit der Spiele gewährleistet, ebenso wie der entsprechende Eindruck des Publikums erhalten werden muss. Auch der Schutz und die Förderung junger Spieler sowie die Wahrung von Fairness und Gesundheit werden von der Kommission anerkannt.

Zwar führt die Anwendung des *Wouters*-Tests dazu, dass die Prüfung der Vereinbarkeit sportverbandlicher Regelungen mit dem Wettbewerbsrecht immer eine Einzelfallentscheidung darstellen wird, was letztlich Unsicherheiten bei der Aufstellung neuer Verbandsregelungen mit sich bringt. Jedoch ist der Ausgleich zwischen dem Geltungsanspruch der Wettbewerbsregeln und der Autonomie der Verbände auf andere Weise nicht zu bewerkstelligen. Die Kommission versucht durch die Schaffung von Fallgruppen, zumindest eine Orientierungshilfe zu geben.[364]

Nicht zur Anwendung kam der *Wouters*-Test hingegen in der Entscheidung *Piau* zum Spielervermittlerreglement der FIFA. Dies war unter anderem darin begründet, dass die Kommission der FIFA die Regelungskompetenz für die Tätigkeit von Spielervermittlern abgesprochen hatte. Die FIFA wurde nach Ansicht der Kommission, bestätigt durch das Gericht, auf einem Gebiet tätig, welches von der ihr als Sportverband zustehenden Autonomie nicht mehr gedeckt war. Als Konsequenz lehnte die Kommission zu Recht jegliche Versuche ab, das Reglement mit den Besonderheiten des Sports zu rechtfertigen. Für eine Heranziehung des *Wouters*-Tests bestand danach kein Bedarf. Hieraus ergibt sich, dass Besonderheiten des Sports und die Autonomie der Sportverbände nur dann zu berücksichtigen sind, wenn eine Regelung auch tatsächlich dem Autonomiebereich eines Verbandes entspringt.

Die Anwendung des *Wouters*-Tests auch auf sportverbandliche Regelungen und Praktiken wurde in der Folge auch vom Gerichtshof befürwortet und es ist zu erwarten, dass diese Vorgehensweise auch in künftigen Entscheidungen zur Anwendung kommen wird.[365] Davon kann zumindest dann ausgegangen werden, wenn es sich um Fragen handelt, die regulatorische Aspekte beinhalten, wie beispielsweise Transferbestimmungen oder Anti-Doping-Regelungen. Sind hingegen die Vermarktung von Medienrechten oder auch Vereinbarungen zum Ticketverkauf, die unmittelbar kommerzielle Aspekte der Verbandstätigkeit be-

364 So geschehen im Begleitdokument zum Weißbuch Sport vom 11.07.2007, *EU und Sport: Hintergrund und Kontext*, SEK (2007) 935, S. 71 ff.

365 So in der Entscheidung zu *Meca-Medina*, hierzu oben D.I.3.

brauch bejaht. Eine marktbeherrschende Stellung bejaht wurde beispielsweise bezüglich des Ticketverkaufs bei der Fußball Weltmeisterschaft 1998.[372] Abgelehnt jedoch wurde die marktbeherrschende Stellung in der Entscheidung *Canas*[373] sowie in der Entscheidung *Piau*[374], auch wenn das Gericht in letzterer entgegen der Ansicht der Kommission eine marktbeherrschende Stellung annahm. Dabei meint das Gericht zurecht, dass es realitätsfern sei, der FIFA eine beherrschende Stellung auf dem relevanten Markt der Spielervermittler abzusprechen. Denn der FIFA komme eine Leitungsmacht im Fußballsport zu, insbesondere im Rahmen der damit verbundenen wirtschaftlichen Tätigkeiten. Unerheblich sei insofern, dass die FIFA selbst nicht auf dem Markt der Spielervermittler tätig werde, da die FIFA eine von den nationalen Verbänden und Vereinen geschaffene Struktur ist, die wiederum auf dem relevanten Markt tätig sind.[375] Diese Argumentation scheint übertragbar auch auf andere Konstellationen, in denen von Seiten der großen Verbände Regelungen vor allem im wirtschaftlichen Umfeld des Sports getroffen werden. Festgehalten werden kann überdies, dass – entsprechend der Entscheidungspraxis zu Art. 101 AEUV – die beherrschende Stellung sowie der relevante Markt allein unter wirtschaftlichen Gesichtspunkten zu beurteilen ist und der besondere Charakter des Sports hier nicht zum Tragen kommt.

Mit den Besonderheiten des Sports haben sich bislang weder Kommission noch die Rechtsprechung in Zusammenhang mit Art. 102 AEUV auseinandergesetzt. Dabei ist anzunehmen, dass eine Berücksichtigung bei der Überprüfung des Missbrauchs erfolgen wird, da hier auch Gesichtspunkte der Verhältnismäßigkeit zu beachten sind. Insofern kann sportspezifischen Aspekten an dieser Stelle in ähnlicher Weise wie im Falle von Art. 101 AEUV und auch bei der Überprüfung sportverbandlicher Regelungen anhand der Grundfreiheiten Rechnung getragen werden.[376] Denn eine dem Art. 101 Abs. 3 AEUV entsprechende Freistellungsmöglichkeit enthält Art. 102 AEUV nicht. Anzuwenden ist eine „sportspezifische Verhältnismäßigkeitsprüfung".[377] Dies würde zum einen gewährleisten, dass der Sport zumindest im Ausgangspunkt der Prüfung im Wesentlichen behandelt wird wie andere Wirtschaftszweige. In der Folge können Besonderheiten des Sports allerdings Berücksichtigung finden, indem sie in die Verhältnismäßig-

372 KOM, *Weltmeisterschaft 1998*, IV/36.888, ABl. 2000, L 5, S. 55 (67).

373 KOM, *Cañas*, COMP/39471 Rn. 44.

374 Vgl. EuG, *Piau*, Rs. T-193/02, Slg. 2005, S. II-209 Rn. 115 f.

375 EuG, *Piau*, Rs. T-193/02, Slg. 2005, S. II-209 Rn. 115.

376 Hierzu auch *Schroeder*, SpuRt 2006, 1 (7); zum Ganzen auch *Weiß*, SpuRt 1998, 97 (100 ff.).

377 *Grätz*, Missbrauch der marktbeherrschenden Stellung durch Sportverbände, S. 96.

keitsprüfung einfließen. Allerdings gilt auch hier, dass angesichts des Ausmaßes der wirtschaftlichen Tätigkeit von Vereinen und Verbänden die im Rahmen der Überprüfung von Art. 102 AEUV denkbaren Konstellationen kaum Anlass dafür geben werden, Besonderheiten tatsächlich durchschlagen zu lassen.[378] Dies wird abhängig davon sein, inwieweit die jeweilige Tätigkeit tatsächlich einen unmittelbaren Bezug zur Ausübung einer Sportart aufweisen kann. Ist dies nämlich nicht der Fall, gibt es keinen Grund, der jeweiligen Tätigkeit aufgrund der Besonderheiten eine sportbezogene Sonderbehandlung gegenüber anderen Wirtschaftszweigen einzuräumen.

III. Der Beitrag der Kommission zur Entwicklung des europäischen Sportrechts

Wie auch der Gerichtshof sieht sich die Kommission in ihren Entscheidungen unterschiedlichsten Konstellationen aus dem Sportbereich ausgesetzt. Ebenso wie im Falle der Rechtsprechung liegt dabei ein Hauptaugenmerk auf dem Umgang mit den Besonderheiten des Sports, die das entscheidende Abgrenzungskriterium von anderen Wirtschaftszweigen darstellen. Mit ihren Entscheidungen trug die Kommission maßgeblich zur Entwicklung des europäischen Sportrechts bei. Ihren Kompetenzen entsprechend prägte sie vor allem das Verhältnis sportverbandlicher Regelungen zum Wettbewerbsrecht entscheidend.

Dabei stehen Fragen der grundsätzlichen Anwendbarkeit des Unionsrechts auf Sachverhalte des Sportsektors kaum mehr im Fokus, weil hier die Entscheidungen des Gerichtshofs weitestgehend für Klarheit gesorgt haben. Die Behandlung sportspezifischer Aspekte jedoch ist weiterhin ein Konfliktfeld, auch wenn die Kommission insofern entscheidende und richtungsweisende Akzente setzen konnte. Insbesondere die Übertragung des vom Gerichtshof ursprünglich für andere Sachlagen konzipierten *Wouters*-Tests geht auf die Kommission zurück und ermöglicht eine sachgerechte und angemessene Berücksichtigung der besonderen Belange des Sportsektors. Auch die Entscheidung in der Sache *Meca-Medina* ist insoweit als wegweisend zu sehen, als sie die bis dahin ergangene Rechtsprechung des Gerichtshofs zum begrenzten Anwendungsvorbehalt erweiterte und somit den Gerichtshof zu einer klaren Stellungnahme zu dieser Problematik zwang. Hierdurch konnten letztlich – mitunter zum Leidwesen der Verbände – Unklarheiten ausgeräumt werden.[379] Diese Entwicklungen zeigen, dass es nicht allein

378 Vgl. insofern die Ausführungen zur Freistellung gemäß Art. 101 Abs. 3 AEUV, oben D.II.4.

379 Zum Ganzen auch oben C.I.9.

der Gerichtshof ist, der mit seiner Rechtsprechung im Bereich des Sports entscheidende Akzente setzt. Gerade im Bereich des Wettbewerbsrechts ist es die Kommission, die, wie bereits eingangs dieses Abschnitts erwähnt, maßgeblich dazu beiträgt, die Entscheidungspraxis zu sportbezogenen Sachverhalten auf europäischer Ebene fortzuentwickeln.

Vor allem in den späten 90er Jahren begann die Kommission, dem besonderen Charakter des Sportsektors verstärkt Aufmerksamkeit zu schenken. So wurden die Regelungen der UEFA zum „Multi-Ownership" und zu „Home and Away" von der Kommission als rein sportliche Bestimmungen erachtet, die vom Anwendungsbereich der wettbewerbsrechtlichen Vorschriften nicht erfasst werden sollten.[380] Ein Gemeinschaftsinteresse an einer weitergehenden wettbewerbsrechtlichen Untersuchung sei insofern nicht gegeben. Ebenso entschied die Kommission auf eine Anfrage eines Parlamentsabgeordneten.[381] Dieser hatte die Kommission darauf aufmerksam gemacht, dass in der dänischen Profiliga der FC Lyngby trotz Konkurses mit der Amateurmannschaft weiter am Spielbetrieb teilnahm, wodurch es zu Wettbewerbsverzerrungen gekommen war. Unter Berufung auf die Autonomie der Sportverbände lehnte es die Kommission ab, sich mit dem Sachverhalt weiter zu befassen. Es sei allein Aufgabe der Verbände und Organisationen, Angelegenheiten rein sportlichen Ausmaßes zu beurteilen und entsprechend zu regeln. Der Kommission stehe es in diesem Bereich nicht zu, die Rechtmäßigkeit solcher Regelungen zu überprüfen.[382]

Dies sollte indes nicht bedeuten, dass sich die Kommission aus dem Sportbereich zurückziehen würde. Denn zu erkennen war vielmehr, dass die Kommission ihre Tätigkeit auf dem Sportsektor intensivierte. Sie ging zunehmend dazu über, die grundsätzliche Anwendbarkeit des Europarechts auf sportliche Sachverhalte nicht mehr in Frage zu stellen. Der Tendenz der im vorigen Absatz dargestellten Entscheidungen sollte somit nicht gefolgt werden, was sich alsbald in der Entscheidung *ENIC* zeigte,[383] in der die Kommission die Anwendbarkeit nicht weiter in Zweifel zog.[384] Dies hatte vor allem mit der Transformation dieses Sektors zu

380 Hierzu die Pressemitteilung vom 09.12.1999, IP/99/965; vgl. auch das Begleitdokument zum Weißbuch Sport, *EU und Sport: Hintergrund und Kontext* vom 11.07.2007, SEK (2007) 935, S. 79 f.

381 Parlamentarische Anfrage vom 22.03.2002, P-0894/02, ABl. 2002, C 309 E, S. 57.

382 Antwort der Kommission vom 30.04.2002, P-0894/02, ABl. 2002, C 309 E, S. 57.

383 Hierzu oben D.I.1.

384 In diese Richtung äußerte sich auch Karel van Miert, Mitglied der Kommission; es gebe keinen Grund, den Sport als Wirtschaftszweig anders zu behandeln als andere Wirtschaftszweige, wobei die Besonderheiten des Sports berücksichtigt werden soll-

einem Wirtschaftszweig zu tun, in dem die Kommerzialisierung immer weiter voranschreitet. Darüber hinaus sind an dieser Stelle auch die Auswirkungen des *Bosman*-Urteils zu bemerken.[385] Mit dieser Intensivierung ging indes ein gesteigertes Bewusstsein für den besonderen Charakter des Wirtschaftszweiges Sport einher. Die Kommission stellte insofern früh klar, dass den Besonderheiten des Sports grundsätzlich Rechnung zu tragen sei, dass die Autonomie der Sportverbände anerkannt und weiterhin die soziale und kulturelle Funktion des Sports bewahrt werden müsse.[386]

An dieser Stelle sei wiederum die Entscheidung *Meca-Medina* angeführt, in der die Kommission versuchte, die Anwendbarkeit des Unionsrechts auf den Sportsektor in bestimmten Bereichen einzugrenzen. Darüber hinaus ist auch die Entscheidung *Cañas* beachtlich, da die Kommission am Ende ihrer Ausführungen grundsätzlich Stellung zum Verhältnis von Sport und Unionsrecht bezieht. Bei sportspezifischen Fragen seien in erster Linie die hierfür von den jeweiligen Verbänden geschaffenen Institutionen und Schiedsgerichte zuständig. In Anbetracht dessen fehle bei Verbandssanktionen insbesondere gegenüber einzelnen Sportlern auch das notwendige Unionsinteresse.[387]

Die beiden zuletzt genannten Entscheidungen betrafen Beschwerden einzelner Sportler gegen Sanktionen infolge von Verstößen gegen sportverbandliche Anti-Doping-Regelungen. In diesen Fällen, die eng mit der Ausübung des Sports zusammenhängen und weniger wirtschaftliche Aspekte zum Gegenstand haben, scheint die Kommission hinsichtlich ihrer Kompetenzen zurückhaltender zu werden. Insofern stellt die Kommission klar, dass sie nicht über die Kompetenzen verfügt, um Streitigkeiten insbesondere zwischen einzelnen Sportlern und ihren Verbänden zu beurteilen. Nicht zuletzt diese Aussagen lassen die Tendenz erkennen, dass bei Sachverhalten aus dem Bereich der unmittelbaren Sportausübung die Autonomie der Sportverbände wieder verstärkt Bedeutung erlangen kann und die Kommission ihre Kompetenzen restriktiver handhaben wird.

Zu beachten ist jedoch, dass die Kommission nicht in allen Fällen mit Bezug zum Sport gewillt ist, eine gegenüber anderen Wirtschaftszweigen differenzierte

---

ten, was ohnehin der Praxis der Kommission entspräche; abgedruckt bei *Brokamp*, Auswirkungen der EU-Politiken auf den Sport, S. 43 f.

385 So *Jean-Francois Pons* in seiner Rede vom 14./15.10.1999, S. 4 f., abrufbar unter http://ec.europa.eu/competition/speeches/text/sp1999_019_en.pdf, zuletzt abgerufen am 30.06.2014.

386 In diese Richtung äußerte sich Wettbewerbskommissar *Mario Monti* in einer Rede vom 17.04.2000, SPEECH/00/152, S. 3.

387 KOM, *Cañas*, COMP/39471 Rn. 48 ff.

Behandlung zu gewähren. Werden Verbände in Bereichen tätig, die von der Autonomie des Sports nicht mehr gedeckt sind, ist es nicht zu rechtfertigen, unter dem Deckmantel der Besonderheiten des Sports eine besondere Behandlung zu gewähren. Dies muss ebenso dann gelten, wenn ein tatsächlicher und konkreter Bezug zum jeweiligen Sport an sich nicht mehr erkennbar ist, sondern vielmehr in solche Ferne gerückt ist, dass der sportspezifische Charakter der jeweiligen Verbandstätigkeit gänzlich zurückgetreten ist.

Vor allem in den Jahren nach dem *Bosman*-Urteil war eine klare Linie in der Handhabung sportlicher Sachverhalte nicht zu erkennen. Insbesondere die Frage nach der grundsätzlichen Anwendbarkeit des Unionsrechts wurde immer wieder unterschiedlich beantwortet. Dennoch bemühte sich die Kommission ersichtlich darum, klare Vorgaben aufzuzeigen.[388] Letztlich ist erkennbar, dass sie gewillt ist, den Forderungen der Verbände nach größtmöglicher Freiheit und Gewährung ihrer Autonomie Rechnung zu tragen. Die Grenzen, die diesen Forderungen durch die Vorschriften des Unions- und insbesondere des Wettbewerbsrechts gesetzt sind, können dabei jedoch nicht außer Acht gelassen werden.

Dennoch darf nicht unberücksichtigt bleiben, dass mangels primär- und sekundärrechtlicher Vorgaben auf europäischer Ebene eine stringente Vorgehensweise bislang nicht zu erkennen ist. Allenfalls in den letzten Jahren bildete sich eine Linie heraus, wonach die zumindest grundsätzliche Anwendbarkeit des Kartellrechts nicht mehr in Frage gestellt wird. Die Besonderheiten des Sports werden im Rahmen des *Wouters*-Tests auf Tatbestandsebene abgearbeitet oder aber bei der Überprüfung der Freistellungsentscheidungen. Zumindest gilt dies für Art. 101 AEUV. Was Art. 102 AEUV betrifft, so fehlt es an einer ausreichenden Anzahl von Entscheidungen, um klare Aussagen treffen zu können. Tendenziell werden die besonderen Aspekte des Sports aber auch hier auf der Ebene des Tatbestands zur Überprüfung kommen. Diese Entwicklungen fördern die Rechtssicherheit für Sportverbände in Maßen, da sich aus den diversen Einzelfallentscheidungen eine zumindest in Teilen verlässliche Entscheidungspraxis herausgebildet hat. Nichtsdestotrotz vermag es die rechtsprechungs- und entscheidungsgesteuerte Praxis der Kommission mangels regulatorischer Grundlage nicht, klare Vorgaben für Verbände zu schaffen. So verbleibt auch weiterhin Raum, gegen Regelungen von Sportverbänden vor der Kommission und im weiteren Verlauf vor dem Gericht und Gerichtshof vorzugehen.

---

388 *Jean-Francois Pons* in seiner Rede vom 14./15.10.1999, S. 6 ff, abrufbar unter http://ec.europa.eu/competition/ speeches/text/sp1999_019_en.pdf, abgerufen am 30.06.2014.

E. Sportpolitische Maßnahmen von Kommission, Rat und Parlament

Im Gegensatz zum EuGH, der mit seiner Rechtsprechung, beginnend mit *Walrave & Koch,*[389] bereits früh entscheidende Akzente im Bereich des Sports auf europäischer Ebene setzte und zusammen mit der Kommission das europäische Sportrecht prägte, benötigten die übrigen Organe deutlich mehr Zeit, um eigene sportpolitische Maßnahmen und Initiativen in diesem Bereich zu ergreifen. Gerade diese Rechtsprechung des Gerichtshofs zum Verhältnis von Sport und Grundfreiheiten erforderte jedoch Handlungen von Rat, Parlament und der Kommission, auch auf sportpolitischer Ebene. Als problematisch sollte sich dabei insbesondere herausstellen, dass ein Tätigwerden der EU im Bereich des Sports einer entsprechenden Rechtsgrundlage in den europäischen Verträgen entbehrte. Dies führte dazu, dass zunächst nur in begrenztem Umfang konkrete Maßnahmen durchgesetzt werden konnten. Nichtsdestotrotz setzten die Aktivitäten der Organe wichtige Akzente auf dem Weg zu einer Aufnahme und Verankerung des Sports im Primärrecht und lieferten entscheidende Beiträge zur Entwicklung des Verhältnisses von Sport und Unionsrecht.

Die folgende Darstellung beinhaltet die maßgeblichen sportpolitischen Dokumente von Rat, Parlament und Kommission. Einige weitere Dokumente konnten angesichts der großen Anzahl nicht aufgenommen werden, wobei an geeigneter Stelle darauf verwiesen wird. Anzumerken ist, dass insbesondere Studien, wie sie immer häufiger auch von der Kommission im Bereich des Sports in Auftrag gegeben werden, nur eingeschränkt Berücksichtigung finden können. Dies hat wiederum mit der mittlerweile großen Fülle an entsprechenden Werken zu tun, aber auch damit, dass diese Studien zwar von der Kommission in Auftrag gegeben werden, letztlich aber der Auffassung des Auftraggebers keinesfalls entsprechen müssen.[390]

---

389 Zum Ganzen oben unter C.I.

390 Vgl. hierzu die vom ehemals britischen Sportminister Richard Caborn in Auftrag gegebene Studie *Independent European Sport Review*, auch genannt *Arnault-Report*, die mit maßgeblicher Unterstützung der UEFA erstellt wurde; kritisch hierzu *Garcia*, ESLJ Vol. 4 No. 3; ebenso *Whatelet*, ISLJ 2007/3–4, 3 ff.; insbesondere die Kommission hat in den letzten Jahren verstärkt Studien veröffentlicht, vgl. hierzu die zahlreichen Nachweise unter http://ec.europa.eu/sport/library/index_en.htm#_ doctype=study, abgerufen am 30.06.2014.

I. Adonnino-Bericht

Erstmals offiziell Erwähnung auf politischer Ebene der Union fand der Sport im Adonnino-Bericht, der am 28. und 29.06.1985 vom Ausschuss für das Europa der Bürger, genannt Adonnino-Ausschuss, im Auftrag des Europäischen Rates von Fontainebleau am 25. und 26.06.1984 vorgelegt wurde.[391] Bereits in diesem frühen Bericht, der im Rahmen des Mailänder EU-Gipfels im Jahr 1985 entstand, wird dem Sport eine tragende Rolle zugestanden bei der Kommunikation zwischen den Völkern.[392] Der Sport wird in engem Zusammenhang mit den Bereichen der Bildung und Erziehung erwähnt, eine Einordnung, die auch im heutigen Primärrecht in Teilen vorzufinden ist. Auch wird die zentrale Rolle der regierungsunabhängigen Sportverbände betont. Zwar kam dem Adonnino-Bericht in rechtlicher Hinsicht keine unmittelbare Bedeutung zu, jedoch bedeutete er politisch den Ausgangspunkt einer Reihe von Maßnahmen und Initiativen im Bereich der Sportpolitik der Union.

II. Europäisches Sportforum

Die Entwicklung hin zu einer konkreteren und effektiveren Sportpolitik setzte sich fort in der Einführung des Europäischen Sportforums.[393] Nachdem die Kommission als Folge des Adonnino-Berichts verstärkt medienwirksame Großsportveranstaltungen gefördert hatte,[394] berief sie erstmals im Dezember 1991 das Europäische Sportforum als Plattform des Austausches zwischen den Sportministern der Mitgliedstaaten, der Kommission und Vertretern von Sportverbänden ein. Das Europäische Parlament sowie der Europarat nahmen ebenfalls daran teil.[395] Ziel dieses Forums war es unter anderem, die bis dato unsystematische Vorgehensweise der Kommission zu beenden und eine gezieltere Sportpolitik der

---

391 Adonnino-Bericht des ad-hoc Ausschusses „Europa der Bürger“, Bull. EG., Beil. 7/1985.

392 *Nolte*, S. 293.

393 Zur informellen Einberufung des ersten europäischen Sportforums siehe *Grodde*, Vertragsfreiheit autonomer Sportverbände, S. 71; *Trova/Alexandrakis/Sjouris*, The Olympic Games of the European Union, S. 173.

394 *Summerer*, in: Fritzweiler/Pfister/Summerer, Praxishandbuch Sportrecht, S. 589.

395 Der Europarat wurde im Jahr 1992 auch selbst aktiv und erließ die Europäische Sportcharta, Empfehlung Nr. R (92) 13 REV vom 24.09.1992; auch hierin wird vor allem die soziale, kulturelle und gesellschaftliche Rolle des Sports auf europäischer Ebene betont; zur Rolle des Europarates im Bereich des Sports siehe auch *Frossard*, ISLJ 2007/1–2, 30 ff.

Union zu erreichen. Diese Episode ohne klare Ausrichtung der sportpolitischen Ziele wird daher als „Phase der Koexistenz“[396] bezeichnet. Auch wenn unmittelbare rechtliche Kompetenzen fehlen, war und ist das Sportforum zentraler Bestandteil insbesondere der Tätigkeit der Kommission im Bereich des Sports, die hier den Dialog mit den Sportverbänden sucht. Die tragende Rolle, die einem solchen Dialog und verstärkter Zusammenarbeit von Organen der EU einerseits und Verbänden andererseits im Rahmen eines derartigen Forums zukommt, wurde nicht zuletzt auch im Weißbuch Sport der Kommission betont.[397]

Seit 2008 wird das Sportforum wieder jährlich abgehalten.[398] Gesucht wird weiterhin ein breiter Dialog zwischen Mitgliedstaaten, Organen der Union und vor allem Sportverbänden. Debattiert werden in erster Linie aktuelle Themen, ein übergreifender Ansatz ist kaum erkennbar, wobei die Agenda in erster Linie vom Weißbuch Sport und der darauf aufbauenden Mitteilung der Kommission zur Entwicklung einer Europäischen Dimension des Sports bestimmt wird.[399] Themen wie der Umgang mit Sportwetten und deren Manipulation, die seit Jahren andauernde Debatte über die Dopingproblematik sowie der Sport als Mittel der sozialen Integration stehen immer wieder im Mittelpunkt des Dialogs. Zuletzt konzentrierten sich die Diskussionen zum wiederholten Mal auf die Ausgestaltung des Transfersystems im Fußball.[400] Das Sportforum ermöglicht auf diese Weise einen regelmäßigen Austausch zwischen allen Beteiligten des Sportsektors. Auffallend ist jedoch, wie auch weiterhin Unklarheit über die rechtlichen Grenzen einer europäischen Sportpolitik besteht. Die Bedeutung der Besonderheiten des Sports und ihre Berücksichtigung, über die sich die Sportverbände ihre Unabhängigkeit zu sichern suchen, stellt alle Akteure weiterhin vor Schwierigkeiten.[401] Auch im Rahmen des Sportforums konnte hierzu bislang keine Lösung gefunden werden.

---

396 *Tokarski/Steinbach*, Spuren, S. 69.

397 KOM(2007) 391 endg., S. 19, hierzu ausführlich unter E.VIII.

398 Zwischenzeitlich war das europäische Sportforum aufgrund von Zweifeln hinsichtlich Effizienz und Wirksamkeit im Jahr 2003 abgesetzt und erst als Folge des Weißbuchs Sport zwischen 26. und 27.11.2008 in Biarritz, Frankreich, wieder im jährlichen Turnus aufgegriffen worden; hierzu auch *Garcia/Miettinen/Parrish/Siekmann*, The Lisbon Treaty and EU Sports Policy, S. 51.

399 Hierzu unter E.XI.

400 Abschlussbericht zum EU Sport Forum in Vilnius 2013, S. 5 ff., abrufbar unter http://ec.europa.eu/sport/events/2013/eu_sport_forums_2013_en.htm, abgerufen am 30.06.2014.

401 Hierzu die Forderungen des EOC auf dem EU Sport Forum in Budapest 2011, S. 6 ff., abrufbar unter http://ec.europa.eu/sport/library/documents/b1/budapest_report_final.pdf, abgerufen am 30.06.2014.

III. EURATHLON

Die verstärkte Aufmerksamkeit, die der europäische Sport zu Beginn der 90er Jahre erfuhr, mündete schließlich im Förderprogramm EURATHLON der Kommission. Sie griff darin den Gedanken des Adonnino-Berichts auf, dass Sport ein zentraler Bestandteil einer multikulturellen und solidarischen Gemeinschaft ist.[402] Das Programm zielte darauf ab, in enger Zusammenarbeit mit Sportverbänden und Mitgliedstaaten Vorhaben und Veranstaltungen von europäischer Dimension im Bereich des Sports anzuregen und finanziell zu unterstützen. Da für eine Förderung im Bereich des Sports jedoch die Rechtsgrundlage fehlte und auch eine rechtliche Absicherung über anderweitige Kompetenzen aus dem Bereich der Kultur, Art. 151 EGV, oder Soziales, Art. 158 ff. EGV, nicht erfolgte, fehlte dem Programm eine rechtliche Basis. Dies hatte schließlich zur Folge, dass es nach rechtlicher Überprüfung im Zusammenhang mit einem weiteren Verfahren eingestellt werden musste.[403] Nicht zuletzt verdeutlicht dieses Beispiel die Problematik, dass für eine wirksame Sportpolitik der Union eine unmittelbare Rechtsgrundlage nicht vorhanden war.

IV. Europäisches Sportmodell und Erste Europäische Sportkonferenz der EU

Diese Annäherung in Richtung primärrechtlicher Verankerung sollte jedoch vorerst nicht weiter vorangetrieben werden. Vielmehr legte die Kommission zunächst starkes Augenmerk auf politische Initiativen. So wurde schon im Dezember 1998 ein Europäisches Sportmodell erstellt, welches vor allem die Gedanken der Amsterdamer Erklärung aufgreift und fortentwickelt.[404] Angetrieben auch vom EuGH und seiner Entscheidung im Fall *Bosman*,[405] lag dabei der Schwerpunkt auf der Organisation des Sports in Europa, der Rolle der Sportverbände sowie der verstärkt aufkommenden Dopingproblematik.[406] Das Sportmodell diente dann als Grundlage für die erste europäische Sportkonferenz der EU zwischen dem 20. und 23.05.1999, bei der die Kommission besonderen Wert auf den Dialog mit Sportverbänden und Regierungs-

---

402 ABl. 1994, C 297, S. 7.

403 Die Überprüfung erfolgte, nachdem Großbritannien beim EuGH Klage erhoben hatte gegen ein Programm zur Bekämpfung der Armut und der sozialen Ausgrenzung, EuGH, Rs. C-106/96, Slg. 1998, S. I-2729; zur sportpolitischen Tätigkeit der Union trotz fehlender Zuständigkeit siehe auch *Lenzen*, EuR 1996, 214.

404 KOM, Das Europäische Sportmodell, 2. Fassung vom 22.04.1999, S. 2.

405 EuGH, *Bosman*, Rs. C-415/93, Slg. 1995, S. I-4921.

406 KOM, Das Europäische Sportmodell, 2. Fassung, 22.04.1999, S. 4 f.

vertretern legte.[407] Mit der Vorstellung des Sportmodells und der Eröffnung der Europäischen Sportkonferenz läutete die Kommission die „Phase der Kooperation"[408] ein. Damit einhergehen sollte eine zielorientierte und planvolle Sportpolitik. Die Impulse dieser neuen Ausrichtung waren unter anderem auch Folge der Institutionalisierung des Sports auf europäischer Ebene. Denn im Jahr 1997 richtete die Kommission im Rahmen der Generaldirektion Bildung und Kultur ein *sports unit* ein, das sich mit den sportspezifischen Fragen der Unionspolitik befassen sollte.[409]

Der Grundsatz der Verbandsautonomie wurde im Rahmen der ersten europäischen Sportkonferenz der EU abermals mehrfach betont, wobei in diesem Zusammenhang auch Probleme der stetig wachsenden Kommerzialisierung im Sport angesprochen werden. Eine verstärkte Zusammenarbeit von Verbänden und staatlichen Stellen wurde angeregt.[410] Im Bereich des Dopings sprach sich die Konferenz für Maßnahmen der Harmonisierung aus, die vor allem die Listen der verbotenen Substanzen, Testverfahren und auch Strafen und Rechte von Athleten betreffen sollte.[411] Die angesprochenen Schwerpunkte der Initiativen zeigen, dass bereits zu einem frühen Zeitpunkt bestimmte Themen in den Fokus von Politik und Verbänden rückten, die bis heute hochaktuell sind und deren Brisanz auch bei der Aufnahme des Sports in das Primärrecht Rechnung getragen werden sollte. Zudem ist eine Tendenz in Richtung verstärkter Aufmerksamkeit auf die wirtschaftliche Bedeutung des Sports erkennbar, die nicht zuletzt durch die *Bosman* – Entscheidung angestoßen wurde.[412]

Zu erwähnen ist an dieser Stelle die Stellungnahme des Ausschusses der Regionen zum Europäischen Sportmodell vom 16.09.1999.[413] In seinen Schlussfolgerun-

---

407 Die von der Kommission einberufene europäische Sportkonferenz ist nicht zu verwechseln mit der in zweijährigem Abstand seit 1973 abgehaltenen europäischen Sportkonferenz, die Vertreter staatlicher und nichtstaatlicher Organisationen zusammenführt, *Tokarski/Steinbach*, Spuren, S. 58; zur Konferenz auch *Bogaert*, Practical Regulation of the Mobility of Sportsmen in EU post Bosman, S. 399.

408 *Tokarski/Steinbach*, Spuren, S. 73.

409 *Mittag*, in: Tokarski/Petry, HB Sportpolitik, S. 106; diese Aufteilung wird im Wesentlichen auch heute beibehalten, vgl. das Organigramm der DG Erziehung und Kultur, http://ec.europa.eu/dgs/education_culture/docs/organisation_en.pdf, abgerufen am 30.06.2014.

410 Schlußfolgerungen der Ersten Europäischen Sportkonferenz der EU, Ziffer 1.1, abrufbar unter http://sportrecht.org/cms/upload/02grundfreiheiten/01/DG_X.C.6.pdf, zuletzt abgerufen am 30.06.2014.

411 Schlußfolgerungen der Ersten Europäischen Sportkonferenz der EU, Ziffer 3.9.

412 Siehe hierzu C.I.4.

413 ABl. 1999, C 374, S. 56.

gen stellt der Ausschuss fest, dass für die Weiterentwicklung einer europäischen Sportpolitik die Schaffung von primärrechtlichen Grundlagen in den Verträgen der Europäischen Gemeinschaft unumgängliche Voraussetzung sei.[414]

V. Helsinki-Bericht der Kommission

Die Forderung des Ausschusses der Regionen sollte jedoch vorerst ungehört bleiben. Vielmehr sprach sich die Kommission in ihrem *Bericht an den Europäischen Rat vom Dezember 1999 im Hinblick auf die Erhaltung der derzeitigen Sportstrukturen und die Wahrung der sozialen Funktion des Sports im Gemeinschaftsrahmen*[415] gegen eine entsprechende Änderung der Verträge aus. Es sollte auf Grundlage der bestehenden Verträge eine neuer Ansatz verfolgt werden, der insbesondere das Subsidiaritätsprinzip und die Autonomie der Verbände in den Vordergrund rückt, wobei gerade den wirtschaftlichen Aspekten des Sports besondere Aufmerksamkeit geschenkt wurde. Diese Herangehensweise war konsequent in der Hinsicht, als die Verträge auf den Sport als wirtschaftliche Tätigkeit jedenfalls anwendbar sind. Auffällig ist dabei, dass auch das bis heute problematische Verhältnis von Sport und EU-Wettbewerbsrecht immer weiter in den Blickwinkel der Kommission gerät. Der Bericht enthält einige Aussagen zu dem Wettbewerbsrecht wider- und entsprechenden Maßnahmen sowie zu solchen Praktiken, die vom Anwendungsbereich des Wettbewerbsrechts ausgenommen sein sollten wie beispielsweise reine Spielregeln.[416] Dabei orientiert sich die Kommission in erster Linie an der Rechtsprechung des EuGH im Fall *Bosman*.

VI. Entschließungen des Parlaments vom 07.09.2000

Als Reaktion auf den Helsinki-Bericht der Kommission erließ das Parlament am 07.09.2000 seine *Entschließung zu dem Bericht der Kommission an den Europäischen Rat im Hinblick auf die Erhaltung der derzeitigen Sportstrukturen und die Wahrung der sozialen Funktion des Sports im Gemeinschaftsrahmen.*[417] Kurz zuvor hatte sich das Parlament bereits in seiner *Entschließung über den Plan für*

---

414 ABl. 1999, C 374, S. 56 (62).

415 KOM(1999) 644 endg. vom 10.12.1999.

416 KOM(1999) 644 endg. vom 10.12.1999, Ziffer 4.2.; in diese Richtung gehend bereits der damalige Generaldirektor der Kommission *Jean-Francois Pons* in seiner Rede vom 14./15.10.1999, der Leitlinien aufstellt für das Verhältnis von Wettbewerbsrecht und Sport, http://ec.europa.eu/competition/speeches/text/sp1999_019_en.pdf, zuletzt abgerufen am 30.06.2014.

417 ABl. 2001, C 135, S. 274.

den Beitrag der Gemeinschaft zur Dopingbekämpfung[418] zur Rolle des Sports auf europäischer Ebene geäußert. Beide Entschließungen enthalten die dringende Forderung nach Schaffung einer Rechtsgrundlage in den Verträgen der EU für Maßnahmen im Bereich des Sports. Die Entschließung zum Beitrag der Gemeinschaft zur Dopingbekämpfung enthält diese Forderung an erster Stelle.[419] In der folgenden Entschließung und Reaktion auf den Helsinki-Bericht wird die Aufnahme des Sports in Art. 151 EGV angeregt. Der Sport sollte somit in den Kulturförderungsartikel des EGV aufgenommen werden, wobei das Parlament darüber hinaus ausdrücklich auch die wirtschaftliche und soziale Dimension des Sports betont.[420] Beide Entschließungen enthalten die Forderung nach einer vertraglichen Rechtsgrundlage als zentrale Anliegen und greifen damit den Gedanken des Ausschusses der Regionen auf.[421] Verstärkt wurde somit nun auch von Seiten der Legislativorgane erkannt, dass ohne vertragliche Verankerung eine wirkungsvolle Sportpolitik der EU unmöglich und dies zwingende Voraussetzung ist, um dem Verhältnis von Sport und EU eine klare Kontur und Linie zu geben.

VII. Jahr der Erziehung durch Sport 2004

Wiederum sollte einige Zeit vergehen, bis das Parlament und der Rat tätig wurden, und am 06.02.2003 die Einrichtung des Europäischen Jahres der Erziehung durch Sport 2004 beschlossen.[422] Musste das Förderprogramm Eurathlon noch mangels jeglicher Rechtsgrundlage eingestellt werden,[423] stützte sich der Beschluss nunmehr auf den Vertrag zur Gründung der Europäischen Gemeinschaft und insbesondere auf Art. 149 EGV.[424] Damit gelang die Verankerung des Förderprogrammes im Rahmen der Zuständigkeit der Union im Bildungsbereich, wobei die Auflage des Programmes ausdrücklich als ergänzende Maßnahme zu den hier bereits bestehenden Unionsmaßnahmen gedacht war.[425] Der Beschluss knüpft dabei an frühere Maßnahmen von Organen der EG an, insbesondere an die Erklärung des Europäischen Rates von Nizza.[426] Auch aufgrund der vertraglichen

418 ABl. 2001, C 135, S. 270.
419 ABl. 2001, C 135, S. 270 (271).
420 ABl. 2001, C 135, S. 274 (276).
421 ABl. 1999, C 374, S. 56 (62).
422 ABl. 2003, L 43, S. 1.
423 Vgl. E. III.
424 ABl. 2003, L 43, S. 1.
425 ABl. 2003, L 43, S. 1 (2).
426 Hierzu B.II.

Anknüpfung an die Bildungszuständigkeit ist das Programm inhaltlich jedoch auf den erzieherischen, sozialen und gesellschaftlichen Wert des Sports ausgerichtet, wirtschaftliche Aspekte oder auch Anti-Doping-Maßnahmen wurden nicht einbezogen, worin sich die begrenzten Möglichkeiten durch das Ausweichen auf alternative Rechtsgrundlagen widerspiegeln.

VIII. Weißbuch Sport der Kommission

Mit Vorstellung des Weißbuches Sport am 11.07.2007 bezog die Kommission zu einem Zeitpunkt, zu dem das Scheitern des Verfassungsvertrages im Wesentlichen feststand, grundlegend Stellung zum Sport auf europäischer Ebene.[427] Das Weißbuch befasst sich sowohl mit der gesellschaftlichen als auch mit der wirtschaftlichen Rolle sowie mit der Organisation des Sports. Wie schon zuvor wird die Rolle des Sports bei Erziehung, Integration und Bildung beleuchtet, aber auch die Problematik des Dopings erfährt umfassende Behandlung. Auf europäischer Ebene regt die Kommission in diesem Zusammenhang vor allem Maßnahmen im Rahmen von Strafverfolgung und Gesundheitspolitik sowie verbesserte internationale Zusammenarbeit an.[428] Das Weißbuch Sport beschränkt sich nicht darauf, Problembereiche zu benennen, sondern bietet an verschiedenen Stellen konkrete Lösungsvorschläge. Im Bereich des Anti-Dopings sieht sich die Kommission beispielsweise in einer Vermittlerrolle zwischen Mitgliedstaaten, Verbänden und Organisationen.[429]

Zentraler Bestandteil des Weißbuches ist zudem die Organisation des Sports, vor allem die Autonomie der Sportverbände. In diesem Kontext behandelt die Kommission die Besonderheiten des Sports und deren Berücksichtigung bei Betrachtung wettbewerbsrechtlicher Vorschriften und der Grundfreiheiten. Dringenden Handlungsbedarf sieht die Kommission darüber hinaus bei Transfers, Spieleragenten, Minderjährigenschutz, Korruption, Lizenzvergabe und Medien. Das Weißbuch Sport enthält zwar keine unmittelbare Forderung nach Schaffung einer primärrechtlichen Rechtsgrundlage, was angesichts der unzureichenden Kompetenzen verwundert.[430] Es beinhaltet jedoch einen umfänglichen Abriss zur Situation des Sports in Europa und spricht die wesentlichen Probleme an

---

427 KOM(2007) 391 endg. vom 11.07.2007, hierzu auch *Weatherill*, ISLJ 2008/1–2 ff., 3; *Cuendet*, ISLJ 2008/1–2, 9 ff.

428 KOM(2007) 391 endg. vom 11.07.2007, S. 5.

429 KOM(2007) 391 endg. vom 11.07.2007, S. 5.

430 Dies ist wohl darauf zurückzuführen, dass der Sport mit Verfassungsvertrag im Primärrecht verankert werden sollte.

unter Ausschöpfung der Möglichkeiten, die EUV und EGV bereitstellten. Die beabsichtigten Maßnahmen werden schließlich im Aktionsplan „Pierre de Coubertin“ als Anlage zum Weißbuch zusammengefasst.[431] Unter expliziter Anerkennung des Subsidiaritätsprinzips und der Autonomie der Verbände enthält der Aktionsplan einen umfangreichen Maßnahmenkatalog zu den wesentlichen Punkten. Angesichts fehlender unmittelbarer Kompetenzen beschränken sich die vorgeschlagenen Maßnahmen aber auf verstärkte Zusammenarbeit und intensivierten Dialog.[432] Diese Beschränkungen sind es letztlich, die von Seiten der Verbände zu Kritik führten. FIFA und IOC bezeichneten das Weißbuch Sport als „unglücklicherweise eine vergebene Chance“, während vom IOC sogar der Aufruf kam, das Werk der Kommission zu „bekämpfen“.[433] Die Lobby der Sportverbände hatte sich vom Ergebnis des Konsultationsprozesses mehr erhofft, in erster Linie konkrete Vorschläge für aktuelle Probleme, welche von Gehaltsobergrenzen bis zur Selbstvermarktung reichen. Nicht erkannt wurde dabei, dass derart konkrete Maßnahmen ohne rechtliche Grundlage letztlich nicht durchführbar waren.

Trotz all dieser zahlreichen kritischen Stimmen kann das Weißbuch Sport als vorläufiger Höhepunkt der Tätigkeit der EG im Bereich des Sports bezeichnet werden, da die Kommission hierin erstmals, abgesehen vom Helsinki-Bericht,[434] grundlegende und umfassende Aussagen zum Sport trifft. Sie greift die bisherigen Entwicklungen und Anregungen der anderen Akteure auf und führt sie unter Vorlage einer gemeinschaftlichen Strategie zusammen. Auch wenn konkrete Vorschläge fehlen, so stellt das Weißbuch den ersten Versuch dar, das gesamte Spektrum des Sports auf europäischer Ebene zu erfassen.[435]

Die Bedeutung des Weißbuchs Sport hat bis heute nicht abgenommen. Auffallend ist, dass die Agenda der Sportforen, auch zuletzt auf dem Sportforum in Vilnius, zu großen Teilen immer noch auf dem Weißbuch Sport beruht sowie auf der Mitteilung der Kommission vom 18.11.2011, welche die Ziele des Weißbuches fortführt.[436] Diese Entwicklung zeigt, dass es mit dem Weißbuch gelungen ist, eine auch auf längere Sicht tragfähige inhaltliche Grundlage zu schaffen, um dem Sport auf europäischer Ebene Rechnung zu tragen. Darüber hinaus wird daran

---

431 SEK(2007) 934 vom 11.07.2007.

432 SEK(2007) 934 vom 11.07.2007, S. 6 und KOM(2007) 391 endg. vom 11.07.2007, S. 20 f.

433 So zitiert im Artikel der FAZ vom 12.07.2007, „Dem Sport passt das Weißbuch nicht“.

434 Siehe hierzu unter E.5.

435 Die Zurückhaltung der Kommission in Anbetracht fehlender Kompetenzen im Sportbereich betont auch *Weatherill*, ISLJ 2008/1–2, 3 (4,8).

436 Hierzu oben unter E.II.

deutlich, dass das Weißbuch trotz der mittlerweile vorhandenen primärrechtlichen Verankerung des Sports seine Bedeutung nicht verloren hat. Weiterhin wird die Politik der EU im Bereich des Sports maßgeblich von den Vorgaben des Weißbuches beeinflusst.[437]

IX. Entschließung des Parlaments zum Weißbuch Sport

Die herausragende Bedeutung des Weißbuches sollte zeitnah auch vom Parlament anerkannt werden. In seiner Entschließung zum Weißbuch Sport vom 08.05.2008 bezog es umfassend Stellung zum Werk der Kommission.[438]

Das Parlament hebt die primärrechtliche Verankerung des Sports an erster Stelle hervor und nennt im Anschluss das Weißbuch der Kommission. Es folgen der Helsinki-Bericht, die Erklärungen von Amsterdam und Nizza sowie der Hinweis auf die Rechtsprechung des Gerichtshofs, des Gerichts und auf die Entscheidungspraxis der Kommission.[439] An dieser Reihenfolge lässt sich der hohe Stellenwert ablesen, den das Parlament den primärrechtlichen Grundlagen sowie dem Weißbuch Sport beimisst.

Das Parlament behandelt zunächst das gesellschaftliche, kulturelle und soziale Spektrum des Sports und betont in diesem Zusammenhang die Bedeutung der neu geschaffenen primärrechtlichen Grundlagen. In gleicher Weise fordert das Parlament, dass vor dem Hintergrund der Ratifizierung des Vertrages von Lissabon der Rolle des Sports in Europa eine klare strategische Ausrichtung gegeben werden muss. Die Anwendung des Unionsrechts auf den Sport müsse klar herausgestellt werden.[440] Ein auf Einzelfallentscheidungen beruhendes Konzept sei für die Berücksichtigung der Besonderheiten des Sports unzureichend. Dies sei vor allem vom Standpunkt der Sportverbände und -organisation aus gesehen der Fall, für die ein System der Einzelfallentscheidung keine ausreichende Rechtssicherheit gewährleisten kann. Das Parlament plädiert insofern für eine beträchtliche Intensivierung sportbezogener Maßnahmen, wobei Autonomie, Besonderheiten und das Recht zur Selbstregulierung des Sports jedenfalls gewahrt werden müssen.[441] Sportgremien sind nach Auffassung des Parlaments in der Ausgestaltung ihres

---

437 Hierzu die Ausführungen im Abschlussbericht des EU Sport Forum 2012, Nikosia, vom 19–20.09.2012, S. 2, abrufbar unter http://ec.europa.eu/sport/events/2012/eu_sport_forums_2012_en.htm, abgerufen am 30.06.2014.

438 ABl. 2009, C 271 E, S. 51.

439 ABl. 2009, C 271 E, S. 51 f.

440 ABl. 2009, C 271 E, S. 51 (53).

441 ABl. 2009, C 271 E, S. 51 (53).

Sports frei, solange diese Regelungen rein sportlicher Natur sind und darüber hinaus die Verhältnismäßigkeit gewahrt ist.[442] Zur Schaffung von Rechtssicherheit müsse die Kommission klare Leitlinien zur Anwendbarkeit des Europarechts in Angelegenheiten des Sport entwickeln sowie die Anwendung des Unionsrechts in Übereinstimmung mit den Verträgen überwachen und regelmäßig überprüfen, so dass neuen Sachverhalten entsprechend Rechnung getragen werden kann.[443]

In Anbetracht der neuen Unionskompetenz fordert das Parlament zudem die schnelle Durchsetzung einer eigenen Haushaltslinie für den Sport, bereits im Haushaltsplan 2009. Auf der Grundlage der neuen Zuständigkeit sollte ein eigenes sportpolitisches Programm der Union geschaffen werden.[444]

Ersichtlich steht die Entschließung des Parlaments trotz des Bezugs zum Weißbuch Sport maßgeblich unter dem Einfluss der neu geschaffenen primärrechtlichen Verankerung des Sports. Dennoch greift die Entschließung auch die Erwägungen der Kommission aus dem Weißbuch auf. Insbesondere die Notwendigkeit eines verstärkten Dialoges zwischen internationalen und nationalen Sportverbänden und der EU sowie weiteren internationalen Organisationen wird herausgestellt. Die Entschließung greift die Erwägungen des Weißbuchs auf und führt sie vor dem Hintergrund der primärrechtlichen Neuerungen durch den Vertrag von Lissabon fort. Die Ausführungen des Parlaments lassen bereits erahnen, dass konkrete Maßnahmen in erster Linie im Bereich des Dialogs und der Förderung zu erwarten sind. Es sieht hier augenscheinlich das größte Potential der Unionskompetenz Sport.

X. Entschließung des Rates zu einem strukturierten Dialog auf EU-Ebene

Der Rat bezog erstmals Stellung zur Rolle des Sports nach Inkrafttreten des Lissaboner Vertrages in seiner Entschließung vom 18.11.2010 zu einem strukturierten Dialog auf EU-Ebene.[445] Unter Bezugnahme auf die Erklärung zum Sport im Rahmen der Schlussfolgerungen des Vorsitzes des Europäischen Rates am 11. und 12.12.2008[446], in der vor allem die Besonderheiten des Sports auch

---

442 ABl. 2009, C 271 E, S. 51 (57).

443 ABl. 2009, C 271 E, S. 51 (56); mit dieser Forderung greift das Parlament seine Forderung aus seiner Entschließung vom 29.03.2007 zu der Zukunft des Profifußballs in Europa auf, ABl. 2008, C 27 E, S. 232.

444 ABl. 2009, C 271 E, S. 51 (66 f.).

445 ABl. 2010, C 322, S. 1.

446 Schlussfolgerungen des Vorsitzes vom 11./12.12.2008, 17271/1/08 REV 1, Anl. 5.

außerhalb des wirtschaftlichen Sektors hervorgehoben wurden, verkündete der Rat eine neue sportpolitische Ära der EU. Der Rat legt dabei besonderen Wert auf eine intensivere Zusammenarbeit der Organe der EU und der europäischen und nationalen Dachorganisationen. Zu diesem Zweck macht er sich unter anderem stark für informelle Treffen führender Vertreter der EU-Behörden und des Sportsektors. Die Entschließung beschränkt sich in erster Linie auf die Forderung eines verstärkten Dialoges und lässt weitere Aspekte unangetastet, wohl auch ein Zeichen dafür, dass Unklarheiten über die Reichweite der neuen Regelung vorherrschten.

XI. Mitteilung der Kommission zur Entwicklung der Europäischen Dimension des Sports

Als erste umfassende Reaktion auf die Aufnahme des Sports in das primärrechtliche Regelwerk machte die Kommission am 18.01.2011 ihre *Mitteilung zur Entwicklung der europäischen Dimension des Sports* bekannt.[447] Diese Mitteilung baut auf das einige Jahre zuvor ergangene Weißbuch Sport auf und führt die darin entwickelten Maßnahmen vor dem Hintergrund der primärrechtlichen Verankerung des Sports weiter.[448] Wiederum unterteilt sich die Untersuchung in die drei Bereiche der wirtschaftlichen und gesellschaftlichen Rolle sowie der Organisation des Sports. Unter ausdrücklicher Achtung des Autonomiegrundsatzes und des Subsidiaritätsprinzips benennt die Kommission diverse Bereiche, in denen ein Handeln der EU erheblichen Mehrwert bietet.[449] Hierzu gehören an erster Stelle gesundheitsfördernde Betätigung, Kampf gegen Doping, aber auch Gleichstellung, Good Governance und soziale Integration. Zwar beschränken sich viele der vorgeschlagenen Maßnahmen wie im Weißbuch Sport aus dem Jahr 2007 auf verstärkte informelle Zusammenarbeit und Dialog, jedoch regt die Kommission beispielsweise im Bereich der Dopingbekämpfung auch konkrete Maßnahmen an wie einen Beitritt der EU zum Anti-Doping-Übereinkommen des Europarates[450] oder Maßnahmen im strafrechtlichen Bereich.[451] Zudem erwägt die Kommission im Bereich des Wettbewerbsrechts die Herausgabe von Leitlinien für die Vergabe von sportbezogenen staatlichen Beihilfen sowie

447 KOM(2011) 12 endg.

448 Siehe hierzu E.VIII.

449 Siehe KOM (2011) 12 endg, S. 3.

450 Anti-Doping-Übereinkommen vom 16.11.1989, SEV Nr. 135, http://conventions.coe.int/Treaty/ger/Treaties/Html/135.htm; abgerufen am 30.06.2014.

451 KOM (2011) 12 endg, S. 4 f.

für die Anwendung der Freizügigkeitsbestimmungen insbesondere auf sportorganisatorische Regelungen.[452]

XII. Entschließung des Parlaments zu der Europäischen Dimension des Sports

Als Antwort auf die Mitteilung der Kommission nahm das Parlament am 02.02.2012 seine *Entschließung zu der Europäischen Dimension des Sports* an,[453] erstmals ausdrücklich gestützt auf die neue Zuständigkeit in Art. 6 und Art. 165 AEUV.[454] Hinsichtlich der gesellschaftlichen Rolle des Sports fordert das Parlament mehr Initiativen von Seiten der EU und der Mitgliedstaaten bei der Verbesserung der sozialen und gesundheitsfördernden Komponente des Sports, insbesondere durch Bereitstellung von eigenen ehrgeizigen Haushaltsmitteln für die Sportpolitik im künftigen mehrjährigen Finanzrahmen.[455] Die Kommission solle ein spezifisches Haushaltsprogramm im Bereich Sport auflegen, was nun aufgrund von Art. 165 AEUV möglich sei. Zudem weist es auf Geschlechterdiskriminierung und die Benachteiligung von Frauen hin. Im Bereich des Dopings spricht sich auch das Parlament für einen Beitritt zum Anti-Doping-Übereinkommen des Europarates aus und ersucht die Mitgliedstaaten um Gleichstellung des Handels von Dopingmitteln und Drogen.[456] Es befürwortet klar eine weitergehende Angleichung der Rechtsvorschriften der Mitgliedstaaten in diesem Bereich.

---

452 KOM (2011) 12 endg, S. 11.

453 In der Zwischenzeit hatte auch der Rat eine Entschließung zu einem Arbeitsplan der Europäischen Union für den Sport verabschiedet, ABl. 2011, C 162, S. 1. Der Rat begrüßt dabei die Ausführungen der Kommission in ihrer Mitteilung zu der Europäischen Dimension des Sports und schlägt selbst einen Arbeitsplan für die Jahre 2011 bis 2014 vor. Dieser fordert vor allem einen intensiveren Dialog zwischen EU, Mitgliedstaaten und Verbänden. Als konkrete Maßnahme schlägt der Rat die Einberufung verschiedener Expertengruppen vor, die in Bereichen wie Anti-Doping, Good Governance im Sport und Gewaltprävention Empfehlungen für weiteres Vorgehen der EU ausarbeiten sollen.

454 ABl. 2013, C 239 E, S. 46.

455 ABl. 2013, C 239 E, S. 46 (56), nichtsdestotrotz ist es offenbar nicht gelungen, eigene Fördermittel für die Jahre 2012 und 2013 bereitzustellen; vgl. hierzu die Nachricht des DOSB vom 10.12.2010 , abrufbar unter http://www.dosb.de/en/ organisation/internationales/detail/news/kein_eu_sportfoerderprogramm_2012_und_2013; abgerufen am 30.06.2014.

456 ABl. 2013, C 239 E, S. 46 (53).

Wie schon zuvor in zahlreichen Veröffentlichungen, betont das Parlament die Besonderheiten des Sports. Es beschreibt diese dahingehend, dass sich die Besonderheiten aus all den einzelnen und wesentlichen Merkmalen ergeben, die den Sport von jedem anderen Sektor, einschließlich der Wirtschaftstätigkeit, unterscheiden. Sowohl Kommission als auch Gerichtshof sollten diesen Besonderheiten des Sports in ihren Entscheidungen Rechnung tragen. Zugleich stellt es indes klar, dass – soweit dies zweckmäßig und notwendig erscheint – der Sport den europäischen Rechtsvorschriften unterliegen müsse.[457] Hiermit verbunden folgt die erneute Aufforderung an die Kommission, Leitlinien zu erlassen, um bestehende Rechtsunsicherheiten bei der Anwendung des Europarechts auf den Sport zu beseitigen.[458] Bis 2012 sollte die Kommission entsprechend der Forderungen des Parlaments einen Vorschlag vorlegen, um die Besonderheiten des Sports besser zu erfassen, sowie konkrete Maßnahmen vorschlagen sollen, um den Besonderheiten gerecht zu werden. Der Wortlaut des Art. 165 AEUV sollte dabei uneingeschränkt berücksichtigt werden.[459]

XIII. Europäische Sportpolitik im Wandel

Rat, Parlament und Kommission begannen einige Zeit nach dem Gerichtshof, sich eingehend mit dem Sportsektor zu befassen. Hatte der Gerichtshof bereits 1974 mit seinem Urteil *Walrave & Koch* grundlegende Aussagen zum Verhältnis von Europarecht und Sport getroffen, so begannen die übrigen Organe erst nahezu zwei Jahrzehnte danach, sich hiermit wie auch einer Sportpolitik auf Unionsebene auseinanderzusetzen. Dabei sind wesentliche Fragen, wie etwa die Behandlungen der Besonderheiten des Sports, trotz der Forderungen insbesondere des Parlaments, bis heute weitgehend unbeantwortet geblieben. Wesentliches Hindernis für die Entwicklung einer konsistenten, strukturierten und nachhaltigen Sportpolitik war die mangelnde Verankerung in den Verträgen.[460] Für den Erlass sportpolitischer Maßnahmen musste auf andere Kompetenzgrundlagen ausgewichen werden. Dennoch ist in den Ansätzen einer unionalen Sportpolitik erkennbar, dass sich die Unionsorgane der Bedeutung des Sektors und dem Mehrwert unionspolitischer Maßnahmen in diesem Bereich bewusst waren.

Sport ist ein vielschichtiges Phänomen, welches Auswirkungen in verschiedenste Bereiche hat. So lag zu Beginn der sportpolitischen Aktivitäten das Au-

---

457 ABl. 2013, C 239 E, S. 46 (48).

458 ABl. 2013, C 239 E, S. 46 (54); hierzu schon die Entschließung des Parlaments zum Weißbuch Sport vom 08.05.2008, siehe oben E.IX.

459 ABl. 2013, C 239 E, S. 46 (58).

460 *Bogaert/Vermeersch*, ELRev 2006, 821 (824).

genmerk im Bereich von Erziehung und Bildung sowie auf sozialen Aspekten. Ausgangspunkt hierfür war der Adoninno-Bericht. In der Folge wurde frühzeitig erkannt, dass nur ein intensiver und regelmäßiger Dialog zwischen allen Akteuren – Union, Mitgliedstaaten, Sportverbänden – eine erfolgreiche Sportpolitik auf EU-Ebene gewährleisten kann. Zu diesem Zweck wurden das EU Sport Forum sowie die Europäische Sportkonferenz geschaffen.

Zwar blieben soziale, kulturelle und gesellschaftliche Aspekte des Sports weiterhin auf der Tagesordnung, einhergehend mit der rasanten Kommerzialisierung des Sportsektors verschob sich jedoch der Blickwinkel in Richtung wirtschaftlicher Dimension. Spätestens mit dem *Bosman*-Urteil des Gerichtshofs blieb keine Wahl, als hierauf entsprechend zu reagieren. Als insofern vorerst wichtigstes Dokument ist der *Helsinki*-Bericht der Kommission zu nennen, der einen ersten umfassenden Versuch der Kommission darstellt, die wirtschaftliche Dimension des Sports mit seinen sozialen, kulturellen und gesellschaftlichen Komponenten in Einklang zu bringen. Der bereits angesprochene Dialog erhielt eine noch höhere Bedeutung angesichts des nach dem *Bosman*-Urteil angespannten Verhältnisses zwischen Sportsektor und Union.

Der Ansatz des Helsinki-Berichts wurde im Weißbuch Sport als Höhepunkt der Tätigkeit der Kommission fortgeführt. Dieser umfassende Beitrag nimmt das gesamte Spektrum des Sports wird in den Blick. Obwohl teilweise konkrete Maßnahmen vorgeschlagen wurden, so bleibt auch das Weißbuch Sport die Antworten auf wichtige Fragen schuldig. Hier ist an erster Stelle wiederum der Umgang mit den Besonderheiten des Sports zu nennen, wozu weder das Weißbuch noch die hierauf aufbauende Mitteilung zur Entwicklung der Europäischen Dimension des Sports in einer Weise Stellung beziehen, die zu einer Lösung beitragen könnte. Dies hatte augenscheinlich auch das Parlament erkannt, welches in seinen Reaktionen auf die zuletzt genannten Kommissionsdokumente wiederholt anmahnte, dass im Hinblick auf die Anwendung des Unionsrechts auf den Sportsektor die bestehenden Rechtsunsicherheiten beseitigt werden müssen.

Die Frage nach einem angemessenen Umgang mit den Besonderheiten des Sports stellt somit nicht nur Rechtsprechung und Kommission im Rahmen ihrer Entscheidungen vor bislang ungelöste Probleme. Sie spiegelt sich letztlich auch in den sportpolitischen Maßnahmen der Unionsorgane wieder. Während im Bereich des kulturellen, sozialen und gesellschaftlichen Spektrums des Sports zumindest teilweise konkrete Maßnahmen vorgeschlagen und umgesetzt werden, so besteht hinsichtlich zentraler Fragen zum Verhältnis von Union und Sport nach wie vor erhebliche Unsicherheit. Die sportpolitischen Aktivitäten konnten bislang keinen entscheidenden Beitrag zu einer Klärung liefern, wobei allerdings vor allem das Parlament in den letzten Jahren verstärkt auf die Herbeiführung einer umfassenden Lösung drängt. Es erscheint nicht ausgeschlossen, dass Maßnahmen auf sportpolitischer Ebene maßgebliche Auswirkungen auf das europäische Sportrecht herbeiführen könnten. Der Gerichtshof zeigte bereits, dass er der Berücksichtigung solcher Maßnahmen durchaus offen gegenübersteht. So bezog er sich wiederholt auf die Erklärungen von Amsterdam und Nizza, die zwar im Rahmen des Vertragswerks zu verorten sind, aber zu einem hohen Grad von ihrer sportpolitischen Natur gekennzeichnet sind.[461] Daran wird deutlich, dass mit dem vom Parlament angemahnten Vorstoß – gerade im Hinblick auf den Umgang mit den Besonderheiten des Sports – durchaus maßgebliche Fortschritte bei der Verbesserung der Rechtssicherheit erzielt werden könnten.

Die Ausrichtung der sportpolitischen Maßnahmen hat sich seit ihren Anfängen gewandelt. Standen zu Beginn der Aktivitäten die kulturellen, sozialen und gesellschaftlichen Aspekte im Vordergrund, so wurde der Sport im Laufe der Jahre mehr und mehr als Wirtschaftssektor betrachtet. Dieser Perspektivenwechsel vollzog sich also nicht nur in der Rechtsprechung, sondern auch in sportpolitischen den Aktivitäten von Rat, Parlament und Kommission. Deutlich wird diese Entwicklung unter anderem anhand der von der Kommission in den letzten Jahren veröffentlichen Studien, welche überwiegend die wirtschaftliche Komponente des Sports in den Blick nehmen. Zu nennen sind an dieser Stelle die Studien zu den wirtschaftlichen und rechtlichen Aspekten von Spielertransfers[462] sowie zu den Auswirkungen des Sports auf Wirtschaftswachstum und Arbeitsmarkt.[463] Der Wechsel bedeutet indes nicht, dass die übrigen Aspekte vollständig in den Hintergrund treten, wie die Ende des Jahres 2013 veröffentlichte Empfehlung des Rates zur bereichsübergreifenden Förderung von gesundheitsstärkender physischer Aktivität zeigt.[464] Die Entwicklungen im Sportsektor mit seiner weiter voranschreitenden Kommerzialisierung lassen indes vermuten, dass auch in Zukunft die wirtschaftlichen Aspekte des Sports verstärkt Aufmerksamkeit auf sich ziehen werden.

---

461 Hierzu oben B.II.

462 The Economic and Legal Aspects of Transfers of Players, Januar 2013, abrufbar unter http://ec.europa.eu/sport/ library/documents/f-studies/cons-study-transfers-final-rpt.pdf, abgerufen am 30.06.2014.

463 Study on the Contribution of Sport to Economic Growth and Employment in the EU, November 2012, abrufbar unter http://ec.europa.eu/sport/library/documents/f-studies/study-contribution-spors-economic-growth-final-rpt.pdf, abgerufen am 30.06.2014.

464 ABl. 2013, C 354, S. 1.

F. Status quo – Der Sport im AEUV

Die bisherigen Ergebnisse geben einen umfassenden Überblick über das europäisches Sportrecht und die europäische Sportpolitik vor Inkrafttreten des Vertrages von Lissabon. Während ersteres von der Rechtsprechung des Gerichtshofs und den Entscheidungen der Kommission geprägt wird, wird letztere in erster Linie von den Initiativen der Kommission und des Parlaments angetrieben. Beide Bereiche betreffen das Verhältnis zwischen Union und Sport gleichermaßen. Eine strenge Abgrenzung ist nicht immer möglich, da sportpolitische Maßnahmen die Rechtsprechung beeinflussen und die Rechtsprechung ihrerseits wichtige Impulse für die Ausrichtung der Sportpolitik setzt. Darüber hinaus wurden im Zuge der Vertragsreformen von Amsterdam und Nizza Erklärungen verabschiedet, die sportrechtliche und sportpolitische Elemente vereinigen. Einige wesentliche Unterschiede sind dennoch festzustellen. So ist im Bereich des europäischen Sportrechts mit den Grundfreiheiten und Wettbewerbsregeln ein rechtlicher Rahmen auf Ebene der Union vorgegeben. Demgegenüber agierte die Sportpolitik bis zum Inkrafttreten des Reformvertrages ohne Kompetenz im Sportbereich. Darüber hinaus hat das europäische Sportrecht primär die wirtschaftlichen Aspekte des Sports zum Gegenstand, während der Schwerpunkt der europäischen Sportpolitik trotz der beschriebenen Tendenzen hin zu einer auch wirtschaftlichen Ausrichtung auf den sozialen, erzieherischen, kulturellen und gesundheitlichen Elementen des Sports liegt. Während im europäischen Sportrecht die Frage vorherrschte, ob und auf welche Weise Unionsrecht auf den Sportsektor Anwendung findet, versuchten die Unionsorgane, ohne primärrechtliche Vorgaben eine zielgerichtete und kohärente Sportpolitik zu schaffen. Letztlich zeichnet sich das europäische Sportrecht durch seinen passiven Charakter aus, da es im Wesentlichen die Vereinbarkeit sportverbandlicher Regeln und Praktiken mit den Grundfreiheiten und Wettbewerbsregeln umfasst. Der europäischen Sportpolitik hingegen kommt eine aktive Rolle zu bei der Entwicklung des Sports auf Ebene der Union.

Sportrecht und Sportpolitik bis zum Inkrafttreten des Vertrages von Lissabon bilden auf diese Weise die rechtstatsächliche Basis für die primärrechtliche Verankerung des Sports. Im Gegensatz zu anderen Bereichen, in denen Recht und Politik auf einer kodifizierten Grundlage entstanden, ist die Reihenfolge im Sport eine andere. Die Rechtsgrundlage folgt der Entwicklung von Recht und Politik nach.

Im Folgenden wird zunächst auf die Interessenslage zwischen Union und Sportwelt im Vorfeld des Vertrages von Lissabon eingegangen (I.). Im Anschluss hieran folgt zur Vorbereitung der nachfolgenden Analyse die Darstellung methodischer Grundlagen (II.). Die eigentliche Analyse beginnt mit Art. 6 AEUV (III.) und geht dann zu den sportbezogenen Passagen des Art. 165 AEUV über (IV.).

I. Die Verankerung des Sports im AEUV

Die bereits mit dem gescheiterten Vertrag über eine Verfassung für Europa begonnene Entwicklung hin zu einer primärrechtlichen Verankerung des Sports in den Verträgen der Union konnte mit der endgültigen Unterzeichnung des Vertrages von Lissabon abgeschlossen werden.[465] Inhaltlich und funktionell orientiert sich der Vertrag von Lissabon weitgehend am nicht verwirklichten Verfassungsvertrag, und schafft wie dieser eine Neuordnung der Verträge.[466] Der als Reformvertrag bezeichnete Vertrag konnte, vor allem aufgrund der Referenden in Irland und Verzögerungen in Polen und Tschechien, nach langwieriger Ratifizierung am 01.12.2009 in Kraft treten, nachdem zwischenzeitlich auch das Bundesverfassungsgericht die Weichen für eine Ratifizierung in Deutschland gestellt hatte.[467] Auch wenn die Aufnahme des Sports durch den Verfassungsvertrag nicht zustande kam, gelang es letztlich doch, die auf europäischer Ebene erforderliche Zuständigkeit für den Sport zu schaffen. Dabei wurde die in Art. III – 282 vorgesehene Regelung des Verfassungsvertrages zu großen Teilen übernommen.

Die bislang in Titel XI des EGV, „Sozialpolitik, allgemeine und berufliche Bildung und Jugend“ zu findende Zuständigkeit der Union für Bildung und Jugend gemäß Art. 149 EGV wurde um eine Zuständigkeit für den Sport erweitert. Der neue Art. 165 AEUV umfasst Kompetenzen im Bereich Bildung, Jugend und Sport, enthalten in Titel XII, „Allgemeine und berufliche Bildung, Jugend und Sport“. Der Wortlaut des Art. III – 282 EVV wurde bis auf einige Änderungen übernommen. Die für den Sport relevanten Abschnitte des Art. 165 AEUV lauten:

---

465 Vertrag von Lissabon zur Änderung des Vertrags über die Europäische Union und des Vertrags über die Gründung der Europäischen Gemeinschaft, konsolidierte Fassung im ABl.2010, C 83, S. 1.

466 Zur Entwicklung des Verfassungsvertrages zum Vertrag von Lissabon siehe *Hatje/Kindt*, NJW 2008, 1761 ff.; *Weber*, EuZW 2008, 7 ff.; *Rabe*, NJW 2007, 3153 ff.; zum Inhalt des Vertrages von Lissabon *Terhechte*, EuR 2008, 143 ff.

467 BVerfG, Urteil vom 30.06.2009–2 BvE 2/08, NJW 2009, 2267 ff.; ausführlich zur Entstehung des Vertrages von Lissabon siehe *Streinz/Ohler/Herrmann*, VvL, S. 26 ff.

„(1) […]
Die Union trägt zur Förderung der europäischen Dimension des Sports bei und berücksichtigt dabei dessen besondere Merkmale, dessen auf freiwilligem Engagement basierende Strukturen sowie dessen soziale und pädagogische Funktion.

(2) Die Tätigkeit der Union hat folgende Ziele:
- […]
- Entwicklung der europäischen Dimension des Sports durch Förderung der Fairness und der Offenheit von Sportwettkämpfen und der Zusammenarbeit zwischen den für den Sport verantwortlichen Organisationen sowie durch den Schutz der körperlichen und seelischen Unversehrtheit der Sportler, insbesondere der jüngeren Sportler.

(3) Die Union und die Mitgliedstaaten fördern die Zusammenarbeit mit dritten Ländern und den für den Bildungsbereich und den Sport zuständigen internationalen Organisationen, insbesondere dem Europarat.

(4) Als Beitrag zur Verwirklich der Ziele dieses Artikels
- erlassen das Europäische Parlament und der Rat gemäß dem ordentlichen Gesetzgebungsverfahren und nach Anhörung des Wirtschafts- und Sozialausschusses und des Ausschusses der Regionen Fördermaßnahmen unter Ausschluss jeglicher Harmonisierung der Rechts- und Verwaltungsvorschriften der Mitgliedstaaten;
- erlässt der Rat auf Vorschlag der Kommission Empfehlungen."

Darüber hinaus enthält Art. 6 AEUV im Rahmen der durch den Vertrag von Lissabon neu gestalteten Kompetenzverteilung eine Zuständigkeitszuweisung der Union für den Bereich des Sports, die der bereits in Art. I – 17 EVV angedachten Regelung entspricht. Diese lautet:

„Die Union ist für die Durchführung von Maßnahmen zur Unterstützung, Koordinierung oder Ergänzung der Maßnahmen der Mitgliedstaaten zuständig. Diese Maßnahmen mit europäischer Zielsetzung können in folgenden Bereichen getroffen werden:
a) […]
e) allgemeine und berufliche Bildung, Jugend und Sport,
f) […]."

Mit dieser Regelung gelang es, den Sport in das europäische Primärrecht aufzunehmen. Eine über Jahrzehnte andauernde Entwicklung konnte damit zumindest vorläufig abgeschlossen werden.[468]

1. Interessen der Union

Auch wenn der Versuch einer Verfassung für Europa letztlich scheiterte, gelang es jedenfalls, die inhaltlichen Vorgaben des Verfassungsvertrages zu großen Teilen

468 Hierzu die Ausführungen unter B.

im Vertrag von Lissabon fortzuführen.[469] Dies gilt insbesondere für den im Verfassungsvertrag vorgesehenen Artikel zum Sport, Art. III-282 EVV. Die Ziele der Union und ihrer Organe im Zusammenhang mit der primärrechtlichen Verankerung des Sports durch den Vertrag von Lissabon sind zwar – im Gegensatz zu den öffentlichen Arbeiten des europäischen Konvents – nicht unmittelbar zugänglich. Aufgrund der größtenteils wortgleichen Übernahme des Entwurfs für den Verfassungsvertrag kann jedoch diesbezüglich auf die Entwicklung des Konvents zurückgegriffen werden. In Ergänzung zu den Ausführungen hierzu[470] ist festzuhalten, dass es vorrangiges Ziel für die Unionsorgane gewesen sein muss, eine Kompetenz für Maßnahmen und Initiativen im Bereich des Sports und somit Rechtssicherheit bei sportpolitischen Maßnahmen zu schaffen.[471] Die Problematik der fehlenden Zuständigkeit hatte sich nicht nur im Zuge des Scheiterns des Förderprogramms EURATHLON gezeigt.[472]

Das Weißbuch Sport, mit dem die unionssrechtlichen Möglichkeiten vor Inkrafttreten des Vertrages von Lissabon „voll und ganz ausgeschöpft"[473] wurden, verdeutlicht dieses Dilemma. Ungeachtet seiner inhaltlichen Reichweite fehlt es an konkreten Maßnahmen und Vorschlägen, welche über verstärkte Zusammenarbeit und Dialogbereitschaft wesentlich hinausgehen.[474] Die Bandbreite an Themenfeldern mit Bezug zum Sport, die von der Kommission im Weißbuch abgehandelt wurde, ist beachtlich. Diese Bandbreite jedoch veranschaulicht die Diskrepanz, welche aufgrund des hohen Handlungsbedarfs einerseits und des nicht vorhandenen rechtlichen Instrumentariums zu seiner Deckung andererseits gegeben war.

Darüber hinaus lässt sich anhand der Aktivitäten der Unionsorgane erkennen, welch hohe Erwartung im Hinblick auf die Schaffung einer Rechtsgrundlage bestand. Wurden noch in den 90er Jahren, insbesondere als Reaktion auf das *Bosman*-Urteil des Gerichtshofs, regelmäßig sportpolitische Maßnahmen und Initiativen im Sportbereich ergriffen, kam es mit Beginn der Konventsverhandlungen im Jahr 2002, im Zuge derer sich alsbald die Aufnahme des Sports in die Verträge abzeichnete, zu einem erwartungsvollen Stillstand dieser Aktivitäten. Dieser sollte erst im Jahr 2007 mit der Entschließung des Parlaments zur Zu-

469 *Streinz/Ohler/Hermann*, VvL, S. 40.

470 Oben B.III.

471 Dies geht aus dem Freiburger Entwurf für einen Europäischen Verfassungsvertrag vom 12.11.2002 hervor, KONV 495/03, S. 13.

472 Oben S. E.III.

473 KOM(2007) 391 endg. vom 11.07.2007, S. 21.

474 Hierzu bereits oben E.VIII.

kunft des Profifußballs,[475] die sich bereits auf die bevorstehende primärrechtliche Grundlage bezieht, ein Ende finden.

2. Hoffnungen der Sportverbände

Als Reaktion auf das *Bosman*-Urteil drängten die Sportverbände zunächst weiter auf die Einführung einer Bereichsausnahme für den Sport. Alsbald jedoch setzte sich die Erkenntnis durch, dass die Schaffung einer solchen Bereichsausnahme nicht möglich sein wird. Die ablehnenden Ausführungen des Gerichtshofs ließen weitere Gedanken in diese Richtung nicht zu.[476] Die grundsätzliche Anwendbarkeit des Unionsrechts auf den Sport wurde weitestgehend akzeptiert und so wurde in der Folge versucht, die Auswirkungen der Anwendbarkeit möglichst umfassend zu begrenzen. Die weitläufige Skepsis der Verbände gegenüber einer Einmischung der Union in ureigene Angelegenheiten des Sports blieb bestehen.[477] So fielen insbesondere die Reaktionen auf das Weißbuch Sport oftmals negativ aus.[478] Dieses lasse die Gedanken der Erklärung von Nizza außen vor, und vermöge es nicht, ein sicheres rechtliches Umfeld für den Sport zu schaffen, da Autonomie und Besonderheiten des Sports nur unzureichend berücksichtigt würden. Dennoch würde man weiterhin mit den Mitgliedstaaten und den Unionsorganen kooperieren, um eine angemessene Aufnahme des Sports zu erreichen.[479]

Diesen Aussagen lassen sich die Erwartungen des Sportsektors im Hinblick auf die bevorstehende Verankerung des Sports durch den Vertrag von Lissabon entnehmen. In Anbetracht der grundsätzlichen Anwendbarkeit, an der zu rütteln man aufgegeben hatte, war es Ziel der Verbände, die Kompetenzen der Union so weit als möglich zu begrenzen.[480] Dieses auf den ersten Blick widersprüchliche Ansinnen hatte zum Zweck, den Zugriff der Union auf die Sportwelt durch eine

475 ABl. 2008, C 27 E, S. 232.

476 EuGH, *Bosman*, Rs. C-415/93, Slg. 1995, S. I-4921 Rn. 76; hierzu auch *Palme*, JZ 1996, 238 (240); *Rincon*, JCER 2007, 224 (226); weiterhin für eine Bereichsausnahme (für den Berufssport), *Aulehner/Scholz*, SpuRt 1996, 44 (47).

477 Welch drastische Auswirkungen die Verbände als Folge dieser Einmischung erwarteten, zeigen die Zitierungen bei *Hilf/Pache*, NJW 1996, 1169 (1170); eine umfangreiche Sammlung von Zitaten in diesem Zusammenhang findet sich bei *Chappelet*, S. 89 ff.

478 Nachweise hierzu oben unter E.VIII.

479 Gemeinsame Erklärung von IOC und FIFA vom 11.07.2007 anlässlich der Veröffentlichung des Weißbuchs Sport, abrufbar unter http://www.olympic.org/news/media-resources, zuletzt abgerufen am 30.06.2014.

480 Christophe de Kepper, IOC, zitiert nach *Garcia*, ESLJ Vol. 5 No. 1, Rn. 30.

stärkere Kooperation und aktive Beeinflussung der europäischen Sportpolitik einzuschränken.[481] Der Sinn einer solchen Vorgehensweise liegt letztlich darin begründet, den Besonderheiten des Sports und insbesondere der Autonomie seiner Verbände zu größtmöglicher Entfaltung zu verhelfen.[482] Diesen Grundprinzipien sollte bei jeglichen Maßnahmen auf europäischer Ebene in angemessener Weise Rechnung getragen werden. Die Verbände erhofften sich von der Aufnahme des Sports daher Rechtssicherheit im Hinblick auf die Reichweite und Berücksichtigung dieser Grundsätze.[483]

Mit dieser Rechtssicherheit einhergehen sollte Klarheit bei der Beurteilung sportverbandlicher Regelwerke im Hinblick auf ihre Vereinbarkeit mit den Grundfreiheiten und europäischem Wettbewerbsrecht. Die von der Kommission praktizierte und weiterhin anvisierte Praxis der Einzelfallentscheidung[484] kritisierten die Verbände ob ihrer mangelnden Konsistenz und mahnten die Schaffung eines klar umrissenen rechtlichen Umfeldes an.[485]

Dass mit dem Vertrag erstmals eine Zuständigkeit der Union im Bereich des Sports geschaffen werden sollte, wurde allerdings nicht nur als reine Bedrohung, sondern durchaus als Chance empfunden. Während insbesondere die großen Sportverbände mit regulatorischen Kompetenzen den gewachsenen Einfluss des Unionsrechts als Gefährdung dieser Kompetenzen ansahen, betonten andere Sportorganisationen ihre positive Haltung gegenüber dieser Entwicklung. Beispielsweise betonte die G14, die Vereinigung von 18 europäischen Spitzenclubs im Fußball, dass die Institutionen der EU nur in solchen Fällen einschreiten, in denen es tatsächlich zu einer Verletzung von Unionsrecht gekommen sei und dass Rechtsunsicherheit tatsächlich nicht bestehe. G14 kritisierte, dass die Spitzenverbände allein das Ziel verfolgten, ihre regulatorischen Aktivitäten dem Anwendungsbereich des Unionsrechts zu entziehen – eine Entwicklung, die gefährliche

481 *Garcia*, JCER 2007, 202 (213).

482 Zu dieser Entwicklung *Garcia/Weatherill*, JEPP 2012, 238 (239 ff.).

483 Hierzu auch *Chapelet*, Autonomy of Sport in Europe, S. 34 und die zu großen Teilen positive Reaktion des IOC auf einen ersten Entwurf des Reformvertrages, abrufbar unterhttp://www.euractiv.com/sports/olympic-committee-warms-eu-competence-sport/article-167478,zuletzt abgerufen am 30.06.2014.

484 KOM(2007) 391 endg. vom 11.07.2007.

485 DFB, Europäische Sportpolitik, S. 8; UEFA, Position der UEFA zu Art. 165 des Vertrags von Lissabon, S. 3; *Arnault*, Independent European Sports Review, S. 129 f.; letzteres wird zwar als „independent“ bezeichnet, wurde zu großen Teilen jedoch von der UEFA finanziert und dürfte dementsprechend die Auffassung der Verbände widerspiegeln, hierzu *Stein*, SpuRt 2008, 46.

Folgen nach sich ziehen würde.[486] Der Entwurf für die Aufnahme des Sports in den Reformvertrag in Verbindung mit der Rechtsprechung des Gerichtshofs gewährleiste eine harmonische Entwicklung des Sportsektors in Europa.[487] Solche Geschehnisse zeigen, dass auch innerhalb der Verbände und Organisationen des Sportsektors geteilte Auffassungen bezüglich der Anwendbarkeit des Unionsrechts auf den Sport bestehen. Skepsis ist vor allem dann vorherrschend, wenn regulatorische Kompetenzen aus dem Bereich des Sports mit dem Unionsrecht kollidieren.

Indes traten auch die regulierenden Verbände der Sportkompetenz keinesfalls nur mit Misstrauen gegenüber. Insbesondere war mit einer Sportkompetenz der Union die Hoffnung auf ein umfangreiches und nachhaltiges Förderprogramm verbunden. Waren Versuche einer nachhaltigen Sportförderung bislang mangels Rechtsgrundlage gescheitert oder aber auf Grundlage anderer Kompetenzen in ihren Auswirkungen auf den Sport begrenzt, so sollte die Aufnahme des Sports in das Primärrecht die Voraussetzungen für EU-Sportförderprogramme schaffen.[488]

3. Gegenläufige Interessen

Diese Ausführungen belegen, unter welch schwierigen Voraussetzungen die Aufnahme des Sports in das Vertragswerk der Union zustande gekommen sein muss. Schon die schrittweise Entwicklung vom Vertrag von Maastricht, der den Sport nicht erwähnte, über die Verträge von Amsterdam und Nizza mit ihren rechtlich unverbindlichen, aber dennoch überwiegend positiv aufgenommenen Erklärungen bis zum letztlich gescheiterten Verfassungsvertrag hat die konträ-

---

486 Zitiert nach *Siekmann*, in: Blanpain/Colucci/Hendrickx, The Future of Sports Law in the European Union, S. 46; zur Entwicklung des Konflikts zwischen G14 und der UEFA, der die Parteien im Verfahren *Chaleroi* bis vor den EuGH führte oben Fn. 190; auch *Stein*, SpuRt 2008, 46; *Garcia*, in: Gammelsæter/Senaux, The Organisation and Governance of Top Football Across Europe, S. 39; *Kronberg*, Bindung von Sportverbänden an die Grundfreiheiten, S. 216 ff.

487 Gemeinsame Pressemitteilung der europäischen Organisationen der Spitzenvereine im Fußball, Basketball und Handball vom 05.10.2007, http://www.euroleague.net/news/i/15765/180/eu-reform-treaty-needs-to-maintain-a-fair-balance-within-sports-sector, abgerufen am 30.06.2014.

488 *DOSB*, Sportförderung in der EU, S. 2 f.; *IOC*, Common Position on the implementation of the TFEU on sport, S. 4; diese Erwartungen lassen sich auch einem Infobrief des Deutschen Bundestages, Fachbereich WD 10: Kultur, Medien und Sport vom 23.04.2010, WD 10-3010-038/10, entnehmen.

ren Standpunkte und Wünsche im Hinblick auf die Ausgestaltung eines Sportartikels zu Tage gebracht.[489] Die zahlreichen Forderungen nach Schaffung einer Rechtsgrundlage auf sportpolitischer Ebene bestätigen diesen Eindruck.[490] Die Schwierigkeiten konnten – dies zeigen die dargestellten Reaktionen – offenbar auch im Zuge der Übernahme des Sports in den Vertrag von Lissabon nicht gänzlich beigelegt werden. Vielmehr wurde offenbar, dass mit der Sportwelt und der Union Akteure ein Feld betreten, die sich auf den verschiedenen Ebenen des Sportsektors oftmals diametral gegenüberstehen. Allein im Hinblick auf mögliche Fördermaßnahmen der Union für alle Bereiche des Sports scheinen die Wünsche und Interessen gleichzulaufen. Zu zeigen wird in der folgenden Analyse sein, ob und inwieweit sich diese unterschiedlichen Ansichten auch in der Vorschrift des Art. 165 AEUV widerspiegeln.

II. Methodische Vorbemerkungen

Die folgenden Seiten der Untersuchung beinhalten die Analyse der sportrelevanten Passagen des Art. 165 AEUV. Entsprechend dem Ziel jeder Auslegung sollen Sinn und Inhalt der insofern relevanten Teile der Norm ermittelt werden. Bevor jedoch die konkrete Auseinandersetzung mit der Vorschrift beginnen kann, ist zunächst auf Methodik und Grundlagen der Analyse einzugehen.

1. Methodik der Analyse

Die Analyse des europäischen Primärrechts erfolgt im Wege der Auslegung, wie sie auch von der Unionsgerichtsbarkeit in Erfüllung ihres Auftrages gemäß Art. 19 Abs. 1 UAbs. 1 Satz 2 EUV vorgenommen wird. Die Auslegung des Europarechts folgt dabei grundsätzlich den aus den einzelnen Mitgliedstaaten bekannten Interpretationsmethoden. Zur Anwendung gelangen so im Wesentlichen die für die Vertragsauslegung im Völkerrecht entwickelten Grundsätze, obgleich die in Art. 31 WVRK enthaltenen Auslegungsregelungen nicht uneingeschränkt übernommen werden können.[491] Dabei haben sich – maßgeblich bestimmt durch die Rechtsprechung des Gerichtshofs und mitunter abhängig davon, ob es sich um die Auslegung von Primär- oder Sekundärrecht handelt – einige Abweichungen herausgebildet.[492]

---

489 Zu dieser Entwicklung oben S. B.III.

490 Hierzu unter E.

491 *Frenz*, Handbuch Europarecht, Band 5, S. 119 f.

492 *Hobe*, Europarecht, S. 100; *Streinz*, Europarecht, S. 226.

2. Auslegungsmethoden

Aus dem Zusammenspiel der mitgliedstaatlichen und völkerrechtlichen Auslegungslehre und unter Berücksichtigung der unionsrechtlichen Eigenarten hat sich für die Auslegung des Europarechts eine eigenständige Methodik entwickelt.[493] Trotz der Besonderheiten ist nichtsdestotrotz für die Auslegung des Primärrechts in erster Linie auf die weithin anerkannten Methoden der grammatikalischen, systematischen, teleologischen und historischen[494] Auslegung zurückzugreifen. Die Besonderheiten des Europarechts haben gegenüber der klassischen Gewichtung und Bedeutung der verschiedenen Methoden jedoch zu Abweichungen geführt.[495] Letztlich sind hieraus „unionsspezifische Auslegungsmethoden" hervorgegangen.[496]

Unterschiede ergeben sich jedenfalls bei der Auslegung von Primär- und Sekundärrecht. Zwar gelten grundsätzlich die gleichen Auslegungsmethoden, hinsichtlich ihres Verhältnisses untereinander ergeben sich indes Divergenzen. Diese sind darauf zurückzuführen, dass das Primärrecht eine auf langfristige Geltung angelegte, von den Mitgliedstaaten und Organen der Union entwickelte und auf die mannigfaltigen Interessen abgestimmte Regelung darstellt, während das Sekundärrecht in erster Linie der Verwirklichung der im Primärrecht abgesteckten Ziele dient.[497] Sekundärrecht muss sich aus diesem Grund am Primärrecht ausrichten.

Grundlegende Unterschiede sind zudem auf das übergreifende Ziel der europäischen Integration zurückzuführen, die den dynamischen Charakter der Union begründet.[498] So bevorzugt der Gerichtshof angesichts des Integrationsziels häufig diejenige Auslegungsmethode, welche die Verwirklichung der in den Verträgen niedergelegten Ziele und die Fortentwicklung des Integrationsprozesses am besten und einfachsten ermöglicht.[499] Von besonderer Bedeutung ist in diesem Zusammenhang der Grundsatz des *effet utile*, wonach mit Blick auf das Verständnis einer Vorschrift ausschlaggebend ist, bei welcher Auslegung sie größtmögliche Wirksamkeit entfalten kann.[500]

---

493 *Frenz*, Handbuch Europarecht, Band 5, S. 121.

494 Siehe insbesondere hierzu unter F.II.2.d.

495 *Wegener*, in: Callies/Ruffert, Art. 19 EUV Rn. 12; *Mayer*, in: Grabitz/Hilf/Nettesheim, Art. 19 EUV Rn. 53.

496 *Borchardt*, in: Lenz/Borchardt, Art. 19 EUV Rn. 14.

497 *Bleckmann*, NJW 1982, 1177 (1178).

498 *Callies*, NJW 2005, 929; *Bleckmann*, NJW 1982, 1177 (1180).

499 *Streinz*, Europarecht, S. 227.

500 *Callies*, NJW 2005, 929; *Borchardt*, in: Lenz/Borchardt, Art. 19 EUV Rn. 25.

Schließlich gilt aufgrund der Selbstständigkeit des Unionsrechts, dass auch die Auslegung autonom erfolgen muss.[501] Das Unionsrecht erfordert schon deshalb eine eigenständige Auslegung, weil die jeweiligen Normen in der ständig wachsenden Anzahl der Mitgliedstaaten einheitliche Geltung beanspruchen. Normen und ihre Begriffe sind daher in ihrem spezifisch unionsrechtlichen Sinn zu ermitteln.[502]

Neben den klassischen Auslegungsmethoden haben sich aufgrund dieser Besonderheiten weitere Maxime hervorgetan, welche vom Gerichtshof im Rahmen der Auslegung herangezogen werden. Hierzu zählt insbesondere die Auslegung anhand der früheren Rechtsprechung. Eingegangen wird zudem auf die Auslegung im Sinne der nachfolgenden Praxis.

Nachdem nun zunächst die Bedeutung der vier allgemein anerkannten Auslegungsgrundsätze herausgearbeitet wird, ist in der Folge auch darzustellen, inwiefern mit Blick auf die sportrelevanten Passagen des Art. 165 AEUV weitere Methoden zur Ermittlung des Normsinns angewandt werden können.

a. Wortlaut

Der Wortlaut stellt sowohl den Anfang[503] als auch die Grenze jeder Auslegung dar, die nicht überschritten werden darf.[504] Diese grundsätzliche Aussage gilt – auch wenn insofern die Bedeutung der grammatikalischen Auslegung teilweise angezweifelt wird – ebenso für das Unionsrecht, wobei stets der spezifisch unionsrechtliche Wortsinn zu ermitteln ist.[505] Im Gegensatz zur grundsätzlichen Gewichtung der grammatikalischen Auslegung wird dieser Maxime auf Ebene des Unionsrechts oftmals nachgesagt, dass sie aufgrund der mittlerweile 24 gemäß Art. 55 Abs. 1 EUV gleichrangigen Sprachfassungen von geringerer Bedeutung sei.[506] Mögen Unterschiede in den jeweiligen Sprachfassungen zwar Schwierigkeiten mit sich bringen,[507] so muss hieraus nicht zwangsläufig der Schluss auf den minderen Stellenwert der Methode gezogen werden. Die Auslegung anhand

501 *Streinz*, Europarecht, S. 227; *Dederichs*, EuR 2004, 345 (350 f.); *Frenz*, Handbuch Europarecht, Band 5, S. 121.

502 *Mayer*, in: Grabitz/Hilf/Nettesheim, Art. 19 EUV Rn. 53.

503 Schlussanträge, GA *Roemer*, Rs. C-16/70, Slg. 1970, S. 921 (938 ff.).

504 EuGH, Rs. C-313/07, Slg 2008, S. I-7907 Rn. 44.

505 *Wegener*, in: Callies/Ruffert, Art. 19 Rn. 12; *Borchardt*, in: Schulze/Zuleeg/Kadelbach, Europarecht, S. 573; oben F.II.2.

506 *Frenz*, Handbuch Europarecht, Band 5, S. 122 f.; *Mayer*, in: Grabitz/Hilf/Nettesheim, Art. 19 EUV Rn. 53; *Wegener*, in: Callies/Ruffert, Art. 19 EUV Rn. 12.

507 Zu Beispielen siehe *Colneric*, ZEuP 2005, 225 (226 f.).

des Wortlauts wird vom Gerichtshof jedenfalls deutlich öfter herangezogen, als nach diesen Feststellungen anzunehmen wäre.[508] Darüber hinaus bedeutet das vermeintlich mindere Gewicht der grammatikalischen Auslegung nicht etwa, dass ein mit dieser Methode ermittelter eindeutiger Wortsinn im Wege der teleologischen oder systematischen Auslegung in Zweifel gezogen werden kann. Ein eindeutiger Wortlaut lässt dies nicht zu.[509]

Geboten ist aufgrund der Besonderheit unbedingt die Beachtung nicht nur einer Sprachfassung, sondern der jeweilige Rückgriff auf weitere Sprachfassungen zum Zwecke des Vergleichs, um die erforderliche einheitliche und unionsspezifische Begriffsbestimmung zu gewährleisten.[510] Vor allem im Falle eines nicht eindeutigen Ergebnisses der semantischen Analyse muss ein solcher Vergleich unterstützend herangezogen werden. Ohnehin gilt außerdem für die vorzunehmende Analyse des Art. 165 AEUV, dass es sich dabei um Primärrecht handelt. Die Auslegung anhand des Wortlauts erlangt insoweit einen höheren Stellenwert, da der Grad der Abweichung der verschiedenen Sprachfassungen hier nicht so weit ist wie im Falle des Sekundärrechts, für das sich oftmals beträchtliche Differenzen feststellen lassen.[511]

Unter Berücksichtigung dieser Besonderheiten wird der Wortlaut der Vorschrift des Art. 165 AEUV in das Zentrum der Analyse gestellt. Zu ermitteln ist der jeweilige Wortsinn ausgehend vom gewöhnlichen Sprachgebrauch.[512]

b. Systematik

Wird der Wortlautauslegung des Unionsrechts eine vergleichsweise geringe Bedeutung zugeschrieben, so gilt das Gegenteil für die systematische Auslegung,

---

508 Nach der von *Dederichs* durchgeführten umfangreichen Studie der Rechtsprechung des Gerichtshofs im Jahr 1999 ist die grammatikalische Auslegung tatsächlich die bei weitem vorherrschende Methode; EuR 2004, 345 ff.; kritisch hierzu *Callies*, NJW 2005, 929.

509 *Frenz*, Handbuch Europarecht, Band 5, S. 122; *Borchardt*, in: Schulze/Zuleeg/Kadelbach, Europarecht, S. 576.

510 EuGH, *Koschniske*, Rs. C-9/79, Slg. 1979, S. 2717 Rn. 7; *Borchardt*, in: Schulze/Zuleeg/Kadelbach, Europarecht, S. 574; *Immenga/Mestmäcker*, in Immenga/Mestmäcker, I. Abschnitt C. Rn. 4.

511 *Wegener*, in: Callies/Ruffert, Art. 19 EUV Rn. 12; dies ist darin begründet, dass nicht sogleich – parallel – alle gleichrangigen Sprachfassungen entworfen werden, sondern vielmehr zumeist eine einsprachige Fassung geschaffen wird, welche dann in die weiteren Sprachen übersetzt wird, hierzu *Weiler*, ZEuP 2010, 861 (865 f.).

512 *Bleckmann/Pieper*, in: Dauses, B.I. Rn. 8; *Schroeder*, JuS 2004, 180 (182).

der ein hoher Stellenwert zukommen soll.[513] Entsprechend dem Gebrauch im nationalen Recht wird die Einordnung bzw. Stellung der jeweiligen Vorschrift im Gesamtzusammenhang und Normumfeld untersucht, da davon auszugehen ist, dass die einzelnen Vorschriften zueinander in Beziehung stehen.[514] Die Methode dient als Korrektiv zur grammatikalischen und historischen Auslegung und auch dazu, Wertungswidersprüche aufzudecken und zu vermeiden.[515] Dabei besteht ein gewisser Zusammenhang mit der grammatikalischen Interpretation, insbesondere, wenn die Stellung eines Begriffs innerhalb einer Norm in den Blick genommen wird.[516] Überschneidungen sind darüber hinaus gegeben mit der teleologischen Auslegung.[517] So können die übergeordneten Ziele bei der Einordnung einer Norm in das Gesamtsystem nicht außer Acht gelassen werden.

Die sportrelevanten Passagen des Art. 165 AEUV werden entsprechend dieser Vorgaben anhand ihrer Stellung im Gesamtgefüge des Vertrages, ihrer Bedeutung im näheren Umfeld der Norm, aber auch hinsichtlich ihrer systematischen Positionierung innerhalb der Norm untersucht.

c. *Teleologie*

Im Allgemeinen wird der teleologischen Auslegung die größte Bedeutung bei der Auslegung von Unionsrecht zugedacht.[518] Zumindest in der früheren Rechtsprechung scheint der Gerichtshof den Interpretationsschwerpunkt hier gesetzt zu haben.[519] Diese Form der Auslegung orientiert sich an der ratio legis und kollidiert mit der grammatikalischen Analyse, wenn eine zweckgerechte und zweckentsprechende Auslegung nur durch Dehnung des Wortlauts erreicht werden kann.[520] Entsprechend der Auslegung anhand der Systematik soll auch mittels

513 *Pache*, in: Vedder/Heintschel von Heinegg, Art. 19 EUV Rn. 19; *Frenz*, Handbuch Europarecht, Band 5, S. 131; *Bleckmann*, NVwZ 1993, 824 (825).

514 *Frenz*, Handbuch Europarecht, Band 5, S. 134; *Anweiler*, Die Auslegungsmethoden des Gerichtshofs der EG, S. 172 ff.

515 *Borchardt*, in: Schulze/Zuleeg/Kadelbach, Europarecht, S. 575; *Hobe*, Europarecht, S. 100; *Buck*, Über die Auslegungsmethoden des Gerichtshofs der EG, S. 174 f.

516 *Schroeder*, JuS 2004, 180 (182).

517 *Frenz*, Handbuch Europarecht, Band 5, S. 132.

518 Hierzu *Schwarze*, in:Schwarze, Art. 19 EUV Rn. 36 f.; *Wegener*, in: Callies/Ruffert, Art. 19 EUV Rn. 15; *Hobe*, Europarecht, S. 100; *Streinz*, Europarecht, S. 227;

519 Vgl. EuGH, *van Gend & Loos*, Rs. C-26/62, Slg. 1962, S. 7 (24); zur Änderung dieser starken Gewichtung *Schwarze*, in: Schwarze, Art. 19 EUV Rn. 36 f.

520 *Frenz*, Handbuch Europarecht, Band 5, S. 139.

der teleologischen Auslegung versucht werden, Wertungswidersprüche zu vermeiden. Dabei ist die Methode grundsätzlich am objektiv in der Norm zum Ausdruck kommenden Sinn und Zweck ausgerichtet und nicht etwa an der Stellung der Norm im Gesamtgefüge. Dennoch ist es kaum zu vermeiden, bei der Untersuchung von Sinn und Zweck auch die systematische Einordnung in den Fokus zu nehmen. Nur auf diese Weise wird sich der Sinn und Zweck einer Vorschrift erschließen lassen, mangelnde Trennschärfe und vereinzelte Überschneidungen zwischen den Interpretationsmethoden sind hinzunehmen.[521]

In erster Linie dem bereits angesprochenen dynamischen Charakter des auf Integration ausgerichteten Unionsrechts kann mittels der teleologischen Auslegung Rechnung getragen werden, wobei in engem Zusammenhang hiermit der Grundsatz des *effet utile* zu beachten ist. Insofern wird der Grundsatz als Konkretisierung der an Sinn und Zweck ausgerichteten Maxime verstanden.[522] Eine Norm des Europarechts ist demnach so auszulegen, dass insbesondere die allgemeinen Ziele der Verträge auf möglichst wirksame Weise erreicht werden und dass die jeweilige Norm ihre volle Wirkung entfalten kann.[523]

Zur Ermittlung von Sinn und Zweck des Art. 165 AEUV sind in Anbetracht dieser Ausführungen unter anderem die Ziele und Werte der Union zu berücksichtigen, wie sie neben der Präambel vor allem in Art. 2 und Art. 3 EUV festgeschrieben sind.[524] Bei der Bestimmung der ratio legis der sportrelevanten Passagen vor dem Hintergrund der Ziele des gesamten Unionsrechts wird zudem die systematische Ausrichtung des Artikels von Bedeutung sein.[525]

d. Historische Auslegung

Während sich bezüglich der Bedeutung speziell der Wortlautmaxime unterschiedliche Auffassungen herausgebildet haben, besteht im Hinblick auf eine subjektiv-historische Auslegung des Unionsrechts weitgehende Einigkeit dahingehend, dass diese vor allem im Primärrecht in der Regel keine weiterführenden Ergebnisse

---

521 Vgl. *Borchardt*, in: Lenz/Borchardt, Art. 19 EUV Rn. 23, der beide Auslegungsmethoden zusammenfasst; zu den Überschneidungen auch *Frenz*, Handbuch Europarecht, Band 5, S. 140.

522 *Oppermann/Classen/Nettesheim*, Europarecht, S. 147; *Schroeder*, JuS 2004, 180 (186).

523 *Borchardt*, in: Schulze/Zuleeg/Kadelbach, S. 575; *Schwarze*, in: Schwarze, Art. 19 EUV Rn. 38; *Streinz*, Europarecht, S. 227.

524 *Bleckmann/Pieper*, in: Dauses, B.I. Rn. 16; *Mayer*, in: Grabitz/Hilf/Nettesheim, Art. 19 EUV Rn. 55.

525 Vgl. *Immenga/Mestmäcker*, in Immenga/Mestmäcker, I. Abschnitt C. Rn. 6.

bringen kann.[526] Im Rahmen der historischen Auslegung wird der tatsächliche Wille des jeweiligen historischen Normgebers untersucht, wozu in erster Linie auf Materialien zur Begründung der Norm zum Zeitpunkt ihrer Entstehung zurückgegriffen wird. Diese Ausrichtung am subjektiven Willen des Normgebers steht damit in einem gewissen Gegensatz zu den übrigen objektiven Interpretationsweisen. Die subjektive Herangehensweise jedoch scheitert bei der Interpretation des Primärrechts häufig daran, dass die Protokolle zu den Vertragsverhandlungen (*travaux preparatoires*) der Öffentlichkeit nicht zugänglich sind sowie der dynamische Charakter des Unionsrechts ein Abstellen auf den historischen Willen erschwert bzw. unmöglich macht.[527]

aa. Die Öffentlichkeit des Europäischen Konvents

Die Problematik, dass insbesondere für das Primärrecht in der Regel Begründungserwägungen nicht zugänglich sind, wird im Rahmen der vorliegenden Untersuchung in zwei Punkten entschärft. Denn zum einen entspricht Art. 165 AEUV dem letztlich gescheiterten Sportartikel des Verfassungsvertrags, Art. III-282 EVV. Für den Verfassungsvertrag jedoch sind die Verhandlungen des Europäischen Konvents zu weiten Teilen für die Öffentlichkeit zugänglich gemacht worden.[528] Dies sollte der möglichst umfassenden und vor allem transparenten Vorbereitung der Regierungskonferenz dienen.[529] Die Materialien geben Einblick in die Verhandlungspositionen und ermöglichen Rückschlüsse auf die Intentionen der Verhandlungsparteien. Anhand der vorhandenen Dokumentation kann der tatsächliche Wille des Gesetzgebers in geeigneten Fällen ermittelt werden. Der Auffassung, wonach der historischen Auslegung des Primärrechts regelmäßig keine Bedeutung beizumessen ist, kann daher für die folgende Untersuchung

---

526 *Wegener*, in: Callies/Ruffert, Art. 19 EUV Rn. 13.; *Borchardt*, in: Lenz/Borchardt, Art. 19 EUV Rn. 21; *Dederichs*, EuR 2004, 345 (358); *Bleckmann*, NJW 1982, 1177 (1178); a.A.: *Leisner*, EuR 2007, 689 ff., der die Gleichrangigkeit auch der subjektiv-historischen Maxime betont.

527 *Adrian*, Grundprobleme einer juristischen (gemeinschaftsrechtlichen) Methodenlehre, S. 490 ff.; *Schwarze*, in: Schwarze, Art. 19 EUV Rn. 37; *Hobe*, Europarecht, S. 100.

528 Die Dokumente sind zugänglich über http://european-convention.eu.int/DE/bienvenue/bienvenue390c.html?lang=DE, zuletzt abgerufen am 30.06.2014.

529 Sämtliche Dokumente des Konvents sollten für die Öffentlichkeit zugänglich sein, siehe die Erklärung von Laeken zur Zukunft der Europäischen Union vom 15.12.2001, S. 8, abrufbar unter http://www.europarl.europa.eu/brussels/website/media/Basis/Organe/ER/Pdf/Erklaerung_Laeken.pdf, abgerufen am 30.06.2014; zu diesem Prozess *Peters*, EuR 2004, 375 (384); *Ruffert*, EuR 2004, 165 (194 f.).

nicht gefolgt werden. Überhaupt wird diese Aussage nicht nur Art. 165 AEUV betreffend zu überdenken sein, da der Vertrag von Lissabon dem Verfassungsvertrag weitgehend entspricht. So bezieht sich auch der Gerichtshof mittlerweile bei der Auslegung von Vorschriften des AEUV auf die Entstehungsgeschichte der entsprechenden Bestimmung des Verfassungsvertrages.[530]

bb. Die Erklärungen von Amsterdam und Nizza als Vorgänger

Darüber hinaus kann auch die Entwicklung und Diskussion über die Rolle des Sports im europäischen Vertragswerk im Rahmen der früheren Regierungskonferenzen nicht unberücksichtigt bleiben. Zwar kommt zum Tragen, dass die Verhandlungsprotokolle nicht öffentlich zugänglich sind, jedoch sind zumindest die Ergebnisse der Regierungskonferenzen von Amsterdam und Nizza insbesondere für den Sport relevant, als hier bedeutende – wenn auch nicht bindende – Erklärungen den Verträgen beigefügt wurden. Trotz ihrer fehlenden Verbindlichkeit können die Erklärungen als Vorreiter der nun im Primärrecht verankerten Vorschrift des Art. 165 AEUV angesehen werden, zumindest hinsichtlich der sportrelevanten Passagen. Insofern wurde zu den Erklärungen auch von den Regierungen und vor allem der deutschen Regierung Stellung bezogen.[531] Dass die Erklärungen von Amsterdam und Nizza als Vorgängerregelungen gesehen werden können, lässt sich anhand eines inhaltlichen Vergleichs verdeutlichen. So entspricht Art. 165 Abs. 2 7. Spiegelstrich in weiten Teilen dem Wortlaut der Ziffer 2 der Erklärung von Nizza.[532] Offensichtlich sind die Regelungen des Art. 165 AEUV und auch der gescheiterte Art. III-282 EVV keinesfalls aus dem Nichts entstanden, sondern stellen vielmehr eine Weiterführung bestehender Grundsätze und Leitlinien dar. Aus der Entwicklung der Vorschrift lassen sich somit Rückschlüsse auf den normgeberischen Willen gegebenenfalls ableiten. Jedenfalls aber können solche Rückschlüsse ergänzend und bestätigend herangezogen werden.

3. Besonderheiten der Analyse

Bereits für die subjektiv-historische Interpretationsmethode gilt, dass im Rahmen dieser Untersuchungsmaxime gewisse Besonderheiten bestehen, die bei der Auslegung zumindest unterstützend herangezogen werden können. Die Entwicklung des Sports auf europäischer Ebene führt dazu, dass weitere Besonderheiten im

---

530 EuGH, *Inuit*, Rs. C-583/11 P, Rn. 59, EuZW 2014, 22 (23); vgl. zur historischen Auslegung auch EuGH, *Pringle*, Rs. C-370/12, Rn. 135, NJW 2013, 29 (36).

531 Hierzu und zur Entwicklung und Bedeutung dieser Erklärungen siehe oben B.II.

532 Dok. SN 400/00 ADD 1, S. 25.

Rahmen der Auslegung zu berücksichtigen sind. Somit kommen auch bei der Analyse der Vorschrift Besonderheiten des Sports zum Tragen, wenn auch in einem anderen Wortsinn als allgemein im Zusammenhang mit dem Unionsrecht verstanden.

Bis zu seiner Verankerung in Art. 165 AEUV hatte der Sport keine Erwähnung im Primärrecht gefunden. Das Verhältnis von Sport und Union war geprägt von der Rechtsprechung des Gerichtshofs und von den sportpolitischen Maßnahmen der Unionsorgane, allen voran der Kommission.[533] Im Zuge dieser Entwicklung haben sich gewisse Begriffe herausgebildet, welche auch die sportrelevanten Passagen des Art. 165 AEUV betreffen.[534] Es wäre insofern verfehlt, diese Entwicklung im Rahmen der Auslegung gänzlich unbeachtet zu lassen. Die dogmatische Einordnung innerhalb des Auslegungsprozesses ist indes mit Schwierigkeiten verbunden.

a. Berücksichtigung der nachfolgenden Praxis

Die vor allem aus dem Völkerrecht bekannte Auslegung anhand der nachfolgenden Praxis findet im Rahmen der Auslegung des Europarechts kaum Verwendung. Dies bedeutet indes nicht, dass eine Heranziehung grundsätzlich ausgeschlossen wäre.[535] Dies betrifft zunächst solche politischen Maßnahmen, die von den Organen der Union nach Inkrafttreten des Vertrages von Lissabon und auf Grundlage des Art. 165 AEUV erlassen wurden.

Gemäß Art. 19 Abs. 1 UAbs. 1 Satz 2 EUV ist der Gerichtshof zuständig für die Auslegung der Verträge. Dadurch ist allerdings anderen Organen der Union eine Auslegung nicht generell verwehrt. So ist vor allem die Kommission zu nennen, die bei der Umsetzung der Vertragsziele die entsprechenden Vorschriften auszulegen hat, um eine zielgerechte Implementierung zu gewährleisten.[536] Auch wenn Vorgaben der Kommission zur Auslegung keine Verbindlichkeit erlangen,

---

533 Vgl. hierzu oben Kapitel C., D., E.

534 Hierzu zählt z. B. der Begriff der Besonderheiten des Sports, welcher in nahezu allen sportbezogenen Entscheidungen und Initiativen behandelt wird, vgl. schon den Helsinki-Bericht der Kommission vom 10.12.1999, KOM(1999) 644 endg., S. 8; hierzu oben E.V.

535 *Bleckmann/Pieper*, in: Dauses, B.I. Rn. 43; *Buck*, Über die Auslegungsmethoden des Gerichtshofs der EG, S. 191 ff.; zur Bedeutung dieser Auslegungsmaxime im Unionsrecht auch *Bleckmann*, NJW 1982, 1177 (1179) und *Bleckmann*, in: Bieber/Ress, Die Dynamik des Europäischen Gemeinschaftsrechts, S. 182 ff.

536 *Borchardt*, in: Schulze/Zuleeg/Kadelbach, S. 569; *Frenz*, Handbuch Europarecht, Band 5, S. 118;

erlangen sie faktisch durchaus Bedeutung aufgrund der Rolle der Kommission als Hüterin der Verträge.[537] Dies gilt gerade für Initiativen der Kommission im Bereich des Sportsektors, vor allem dann, wenn die Kommission die Zielvorgaben des Art. 165 AEUV unmittelbar aufgreift und hierauf aufbauend Maßnahmen zu ihrer Verwirklichung entwickelt.[538] Es erscheint aus diesem Grund erforderlich, derartige Maßnahmen zumindest ergänzend heranzuziehen.

b. Berücksichtigung der früheren politischen Praxis

Zum anderen können aber auch dem Vertrag von Lissabon vorangegangene Maßnahmen im Bereich des Sports nicht außer Acht gelassen werden, da neuere Initiativen oftmals auf diesen basieren, entsprechend Bezug nehmen oder eine Fortentwicklung anstreben.[539] Auch der Gerichtshof hat entsprechende Maßnahmen der Unionsorgane daher bereits zur Auslegung herangezogen.[540] In seiner sportbezogenen Rechtsprechung ist der Gerichtshof wiederholt auf diese Weise verfahren. Er hat sich im Zuge dessen sowohl auf die Erklärungen von Amsterdam und Nizza als auch auf sportpolitische Dokumente als Auslegungs- und Interpretationshilfen berufen.[541] Diese Praxis wurde auch von den Generalanwälten angenommen.[542] Begründet ist diese Vorgehensweise in der speziellen Entwicklung des Sports auf Unionsebene, die mangels Zuständigkeit der Union im Rahmen der Rechtsprechung und der politischen Praxis vorangetrieben wurde.

Aus diesem Grund ist es unumgänglich, auf Mitteilungen, Entschließungen und sonstige Erklärungen der Unionsorgane, insbesondere der Kommission, zumindest ergänzend und bestätigend im Rahmen der Auslegung zurückzugreifen.

---

537 *Frenz*, Handbuch Europarecht, Band 5, S. 118; *Borchardt*, in: Schulze/Zuleeg/Kadelbach, S. 569; *Nettesheim*, in: Grabitz/Hilf, Art. 1 EGV Rn. 58.

538 Vgl. hierzu die Mitteilung der Kommssion zur Entwicklung der europäischen Dimension des Sports vom 18.01.2011, KOM (2011) 12 endg., in welcher die Kommission das in Art. 165 Abs. 2 7. Spiegelstrich AEUV vorgegebene entsprechende Ziel aufgreift.

539 Vgl. zu einer solchen Entwicklung das Weißbuch Sport der Kommission vom 11.07.2007 und die Mitteilung zur Entwicklung der europäischen Dimension des Sports vom 18.01.2011, auch als Weißbuch II bezeichnet.

540 Vgl. EuGH, *Ludwig Wünsche*, Rs. C-159/80, Slg. 1980, S. 2162 (2175).; EuGH, *Siemers*, Rs. C-30/71, Slg. 1971, S. 920 (927 f.); vgl. auch *Buck*, Über die Auslegungsmethoden des Gerichtshofs der EG, S. 191 ff.

541 EuGH, *Deliege*, Rs. C-51/96, Slg. 2000, S. I-2549 Rn. 42 und EuGH, *Lehtonen*, Rs. C-176/96, Slg. 2000, S. I-2681 Rn. 33.

542 Schlussanträge, GA *Sharpston*, Rs. C-325/08, Slg. 2010, S. I-2177 Rn. 47.

c. *Berücksichtigung der früheren Rechtsprechung*

Von besonderer Bedeutung für den Gerichtshof ist zudem der Verweis auf frühere Rechtsprechung.[543] Dieser Argumentationslinie soll in der Untersuchung ebenso wenig die Stellung einer eigenen Auslegungsmethode zukommen. Allerdings erscheint eine Analyse der Auswirkungen des Art. 165 AEUV kaum durchführbar ohne Rückgriff auf die Rechtsprechung des Gerichtshofes. Es wurde bereits erwähnt, dass ein europäisches Sportrecht auch vor Aufnahme des Sports in die Verträge existierte, maßgeblich hervorgebracht durch die Rechtsprechung des Gerichtshofes, und auf dieser Grundlage weitergeführt durch die Unionsorgane im Rahmen der sportpolitischen Praxis. Dies betrifft insbesondere das Verhältnis von sportverbandlichen Maßnahmen zum Wettbewerbsrecht sowie den Grundfreiheiten.[544] Begriffe wie die Besonderheiten des Sports wurden in der Rechtsprechung des Gerichtshofs geprägt und ausgeformt. Ihre Bedeutung wird im Wesentlichen anhand der Rechtsprechung des Gerichtshofes ermittelt.

Auch insofern gilt daher, dass die Analyse der sportrelevanten Passagen des Art. 165 AEUV die Rechtsprechung des Gerichtshofes nicht übergehen kann. Unterstützend zur Auslegung ist im Rahmen der Norminterpretation deshalb hierauf einzugehen.

III. Die Zuständigkeit der Union gemäß Art. 6 Satz 2 lit. e) AEUV

Bevor im Folgenden die inhaltliche Analyse des Art. 165 AEUV erfolgen kann, wird zunächst die systematische Einordnung des Sports in den Zuständigkeitsbestimmungen der Verträge behandelt. Der Sport wird seit Inkrafttreten des Vertrages von Lissabon nicht nur in Art. 165 AEUV genannt, sondern bereits in den Zuständigkeitsregelungen gemäß Art. 2 ff. AEUV. Die grundsätzliche Verortung des Sports innerhalb der Zuständigkeitsbereiche der Union wird daher im Vorfeld der eigentlichen Analyse untersucht.

Das Verhältnis zwischen Union und Mitgliedstaaten wird geprägt durch das Prinzip der begrenzten Einzelermächtigung. Die Union darf danach nur auf Grund einer ihr in den Verträgen zugewiesenen Zuständigkeit tätig werden.[545] Für den Sport war eine Zuständigkeit bis zum Inkrafttreten des Vertrages von

---

543 Hierzu *Dederichs*, EuR 2004, 345 (346 f.).

544 Siehe hierzu oben C.

545 *Bast*, in: Grabitz/Hilf/Nettesheim, Art. 5 EUV Rn. 14; *Callies*, in: Callies/Ruffert, Art. 3 EUV Rn. 6.

Lissabon nicht vorgesehen.[546] Die verschiedenen Arten von Zuständigkeiten listet Art. 2 AEUV auf. Neben der ausschließlichen Zuständigkeit der Union gemäß Art. 2 Abs. 1, Art. 3 AEUV und der geteilten Zuständigkeit gemäß Art. 2 Abs. 2, Art. 4 AEUV sehen die Verträge seit der Reform von Lissabon gemäß Art. 2 Abs. 5, Art. 6 AEUV Bereiche vor, in denen die Union für die Durchführung von Unterstützungs-, Koordinierungs- und Ergänzungsmaßnahmen zuständig ist. Innerhalb dieser „Beitragskompetenz"[547] ist gemäß Art. 6 Satz 2 lit. e) AEUV der Sport verankert. Dadurch wird, in Verbindung mit Art. 165 AEUV, entsprechend dem Prinzip der begrenzten Einzelermächtigung die Zuständigkeit der Union für den Sportbereich begründet. Soweit vereinzelt vertreten wird, durch Art. 6 AEUV werde keine eigene Zuständigkeit der Union begründet, so spricht hiergegen sowohl der Wortlaut des Art. 6 Abs. 1 Satz 1 AEUV als auch die systematische Einordnung in Art. 2 ff. AEUV.[548] Es handelt sich dabei um eine zu der Zuständigkeit der Mitgliedstaaten parallele Zuständigkeit, da die Zuständigkeit der Union im Bereich des Sports nicht an die Stelle der mitgliedstaatlichen Kompetenzen tritt, Art. 2 Abs. 5 UAbs. 1 AEUV.[549] Der Unterschied zur geteilten Zuständigkeit ist darin begründet, dass die Mitgliedstaaten trotz Maßnahmen der Union weiter regelungsbefugt bleiben, und nicht etwa verdrängt werden, Art. 2 Abs. 2 Satz 2 AEUV. Die Zuständigkeiten der Mitgliedstaaten bleiben bestehen, sie bleiben gegenüber der Union vorrangig zuständig.[550] Die Kompetenzen der Union sind darauf ausgelegt, unter Beachtung einer „europäischen Zielsetzung"[551] in denjenigen Bereichen tätig zu werden, in denen die Mitgliedstaaten bereits aktiv geworden sind, mitgliedstaatliche Maßnahmen bevorstehen oder aber Handeln der Mitgliedstaaten erforderlich ist.[552] Somit können sowohl Mitgliedstaaten als auch die Union nebeneinander regelnd tätig werden.[553]

Die Zuordnung des Sports zur unterstützenden, koordinierenden und ergänzenden Zuständigkeit veranschaulicht die rechtliche Stellung des Sports in

546 Hierzu ausführlich oben B.II.

547 *Streinz*, in: Streinz, Art. 6 AEUV Rn. 2.

548 So auch *Callies*, in: Callies/Ruffert, Art. 2 AEUV Rn. 25 m.w.N. zu den die Zuständigkeit der Union ablehnenden Auffassungen.

549 *Nettesheim*, in: Grabitz/Hilf/Nettesheim, Art. 6 AEUV Rn. 4, *Streinz*, in: Streinz, Art. 6 AEUV Rn. 2.

550 *Frenz*, Handbuch Europarecht, Band 6, S. 639; *König*, in: Schulze/Zuleeg/Kadelbach, S. 93; *Wuermeling*, EuR 2004, 216 (223).

551 *Frenz*, Handbuch Europarecht, Band 6, S. 640.

552 *Nettesheim*, in: Grabitz/Hilf/Nettesheim, Art. 6 AEUV Rn. 3.

553 *Pelka*, in: Schwarze, Art. 2 AEUV Rn. 21.

den Mitgliedstaaten. Der Sport ist weitestgehend autonom organisiert, darüber hinaus sind in föderalen Systemen wie der Bundesrepublik die Bundesländer für den Sport zuständig. Die Beschränkung auf die Beitragskompetenz gemäß Art. 2 Abs. 5, Art. 6 AEUV trägt diesen Umständen und insbesondere der aufgrund der Verbandsautonomie eingeschränkten Regelungskompetenzen der Mitgliedstaaten im Sportbereich Rechnung.[554]

Die inhaltliche Beschränkung der Beitragskompetenz kommt bereits im Wortlaut der Art. 5 Abs. 2 UAbs. 1, Art. 6 Satz 1 AEUV zum Ausdruck, wonach nur Maßnahmen zur Unterstützung, Koordinierung und Ergänzung der mitgliedstaatlichen Maßnahmen zulässig sind. Definitionen zu den einzelnen Maßnahmen wurden in den Verträgen trotz entsprechender Forderungen nicht aufgenommen.[555] Insbesondere dem Wortlaut lassen sich jedoch Hinweise auf die Reichweite der Maßnahmen entnehmen. So legt es der Begriff der unterstützenden Maßnahme nahe, dass diese ein akzessorisches Handeln der Union beinhalten und das Handlungsfeld der jeweiligen Maßnahmen schwerpunktmäßig von den Mitgliedstaaten gestaltet wird.[556] Unterstützend kann ein Handeln der Union allerdings auch wirken, wenn damit eine Anstoßfunktion gegenüber den Mitgliedstaaten einhergeht.[557] Beispielhaft für unterstützende Maßnahmen können insbesondere finanzielle Hilfe, Zusammenarbeit oder das Aufstellen von Leitlinien angeführt werden.[558] Im Bereich der Koordinierung obliegt der Union die horizontale Abstimmung mitgliedstaatlicher Handlungen, was gegebenenfalls ein gestaltendes Eingreifen der Union erforderlich macht.[559] Bei ergänzenden Maßnahmen lässt sich dem Wortlaut entnehmen, dass die Union hier tätig werden kann, wenn die Mitgliedstaaten noch nicht oder nicht abschließend tätig geworden sind sowie dann, wenn Maßnahmen der Union weitergehende Zwecke vor dem Hintergrund eines europäischen Mehrwerts verfolgen. Letztlich eröffnen Ergänzungsmaßnahmen ein „Einfallstor“[560] für unionales Handeln. Neben diesen inhaltlichen Beschränkungen der Zuständigkeit gemäß Art. 6 AEUV statuiert

---

554 *Wuermeling*, EuR 2004, 216 (223).

555 Bericht des Parlaments vom 24.04.2002 über die Abgrenzung der Zuständigkeiten zwischen der Europäischen Union und den Mitgliedstaaten, A5-0133/2002, S. 22; ähnlich auch KONV 375/1/02, S. 5.

556 *Frenz*, Handbuch Europarecht, Band 6, S. 1148; *Streinz*, in: *Streinz*, Art. 6 AEUV Rn. 4.

557 *Nettesheim*, in: Grabitz/Hilf/Nettesheim, Art. 6 AEUV Rn. 12.

558 Hierzu KONV 375/1/02, S. 4.

559 *Streinz*, in: *Streinz*, Art. 6 AEUV Rn. 5.

560 *Nettesheim*, in: Grabitz/Hilf/Nettesheim, Art. 6 AEUV Rn. 14.

Art. 2 Abs. 5 UAbs. 2 AEUV ein Verbot jeglicher Harmonisierung von Rechtsvorschriften der Mitgliedstaaten und verstärkt dadurch den subsidiären und komplementären Charakter der Zuständigkeit.

Genauer Inhalt und Umfang der Zuständigkeit ergeben sich jedoch nicht aus den Art. 2 ff. AEUV. Art. 2 Abs. 5, Art. 6 Satz 2 lit. e) AEUV sind im Zusammenhang mit Art. 165 AEUV zu lesen.[561] Der Umfang der Zuständigkeiten und die Einzelheiten zu ihrer Ausübung sind gemäß Art. 2 Abs. 6 AEUV in den Bestimmungen der Verträge zu den einzelnen Politikbereichen festgelegt. Für den Sport ist insofern Art. 165 AEUV maßgeblich, dessen Vorgaben zur inhaltlichen Reichweite und Ausdifferenzierung der Zuständigkeit sowie zum rechtlichen Instrumentarium im Folgenden untersucht werden.

IV. Analyse der sportrelevanten Passagen des Art. 165 AEUV

Art. 165 AEUV enthält sportrelevante Passagen in erster Linie in Abs. 1 UAbs. 2 sowie in Abs. 2 7. Spiegelstrich. Die Inhalte des Abs. 3 beziehen sich nicht allein auf den Sport, was auch für Abs. 4 gilt, der die möglichen Handlungsformen vorgibt. Vorab wird die Struktur der sportrelevanten Passagen dargestellt sowie das Verhältnis der einzelnen Absätze zueinander untersucht. Die folgende inhaltliche Auseinandersetzung mit den einzelnen Passagen im Wege der Auslegung folgt indes nicht dem Aufbau des Art. 165 AEUV, sondern vielmehr der inneren Systematik der sportrelevanten Passagen. Danach ist in Art. 165 Abs. 2 7. Spiegelstrich das Unionsziel für den Sport normiert. Es bildet Rahmen und Auslegungsmaßstab für die in Art. 165 Abs. 1 UAbs. 2 AEUV angeführte Unionsaufgabe und wird dementsprechend an den Anfang der Analyse gestellt.[562] Abs. 3, der nicht nur sportrelevante Passagen enthält, sondern auch solche der Bildungskompetenz, ist Teil der Unionsaufgabe. In Abs. 4 ist das rechtliche Instrumentarium niedergelegt für sämtliche in Art. 165 AEUV aufgeführten Politikbereiche.

Die Analyse der sportbezogenen Passagen erfolgt anhand der Auslegungsmaxime und ergänzenden Methoden, wie sie in der methodischen Vorbemerkung dargestellt sind.[563] Anwendung finden daher die Auslegung nach dem Wortlaut,

---

561 *Pelka*, in: Schwarze, Art. 6 AEUV Rn. 2; *Callies*, in: Callies/Ruffert, Art. 6 AEUV Rn. 3; *von Danwitz*, in: Dauses, B.II. Rn. 3.

562 Diese Struktur zu Grunde legen auch *Niedobitek*, in: Streinz, Art. 165 Rn. 41; *Simm*, in: Schwarze, Art. 165 AEUV Rn. 18 f.; *Muresan*, causa sport 2010, 99 (100); *Eichel*, Der Sport im Recht der EU, S. 137; a.A. *Hix*, Probleme der Normierung einer Sportklausel, S. 107; *Wiesner*, Unionsziele im Europäischen Verfassungsrecht, S. 119.

563 Oben F.II.

der Systematik, Teleologie und Historie. An geeigneten Stellen wird zur Bestätigung die politische oder rechtliche Praxis herangezogen. Berücksichtigung erfährt unter anderem die mittlerweile zur Vorschrift des Art. 165 AEUV veröffentlichte Literatur, insbesondere aus dem Kreis der Kommentierungen.

Die Erkenntnisse der Analyse werden Aufschluss geben über Anwendungsbereich, Inhalt und Bedeutung der Zuständigkeit der Union im Sportbereich. Eine Untersuchung der praktischen Auswirkungen folgt im anschließenden Kapitel, dem zugleich ein zusammenfassender Charakter zukommt.

1. Die Struktur der sportrelevanten Passagen des Art. 165 AEUV

Von wesentlicher struktureller und im Folgenden auch inhaltlicher Bedeutung ist das Verhältnis von Unionsaufgabe und Unionsziel. In den anschließenden Absätzen wird daher zunächst auf die rechtliche Einordnung der Begriffe und ihr Verhältnis zueinander im Allgemeinen eingegangen, um diese Erkenntnisse der Analyse des Art. 165 AEUV zu Grunde zu legen.[564]

a. Rechtliche Einordnung von Unionsziel und Unionaufgabe

Zielen und Aufgaben ist ihr „zukunftsgestaltender“[565] Charakter gemeinsam. Ihnen wohnt ein „prospektives“[566] Element inne und sie sind davon gekennzeichnet, dass sie noch nicht erreicht wurden. Sowohl bei Zielen als auch bei Aufgaben steht die zukünftige Erfüllung aus.

Neben dieser in der zukünftigen Perspektive liegenden Gemeinsamkeit lassen sich jedoch Kriterien für eine Abgrenzung finden. Ziele beschreiben einen in der Zukunft liegenden Zustand, dessen Erreichung anvisiert wird. Ist ein solcher absoluter Zustand nicht zu erreichen oder die Verwirklichung unwahrscheinlich, wird gegebenenfalls lediglich die Förderung des Zustands als Ziel festgelegt, womit eine Abschwächung der Zielaussage einhergeht.[567] Unionsziele zeichnen sich durch ihren offenen und abstrakten Charakter aus, der sich darin niederschlägt, dass die Ziele richtungsweisend wirken für einzel-

---

564 Systematisch ist es erforderlich, die Untersuchung der Struktur des Art. 165 AEUV vorzuziehen, wenn dies auch im Einzelnen Rückgriffe auf den Inhalt der einzelnen Absätze erforderlich macht.

565 *Schwind*, Zukunftsgestaltende Elemente, S. 108 und S. 431; in diesem Sinne auch *Reimer*, EuR 2003, 992 (995).

566 *Kotzur*, DÖV 2005, 313 (315).

567 *Frenz*, Handbuch Europarecht, Band 6, S. 576; *Schwind*, Zukunftsgestaltende Elemente, S. 342 f.

ne Maßnahmen, welche in ihrer Gesamtheit die Erreichung des jeweiligen Ziels bewirken sollen. Unionsziele verkörpern vor diesem Hintergrund einen „Prinzipiencharakter."[568] Diese Eigenschaften gelten dabei grundsätzlich sowohl für die Ziele der Union im eigentlichen Sinne, die in Art. 3 EUV normiert sind und die Leitziele der Union im Rahmen des Integrationsprozesses vorgeben,[569] als auch für Bereichsziele. Letztere konkretisieren die allgemeinen in Art. 3 EUV aufgeführten Ziele der Union für die einzelnen Politikbereiche.[570] Die mit den allgemeinen Zielen korrespondierenden Bereichsziele stellen somit ebenfalls Unionsziele dar und zeichnen sich gegenüber den Zielen der Union gemäß Art. 3 EUV durch ihren geringeren Abstraktionsgrad aus.[571] In ihnen werden die allgemeinen Ziele näher bestimmt und auf die jeweiligen Sektoren der Unionspolitik zugeschnitten. Einzelne Maßnahmen innerhalb der Sektoren sind primär an diesen Bereichszielen auszurichten, die Bereichsziele kennzeichnet ihr Direktivcharakter.[572]

Neben den Unionszielen enthält der Vertrag von Lissabon Unionsaufgaben. Diese kennzeichnet vor allem ihr deutlich höherer Konkretisierungsgrad. Sie sind also weniger durch ein hohes Abstraktionsniveau gekennzeichnet, sondern vielmehr dadurch, dass sie für bestimmte Sektoren der Unionspolitik konkrete Handlungsappelle vorgeben.[573] Die Union wird zumeist als Ganzes zur Erfüllung dieser konkreten Maßnahmen verpflichtet.[574] Unionsaufgaben zeichnen sich somit weniger durch ihren richtungsweisenden abstrakten Charakter aus, sondern vielmehr durch Festlegung von konkreten materiellen Handlungsfeldern.[575]

---

568 *Kotzur*, DÖV 2005, 313 (315); in diese Richtung auch *Reimer*, EuR 2003, 992 (1004 f.); *Müller-Graff*, in Dauses, A.I. Rn. 187.

569 *Müller-Graff*, in: Dauses, A.I. Rn. 90; *Terhechte*, in: Grabitz/Hilf/Nettesheim, Art. 3 EUV Rn. 18.

570 *Bittner*, in: Schwarze, Art. 39 AEUV Rn. 2; *Müller-Graff*, in: Dauses, A.I. Rn. 150; *Schwind*, Zukunftsgestaltende Elemente, S. 427; solche Bereichsziele sind beispielsweise auch in Art. 191 Abs. 1 AEUV für die Umweltpolitik zu finden oder in Art. 151 AEUV für die Sozialpolitik; bisweilen wird auch von über- und untergeordneten Zielen gesprochen, *Reimer*, EuR 2003, 992 (996) oder aber von sektorspezifischen Zielbestimmungen, *Terhechte*, in: Grabitz/Hilf/Nettesheim, Art. 3 EUV Rn. 16.

571 *Wiesner*, Unionsziele im Europäischen Verfassungsrecht, S. 28.

572 *Hix*, Probleme der Normierung einer Sportklausel, S. 102.

573 *Terhechte*, in: Grabitz/Hilf/Nettesheim, Art. 3 EUV Rn. 20.

574 *Schwind*, Zukunftsgestaltende Elemente, S. 437 f.

575 *Schwind*, Zukunftsgestaltende Elemente, S. 436.

b. Verhältnis von Unionsziel und Unionsaufgabe

Das Verhältnis von Unionsaufgaben und Unionszielen ist nach den Ausführungen zur rechtlichen Einordnung in erster Linie gekennzeichnet durch die abweichenden Abstraktionsgrade. Den höchsten Abstraktionsgrad weisen die Ziele der Union gemäß Art. 3 EUV auf. Sie werden durch Bereichsziele für die jeweiligen Politiksektoren konkretisiert. Eine weitere Stufe der Konkretisierung wird schließlich erreicht auf Ebene der Unionsaufgaben, welche die umfassenderen Bereichsziele in konkrete materielle Handlungsappelle umsetzen. Anhand dieser Einordnung gelingt im Allgemeinen die Abgrenzung von Zielen der Union im Sinne von Art. 3 EUV und Unionsaufgaben. Letztere verlassen die Ebene der Abstraktheit und geben sektortypische Handlungsfelder vor. Schwieriger gestaltet sich indessen die Abgrenzung von Unionszielen in Form von Bereichszielen und Unionsaufgaben.[576] Denn beiden Elementen ist ein gegenüber den Zielen der Union im Sinne von Art. 3 EUV deutlich höherer Grad der Konkretisierung zu eigen. Der Unterschied besteht jedoch darin, dass Bereichsziele für den gesamten Politikbereich „Richtungsvorgaben"[577] enthalten, welche durch mittels der Unionsaufgaben abgesteckte Handlungsfelder auszufüllen sind. Letztlich geben also auch Bereichsziele einen auf den jeweiligen Politiksektor bezogenen Rahmen vor, innerhalb dessen einzelne Maßnahmen auf Grundlage der Unionsaufgaben vorgenommen werden.

c. Sport als Unionsziel und Unionsaufgabe

Die soeben niedergelegten Grundsätze zu Einordnung und Verhältnis von Unionsaufgaben und Unionszielen werden im Folgenden auf die sportrelevanten Passagen übertragen, die sowohl Unionsaufgabe als auch Unionsziel enthalten.

Bereits nach dem eindeutigen Wortlaut des einleitenden Satzes in Art. 165 Abs. 2 AEUV ist dort unter dem 7. Spiegelstrich das als solches ausdrücklich bezeichnete Ziel für den Politikbereich Sport enthalten. Das Unionsziel besteht danach in der Entwicklung der europäischen Dimension des Sports. Sowohl Ziel als auch Aufgabe enthalten somit mit der europäischen Dimension des Sports eine weitgehend gleichlautende Richtungsvorgabe. Dies erscheint angesichts der Abgrenzung von Ziel und Aufgabe durchaus „sonderbar".[578] Die Unstimmigkeit ist allerdings darin begründet, dass der Wortlaut der Vorschrift im Ver-

---

576 Allgemein zu den Schwierigkeiten der Abgrenzung von Unionszielen und Unionsaufgaben, *Kotzur*, DÖV 2005, 313 (314).

577 *Schwind*, Zukunftsgestaltende Elemente, S. 443.

578 *Eichel*, Der Sport im Recht der EU, S. 144.

gleich zu der Fassung, wie sie für den Verfassungsvertrag vorgesehen war, im Vertrag von Lissabon geändert wurde. Der Verfassungsvertrag bezeichnete die Unionsaufgabe als Förderung der europäischen Aspekte des Sports und führte den Begriff der europäischen Dimension allein im Unionsziel gemäß Abs. 2 7. Spiegelstrich. Diese Ausgestaltung entspricht auch den anderen Sprachfassungen des Vertrages von Lissabon, weshalb die Unionsaufgabe als Förderung der europäischen Aspekte des Sports zu verstehen ist.[579] Ein solches Verständnis ermöglicht eine semantisch klare Abgrenzung von Unionsaufgabe und Unionsziel. Denn während die Aufgabe entsprechend ihrer konkreten materiellen Ausrichtung die Verpflichtung zur Förderung einzelner europäischer Aspekte normiert, kommt im Ausdruck der diese einzelnen Aspekte umklammernden europäischen Dimension des Sports der rahmengebende Charakter des Unionsziels zum Ausdruck.

An dieser Auslegung kommen auch bei einer systematischen Auslegung der Struktur keine Zweifel auf. Ausgehend von allgemeinen systematischen Grundsätzen liegt es zwar näher, das allgemeine Unionsziel in Abs. 1 zu verorten und die korrespondierende und konkrete Unionsaufgabe in Abs. 2. Der Wortlaut spricht jedoch gegen ein solches Verständnis. Im Übrigen verliert der systematische Grundsatz insofern an Bedeutung, als auch Art. 165 Abs. 3 AEUV Teile der Unionsaufgabe für den Sportbereich enthält. Dort wird die Union zur Zusammenarbeit mit den für den Sport zuständigen Organisationen verpflichtet.

Die Unionsaufgabe Sport ist in Art. 165 Abs. 1 UAbs. 2, Abs. 3 AEUV enthalten. Gemäß Art. 165 Abs. 1 UAbs. 2 AEUV trägt die Union zur Förderung der europäischen Dimension des Sports bei. Dieser Absatz enthält konkrete Handlungsanweisungen für die Union im Rahmen der Sportpolitik, wobei die noch allgemeine Anweisung, zur Förderung der europäischen Dimension des Sports beizutragen, weiter konkretisiert wird, indem die auf freiwilligem Engagement basierenden Strukturen sowie die soziale und pädagogische Funktion hervorgehoben werden. Die Anweisung ist im Indikativ formuliert, wodurch die Verpflichtung der Union und der für Unionaufgaben typische Handlungsappell zum Ausdruck kommen.[580] Es handelt sich dabei nicht um ein abstrakt und offen formuliertes Ziel, sondern um materielle – auf die Sportpolitik bezogene – Handlungsappelle, welche für die Union verpflichtend wirken und innerhalb derer sie einzelne Maßnahmen auszuführen hat.

579 Zum Ganzen ausführlich unten F.IV.3.b.

580 Zu dieser für Unionsaufgaben typischen Formulierung *Schwind*, Zukunftsgestaltende Elemente, S. 437.

Das Unionsziel der Entwicklung der europäischen Dimension des Sports gemäß Art. 165 Abs. 2 7. Spiegelstrich AEUV als sektorspezifisches Bereichsziel gibt somit den abstrakten Rahmen vor für die Sportpolitik der Union. Innerhalb dieses Rahmens ist die Union gemäß Art. 165 Abs. 1 UAbs. 2, Abs. 3 AEUV zur Erfüllung der Aufgabe verpflichtet, zur Förderung der europäischen Aspekte des Sports beizutragen und die Zusammenarbeit mit den für den Sport zuständigen Organisationen zu fördern.[581] Normiert wurden überdies Teilaspekte der Unionsaufgabe, welche in der Berücksichtigung der besonderen Merkmale, der auf freiwilligem Engagement basierenden Strukturen sowie der sozialen und pädagogischen Funktion bestehen. Ebenso wird das übergreifende Unionsziel für den Sportbereich in Teilziele[582] untergliedert. Im Einzelnen werden die Förderung der Fairness und der Offenheit von Sportwettkämpfen, die Förderung der Zusammenarbeit zwischen den für den Sport verantwortlichen Organisationen sowie der Schutz der körperlichen und seelischen Unversehrtheit der Sportler, insbesondere der jüngeren Sportler, genannt. Die durch die Unionsaufgaben festgelegten einzelnen Handlungsfelder und auf ihrer Grundlage ergehende Einzelmaßnahmen führen in ihrer Gesamtheit zur Erreichung des übergeordneten Ziels einer europäischen Dimension des Sports. Entsprechend der fortlaufenden Konkretisierung, welche von den allgemeinen Zielen der Union gemäß Art. 3 EUV über die Bereichsziele, für den Sport gemäß Art. 165 Abs. 2 7. Spiegelstrich AEUV, bis zur Unionsaufgabe gemäß Art. 165 Abs. 1 UAbs. 2, Abs. 3 AEUV, reicht, kann die jeweils vorgeschaltete Ebene zur Auslegung herangezogen werden. Unionsaufgaben sind daher im Lichte der allgemeinen Ziele sowie der sektorspezifischen Ziele auszulegen.[583]

2. Sport als Unionsziel gemäß Art. 165 Abs. 2 7. Spiegelstrich AEUV

Im Folgenden wird Art. 165 Abs. 2 AEUV analysiert. Im 7. Spiegelstrich werden dort Ziele der Union für den Bereich des Sports umschrieben. Mittels der dargestellten Auslegungsmethoden werden Bedeutung, Inhalt und Reichweite der Norm ermittelt.

---

581 So auch *Niedobitek*, in: Streinz, Art. 165 Rn. 50; a.A. *Wiesner*, Unionsziele im Europäischen Verfassungsrecht, S. 119, der in Abs. 1 UAbs. 2 eine programmatische Aussage sieht und Abs. 2 als wesentlich konkreteres Ziel, welches anhand von Abs. 1 UAbs. 2 auszulegen ist; so auch *Hix*, Probleme der Normierung einer Sportklausel, S. 107.

582 Zum Teil wird auch der Begriff Nahziel verwendet, *Eichel*, Der Sport im Recht der EU, S. 143 f.

583 *Schwind*, Zukunftsgestaltende Elemente, S. 428.

Dabei wurde bereits im Rahmen der Strukturanalyse der sportrelevanten Passagen des Art. 165 AEUV herausgearbeitet, dass die Zielbestimmung des Art. 165 Abs. 2 7. Spiegelstrich AEUV in ein Gesamtziel und drei Teilziele untergliedert ist. Mit ersterem wird die Entwicklung der europäischen Dimension des Sports anvisiert. Als Teilziele sind die Förderung der Fairness und der Offenheit von Sportwettkämpfen, die Förderung der Zusammenarbeit zwischen den für den Sport verantwortlichen Organisationen sowie der Schutz der körperlichen und seelischen Unversehrtheit der Sportler, insbesondere der jüngeren Sportler, normiert.

a. Adressat des Unionsziels

Art. 165 Abs. 2 7. Spiegelstrich AEUV legt das sektorspezifische Ziel der Union für den Sportbereich fest. Ziel der Union ist demnach die Entwicklung der europäischen Dimension des Sports. Mit dem Ausdruck der Union ist dabei die Union in ihrer Gesamtheit gemeint. Damit richtet sich das Unionsziel grundsätzlich an alle in Art. 13 Abs. 1 UAbs. 2 EUV aufgelisteten Organe der Union, die gemäß Art. 13 Abs. 1 UAbs. 1 EUV verpflichtet sind, die Ziele der Union zu verfolgen.[584] Jedes Organ der Union handelt gemäß Art. 13 Abs. 2 Satz 1 EUV nach Maßgabe der ihm in den Verträgen zugewiesenen Befugnisse nach den Verfahren, Bedingungen und Zielen, die in den Verträgen festgelegt sind. Das Unionsziel Sport verpflichtet somit die legislativen, exekutiven und judikativen Organe der Union.[585]

b. Unionsziel: Entwicklung der europäischen Dimension des Sports

Als Gesamtziel für den Politikbereich Sport legt Art. 165 Abs. 2 7. Spiegelstrich die Entwicklung der europäischen Dimension des Sports fest. Der Analyse des eigentlichen Unionsziels vorgeschaltet wird zunächst eine Bestimmung des Sportbegriffs in Art. 165 AEUV, die für die anschließende Untersuchung des Unionsziels Sport Grundvoraussetzung ist.

aa. Der Begriff des Sports im AEUV

Der Sport findet in den Verträgen Erwähnung in Art. 6 Satz 2 lit. e) AEUV sowie in Art. 165 AEUV. Dabei ist davon auszugehen, dass dem Begriff des Sports im

---

584 Hierzu *Streinz*, in: Streinz, Art. 13 EUV Rn. 2; *Terhechte*, in: Grabitz/Hilf/Nettesheim, Art. 3 EUV Rn. 27; so auch *Reimer*, EuR 2003, 992 (1006).

585 *Wiesner*, Unionsziele im Europäischen Verfassungsrecht, S. 121; *Persch*, NJW 2010, 1917.

Unionsrecht ein einheitliches Verständnis zu Grunde liegt und er einer Definition grundsätzlich zugänglich ist.[586] Eine Definition wird auf Ebene der Union vorausgesetzt, obwohl der Begriff unionsrechtlich nicht vordefiniert ist. Weder Art. 165 AEUV noch sportbezogenes Sekundärrecht enthalten eine Definition. Ebenso wenig lässt sich den Rechtsordnungen der Mitgliedstaaten ein einheitliches Verständnis des Sports entnehmen, was dadurch bedingt ist, dass die Regelung des Sports im Wesentlichen den Verbänden überlassen ist.[587] Auch die zahlreichen sportpolitischen Initiativen der Union lassen eigene Definitionen in der Regel vermissen, sowohl vor als auch nach Inkrafttreten des Vertrages von Lissabon. Sie ziehen sich vielmehr zurück auf die Definition des Europarates in seiner Sportcharta,[588] obgleich dies – wie eingangs zu zeigen sein wird – nicht unproblematisch ist. Ohnehin könnten in sportpolitischen Initiativen enthaltene Definitionen lediglich unterstützend und ergänzend herangezogen werden.[589]

So ist eine intensivere Auseinandersetzung mit dem Begriff zunächst unumgänglich, da nur eine spezifisch unionsrechtliche Begriffsbestimmung[590] Aufschluss gibt über die inhaltliche Reichweite der Vorschrift des Art. 165 AEUV. Dabei wird der Sportbegriff im Zusammenhang mit den weiteren Worten des einleitenden Satzteils des Art. 165 Abs. 1 UAbs. 2 AEUV betrachtet. Dort wird die europäische Dimension des Sports statuiert, was eine Perspektive für die Untersuchung des Sportbegriffs vorgibt, die nicht unbeachtet bleiben kann. Im Anschluss an eine inhaltliche Annäherung an den Terminus Sport wird daher eine Gesamtbetrachtung dieser Textpassage vorgenommen.

(1) Die Definition des Sports durch den Europarat

Bereits im Jahr 1992 verabschiedete der Europarat die Europäische Sport Charta, welche eine Definition des Sportbegriffs beinhaltet und in Form einer Empfehlung beschlossen wurde.[591] Ziel der Charta ist es gemäß Art. 1, jedem Individuum die

---

586 Vgl. *Lutter*, JZ 1992, 593 (599).

587 So versuchen sich vereinzelt auch die Verbände an einer Definition des Sports, eine einheitliche Überlieferung lässt sich daraus allerdings nicht ableiten; vgl. hierzu die Ansicht des DOSB, der dem Sport ein umfangreiches Spektrum zuschreibt: http://www.dosb.de/de/organisation/philosophie/sportdefinition/, abgerufen am 30.06.2014.

588 So die Kommission im Weißbuch Sport vom 11.07.2007, KOM(2007) 391 endg., S. 2.

589 Hierzu allgemein oben F.II.3.

590 So zum Begriff der Kultur *Niedobitek*, in: Streinz, Art. 167 AEUV Rn. 25.

591 Empfehlung Nr. R(92)13 rev vom 24.09.1992, überarbeitet am 16.03.2001, http://www.coe.int/t/dg4/epas/resources/charter_en.asp, abgerufen am 30.06.2014; zur

sportliche Betätigung zu ermöglichen und dabei ein Hauptaugenmerk auf eine entsprechende Unterrichtung in jungem Alter zu legen. Außerdem sollen moralische und ethische Werte des Sports geschützt und entwickelt werden. Art. 2 Ziffer 1 a) enthält eine Definition, die auf die Zwecke und Ziele der Charta bezogen ist. Der Begriff des Sports umfasst demnach

> *„alle Formen körperlicher Betätigung, die, durch ungebundene oder organisierte Teilnahme, darauf ausgerichtet sind, körperliche Fitness und geistiges Wohlbefinden auszudrücken oder zu verbessern, zwischenmenschliche Beziehungen aufzubauen oder Wettbewerbsergebnisse auf allen Ebenen zu erzielen."*[592]

Die Charta stellt mit ihrer Definition des Sportbegriffs die sportliche Aktivität des Einzelnen in den Mittelpunkt, es handelt sich damit um eine Bestimmung des Sports an sich und weniger seiner vielfältigen Funktionen. Dies liegt daran, dass die Definition ausgerichtet ist an Ziel und Zweck der Charta. Ausgehend davon liegt der Schwerpunkt des Dokuments auf sozialen Aspekten des Sports, während die kulturelle, aber vor allem wirtschaftliche Ebene des Sports kaum berührt wird.

Schon diese unterschiedliche Ausrichtung in Form der Beschränkung entsprechend dem Zweck der Charta hat zur Folge, dass die Definition des Sports durch den Europarat nicht für den Begriff des Sports im AEUV übernommen werden kann.[593] Denn der Begriff des Sports im europäischen Vertragswerk ist nicht auf den Sport als körperliche Betätigung und soziales Phänomen beschränkt, sondern umfasst ein weiteres Spektrum. Nur ein solches Verständnis kann dem Unionsziel gerecht werden, die europäische Dimension des Sports zu entwickeln. Die Beschränkung auf die körperliche Betätigung allein würde eine zu weitreichende Eingrenzung des Anwendungsbereichs nach sich ziehen und ist im Übrigen nicht mit der autonomen Stellung der Verbände vereinbar, die gerade die tatsächliche Ausübung des Sports regulieren.

Die Definition des Europarates kann auf den unionsrechtlichen Sportbegriff allerdings auch deshalb nicht unmittelbar übertragen werden, weil Empfehlungen

---

Rolle des Europarates im Sportbereich *Frossard*, ISLJ 2007/1–2, 30 ff. und *Tokarski/Steinbach*, Spuren, S. 61 ff.

592 Eine offzielle deutsche Übersetzung existiert nicht, der englische Originaltext lautet: „For the purpose of this Charter: "sport" means all forms of physical activity which, through casual or organised participation, aim at expressing or improving physical fitness and mental well-being, forming social relationships or obtaining results in competition at all levels."

593 So aber, wohl Bezug nehmend auf das Weißbuch Sport, *Blanke*, in: Grabitz/Hilf/Nettesheim, Art. 165, Art. 166 AEUV Rn. 138; kritisch dagegen *Eichel*, Der Sport im Recht der EU, S. 146.

wie die Sportcharta – auch für die Mitgliedstaaten des Europarates – keine Bindungswirkung entfalten. Erst recht fehlt es an der Verbindlichkeit für die Organe der Union, da der Europarat selbst kein Unionsorgan ist. Der Europarat wurde ursprünglich gegründet, um den europäischen Integrationsprozess voranzutreiben. Von besonderer Bedeutung ist er auf dem Gebiet des Menschenrechtsschutzes, in dem er durch Schaffung von EMRK und EGMR zu einer weltweit beachteten Instanz geworden ist. Ähnliches gilt für seine Sozialcharta. Das Verhältnis zur Union ist indes gemäß Art. 220 AEUV auf eine Zusammenarbeit beschränkt, Europarat und Union sind dadurch institutionell verknüpft.[594] Eine gegenseitige materiellrechtliche Anwendbarkeit geht damit nicht einher.

Die Maßnahmen des Europarates in Form von Empfehlungen und Konventionen sind somit nicht Teil des Unionsrechts. Die Definition des Sports auf den Sportbegriff der Verträge unmittelbar zu übertragen, verbietet sich daher auch aus dem Grund, als die Verträge in ihrem spezifisch unionsrechtlichen Wortsinn auszulegen sind.[595] Aus dieser Erkenntnis ist zu folgern, dass der Begriff des Sports im Unionsrecht durch die Definition des Europarates nicht vorbestimmt ist und daher einer Auslegung weiterhin zugänglich ist.[596]

(2) Spezifisch unionsrechtliche Bestimmung des Sportbegriffs

Der Sportbegriff des AEUV ist somit im Wege der Auslegung zu ergründen. Ziel ist es dabei, die spezifisch unionsrechtliche Bedeutung zu ermitteln.[597]

(a) Wortlaut

Ausgangspunkt der grammatikalischen Exegese ist auch im Unionsrecht der allgemeine Sprachgebrauch. Sport ist ein vielschichtiger Begriff, der ein weites Spektrum umfasst. Im Allgemeinen wird darunter allerdings eine bestimmte Form der körperlichen Ertüchtigung verstanden, welche zumeist vorgegebenen Regeln folgt. Sport verbindet Aspekte des Spiels und des Wettkampfes, er kann betrieben werden in Form von Einzel- oder Teamsportarten, im Amateurbereich oder als Profisportler/in. Ist die Rede von Sport, so ist demzufolge in der Regel der Sport an sich gemeint, also die Ausübung einer solchen körperlichen Aktivität und

---

594 *Stelkens*, in: Stelkens/Bonk/Sachs, Zweiter Teil, Europäisches Verwaltungsrecht, Rn. 10; *Kloth*, EuR-Beilage 2012, 155 (156).

595 *Mayer*, in Grabitz/Hilf/Nettesheim, Art. 19 EUV Rn. 53; *Frenz*, Handbuch Europarecht, Band 5, S. 124.

596 Zu diesem Erfordernis *Lutter*, JZ 1992, 593 (599).

597 Vgl. oben F.II.3.

Bewegung. Dieses Verständnis liegt zumindest primär auch der Begriffsbestimmung des Europarates[598] sowie weiteren Versuchen einer Definition zu Grunde.[599]

Dabei erscheint die Orientierung allein am Begriff Sport nicht zielführend. Denn der Begriff des Sports ist nicht auf das Verständnis im Sinne einer körperlichen Ertüchtigung begrenzt. Vielmehr ist der Kontext, in dem der Begriff jeweils verwendet wird, mit zu betrachten. Nur eine solche Vorgehensweise ermöglicht eine Annäherung an den Begriffsinhalt, da dieser mehr umfasst als die bloße körperliche Aktivität. Dabei ist nicht davon auszugehen, dass eine „präzise oder gar eindeutige begriffliche Abgrenzung"[600] unmöglich ist.[601] Vielmehr wird davon ausgegangen, dass der Zusammenhang, in welchem der Sport Erwähnung findet, bei der Annäherung einzubeziehen ist und nur so eine Bestimmung des Begriffsinhalts stattfinden kann. Dies gilt deshalb, weil die Einordnung des Sports oftmals Probleme bereitet. Sie ist abhängig von der jeweiligen Perspektive.[602] So ist es möglich, sich dem Sport als gesellschaftliches, kulturelles, pädagogisches, soziales, wirtschaftliches und mitunter auch politisches Phänomen anzunähern.[603] Dies ist an der Ausgestaltung von Art. 165 AEUV selbst zu erkennen, wenn neben dem Sportbegriff auch die verbleibenden Textteile in den Blick genommen

---

598 Siehe hierzu oben F.IV.2.b.aa.(1); angedeutet werden in der Definition des Europarates auch soziale Aspekte durch die Erwähnung der zwischenmenschlichen Beziehungen; eine ähnliche Perspektive legen auch die Vereinten Nationen zu Grunde, wonach Sport alle Formen physischer Aktivität umfasst, welche körperliche Fitness, seelisches Wohlbefinden und soziale Interaktion fördern; übersetzt nach dem Bericht der Vereinten Nationen aus dem Jahr 2003, Sport for Development and Peace, S. 2.

599 Vgl. z. B. die Definition des Oxford Dictionary of Sports Science and Medicine, S. 477: „Any highly structured, goal directed physical activity governed by rules, which has a high level of commitment, takes the form of a struggle with oneself or involves competition with others, but which also has some of the characteristics of play"; oder des Brockhaus Sport, S. 438: „Sammelbezeichnung für die an spielerischer Selbstentfaltung und am Leistungsstreben ausgerichteten vielgestaltigen Formen körperlicher Betätigung, die sowohl der geistigen und körperlichen Beweglichkeit als auch dem allgemeinen Wohlbefinden dienen sollen"; weitere Definitionen in diesem Sinne sind zu finden bei *Holzke*, Der Begriff Sport im deutschen und europäischen Recht, S. 91.

600 Röthig, Sportwissenschaftliches Lexikon, S. 420.

601 Kritisch auch *Zuck*, NJW 2014, 276 (277).

602 *Pfister*, in: Fritzweiler/Pfister/Summerer, Praxishandbuch Sportrecht, S. 2.

603 *Colucci*, in: Blanpain/Colucci/Hendrickx, The Future of Sports Law in the European Union, S. 27; *Tokarski/Steinbach*, Spuren, S. 68; *Frenz*, Handbuch Europarecht, Band 6, S. 1144, *Beissel*, Deutscher Kulturföderalismus im Wandel der europäischen Integration, S. 173.

werden. So erwähnt Art. 165 Abs. 1 UAbs. 2 unter anderem die pädagogische und soziale Funktion des Sports, während Art. 165 Abs. 2 7. Spiegelstrich Aspekte des Gesundheitsschutzes hervorhebt. Das verdeutlicht einerseits die Vielfältigkeit des Begriffs, legt andererseits aber die Schwierigkeiten der Einordnung offen. So ergibt sich, betrachtet man den Begriff des Sports im Zusammenhang mit den weiteren Textpassagen, aus dem Wortlaut des Art. 165 AEUV bereits, dass mit dem Ausdruck Sport nicht allein die körperliche Ertüchtigung gemeint sein kann. Hierfür spricht im Übrigen, dass Art. 165 Abs. 1 UAbs. 2 AEUV von einer europäischen Dimension des Sports ausgeht, eine solche beschränkt auf die körperliche Aktivität allerdings kaum vorstellbar ist. Vielmehr trägt auch dieser Terminus den Hinweis auf die Vielschichtigkeit in sich. Insofern ist anzumerken, dass Art. 165 AEUV eine europäische Dimension des Sports statuiert und keine Beschränkung, etwa auf die soziale oder erzieherische Dimension vorsieht.

In Anbetracht dieser Erwägungen ist auffallend, dass der Wortlaut selbst keinen Aufschluss darüber gibt, ob der Sportbegriff den Amateur- und/oder den Profisport ergreift. Jedenfalls der Amateursport muss umfasst sein, da hierfür der Wortlaut des Art. 165 Abs. 1 UAbs. 2 AEUV mit der Betonung der pädagogischen und sozialen Funktionen des Sports, die insbesondere im Amateurbereich und Breitensport Bedeutung erlangen, einen Hinweis gibt. Die fehlende Klarstellung im Hinblick auf den professionell betriebenen Sport spricht zwar dafür, beide Bereiche als umfasst anzusehen, da dies jedenfalls vom allgemeinen Sprachgebrauch gedeckt ist. Nichtsdestotrotz wird auf anderem Wege versucht, diese Einschätzung zu bekräftigen.[604]

Vor diesem Hintergrund erweist sich eine ausschließlich semantische Erfassung des Begriffs als nicht ausreichend, da der Wortlaut, ausgehend vom allgemeinen Sprachgebrauch, über den Aspekt der körperlichen Ertüchtigung in den oben beschriebenen Facetten hinausgehend zwar einige Anhaltspunkte für eine Eingrenzung des Sportbegriffes liefert, eine abschließende Erfassung aber noch nicht gelingen kann. Es ist möglich, in den Begriff des Sports dieses Bündel an Aspekten hineinzulesen. Die Wortlautgrenze wird dadurch nicht überschritten, was bereits die Erwähnung der sozialen und erzieherischen Funktion in Art. 165 Abs. 1 UAbs. 2 AEUV zeigt. Eine genaue Einordnung und Abgrenzung lässt sich auf diese Weise jedoch nicht bewerkstelligen. Ist der Wortlaut demnach nicht eindeutig, so stellt er zwar den Anfang der Untersuchung dar, diese jedoch ist anhand der anderen Methoden weiterzuführen.[605]

---

604 Hierzu die teleologische Analyse des Sportbegriffs im Folgenden unter F.IV.2.b.aa.(2)(c).

605 *Bleckmann/Pieper*, in: Dauses, B.I. Rn. 10 ff; *Frenz*, Handbuch Europarecht, Band 5, S. 126.

(b) Systematik

Zunächst wird mittels der systematischen Auslegung der Begriff des Sports genauer bestimmt. Einzugehen ist auf die Stellung und Einordnung der Norm im Gefüge des AEUV. Es wurde für den Sport trotz entsprechender Anregungen[606] kein eigener Sportartikel geschaffen. Vielmehr wurde es vorgezogen, den Sport in bereits bestehende Vorschriften und Kompetenzen zu implementieren. Die vielseitigen Interessen der verschiedenen Akteure führten zu dieser bewussten Entscheidung gegen einen eigenen Artikel und für das Integrationsmodell. Das bisherige Kapitel 3, Titel XI des EGV für „Allgemeine und berufliche Bildung und Jugend" (ex-Art. 149 und 150 EGV) wurde um den Sport ergänzt. Zugleich wurde das Kapitel aus Titel XI für „Sozialpolitik, allgemeine und berufliche Bildung und Jugend" herausgenommen und erhielt im AEUV mit Titel XII für „Allgemeine und berufliche Bildung, Jugend und Sport" einen eigenen Titel innerhalb des dritten Teils des AEUV, „Interne Politiken und Maßnahmen der Union".[607] Die Sozialpolitik ist nunmehr in Art. 151 bis Art. 161 AEUV enthalten, Art. 167 enthält die Kompetenzen der Union für Kultur, während Art. 168 AEUV das Gesundheitswesen regelt. Die Regelungen für Bildung und Jugend blieben im Wesentlichen unangetastet, der Sport wurde durch schlichte Ergänzungen in Form eines neuen Unterabsatzes (Abs. 1 UAbs. 2) sowie eines weiteren Spiegelstrichs (Abs. 2 7. Spiegelstrich) aufgenommen.

Versteht man unter dem Begriff des Sports in erster Linie eine Form der körperlichen Ertüchtigung, so erscheint es naheliegend, eine Zuständigkeit für diesen Bereich im Gesundheitswesen zu verorten. Insofern wäre Art. 168 AEUV einschlägig. Bereits im Vorfeld des Vertrags von Maastricht wurde außerdem vorgeschlagen, den Sport im Rahmen der damit eingeführten Kulturkompetenz zu verankern.[608] Nichtsdestotrotz fiel die Entscheidung bewusst zu Gunsten der Aufnahme innerhalb der Kompetenzen für Bildung und Jugend. Verdeutlicht wird dies durch die Herausnahme der Art. 149 und Art. 150 EGV aus dem Vertragstitel für die Sozialpolitik und die Schaffung eines eigenen Titels für Bildung und Jugend, erweitert um den Sport. Diese Entscheidung könnte zwar – historisch gesehen – schlichtweg in der Rezeption des Sports durch die Unionsorgane begründet gewesen sein. Hierauf wird an anderer Stelle eingegangen, zudem kann nicht angenommen werden, dass dies allein Hintergrund der Ent-

606 Zur Entwicklung siehe oben B.II.

607 *Vedder*, in: Vedder/Heintschel von Heinegg, EVV, Art. III-282 EVV Rn. 2.

608 PE 221.803/endg. vom 28.05.1997, S. 6; *Grodde*, SpuRt 2005, 222 (226); *Schneider*, SpuRt 2002, 137 (139 f.).

scheidung war.[609] Vielmehr lässt sich dieser klaren Zuordnung des Normgebers entnehmen, dass der Begriff des Sports über die körperliche Ertüchtigung hinaus im Rahmen der Verträge jedenfalls auch und insbesondere pädagogische und erzieherische Aspekte umfasst. Ebenso wird dadurch seine Bedeutung im Rahmen der Jugendpolitik betont. Ungeachtet dessen ist festzuhalten, dass aufgrund seiner Vielschichtigkeit der Sport durchaus auch in anderen vertraglichen Regelungszusammenhängen verortet hätte werden können.[610]

Die Erkenntnisse der systematischen Analyse des Sportbegriffs sind hiermit nicht abgeschlossen. Denn die Verankerung des Sports in Art. 165 AEUV rückt den Sport in engen systematischen Zusammenhang mit den Bereichen Soziales, Kultur und Gesundheit. Auch wenn der Sport nicht unmittelbar in diese Bereiche implementiert wurde, so spricht seine Platzierung innerhalb des Normgefüges dafür, diese Aspekte dem Sportbegriff des AEUV zuzuordnen. Die Legislative hat die Normen einander nicht beziehungslos zugeordnet, weshalb das Normumfeld entsprechend zu berücksichtigen ist.[611] So kann nicht angenommen werden, dass die Schaffung des eigenen Titels für Bildung, Jugend und Sport die inhaltliche Verknüpfung mit weiteren Bereichen und insbesondere der Sozialpolitik durchtrennt hat.[612]

Die systematische Analyse bestätigt damit in weiten Teilen die Erkenntnisse des Wortlautarguments, wonach der Sportbegriff über das Verständnis des allgemeinen Sprachgebrauches hinaus in erster Linie eine soziale, erzieherische und jugendpolitische Ausrichtung erhält. Die Verortung innerhalb bestehender Artikel bzw. Kompetenzen führt somit zu einer Erweiterung des Begriffsspektrums und verdeutlicht, dass Sport jedenfalls auf Ebene der Union weit mehr bedeutet als die eigentliche körperliche Aktivität.

(c) Teleologie

Die teleologische Betrachtung des Begriffs bekräftigt dieses Ergebnis. Mit Sinn und Zweck der Verträge wäre es nicht vereinbar, den Sport in Art. 165 AEUV auf die körperliche Ertüchtigung zu begrenzen. Insofern genügt ein Blick in den Zielkatalog des Art. 3 EUV. Gemäß Art. 3 Abs. 3 EUV ist die Union insbesondere auf wirtschaftliche Integration ausgerichtet, wobei soziale Aspekte, zu denen unter anderem auch der Abbau sozialer Ausgrenzungen und Diskriminierungen zählen,

---

609 Hierzu sogleich unter F.IV.2.b.aa.(2)(d).

610 *Niedobitek*, in: Streinz, Art. 165 AEUV Rn. 32.

611 *Frenz*, Handbuch Europarecht, Band 5, S. 134.

612 *Vedder*, in: Vedder/Heintschel von Heinegg, Art. 165 AEUV Rn. 2.

besonders hervorgehoben werden. Von maßgeblicher Bedeutung sind für die Errichtung des Binnenmarkts gemäß Art. 3 Abs. 3 Satz 1 EUV seit jeher Grundfreiheiten und Wettbewerbsrecht.[613] Diese Ausrichtung der Union kann bei der Auslegung des Sportbegriffs nicht unberücksichtigt bleiben.

Der Sportbegriff der Art. 165 und Art. 6 AEUV umfasst jede sportliche Betätigung, unabhängig davon, ob sie aus einem wirtschaftlichen Interesse heraus oder als Freizeitbeschäftigung betrieben wird, als Profi- oder Amateursportler. Denn nur ein solch umfassendes Verständnis des Begriffs wird den Zielen der Union und insbesondere dem Binnenmarktziel gerecht. Als Wirtschaftszweig ist der Sport ebenso an die Regelungen zur Verwirklichung des Binnenmarkts gebunden wie andere Wirtschaftszweige auch, eine europäische Dimension des Sports muss seinen wirtschaftlichen Aspekt somit umfassen. Dies gilt, obgleich weder der Profi- noch der Amateurbereich ausdrücklich von Art. 165 AEUV erwähnt werden.[614] Insofern ergibt sich aus dem Zusammenspiel dieser fehlenden Klarstellung und der ratio legis der Vorschrift, dass eine Erwähnung nicht erfolgen musste aufgrund der klaren Ausrichtung des Unionsrechts. Letztlich gebietet sich diese Auslegung schon aufgrund der untrennbaren Verflechtung und Wechselbeziehung von wirtschaftlichen und gesellschaftlichen Aspekten des Sports, die nicht nur im Bereich des Amateursports vorkommen, sondern ebenso vom professionellen Sport ausgehen.[615]

Den Zielen der Union zu entnehmen ist darüber hinaus erneut die soziale Komponente des Sports. Denn der Abbau von Diskriminierungen und sozialen Ungleichheiten ist eines der Ziele der Union, Art. 3 Abs. 3 UAbs. 2 EUV. Dem Sport kann insofern eine wichtige Rolle zugeschrieben werden, da er wie wenige andere Materien darauf ausgelegt werden kann, Diskriminierungen und Ungleichheiten entgegenzuwirken. Ähnliches lässt sich im Hinblick auf Kulturziele des Art. 3 Abs. 3 UAbs. 4 EUV folgern, da Sport ebenso als kulturelles Phänomen betrachtet werden kann.[616] Die kulturelle Komponente ist daher in Anbetracht des Zielkatalogs der Union ebenfalls im Sportbegriff des AEUV enthalten.[617]

---

613 *Ruffert*, in: Callies/Ruffert, Art. 3 EUV Rn. 22; *Müller-Graff*, in: Dauses, A.I. Rn. 127.

614 Vgl. auch oben F.IV.2.b.aa.(2)(a).

615 In diese Richtung auch *Hix*, Probleme der Normierung einer Sportklausel, S. 107; *Persch*, NJW 2010, 1917 (1919), vgl. auch das Weißbuch Sport vom 11.07.2007, KOM(2007) 391 endg., S. 3; a.A. wohl *Eichel*, Der Sport im Recht der EU, S. 161.

616 Hierzu *Kreuzer*, Die öffentliche Förderung von Fußballstadien, S. 300 f.

617 Davon zu unterscheiden ist die Frage, ob der Sport beispielsweise im Rahmen von Art. 107 Abs. 3 AEUV unter den Kulturbegriff zu subsumieren ist; ausführ-

(d) Historische Auslegung

Bei der historischen Auslegung ist der objektiv zum Ausdruck kommende Wille des Normgebers maßgeblich. Während diese Form der Auslegung für das Primärrecht in der Regel kaum möglich ist, so kann für die Untersuchung des Sportbegriffs auf die Entwicklung im Rahmen der Regierungskonferenzen von Amsterdam und Nizza sowie auf die Tätigkeit des europäischen Konvents zurückgegriffen werden.[618] Erstmals im Rahmen der europäischen Verträge erwähnt wurde der Sport durch die Erklärung von Amsterdam.[619] Besonders hervorgehoben wurde im Zuge dessen die gesellschaftliche Rolle des Sports und insbesondere seine Bedeutung für die Identitätsfindung und zwischenmenschliche Begegnung. Während die gesellschaftliche Rolle als Überbegriff dient, der nur schwerlich eingegrenzt werden kann, so verdeutlicht diese Ergänzung im zweiten Satzteil, dass in erster Linie soziale Aspekte gemeint sind. Ebenso betont die Erklärung von Amsterdam den hohen Stellenwert des Amateursports. Bereits diese frühe Erklärung bestätigt somit die bisherigen Ergebnisse bezüglich der Bedeutung der sozialen Dimension und des Amateursports.

Während die Amsterdamer Erklärung allerdings lediglich aus drei kurzen programmatischen Sätzen bestand, gelang es mit der Erklärung von Nizza einige Jahre später, dem Sport in einer weitaus umfangreicheren und detailreicheren Erklärung Rechnung zu tragen.[620] Erneut steht die gesellschaftliche Rolle des Sports im Vordergrund.[621] Präzisiert wird dies in Ziffer 1 und 3 insofern, als die gesellschaftliche Rolle in die soziale, erzieherische und kulturelle Funktion untergliedert wird. Die Erklärung bezeichnet den Sport als „menschliche Tätigkeit mit grundlegenden sozialen, erzieherischen und kulturellen Werten".[622] Auffallend ist, dass der Sport als Form der körperlichen Ertüchtigung jedenfalls ausdrücklich keine Erwähnung findet, sondern vielmehr seine darüberhinausgehenden Elemente und Funktionen herausgestellt werden. Besonders hervorgehoben wird in Ziffer 11 die Ausbildungsfunktion des Sports und somit sein pädagogischer Auftrag sowie seine wichtige Rolle im Rahmen der Jugendpolitik. Ebenso herausgestellt wird in Ziffer 3 in Fortführung der Gedanken der Erklärung von Amsterdam der Sport als Integrations- und Inklusionsmittel. Diese Feststellungen

---

lich hierzu *Kreuzer*, Die öffentliche Förderung von Fußballstadien, S. 300 ff.; unten Fn. 752 m.w.N.

618 Siehe oben F.II.2.d.

619 Ausführlich hierzu oben B.II.1.

620 Dok. SN 400/00 ADD 1, S. 25 ff.; zu Entstehung und Bedeutung siehe oben B.II.2.

621 Vgl. hierzu ABl. 2003, L 43, S. 1.

622 Dok. SN 400/00 ADD 1, S. 25.

zeigen, dass der Sport auf Unionsebene bereits früh in erster Linie im Rahmen seines sozialen und pädagogischen Spektrums betrachtet wurde, was den bisherigen Erkenntnissen entspricht. Hierunter fällt unter anderem seine Aufgabe, die Integration zu fördern und zwischenmenschliche Begegnungen zu ermöglichen. Der Sport als Mittel zum Abbau von Diskriminierungen und Ungleichheiten ist ebenfalls in diesem Zusammenhang zu nennen.

Ähnliches kann auch den Entwicklungen im Rahmen des europäischen Konvents entnommen werden. Ein erster Entwurf zur Aufnahme des Sports in den Verfassungsvertrag war noch stärker auf soziale und pädagogische Aspekte zugeschnitten, während diese Ausrichtung in der Endfassung des Art. III-282 EVV durch Hinzufügen weiterer Merkmale etwas abgeschwächt wurde.[623] Daraus kann entsprechend des bisherigen Auslegungsergebnisses geschlossen werden, dass die erzieherische und soziale Rolle des Sports jedenfalls im Vordergrund steht. Dies wird in der Begründung des Entwurfs auch deutlich. Denn danach sollte der Sport in den Bereich der Bildung aufgenommen werden, da es sich beim Sport um einen Aspekt dieses umfassenderen Bereichs handelt.[624] Der Sportbegriff des AEUV ist hierauf jedoch nicht begrenzt, sondern erfasst unter anderem auch die kulturelle und wirtschaftliche Dimension des Sports, was der gegenüber dem ersten Entwurf schwächere Fokus auf pädagogische und soziale Elemente belegt.[625]

(e) Der Sportbegriff in der unionspolitischen Praxis

An dieser Stelle kann lediglich auszugsweise auf einige relevante Aktivitäten der Unionsorgane vor und nach Inkrafttreten des Vertrages von Lissabon eingegangen werden. Der Sport wurde von den Organen der Union bislang nicht definiert. Dennoch lässt sich im Rahmen ihrer Aktivitäten erkennen, dass die Organe den Sport in seinem gesamten Spektrum wahrnehmen.[626] Dabei zeigt sich wiederum, dass vor allem die pädagogische und soziale Funktion des Sports besonders beachtet wurden. Dies hängt einerseits damit zusammen, dass lange Zeit keine Unionskompetenz für den Sport bestand und die Organe für den Erlass konkreter Maßnahmen auf andere Zuständigkeiten ausweichen mussten. Andererseits zeigt sich hieran der perspektivische Schwerpunkt der Union bei Betrachtung des Sports auf europäischer Ebene. Beispielhaft kann insbesondere

623 Zur Entwicklung des Entwurfs siehe auch oben B.III.

624 Entwurf des Präsidiums an den Konvent vom 27.05.2003, KONV 727/03, S. 109.

625 *Niedobitek*, in: Streinz, Art. 165 AEUV Rn. 45.

626 Besonders prägnant zeigt sich dies im Dokument der Kommission, KOM, Das Europäische Sportmodell, 2. Fassung, 22.04.1999, S. 2, welches das gesamte Aspektebündel des Sports behandelt; hierzu auch oben E.IV.

das Europäische Jahr der Erziehung durch Sport 2004 genannt werden.[627] Im Mittelpunkt der von Parlament und Rat einberufenen Initiativen steht die erzieherische Komponente des Sports, welche eine Kombination aus körperlicher, psychischer und kognitiver Aktivität umfasst.[628] Im Rahmen dessen wurde ein Aktions- und Förderprogramm geschaffen, mit welchem insbesondere Projekte der sportbezogenen Bildung hervorgebracht werden sollten. Die pädagogische und soziale Ebene des Sports erlangte also bereits vor Inkrafttreten des Vertrages von Lissabon im Rahmen der europäischen Sportpolitik Bedeutung. Diese Ausrichtung durchzieht die gesamte sportpolitische Praxis auf Unionsebene. Sie wird schon im Adonnino-Bericht des Jahres 1985 hervorgehoben, der das soziale Spektrum des Sports betont und seine integrative Funktion in das Zentrum einer europäischen Sportpolitik rückt.[629] In ähnlicher Weise hatte bereits das letztlich gescheiterte Förderprogramm Eurathlon im Jahr 1997 den Fokus auf erzieherische und soziale Aspekte des Sports gelegt. Gefördert werden sollten integrationsfördernde Maßnahmen, sportliche Betätigung im Interesse der Gesundheit und auch Sportveranstaltungen mit gesellschaftspolitischen Zielen.[630] Diese Förderung wurde insbesondere auch vom Parlament begrüßt, das die Notwendigkeit einer frühen sportlichen Ausbildung vor allem im Schulunterricht betont und auf die hieraus resultierenden positiven integrativen und gesundheitlichen Aspekte hinweist.[631]

Auch das Weißbuch Sport greift diese Aspekte auf und schlägt insofern einen konkreten Maßnahmenkatalog vor, wobei im Zuge dessen das gesamte Spektrum des Sports behandelt wird.[632] Das Weißbuch nimmt dabei eine weitere Unterteilung vor und untergliedert den Sport in seine gesellschaftliche und wirtschaftliche Dimension. Erstere erfasst den Sport aus einer erzieherischen, gesundheitlichen und kulturellen Perspektive.[633] In Fortführung dieser Maßnahmen greifen auch die ersten konkreten sportpolitischen Maßnahmen nach Inkrafttreten des Art. 165 AEUV die soziale und erzieherische Komponente des Sports auf. So wurde der

627 ABl. 2003, L 43, S. 1.

628 ABl. 2003, L 43, S. 1 (2).

629 Adonnino-Bericht des ad-hoc Ausschusses „Europa der Bürger“, Bull. EG., Beil. 7/1985, S. 18.

630 Eurathlon, Programm der Kommission zur Förderung des Sports, ABl. 1994, C 297/7.

631 ABl. 1997, C 200, S. 253.

632 Siehe hierzu das Begleitdokument zum Weißbuch Sport vom 11.07.2007, Aktionsplan „Pierre de Coubertin“, SEK(2007) 934.

633 Weißbuch Sport vom 11.07.2007, KOM(2007) 391 endg., S. 3.

Sport in das Programm der Kommission „Erasmus für alle" integriert, nunmehr geführt unter der Bezeichnung Erasmus+, welches die Bereiche Bildung, Jugend und Sport abdeckt.[634] Das Programm zielt dabei in erster Linie auf den Breitensport ab und strebt eine Förderung der sozialen und insbesondere der integrativen Aspekte an.[635]

So bestätigt diese Auswahl der sportpolitischen Maßnahmen auf Unionsebene vor und nach Inkrafttreten des Vertrages von Lissabon die im Rahmen der bisherigen Auslegung gewonnene Erkenntnis, dass der Sportbegriff des AEUV zwar das gesamte Spektrum des Sports erfasst, der perspektivische Schwerpunkt jedoch im Rahmen der pädagogischen und sozialen Aspekte zu setzen ist.

bb. Die Entwicklung der europäischen Dimension des Sports

Bedeutung und Reichweite des Sportbegriffs in Art. 165 AEUV sind indes von einem weiteren Faktor abhängig. Durch die Bindung des Sports an die europäische Dimension wird ein Gesamtausdruck geschaffen, dessen Substanz im Folgenden untersucht wird, aufbauend auf die Ergebnisse der isolierten Analyse des Sportbegriffs. Mit der (grammatikalischen) Verknüpfung von Sport und europäischer Dimension wird eine Perspektive gegeben, welche die Bestimmung von Inhalt und Reichweite des Unionsziele erleichtert.[636]

(1) Wortlaut

Die europäische Dimension des Sports ist gemäß Art. 165 Abs. 2 7. Spiegelstrich AEUV zu entwickeln. Dem Begriff des Entwickelns ist es immanent, dass der Zustand einer europäischen Dimension nicht existiert. Die europäische Dimension des Sports muss erst noch geschaffen werden. Dies entspricht dem offenen und abstrakten Charakter eines Ziels, da die Bezeichnung als Ziel anderenfalls verfehlt wäre, wenn der avisierte Zustand bereits erreicht wäre.

Die Verknüpfung mit der europäischen Dimension bestätigt die Ergebnisse der Auslegung des Sportbegriffs. Wie bereits angedeutet, lässt sich dem Ausdruck der europäischen Dimension des Sports eine Weitläufigkeit entnehmen, welche sich in der Vielschichtigkeit des Sportbegriffs niederschlägt. Die europäische Dimension

---

634 Verordnung (EU) Nr. 1288/2013 vom 11.12.2013 zur Einrichtung von „Erasmus+", dem Programm für allgemeine und berufliche Bildung, Jugend und Sport, ABl. 2013, L 347, S. 50.

635 Verordnung (EU) Nr. 1288/2013 vom 11.12.2013 zur Einrichtung von „Erasmus+", dem Programm für allgemeine und berufliche Bildung, Jugend und Sport, ABl. 2013, L 347, S. 50 (60).

636 Ähnlich zum Begriff der Kultur *Niedobitek*, in: Streinz, Art. 167 AEUV Rn. 28.

des Sports lässt sich nicht auf einen einzelnen Aspekt des Sports begrenzen. Somit gibt das soeben dargestellte Verständnis des Sportbegriffs die inhaltliche Reichweite vor, das substanzielle Spektrum der europäischen Dimension des Sports wird durch den Sportbegriff determiniert. Der Zuschnitt auf die europäische Dimension des Sports wiederum bringt nach dem allgemeinen Sprachgebrauch im Wesentlichen drei Elemente hervor: ein limitierendes, ein abgrenzendes sowie ein integratives. Dadurch werden Rahmen und Kontur des Unionsziels festgelegt.

(a) Limitierendes Element

Eine Dimension ist – neben ihrer Bedeutung als Fachbegriff im Bereich der Physik oder Mathematik – als Teil eines Gegenstands oder eines Wertes zu verstehen, als Faktor einer übergeordneten Einheit. Dieser Faktor weist bezüglich seiner Reichweite spezifische Grenzen in qualitativer und quantitativer Hinsicht auf. Das limitierende Element des Begriffs der europäischen Dimension bedeutet demnach, dass der Sport auf Ebene der Unionsverträge ausschließlich in einem europäischen Kontext zu behandeln ist. Allein die europäische Dimension ist Gegenstand der Unionskompetenz. Maßnahmen und Initiativen zur Erfüllung der Unionsaufgabe haben diese Begrenzung zu beachten und sind dementsprechend auszugestalten. So muss aufgrund dieser begriffsimmanenten Begrenzung beispielsweise eine Sportförderung durch die Union allein aufgrund dieser Maßgabe über eine europäische Ausrichtung verfügen, die finanzielle Unterstützung von Projekten und Organisationen hat einen europäischen Bezug aufzuweisen. Maßnahmen dürfen über diese Begrenzung nicht hinausgehen, haben diese Grenze jedoch auch im positiven Sinne zu beachten und sind durch die Vorgabe einer europäischen Dimension des Sports nicht nur begrenzt, sondern ebenso verpflichtet. So müssen Initiativen und Maßnahmen zur Schaffung einer europäischen Dimension des Sports einen Unionssbezug im Sinne eines europäischen Mehrwerts bieten. Ziel ist es, den Sport zu europäisieren. Der Zuschnitt des Ziels auf die europäische Dimension des Sports stellt also klar, dass nur solche Aspekte des Sports von der Zuständigkeit der Union umfasst sind, die einen Unionsbezug beinhalten und innerhalb derer ein europäischer Mehrwert umgesetzt werden kann.

(b) Abgrenzendes Element

Dem Begriff der Dimension wohnt in engem Zusammenhang mit der limitierenden Komponente auch ein abgrenzendes Moment inne. Art. 165 AEUV verwendet den Begriff der europäischen Dimension des Sports in Abgrenzung zu weiteren Dimensionen, welche zusammen eine Einheit bilden. Dies setzt der Begriff selbst voraus, denn eine Dimension ist als Teil eines größeren Komplexes zu verstehen. Gegenstand des Unionsziels ist allein die europäische Dimension des Sports. Sie unterscheidet sich also von weiteren Sportdimensionen, in erster Linie den mitgliedstaatlichen und verbandlichen Sphären. Die europäische Dimension des Sports tritt neben diese weiteren Dimensionen, ohne sie jedoch zu verdrängen oder zu ersetzen. Ein solches Verständnis lässt sich dem Wortlaut nicht entnehmen. Inhaltlich und substantiell den anderen Dimensionen zugehörige und auf diese begrenzte Materien sind diesen zu belassen, jedenfalls insoweit, als ein Unionsbezug nicht erkennbar ist und Maßnahmen auf Unionsebene deshalb keinen Mehrwert beitragen können. Die Trennung der Dimensionen bewirkt, dass Übergriffe trotz zwangsläufiger Überschneidungen grundsätzlich nicht zulässig sind und die europäische Dimension mittels einer eigenständig zu definierenden europäischen Sportpolitik zu entwickeln ist. Mit der europäischen Dimension wird so eine zusätzliche Ebene angelegt, wobei der Ausdruck selbst nur bedingt Aufschluss über das Verhältnis der Dimensionen gibt. Eine klare Über- oder Unterordnung der verschiedenen Ebenen kann der gesonderten Interpretation des Begriffs nicht entnommen werden, auch wenn das abgrenzende und limitierende Element bereits eine Andeutung des Subsidiaritätsprinzips gemäß Art. 5 Abs. 1 Satz 2, Abs. 3 EUV sowie des Verhältnismäßigkeitsgrundsatzes gemäß Art. 5 Abs. 1 Satz 2, Abs. 4 EUV erkennen lassen.

(c) Integratives Element

Neben diese in negativer Hinsicht eingrenzenden Elemente tritt ein weiteres – positives – Element, welches die abgrenzende und limitierende Komponente teilweise relativiert. Dem Verständnis einer Dimension als Faktor einer übergeordneten Einheit entsprechend, beinhaltet der Terminus der europäischen Dimension des Sports eine integrative Komponente. Eine europäische Dimension des Sports sollte sich in die übergeordnete Ebene einer Gesamtdimension einbinden, sie kann nicht losgelöst von den weiteren Dimensionen des Sports bestehen. Dies kann vor allem durch Verbindungen und Kooperation mit weiteren Ebenen wie Mitgliedstaats- oder Verbandsebenen geschehen. Trotz ihrer grundsätzlichen Trennung wirken die verschiedenen Dimensionen aufeinander ein, die europäische Dimension des Sports hat sich in bestehende Dimensionen der mitgliedstaatlichen und verbandlichen Ebene zu integrieren. Die Gesamtdimension wird durch einen europäischen Faktor erweitert mit dem Ziel, einen Mehrwert im Sinne von positiven Impulsen zu schaffen. So ist im Wortlaut die – idealistische – Vorstellung einer Gesamtdimension des Sports angelegt, welche aus den diversen organisatorischen Ebenen des Sports entsteht und dessen einzelne Dimensionen in Form von Verbindungen und Kooperation verwoben sind, anstatt voneinander losgelöst zu bestehen. Die grundsätzliche Trennung, angelegt im limitierenden und abgrenzenden Element, erfährt dadurch eine Aufweichung. Denn eine Integration kann nur erfolgen, indem in bislang anderen Dimensionen zugehörige Themenbereiche hineingewirkt wird und Inhalte abgeschöpft werden, um dem Unionsbezug Geltung zu verschaffen und das Mehrwertpotential zu verwirklichen.

(2) Systematik

Von hoher systematischer Relevanz ist zunächst die Zuordnung der unionalen Sportkompetenz zur unterstützenden, koordinierenden und ergänzenden Zuständigkeit gemäß Art. 6 AEUV.[637] In diesen Bereichen kann die Union Maßnahmen mit europäischer Zielsetzung treffen, Art. 6 Satz 2 AEUV. Diese allgemeine inhaltliche Vorgabe wirkt sich auch im Rahmen der Begriffsbestimmung der europäischen Dimension des Sports aus. Sie ist dementsprechend darauf auszurichten, einen europäischen Mehrwert innerhalb der Sportwelt zu schaffen. Die europäische Dimension des Sports soll die Dimensionen der Mitgliedstaaten und der Verbände nicht verdrängen. In Bereichen des Sports, die von unionaler Tätigkeit profitieren können, soll vielmehr der europäische Mehrwert umgesetzt und auf diese Weise die europäische Dimension des Sports verwirklicht werden. Das limitierende und abgrenzende Element der europäischen Dimension entspricht demnach der für den Sport vorgesehen Zuständigkeitsart gemäß Art. 6 AEUV, wonach die mitgliedstaatlichen Zuständigkeiten gemäß Art. 2 Abs. 5 UAbs. 1 AEUV gewahrt bleiben.

Im Zuge der systematischen Auslegung ist überdies auf die Abgrenzung zum Bildungssektor einzugehen. Zwar umfasst Art. 165 AEUV sowohl die Politikbereiche der Bildung und Jugend als auch des Sports und verwendet für beide Bereiche den Begriff der europäischen Dimension. Aufgrund dieses systematisch-semantischen Gleichlaufs zu folgern, dass beide Bereiche im Wesentlichen gleiche Inhalte aufweisen, wäre indes verfehlt. Auch der Rückschluss, die europäische Dimension des Sports sei ein Unterfall der Dimension im Bildungswesen, widerspricht der Systematik. Denn zum einen erfolgt eine klare Trennung aufgrund der hierfür maßgeblichen Begriffe des Sports bzw. der Bildung, welche die inhaltliche und substantielle Ausrichtung der Dimensionen vorgeben. Zum anderen zeigt ein Blick in Abs. 3, dass Bildung und Sport weitestgehend getrennte Bereiche und somit auch Kompetenzen sind. Bildungs- und Sportbereich werden hier ausdrücklich unterschieden, wodurch die Annahme bestätigt wird, dass mittels

637 Umfassend hierzu oben F.III.

einer Sportagenda der Union eine eigenständige und zumindest im Ausgangspunkt von der europäischen Dimension im Bildungswesen zu unterscheidende europäische Dimension des Sports zu entwickeln ist.[638] Diese Wertung steht nicht im Widerspruch zur Annahme, dass dem Sport eine pädagogische Komponente innewohnt. Denn dies kann trotz grundsätzlicher Trennung der Dimensionen lediglich zu gewissen inhaltlichen Überschneidungen, im Einzelfall teilweise identischen Zielsetzungen sowie gegebenenfalls zu einer Nutzung von Synergiepotentialen führen.

Anhand der Systematik wird überdies erkennbar, dass das Ziel der Entwicklung der europäischen Dimension des Sports einen absoluten Zustand darstellt. Im Vergleich zu anderen in Art. 165 Abs. 2 AEUV genannten Zielen ist das Unionsziel für den Sportbereich nicht als bloßes Förderziel ausgestaltet, in dem die Zurückhaltung der Union[639] und die praktischen Schwierigkeiten bei der Erreichung des Ziels zum Ausdruck kommen.[640] Vielmehr ist das Ziel für den Sportbereich als absolutes Ziel ausgestaltet, mit welchem ein bestimmter zukünftiger Zustand festgelegt wird.[641] Wenn auch dem Begriff der europäischen Dimension ein hohes Abstraktionsniveau zukommt, wird dennoch ein zukünftiges Stadium beschrieben, das es zu erreichen gilt.

(3) Teleologie

Die Ziele der Union beinhalten ein breites Spektrum, der Zielkatalog des Art. 3 EUV wurde mit dem Vertrag von Lissabon nochmals erweitert.[642] Das Bereichsziel für die Sportpolitik der Union in Art. 165 Abs. 2 7. Spiegelstrich AEUV konkretisiert die allgemeinen Ziele der Union. Der von Art. 3 EUV vorgegebene abstrakte Rahmen wird durch das Ziel der Entwicklung der europäischen Dimension politikspezifisch präzisiert.[643] Im Rahmen der teleologischen Auslegung kommt so die Bedeutung des Gesamtausdrucks verstärkt zur Geltung, die Erkenntnisse zur Reichweite des Sportbegriffs und der damit einhergehenden inhaltlichen Vielschichtigkeit der europäischen Dimension werden bestätigt.[644] Der Gesamtausdruck der europäischen Dimension des Sports ist demnach weit

---

638 So auch *Niedobitek*, in: Streinz, Art. 165 AEUV Rn. 46.

639 *Niedobitek*, in: Streinz, Art. 165 Rn. 50.

640 *Schwind*, Zukunftsgestaltende Elemente, S. 342.

641 Vgl. *Schwind*, Zukunftsgestaltende Elemente, S. 342.

642 *Terhechte*, in: Grabitz/Hilf/Nettesheim, Art. 3 EUV Rn. 7.

643 Zum Verhältnis zwischen allgemeinen Zielen gemäß Art. 3 EUV und Bereichszielen siehe oben F.IV.1.

644 Oben unter F.IV.2.b.aa.(2).

zu verstehen, er ist geprägt von einer Vielzahl von Aspekten. Es handelt sich dabei unter anderem um wirtschaftliche, soziale und kulturelle. Im Einzelnen bedeutet die Umsetzung der Ziele der Union gemäß Art. 3 EUV durch das bereichsspezifische Unionsziel, dass unter anderem der wirtschaftliche Aspekt des Sports von der europäischen Dimension umfasst ist. Ebenso wirken sich die sozialen und kulturellen Zielsetzungen der Union auch auf Ebene der Sportpolitik aus. Letztlich können in diesem Zusammenhang die Erkenntnisse zur teleologischen Auslegung des Sportbegriffs übertragen werden.[645] Damit ist das Spektrum der Ziele der Union gemäß Art. 3 EUV zugleich dem Sport zu eigen. Dementsprechend bestätigen diese Überlegungen das umfassende Verständnis, welches dem Begriff einer europäischen Dimension des Sports zu Grunde zu legen ist. Übergreifendes Mittel zur Erreichung dieser Ziele ist der Integrationsprozess. Der Sport kann als Integrationsvehikel, welches viele der von der Union avisierten Zielvorstellungen umfasst, maßgeblich zum Erreichen der Ziele beitragen.[646] Nur ein weites Verständnis des Begriffs der europäischen Dimension des Sports, welcher Reichweite und Ausrichtung des Unionsziels vorgibt, gewährleistet die best- und weitestmögliche Ausnutzung dieser Integrationspotentiale.[647]

(4) Historische Auslegung

Der Begriff der europäischen Dimension des Sports sollte im Rahmen der europäischen Verträge erstmals im Vertrag über eine Verfassung für Europa aufgenommen werden. Eine genauere inhaltliche Auseinandersetzung erfolgte in den Konventsverhandlungen indes nicht. Auch in den vorangegangenen Erklärungen von Nizza und Amsterdam ist der Begriff nicht enthalten. Die Erklärung von Amsterdam gibt dennoch Anhaltspunkte für die inhaltliche Ausrichtung der europäischen Dimension des Sports vor. Dort werden in erster Linie soziale Aspekte des Sports angesprochen wie die Rolle des Sports bei der Identitätsfindung und Begegnung der Menschen.[648] Ein umfassenderes Verständnis liegt hingegen der inhaltlich detaillierter ausgeformten Erklärung von Nizza zu Grunde.[649] Sie betont die gesellschaftliche Rolle des Sports in Europa und dabei insbesondere seine sozialen, erzieherischen und kulturellen

645 Hierzu oben S. F.IV.2.b.aa.(2)(c).

646 Zum integrativen Element der europäischen Dimension des Sports bereits *Eichel*, Der Sport im Recht der EU, S. 151 f.

647 Insofern kommt der Gedanke des *effet utile* zum Tragen; hierzu schon oben F.II.2.c.

648 ABl.1997, C 340, S. 136; hierzu auch oben B.II.1.

649 Dok. SN 400/00 ADD 1, S. 25 ff.; hierzu oben B.II.2.

Funktionen. Ethik und Solidarität innerhalb des Sportsektors sollen gewahrt und gefördert werden. Auf diese Weise ist und bleibt der Sport wichtig für die soziale Eingliederung und Beteiligung am gesellschaftlichen Leben, er sorgt für Toleranz und Akzeptanz von Verschiedenheiten und fördert die Beachtung von Regeln. Ebenso behandelt wird die wirtschaftliche Bedeutung des Sports. Diese sportpolitische Perspektive, wie sie in den Erklärungen von Amsterdam und Nizza zum Ausdruck kommt, kann bei der Untersuchung des Unionsziels im Sportbereich nicht unberücksichtigt bleiben.

Ebenso zeigt sich anhand der Entwicklung bei den Konventsverhandlungen, dass die europäische Dimension solche Aspekte des Sports umfasst, welche von Maßnahmen der Union profitieren. Entsprechend dem limitierenden Element, welches bereits einen Hinweis auf das Erfordernis eines europäischen Mehrwerts beinhaltet, ging auch das Präsidium davon aus, dass durch die Aufnahme des Sports lediglich solche Unionsmaßnahmen ermöglicht werden sollten, welche einen europäischen und grenzüberschreitenden Bezug aufweisen.[650]

An dieser Stelle kann nicht unberücksichtigt bleiben, dass der Politikbereich Sport in den Kompetenzen für den Bildungssektor integriert wurde. Dies stellt eine bewusste Entscheidung der Mitgliedstaaten im Rahmen der Reform durch den Vertrag von Lissabon dar, denn es wäre möglich gewesen, den Sport auf andere Weise in den Verträgen zu verankern.[651] Sport wurde bei den Verhandlungen des europäischen Konvents als Aspekt des umfassenderen Bereichs der Bildung und Jugend angesehen.[652] Ist der Bezug zur Bildung durch ausdrückliche Erwähnung der pädagogischen Funktion des Sports in Art. 165 Abs. 1 UAbs. 2 AEUV bereits im Wortlaut angelegt, so verdeutlicht auch die Verortung des Sports innerhalb von Art. 165 AEUV, dass die europäische Dimension des Sports in erster Linie auf die soziale und erzieherische Komponente des Sports ausgerichtet ist. Der Entscheidung der Mitgliedstaaten lässt sich somit ein gewisser Zielschwerpunkt entnehmen.

Es ist davon auszugehen, dass die Ziele der Union für den Sportbereich zwischen den Reformen von Amsterdam und Nizza sowie dem Verfassungsvertrag und dem Reformvertrag von Lissabon jedenfalls weitestgehend unverändert geblieben sind. Dies zeigt sich bereits an der fortlaufenden Anknüpfung von

650 Siehe hierzu die Anmerkung des Präsidiums zum Konventsentwurf, KONV 727/03, S. 109.

651 Zu den verschiedenen Optionen siehe oben S. B.IV.

652 KONV 727/03, S. 109.

Unionsorganen wie auch Mitgliedstaaten an den Erklärungen,[653] aber auch anhand der Konventsverhandlungen zum Verfassungsvertrag, in denen hinsichtlich der geplanten Sportkompetenz ebenfalls auf die Erklärungen als Vorläufer einer Vertragsregelung Bezug genommen wurde.[654] Das Bereichsziel der europäischen Dimension des Sports umfasst demnach sowohl die in der Erklärung von Amsterdam zum Ausdruck kommende soziale Zielsetzung als auch die in der Erklärung von Nizza enthaltene ausdifferenziertere Ausrichtung auf wirtschaftliche, soziale, kulturelle und erzieherische Aspekte des Sports. Diese Entwicklung verdeutlicht den Charakter des Ziels einer europäischen Dimension des Sports als übergreifendes und die gesamten Aspekte des Sportbegriffs umfassendes Unionsziel.

(5) Die europäische Dimension des Sports in der politischen Praxis

Nicht zuletzt die Ausführungen zum historischen Kontext haben die Bedeutung des Begriffs der europäischen Dimension des Sports verdeutlicht. Es handelt sich dabei um den Schlüsselbegriff des Art. 165 AEUV, der das Unionsziel sein prägt, indem er insbesondere Anwendungsbereich und Reichweite markiert. Es überrascht angesichts dieser Bedeutung nicht, dass auch die sportpolitische Praxis auf Unionsebene den Begriff aufgenommen und erste Initiativen daran ausgerichtet hat.

(a) Erste sportpolitische Initiativen zur europäischen Dimension des Sports nach Inkrafttreten des Vertrages von Lissabon

Das Weißbuch Sport verwendete den Begriff der europäischen Dimension des Sports noch nicht.[655] Zwar wird der Begriff der Dimension dort an verschiedenen Stellen angeführt, dies jedoch nicht im Sinne von Art. 165 AEUV als umfassende Direktive einer europäischen Sportpolitik. Der Begriff beschreibt im dortigen Zusammenhang vielmehr die einzelnen Teilaspekte einer Sportpolitik, und so ist beispielsweise die Rede von der erzieherischen oder wirtschaftlichen Dimension des Sports.[656] Die Verwendung entspricht demnach den einzelnen Aspekten des Sports, welche im Weißbuch als Dimensionen des Sports be-

653 Siehe hierzu das Weißbuch Sport der Kommission vom 11.07.2007, KOM(2007) 391 endg., S. 1; ebenso der 10. Sportbericht der Bundesregierung vom 20.06.2002, BT-Drs. 14/9517, S. 26.

654 Hierzu KONV 478/03, S. 2.

655 KOM(2007) 391 endg., vom 11.07.2007, oben E.VIII.

656 KOM(2007) 391 endg., vom 11.07.2007, S. 3 und 11.

zeichnet werden. Durch deren Zusammensetzung lässt sich allerdings bereits der Umfang einer europäischen Dimension des Sports, wie sie dem AEUV und dabei vor allem Art. 165 Abs. 2 7. Spiegelstrich AEUV zu Grunde liegt, ablesen.[657] Die auf das Weißbuch aufbauende Mitteilung aus dem Jahr 2011 ist das erste offizielle Unionsdokument, welches der europäischen Dimension bereits im Titel gewidmet ist.[658] Daran lässt sich erkennen, dass der Direktivcharakter des Unionsziels entsprechend angenommen wird. Eine unmittelbare Beschreibung des Begriffs enthält die Mitteilung jedoch nicht. In Struktur und inhaltlicher Ausrichtung entspricht sie weitestgehend dem Weißbuch Sport, es erfolgt allerdings keine ausdrückliche Ausrichtung der dort angesprochenen Aspekte auf die Gesamtdimension des Sports auf Unionsebene. Auch die Mitteilung greift sämtliche Aspekte des Sports auf und benennt mögliche europäische Maßnahmen und Initiativen. Der fehlende ausdrückliche Bezug zur europäischen Dimension nimmt dem Begriff indes die Schärfe und verdeutlicht die Schwierigkeit einer genauen Begriffsbestimmung, die bereits in der Weite des Sportbegriffs angelegt ist. So ist angesichts des Titels der Mitteilung die europäische Dimension des Sports in dem beschriebenen umfassenden Verständnis zu betrachten, welches zumindest mittelbar durch die große inhaltliche Reichweite der Mitteilung vorgegeben wird.

Ein bedeutender Aspekt der Auslegung wird indes durch die Mitteilung der Kommission bestätigt. Dem Begriff der europäischen Dimension lässt sich ein limitierendes Element entnehmen, welches die Ausrichtung einer Sportpolitik der Union auf Maßnahmen mit Unionsbezug vorgibt. Die Mitteilung bekräftigt dies insofern, als die Kommission bei der Umsetzung ihrer Sportpolitik insbesondere auf einen europäischen Mehrwert der jeweiligen Maßnahmen achtet.[659] Daran lässt sich erkennen, dass die Kommission ihre im Unionsziel verankerte Verpflichtung anerkennt, dem Auftrag zur Schaffung einer auf den europäischen Mehrwert und den Unionsbezug bedachten Unionspolitik im positiven Sinne Rechnung zu tragen. Andererseits wirkt die Anforderung aber in erster Linie limitierend und abgrenzend, insbesondere in Anbetracht der Tatsache, dass die Kommission die Reichweite ihrer Kompetenzen im Übrigen oftmals umfassend versteht. Der europäische Mehrwert ist dabei in Abgrenzung zu den anderen Dimensionen des Sports auf Ebene der Mitgliedstaaten und der

657 Hierzu bereits oben F.IV.2.b.aa.(2)(e).

658 Zu Gesamtkontext und Bedeutung der Mitteilung bereits oben S. E.XI.; als Reaktion hat das Parlament seine Entschließung vom 02.02.2012 erlassen, ABl. 2013, C 239 E, S. 46; hierzu oben E.XII.

659 Vgl. KOM(2011) 12 endg., vom 18.01.2011, S. 3.

Verbände zu verstehen, deren Kompetenzbereiche ohne einen europäischen Mehrwert nicht berührt werden dürfen. Das Subsidiaritätsprinzip gemäß Art. 5 Abs. 1 Satz 2, Abs. 3 EUV ist demnach im Begriff der europäischen Dimension des Sports bereits verkörpert.

(b) Die europäische Dimension des Sports in der sportpolitischen Praxis der Union vor Inkrafttreten des Vertrages von Lissabon

Die Aufnahme des Begriffs in Art. 165 AEUV und die Wahl als Schlüsselbegriff einer europäischen Sportpolitik erfolgt indes keinesfalls aus dem Nichts. Zwar fand der Begriff der europäischen Dimension im Rahmen der Verträge keine Erwähnung, wurde jedoch bereits vor dem Vertrag von Lissabon in sportpolitischen Maßnahmen der Union angesprochen. Bereits das Sportförderprogramm Eurathlon verwendete den Begriff. Die Kommission führte das Programm durch, um Vorhaben und Programme, die eine europäische Dimension aufweisen, anzuregen und zu fördern.[660] Die geförderten Projekte sollten die Bürger stärker dafür sensibilisieren, dass sie einer multikulturellen und solidarischen Gemeinschaft angehören.[661] Diese Zielsetzung entspricht nicht nur den Unionszielen im Bereich Soziales und Kultur, sondern zeigt nochmals, dass die Sportpolitik der Union bereits zu diesem frühen Zeitpunkt den Blick auf ebendiese Gesichtspunkte legte. Mit der Forderung nach einer europäischen Dimension ist bereits im Rahmen des Eurathlon-Programms der bis heute angestrebte und erforderliche Unionsbezug und Mehrwert einer Sportpolitik der Union erkennbar.[662] Der Begriff der Dimension erlangte in diesem Zusammenhang bald darauf auch im Helsinki-Bericht der Kommission Bedeutung. Dieser sollte Lösungen bereithalten für die Vereinbarung der wirtschaftlichen Dimension des Sports einerseits und der gesellschaftlichen Dimensionen andererseits.[663] Auch Parlament und Rat verwendeten den Begriff in einem ähnlichen Kontext. In ihrem Beschluss zum Jahr der Erziehung durch Sport stellen sie das Ziel auf, durch Zusammenarbeit der Bildungseinrichtungen und Sportorganisationen sowohl die Erziehung durch Sport als auch die europäische Dimension des Sports auszubauen.[664] Durch das Zusammenwirken von Bildungs- und Sportbereich soll die europäische Dimension des Sports geschaffen werden.

660 ABl. 1994, C 297, S. 7; hierzu bereits unter E.III.
661 ABl. 1994, C 297, S. 7.
662 ABl. 1994, C 297, S. 7.
663 KOM(1999) 644 endg., S. 3.
664 ABl. 2003, L 43, S. 1 (2).

Die Auswahl dieser sportbezogenen Dokumente zeigt, dass das umfassende Verständnis der europäischen Dimension des Sports bereits früh in der Sportpolitik der Union angelegt war. Ebenso wurde und wird mit dem Begriff das Erfordernis eines europäischen Mehrwerts etwaiger sportpolitischer Maßnahmen verbunden. Die Wortwahl des Art. 165 AEUV baut somit zumindest teilweise auf dieses vorgegebene Verständnis auf, welches auch in den Erklärungen von Amsterdam und Nizza angelegt ist. Dabei decken sich die Erkenntnisse der Auslegung weitgehend mit der historischen Verwendung des Begriffs in der sportpolitischen Praxis.

cc. Teilziele der Entwicklung der europäischen Dimension des Sports

Die Auslegung zum Gesamtziel der europäischen Dimension des Sports hat bereits umfangreiche Erkenntnisse zu Inhalt, Bedeutung und Reichweite des Unionsziels Sport geliefert. Der 7. Spiegelstrich innerhalb des abschließenden Zielkatalogs[665] in Art. 165 Abs. 2 AEUV enthält nunmehr weitere Teilziele, welche das Gesamtziel der europäischen Dimension des Sports näher bestimmen.[666] Die europäische Dimension des Sports soll entwickelt werden durch Förderung der Fairness und der Offenheit von Sportwettkämpfen und der Zusammenarbeit zwischen den für den Sport verantwortlichen Organisationen sowie durch den Schutz der körperlichen und seelischen Unversehrtheit der Sportler, insbesondere der jüngeren Sportler. Da es sich um eine Aufzählung von drei Teilzielen handelt, werden zunächst allgemeine Überlegungen zur Bedeutung und zum Verhältnis zwischen Teilzielen und Gesamtziel vorangestellt. Hieran anschließend folgt die inhaltliche Auseinandersetzung mit den einzelnen Zielbestimmungen.

(1) Entwicklung durch Förderung und Schutz

Die Entwicklung der europäischen Dimension des Sports soll durch die drei in Art. 165 Abs. 2 7. Spiegelstrich AEUV gelisteten Teilziele geschehen, die in unterschiedlicher Weise als Förder- und Schutzziele ausgestaltet sind.

---

665 *Fischer*, in: Lenz/Borchardt, Art. 165 AEUV Rn. 12; *Blanke*, in: Grabitz/Hilf/Nettesheim, Art. 165, Art. 166 AEUV Rn. 74; *Ruffert*, in: Callies/Ruffert, Art. 166 AEUV Rn. 4.

666 Im Folgenden werden die in Art. 165 Abs. 2 7. Spiegelstrich AEUV unterschiedlichen Zielkategorien als Gesamtziele und Teilziel bezeichnet; gebräuchlich ist insofern auch die Bezeichnung als Fern- und Nahziele, *Eichel*, Der Sport im Recht der EU, S. 143 f., wobei dort auf S. 162 auch der Begriff Teilziele verwendet wird.

bewirkt die systematisch-semantische Abgrenzung eine deutliche Aufwertung des Schutzziels. Mit dieser bewussten Ausdifferenzierung hinsichtlich der Zielintensität wird eine besonders zu beachtende Zielvorgabe im Sinne eines Zielschwerpunktes gesetzt.

(c) Teleologie

Die einzelnen Teilziele konkretisieren das Gesamtziel der europäischen Dimension des Sports näher. Der Zielrahmen gewinnt an Kontur und Bestimmtheit. Immanent ist der Konkretisierung jedoch eine Einschränkung des übergeordneten Ziels. Die angestrebte europäische Dimension zeichnet sich durch ihren weiten inhaltlichen Rahmen aus, vorgegeben durch die Vielschichtigkeit des Sportbegriffs. Die Teilziele begrenzen diesen Rahmen durch ihre wesentlich höhere Zieldichte. Dieser Unterschied führt zu einem gewissen Widerspruch, der durch eine weite Auslegung der Teilziele abgemildert werden kann. Das Ideal einer weit reichenden und umfassenden europäischen Dimension des Sports erscheint nicht umsetzbar, wenn den konkretisierenden Teilzielen eine zu enge inhaltliche Vorgabe entnommen wird. Im Lichte des Gesamtziels ist deshalb ein großzügiger Auslegungsmaßstab anzusetzen.

(d) Historische Auslegung

Bestätigt wird diese Annahme durch die historische Auslegung. So ist in der Erklärung von Nizza ein breites inhaltliches Spektrum für das Verhältnis von Unionsrecht und Sport festgelegt. Die einzelnen Bestimmungen der Erklärung zeichnen sich durch ihren finalen Charakter aus. Besonderes Anliegen des Europäischen Rates mit der Erklärung von Nizza war die Wahrung des Zusammenhalts, der Solidarität, der moralischen und ethischen Werte des Sports sowie der soziale Eingliederung, Toleranz und Akzeptanz von Verschiedenheiten.[669] Diese sozial und gesellschaftlich bedeutsamen Zielsetzungen sind nur bei einer weiten Auslegung der drei in Art. 165 Abs. 2 7. Spiegelstrich AEUV normierten Teilziele hierunter subsumierbar. Dass die in der Erklärung von Nizza zum Sport niedergelegten Werte und Ziele weiterhin von überragender Bedeutung sind, wurde bereits festgestellt.[670] Die Annahme, dass sich zwischen Nizza und Lissabon die Auffassung der Union hinsichtlich ihrer Absichten im Sportbereich grundlegend geändert hat, scheint angesichts dessen fernliegend. Die soeben dargestellten, in der Erklärung von Nizza zum Sport bestimmten Werte und Ziele betreffen insbesondere den Amateur- und

669 Dok. SN 400/00 ADD 1, S. 25.

670 F.IV.2.b.bb.(4).

Breitensport. In den in Art. 165 Abs. 2 7. Spiegelstrich AEUV enthaltenen Teilzielen hingegen, welche unter anderem auf Fairness der Sportwettkämpfe abzielen und mit dem Schutz der körperlichen Unversehrtheit vorrangig die Dopingproblematik zum Gegenstand haben, erfahren diese herausragenden sozialen Werte des Sports und dabei vor allem des Amateursports bei enger Auslegung der Teilziele keine ausgeprägte Rückkoppelung. Ähnliches lässt sich mit Blick auf die Erklärung von Amsterdam konstatieren, welche ebenfalls schwerpunktmäßig den Amateurbereich und dessen immense soziale Bedeutung behandelt.[671] Um den in den Erklärungen von Amsterdam und Nizza zum Ausdruck kommenden Werten und Zielen der Union für ihr Verhältnis zum Sport in angemessener Weise zur Geltung zu verhelfen, erscheint somit eine großzügige Auslegung der Teilziele geboten. Ein zu sehr eingeschränkter Zielrahmen für den Sportbereich widerspricht der in der historischen Entwicklung objektiv erkennbaren sozialen und gesellschaftlichen Ausrichtung der Unionsziele im Sportbereich.

(2) Förderung der Fairness und Offenheit von Sportwettkämpfen

Als erstes Teilziel nennt Art. 165 Abs. 2 7. Spiegelstrich die Förderung der Fairness und Offenheit von Sportwettkämpfen.

(a) Wortlaut

Das Teilziel der Fairness und Offenheit von Sportwettkämpfen ist als Förderziel ausgestaltet. Hierin kommt nicht nur eine abgeschwächte Zielintensität zum Ausdruck, sondern zugleich die semantische Anknüpfung an die Mittel zur Umsetzung der Ziele. Als solche sind in Art. 165 Abs. 4 AEUV Fördermaßnahmen vorgesehen.

Mit den Begriffen Fairness und Offenheit enthält das erste Teilziel des Art. 165 Abs. 2 7. Spiegelstrich AEUV abstrakte Termini, die einer näheren Auslegung bedürfen. Die Begriffe werden inhaltlich insofern näher bestimmt, als das Teilziel auf Förderung der Fairness und Offenheit bei Sportwettkämpfen ausgelegt ist. Insbesondere Fairness ist Grundvoraussetzung eines funktionierenden sportlichen Wettkampfes. Eine enge Auslegung in dem Sinne, dass mit dem Teilziel Fairness und Offenheit auf dem Spielfeld gefördert werden soll, ginge indes fehl. Die Förderung fairer Wettkämpfe kann nicht primärer Gegenstand des Teilziels sein. Denn die unmittelbare Regulierung von Sportwettkämpfen ist ureigene Aufgabe der Sportverbände im Rahmen ihrer Autonomie,[672] die durch das Ziel der euro-

671 ABl. 1997, C 340 S. 136, hierzu oben B.II.1.

672 *Pfister*, in Fritzweiler/Pfister/Summerer, Praxishandbuch Sportrecht, S. 17; *Steiner*, causa sport 2009, 14 (15).

päischen Dimension nicht verdrängt werden soll.[673] Anzulegen ist daher ein weiter Auslegungsmaßstab.[674] Der konkretisierende Zusatz, dass Fairness und Offenheit von Sportwettkämpfen gefördert werden sollen, darf aus diesem Grund nicht zu wörtlich genommen werden.

Eine großzügigere Betrachtung der Begriffe bringt ihre eigentliche Bedeutung im Sinne des Teilziels zu Tage. Die Fairness von Sportwettkämpfen bezieht sich auf einen ausgeglichenen sportlichen Wettbewerb. Fairness ist eines der grundlegenden Prinzipien der Olympischen Charta.[675] Voraussetzung hierfür sind unter anderem ein materielles und insbesondere finanzielles Gleichgewicht und Solidarität zwischen Verbänden und Vereinen, die Bekämpfung von Korruption sowie Chancengleichheit. Besonderes Augenmerk gilt insofern der fortschreitenden Kommerzialisierung des Sports. Auch die Bekämpfung der Dopingproblematik ist bereits erfasst. Ähnliches gilt für das Ziel der Offenheit. Hierunter ist vor allem ein unbeschränkter Zugang zur aktiven oder passiven Teilnahme an Wettkämpfen, der Kampf gegen Rassismus sowie soziale Gesichtspunkte wie der Abbau von Diskriminierungen gegenüber anderen Geschlechtern, Behinderungen und Ausländern zu verstehen.[676] In diesem Sinne ist die Offenheit der Sportwettkämpfe ebenfalls grundlegendes Prinzip der Olympischen Charta, das auf die Ausübung des Sports ohne Diskriminierung jeglicher Art abzielt.[677] Ebenso kommt in der Offenheit von Sportwettkämpfen deren Ergebnisoffenheit zum Ausdruck als wesentliches Merkmal sportlichen Wettbewerbs und Grundvoraussetzung für wirtschaftlichen Erfolg des Sportsektors, wobei dieser Aspekt ebenso im Begriff der Fairness enthalten ist. Fairness und Offenheit betreffen in dieser Ausdifferenzierung sowohl den Amateur- als auch den professionellen Sport. Sie können aus einem sozialen, aber ebenso aus einem wirtschaftlichen Blickwinkel betrachtet werden. Ausgehend von dieser Perspektive lässt sich dem Wortlaut im Rahmen seiner Grenzen ein breites Spektrum an Themen entnehmen, welche vom Teilziel der Förderung von Fairness und Offenheit bei Sportwettkämpfen erfasst sind.

In den Begriffen Fairness und Offenheit wird überdies der Prinzipiencharakter der Teilziele erkennbar. Fairness und Offenheit gehören zu den wesentlichen

673 Oben F.IV.2.b.bb.(1).

674 Hierzu umfassend bereits oben F.IV.2.b.cc.(1)(c).

675 4. Prinzip der Olympischen Charta, hierzu die Übersetzung der Charta in *Vedder/Lämmer*, Olympische Charta, S. 6.

676 *Frenz*, Handbuch Europarecht, Band 6, S. 1147; *Kotzur*, in Geiger/Khan/Kotzur, Art. 165 AEUV Rn. 7.

677 4. und 5. Prinzip der Olympischen Charta, hierzu die Übersetzung der Charta in *Vedder/Lämmer*, Olympische Charta, S. 6.

Prinzipien jedes sportlichen Wettkampfes. Diese Prinzipien werden über das entsprechende Teilziel gemäß Art. 165 Abs. 2 7. Spiegelstrich auf das Ziel der europäischen Dimension des Sports übertragen und dadurch zu wesentlichen Prinzipien erhoben, die das Verhältnis von Unionsrecht und Sport bestimmen.[678]

(b) Systematik

Die Förderung von Fairness und Offenheit ist eines von drei Teilzielen, welche des Gesamtziel der europäischen Dimension konkretisieren. Der systematisch-grammatikalische Vergleich mit dem als absolutes Schutzziel ausgeformten dritten Teilziel des Art. 165 Abs. 2 7. Spiegelstrich AEUV verdeutlicht die dem Förderziel immanente Beschränkung. In der Ausgestaltung des Ziels ist die bewusste Zurückhaltung der Union gegenüber der primären Zuständigkeit der Mitgliedstaaten und der Autonomie der Verbände angelegt. Denn Fairness und Offenheit stellen wesentliche Grundprinzipien der Sportwelt dar, die im Rahmen der autonomen Regulierung geschützt und gefördert werden.[679] Die Union kann und darf das Ziel der Fairness und Offenheit daher nicht allein erreichen. Bei der Verwirklichung des Teilziels ist die Union vielmehr von den Mitgliedstaaten und Verbänden abhängig.

(c) Teleologie

Ein solches Verständnis des Teilziels entspricht im Übrigen dem Gesamtziel der europäischen Dimension des Sports. Ihr wohnen abgrenzende, limitierende und integrative Elemente inne, welche auf Ebene der Teilziele durchschlagen. In diesen Elementen kommen Subsidiarität und Verhältnismäßigkeit dadurch zum Ausdruck, dass eine europäische Dimension des Sports keine übergeordnete Ebene darstellt, sondern durch das Zusammenwirken mit den mitgliedstaatlichen und verbandlichen Ebenen erst geschaffen werden kann.

(d) Historische Auslegung

In der Erklärung von Nizza ist die Wahrung der Fairness von Wettkämpfen als besonderes Anliegen des Europäischen Rates bereits ausdrücklich erwähnt.[680] In engem Kontext hierzu stehen Zusammenhalt und Solidarität zwischen allen

---

678 Vgl. zu dieser Funktion auch *Garcia/Mietinnen/Parrish/Siekmann*, S. 29 ff., die den Einfluss dieser Prinzipien auf ausgewählte Problemfelder in diesem Verhältnis analysieren.

679 *Vedder*, in: Vedder/Heintschel von Heinegg, Art. 165 AEUV Rn. 7.

680 Dok. SN 400/00 ADD 1, S. 25.

Ebenen des Sports, dessen moralische und materielle Werte sowie der Schutz der körperlichen Unversehrtheit der Sportler. Zudem kommt die Offenheit der Sportwettkämpfe zum Ausdruck. Die Erklärung fordert, dass sportliche Betätigung allen offen stehen muss.[681] In diesem Zusammenhang wird auf die Rolle des Sports für den Abbau von Diskriminierungen gegenüber anderen Geschlechtern, Behinderungen und Ausländern hingewiesen, ebenso auf soziale Integration, Solidarität, Toleranz und Akzeptanz.

Die Erklärung von Nizza als Vorgängerregelung[682] für den im Verfassungsvertrag vorgesehenen Art. III-282 EVV sowie für Art. 165 AEUV bestätigt somit die im Rahmen einer weiten Begriffsauslegung gewonnenen Erkenntnisse der grammatikalischen Auslegung. Gleiches gilt für die Ergebnisse der systematischen und teleologischen Exegese insoweit, als die Erklärung von Nizza die primäre Verantwortung der Verbände für die Gewährleistung der Prinzipien von Fairness und Offenheit anerkennt.[683] Dem entspricht die in der Ausgestaltung als Förderziel zum Ausdruck kommende Zurückhaltung der Union bei der Förderung und Verwirklichung der Prinzipien.

(e) Fairness und Offenheit in der Rechtsprechung des Gerichtshofs und der Entscheidungspraxis der Kommission

Auf den Charakter der Begriffe Fairness und Offenheit gemäß Art. 165 Abs. 2 7. Spiegelstrich als Prinzipien der europäischen Dimension des Sports wurde bereits hingewiesen.[684] Im Folgenden wird anhand der Rechtsprechung des Gerichtshofs und der Entscheidungspraxis der Kommission aufzuzeigen sein, dass die Begriffe – wenn auch nicht unbedingt im gleichen Wortlaut – dort bereits als solche Anwendung finden. Das Prinzip der Fairness schlägt sich unter anderem in der Solidarität zwischen Vereinen und Verbänden nieder. Finanzielle Chancengleichheit durch faire Verteilung von Einnahmen, beispielsweise aus Fernsehlizenzen, ist Grundvoraussetzung auch für sportlichen Wettbewerb im Rahmen vieler Sportarten. Die Kommission hat daher bei der wettbewerbsrechtlichen Überprüfung einer entsprechenden Regelung der UEFA zumindest im Grundsatz die Solidarität durch finanzielle Umverteilung als zulässig er-

681 Dok. SN 400/00 ADD 1, S. 25.

682 Hierzu oben F.IV.2.b.bb.(4) und F.II.2.d.bb.

683 Dok. SN 400/00 ADD 1, S. 25.

684 Hierzu oben unter F.IV.2.b.cc.(2)(a); ähnlich auch *Weatherill*, in: Siekmann, Lex Sportiva, S. 320 ff.; *Weatherill*, in: Biondi/Eeckhout/Ripley, EU Law after Lisbon, S. 416 f.

achtet.[685] In ähnlicher Weise ist der Gerichtshof verfahren, der die Bedeutung eines finanziellen und damit einhergehenden sportlichen Gleichgewichts anerkennt, auch im Kontext der Vereinbarkeit sportverbandlicher Satzungen mit den Grundfreiheiten.[686] Die Argumentation von Kommission und Gerichtshof lässt sich zurückführen auf das Prinzip der Fairness, welches in diesen Zusammenhängen also bereits vor Inkrafttreten des Vertrages von Lissabon maßgeblichen Einfluss auf das Verhältnis von Unionsrecht und Sport hatte. Für das Prinzip der Offenheit lassen sich vergleichbare Schlüsse ziehen. So wurde die Ergebnisoffenheit unter anderem in der Kommissionsentscheidung *ENIC ./. UEFA* thematisiert. Sportverbandliche Regelungen, mit welchen Multi-Ownership im Fußball untersagt wurde, sah die Kommission als wettbewerbsrechtskonform an, da sie die Ergebnisoffenheit gewährleisten und den entsprechenden Eindruck beim Publikum wahren.[687] In ähnlicher Weise kann sich das Prinzip der Offenheit auswirken bei der Überprüfung sportverbandlicher Satzungen im Hinblick auf Diskriminierungsfreiheit.[688]

(f) Fairness und Offenheit als Prinzipien des europäischen Sportrechts und der Sportpolitik der Union

Schon im offenen Wortlaut des Teilziels kommt der Prinzipiencharakter zum Ausdruck. Fairness und Offenheit sind maßgebliche Werte des Sports, denen sowohl innerhalb der gesellschaftlichen als auch der wirtschaftlichen Aspekte des Sports Bedeutung zukommt. Den Prinzipien Fairness und Offenheit kommt vor diesem Hintergrund eine zweidimensionale Bedeutung zu: Zum einen sind sie gemäß Art. 165 Abs. 2 7. Spiegelstrich als Teilziele einer unionalen Sportpolitik normiert und bestimmen dadurch den Zielrahmen für die Unionsaufgabe näher. Die Union macht sich diese tragenden Werte der Sportwelt für ihre sportpolitischen Zielsetzungen zu eigen und übernimmt dadurch „wesentliche inhaltliche Eckpfeiler der autonomen Sportpolitik".[689] Dies darf allerdings nicht dahingehend verstanden werden, dass die Union die Verbände hinsichtlich der Förderung der Prinzipien aus ihrer autonomiegeschützten Stellung verdrängt. Ein solches Verständnis wäre mit dem Charakter der auf Verwirklichung des europäischen Mehrwerts aus-

---

685 KOM, *UEFA Champions League*, COMP/C.2–37.398, ABl. 2003, L 291, S. 25 (46).

686 EuGH, *Bosman*, Rs. C-415/93, Slg. 1995, S. I-4921 Rn. 71.

687 KOM, *ENIC*, COMP /37 806 Rn. 20 f.; hierzu bereits oben D.I.1.

688 Mit Beispielen *Weatherill*, ISLJ 2010, 11 (16).

689 *Vedder*, in: Vedder/Heintschel von Heinegg, Art. 165 AEUV Rn. 7 unter Hinweis auf die Prinzipien der Olympischen Charta; in diesem Sinne auch *Frenz*, Handbuch Europarecht, Band 6, S. 1147.

gerichteten europäischen Dimension des Sports unvereinbar. Zum anderen ergibt sich aus der Verwendung der Begriffe durch Gerichtshof und Kommission, dass die Teilziele bei der Überprüfung sportverbandlicher Satzungen Berücksichtigung finden können. So kommt der Charakter der Teilziele als Auslegungsmaßstab zur Geltung.[690]

(3) Förderung der Zusammenarbeit zwischen den für den Sport verantwortlichen Organisationen

Als zweites Teilziel nennt Art. 165 Abs. 2 7. Spiegelstrich AEUV die Förderung der Zusammenarbeit zwischen den für den Sport verantwortlichen Organisationen.

(a) Wortlaut

Gefördert werden soll nach dem zweiten Teilziel die Zusammenarbeit zwischen den Sportorganisationen, mithin die Kooperation innerhalb des Sportsektors. Die Kooperation zwischen Union und Sportorganisationen ist hingegen nicht unmittelbar Gegenstand der Regelung, wird jedoch vorausgesetzt. Denn die Förderung der Zusammenarbeit anderer ist kaum denkbar, ohne dass die Union selbst in die Zusammenarbeit einbezogen wird. Das Erreichen des Ziels vermag nur zu gelingen, wenn die für den Sport verantwortlichen Organisationen zu einem gewissen Grad auch zur Kooperation mit der Union bereit sind. Im Zentrum des Teilziels steht dennoch nicht das Kooperationsverhältnis zwischen Union und Sportsektor, sondern die Zusammenarbeit innerhalb der Sportwelt. Hiermit ist ein weiterer Hinweis auf die Autonomie der Verbände verbunden.

Mit den für den Sport verantwortlichen Organisationen zielt Art. 165 Abs. 2 7. Spiegelstrich AEUV auf diejenigen Verbände und Vereinigungen innerhalb des Sportsektors ab, denen im Rahmen ihrer Autonomie die Organisation, Regulierung und Verantwortung für eine oder mehrere Sportarten oder auch nur einzelne Aspekte einer Sportart obliegen. Das Teilziel nennt ausdrücklich die grundsätzliche Verantwortlichkeit der Organisationen für den Sport und enthält damit einen deutlichen Hinweis auf ihre Autonomie. Zu den insofern relevanten Organisationen zählen zunächst die für die jeweiligen Sportarten zuständigen Verbände und Vereinigungen.[691] Im Bereich des Fußballs sind beispielsweise die FIFA als Weltverband, die UEFA als europäischer Kontinentalverband und der DFB als für Deutschland zuständiger nationaler Verband zu nennen. Im

---

690 Hierzu oben F.IV.1.a.

691 Zu den verschiedenen Sportorganisationen siehe auch *Hildebrandt*, Rechtsproblematik multipler Regulierungsstrukturen, S. 62 ff.

Hockey sind die entsprechenden Verbände die IFH,[692] EHF[693] sowie der DHB.[694] Neben diesen, für die jeweiligen Sportarten zuständigen Verbänden bestehen sportartübergreifende Verbände wie das IOC oder für Deutschland der DOSB. Ebenso ist an dieser Stelle die WADA[695] zu nennen mit ihren nationalen Untergliederungen, in Deutschland der NADA.[696] In gleicher Weise für den Sport verantwortlich sind zudem Vereinigungen und Verbände, die beispielsweise die Spieler und Spielerinnen einer oder mehrerer Sportarten repräsentieren[697] und darüber hinaus weitere Vereinigungen wie beispielsweise zur Vertretung der Spielervermittler.[698] Eine ausdrückliche Einschränkung im Hinblick auf Größe und Ausrichtung der jeweiligen Vereinigung lässt sich dem Teilziel nicht entnehmen. So kann davon ausgegangen werden, dass die beispielhaft genannten Organisationen trotz ihrer unterschiedlichen Zielsetzungen als für den Sport verantwortliche Organisationen grundsätzlich von Art. 165 Abs. 2 7. Spiegelstrich AEUV umfasst sind. Ebenso wenig schränkt der Wortlaut die Richtung der Zusammenarbeit ein. So ist insbesondere in weit verbreiteten und zahlenmäßig bedeutenden Sportarten denkbar, dass der Dialog lediglich innerhalb der Verbandsstruktur einer Sportart gefördert wird. Gefördert werden kann indes auch der Dialog zwischen den Verbänden verschiedener Sportarten, beispielsweise zwischen Fußball und Hockey, sowie zwischen sportartübergreifenden und sportartspezifischen Verbänden. Zudem ist die Förderung der Kooperation nicht etwa begrenzt auf europaweit tätige Verbände. Ebenso sind gegebenenfalls nationale Verbände einzubeziehen sowie die internationalen, über das Gebiet der Union hinaus tätigen Verbände. Denn ihre jeweilige Tätigkeit kann sich trotz einer grundsätzlich nationalen oder internationalen Organisation auf dem Gebiet der Union auswirken.

Letztlich ergibt sich aus dem Wortlaut ein Netz möglicher Kooperationsrichtungen. Dieses ist gekennzeichnet von unterschiedlichen Interessen, Strukturen und Sportarten. Konstruktiven Dialog angesichts dieser Rahmenbedingungen zu ermöglichen, erfordert effektive Plattformen für Zusammenarbeit und Dialog.

---

692 International Hockey Federation.

693 European Hockey Federation.

694 Deutscher Hockey Bund.

695 World Anti Doping Agency.

696 Nationale Anti Doping Agentur.

697 Beispielsweise FIFPro (World Players' Union) als weltweite Vereinigung zur Vertretung der professionellen Fußballspieler/innen.

698 So für Deutschland die Deutsche Fußballspieler Vermittler Vereinigung (DFVV) als Teil der European Football Agents Association (EFAA).

Im Rahmen des Förderziels kommt der Union insofern die Rolle als Vermittlerin zu, die neben Plattformen für Dialog auch institutionelle Voraussetzungen und gegebenenfalls regulatorische Rahmenbedingungen schaffen kann.

(b) Systematik

Das Teilziel der Förderung der Zusammenarbeit zwischen den für den Sport verantwortlichen Organisationen kann durch einen systematischen Vergleich innerhalb des Art. 165 AEUV sowie mit den Vorschriften zum sozialen Dialog gemäß Art. 152 AEUV näher bestimmt werden.

Während das zweite Teilziel des Art. 165 Abs. 2 7. Spiegelstrich AEUV die für den Sport verantwortlichen Organisationen betrifft, nennt Art. 165 Abs. 3 AEUV die für den Sport zuständigen internationalen Organisationen, insbesondere den Europarat. Diese klare semantische Differenzierung bestätigt die Annahme, dass mit den für den Sport verantwortlichen Organisationen die nationalen, kontinentalen und internationalen Sportverbände gemeint sind. Denn unter den für den Sport zuständigen Organisationen im Sinne von Art. 165 Abs. 3 AEUV werden die amtlichen internationalen Organisationen verstanden,[699] nicht jedoch die nichtamtlichen internationalen Organisationen,[700] zu denen gerade die Sportverbände wie etwa die FIFA als privatrechtlicher Verein oder die WADA als Stiftung schweizerischen Rechts gehören.[701] Auf internationaler Ebene zuständig für den Sport ist insbesondere der Europarat, der von Art. 165 Abs. 3 AEUV auch ausdrücklich genannt wird. Die beispielhafte Nennung des Europarates bestätigt, dass nichtamtliche internationale Organisationen nicht von Art. 165 Abs. 3 AEUV erfasst sind. Im Umkehrschluss ergibt sich hieraus, dass für den Sport verantwortlich im Sinne von Art. 165 Abs. 2 7. Spiegelstrich AEUV die Verbände, Vereinigungen und Stiftungen sind, die als nichtamtliche Organisationen den Sportsektor im Rahmen ihrer Autonomie organisieren und regulieren.

Im Übrigen grenzt Art. 165 Abs. 2 7. Spiegelstrich AEUV den Kreis der verantwortlichen Organisationen im Gegensatz zu Art. 165 Abs. 3 AEUV nicht auf solche mit internationaler Ausrichtung ein. Hieraus kann wiederum rückgeschlossen werden, dass die Förderung der Zusammenarbeit insbesondere die europäischen und nationalen Organisationen jedenfalls prinzipiell einschließt.

---

699 *Simm*, in: Schwarze, Art. 165 AEUV Rn. 21; *Blanke*, in: Grabitz/Hilf/Nettesheim, Art. 165, Art. 166 AEUV Rn. 94.

700 NGO (Non Governmental Organisation).

701 Siehe hierzu *Herdegen*, Völkerrecht, S. 206; *Tokarski/Steinbach*, Spuren, S. 57 f.; zur Abgrenzung auch *Ipsen*, Völkerrecht, S. 204 f.

Hinsichtlich der inhaltlichen Ausformung der Förderung der Zusammenarbeit ließen sich dem Wortlaut nur bedingt Erkenntnisse entnehmen. Es kann davon ausgegangen werden, dass es sich um die Schaffung von Rahmenbedingungen für Kooperation und Kollaboration zwischen den Sportorganisationen handelt. Ein systematischer Vergleich mit den Kompetenzen zur Sozialpolitik, für die Zusammenarbeit und Dialog mit den autonomen Sozialpartnern in Art. 152 ff. AEUV wesentlich detaillierter geregelt sind, führt weiter. Insbesondere Art. 154 f. AEUV regeln die Formen des Dialogs und der Zusammenarbeit in verbindlicher Form durch Gewährung von Anhörungsrechten der Sozialpartner sowie formellen Formen der Zusammenarbeit.[702] Derartige konkrete Regelungen sind im Teilziel des Art. 165 Abs. 2 7. Spiegelstrich nicht angestrebt, es handelt sich um eine Form der informellen Zusammenarbeit. Hinsichtlich der Ausgestaltung im Einzelfall stehen der Union daher Gestaltungsspielräume offen. Die Anwendung der Vorschriften über den sozialen Dialog im Sportbereich wird dadurch allerdings nicht ausgeschlossen. Sie geben der Union und den Akteuren der Sportwelt vielmehr eine weitere – formelle – Option zur Gestaltung ihrer Zusammenarbeit, allerdings beschränkt auf den Anwendungsbereich der Art. 151 ff. AEUV.[703]

Im Hinblick auf den Kreis der für eine Förderung der Zusammenarbeit in Frage kommenden Organisationen lässt sich jedoch unter Rückgriff auf den Begriff der Sozialpartner in Art. 151 ff. AEUV folgern, dass es sich um diejenigen für den Sport verantwortlichen Organisationen handeln muss, die ein gewisses Maß an Repräsentativität auszeichnet.[704] Folglich ist neben der Durchsetzungskraft und Bedeutung insbesondere auch die Mitgliederzahl maßgeblich. Es wurde bereits darauf hingewiesen, dass gerade im Sportbereich eine Vielzahl unterschiedlicher Interessen aufeinanderstößt. Dementsprechend bestehen auf den jeweiligen geographischen Ebenen unterschiedliche Interessensvertretungen und Verbände, die unter anderem Sportarten, Spieler, Schiedsrichter und Vermittler repräsentieren. Eine gewisse Eingrenzung der Kooperationspartner durch das Merkmal der Re-

702 Hierzu *Krebber*, in: Callies/Ruffert, Art. 154 AEUV Rn. 2; *Benecke*, in: Grabitz/Hilf/Nettesheim, Art. 154 Rn. 4.

703 Zur Anwendung der Vorschriften zum sozialen Dialog im Fußballsektor siehe *Martins*, ISLJ 2004/3–4, 17 ff.

704 Zu diesem Verständnis des Begriffs der Sozialpartner *Krebber*, in: Callies/Ruffert, Art. 154 AEUV Rn. 15; *Benecke*, in: Grabitz/Hilf/Nettesheim, Art. 154 Rn. 7; *Rebhahn*, in: Schwarze, Art. 154 AEUV Rn. 9; eine Heranziehung von Grundsätzen des sozialen Dialogs befürworten auch *Garcia/Miettinen/Parrish/Siekmann*, The Lisbon Treaty and EU Sports Policy, S. 50 f.

präsentativität erscheint angesichts einer sonst drohenden Überfrachtung der Kooperationsverhältnisse und des Dialogs dringend geboten.[705]

(c) Teleologie

Im Rahmen der teleologischen Auslegung wird das Teilziel der Förderung der Zusammenarbeit in das Gesamtziel der Entwicklung der europäischen Dimension des Sports eingebunden. Die dem Gesamtziel innewohnenden abgrenzenden und limitierenden Elemente finden ihren Niederschlag im Kooperationsziel. Die Union kann entsprechend der Ausrichtung der europäischen Dimension des Sports, die von den mitgliedstaatlichen und verbandlichen Dimensionen zu unterscheiden ist und diese nicht verdrängt, die Zusammenarbeit innerhalb des Sportsektors lediglich fördern. Ein weitergehendes Ziel wäre mit der Autonomie der Verbände unvereinbar und widerspräche dem hier vertretenen Verständnis einer europäischen Dimension des Sports, die sich durch Verbindung und Interaktion mit den anderen Sportdimensionen auszeichnet, diese jedoch nicht ersetzen kann und darf.[706] Mit dem auf Förderung der Zusammenarbeit angelegten Teilziel wird dieser Charakter einer europäischen Dimension des Sports konkretisiert.

(d) Historische Auslegung

Sowohl die Erklärung von Amsterdam als auch die Erklärung von Nizza enthielten den verstärkten Dialog mit den Sportverbänden als zentrale Forderung. Erstere verlangt von der Union, bei wichtigen, den Sport betreffenden Fragen die Sportverbände anzuhören.[707] Letztere enthält ein Beispiel für eine solche Frage: Der Europäische Rat unterstützt demnach den Dialog zwischen Sportbewegungen, insbesondere den Fußballverbänden und den maßgeblichen Profisportlerverbänden, der Union und den Mitgliedstaaten über die Weiterentwicklung der Transferregelungen.[708] Die Forderungen der Erklärungen geben Aufschluss über konkrete Möglichkeiten der Förderung der Zusammenarbeit. Insofern kommt es in Betracht, die jeweils betroffenen Verbände im Rahmen eines informellen Dialogs bei bestimmten Fragen, welche den Sport auf europäischer Ebene berühren, zu konsultieren. Ein

705 In diesem Sinne ebenfalls abstellend auf das Merkmal der Repräsentativität *Colucci/ Geeraert*, Social dialogue in European professional football, S. 5 f.

706 Zu diesem Verständnis einer europäischen Dimension des Sports siehe oben S. F. IV.2.b.bb.(1).

707 ABl.1997, C 340 S. 136.

708 Dok. SN 400/00 ADD 1, S. 25 (26).

formelles Recht auf Beteiligung lässt sich dem Unionsziel zwar nicht entnehmen. Die vorherige Anhörung und Konsultation gewährleistet jedoch aktive Mitwirkung und kann gegebenenfalls die Akzeptanz gegenüber Unionsmaßnahmen im Sportbereich fördern. Des Weiteren wird anhand der Erklärungen bekräftigt, dass nicht nur die für einzelne oder mehrere Sportarten zuständigen Verbände in den Dialog einzubeziehen sind, sondern je nach Betroffenheit beispielsweise Vereinigungen von Spielern, Vermittlern oder Schiedsrichtern.

Erste Entwürfe zu einer Sportkompetenz im Zuge des europäischen Konvents sahen zwar die Förderung der Zusammenarbeit vor, dies jedoch lediglich mit den Sportorganisationen. Der ausdrückliche Hinweis, dass hierunter die durch ihre Autonomie geschützten Verbände zu verstehen sind, wurde erst durch das im späteren Verlauf des Konvents eingefügte Adjektiv „verantwortlichen" in Art. III-282 Abs. 2 g) EVV eingefügt.[709] Mit diesem Anknüpfungspunkt für die Autonomie des Sports wird der Respekt und die damit einhergehende Zurückhaltung der Union gegenüber der Unabhängigkeit der Sportverbände im Teilziel verankert.

(e) Sportpolitische Praxis

Ergänzend ist auch an dieser Stelle auf die sportpolitische Praxis einzugehen. Ihr lassen sich Anhaltspunkte entnehmen, wie die Förderung der Zusammenarbeit im Einzelnen verwirklicht werden kann. Anhand der Erklärungen von Amsterdam und Nizza ist zu erkennen, dass der Dialog zwischen Union und Sportsektor bereits vor Schaffung der Zuständigkeit der Union im Sportbereich von hoher Bedeutung war. Ihren Anfang nahmen die Bemühungen der Union um Austausch mit und zwischen den Sportverbänden allerdings im Vorfeld der Erklärungen. Schon im Jahr 1991 berief die Kommission erstmals das europäische Sportforum ein, welches den Dialog und eine hierauf aufbauende Zusammenarbeit zwischen Union, Mitgliedstaaten und europäischer Sportbewegung ermöglichen sollte.[710] Bis zum Jahr 2003 wurde das Sportforum jährlich abgehalten, dann jedoch zunächst abgesetzt, da Zweifel aufkamen hinsichtlich seiner Effizienz und Wirksamkeit.[711] Als Folge des Weißbuchs Sport wurde das Sportforum als Plattform eines strukturierten Dialogs wieder aufgegriffen.[712] Das Sportforum

---

709 Siehe hierzu den vorläufigen Entwurf einer Verfassung für Europa, KONV 850/03, S. 147; zur Entwicklung oben B.III.1.b.

710 Zu Einberufung und Entwicklung des Sportforums siehe oben E.II.

711 So *Garcia/Miettinen/Parrish/Siekmann*, The Lisbon Treaty and EU Sports Policy, S. 51.

712 KOM(2007) 391 endg., S. 20; das erste Sportforum nach Wiederaufnahme wurde zwischen 26. und 27.11.2008 in Biarritz, Frankreich, abgehalten.

vereint neben Vertretern der mitgliedstaatlichen Regierungen, der Kommission und des Parlaments insbesondere Vertreter internationaler, europäischer und nationaler Sportorganisationen.[713] Einen ähnlichen Zweck verfolgte die Kommission mit der Europäischen Sportkonferenz, in der sie Hauptakteure des europäischen Sports versammelte.[714] Neben dem Europäischen Sportforum führt die Kommission Konsultationen innerhalb der Sportwelt durch. Insbesondere im Vorfeld des Weißbuchs[715] gelang es so, Problemfelder im Verhältnis von Union und Sportbewegung zu ermitteln.[716]

Mit dem Europäischen Sportforum, der Europäischen Sportkonferenz und den in unregelmäßigen Abständen bei Bedarf durchgeführten Konsultationsverfahren hat insbesondere die Kommission bereits Plattformen für einen strukturierten Dialog mit und innerhalb der Sportwelt geschaffen. Trotz dieser bereits bestehenden Formen der Zusammenarbeit, ist das Teilziel gemäß Art. 165 Abs. 2 7. Spiegelstrich AEUV noch nicht erreicht. Hierfür spricht die ausdrückliche Aufnahme des Kooperationsziels in Art. 165 AEUV. Zu schaffen sind gegebenenfalls weitere Möglichkeiten des Dialogs, des Austausches und der Beteiligung, um die vielfältigen Interessen und entsprechenden Vertretungen zu vereinen und so auch in dieser Hinsicht die europäische Dimension des Sports zu verwirklichen. Gerade die zwischenzeitliche Absetzung des Sportforums zeigte, dass es maßgeblich darauf ankommt, effektive, regelmäßige und nachhaltige Plattformen eines gleichberechtigten Dialogs zu schaffen. Diesbezüglich hat der Rat Stellung bezogen und fordert eine repräsentative, breite und ausgewogene Teilnahme des Sportsektors an regelmäßigen informellen Treffen mit führenden Vertretern der EU-Behörden. Entsprechend der vielfältigen Interessen innerhalb der Sportwelt erwägt der Rat die Beteiligung der verschiedenen Akteure des Sports, wie sie im Rahmen der Wortlautanalyse herausgearbeitet wurde.[717]

---

713 Vgl. den Abschlussbericht des EU Sports Forum 2013 in Vilniuis vom 30.09 bis 01.10.2013, S. 1, 5 f., abrufbar unter http://ec.europa.eu/sport/events/2013/eusf/report_en.pdf, zuletzt abgerufen am 30.06.2014.

714 Hierzu oben E.IV.

715 KOM(2007) 391 endg., S. 3.

716 Vgl. hierzu die Schlussfolgerungen der Ministerkonferenz „The EU & Sport: Matching Expectations" vom 27. und 28.11.2006 in Brüssel, abrufbar unter http://www.rdes.it/sport_ministers_conclusions.pdf, zuletzt abgerufen am 30.06.2014.

717 Entschließung des Rates vom 18.11.2010 zu einem strukturierten Dialog über Sport auf EU-Ebene, ABl. 2010, C. 322, S. 1(2).

(4) Schutz der körperlichen und seelischen Unversehrtheit der Sportler, insbesondere der jungen Sportler

Als drittes Teilziel der europäischen Dimension des Sports normiert Art. 165 Abs. 7. Spiegelstrich AEUV den Schutz der körperlichen und seelischen Unversehrtheit der Sportler, insbesondere der jungen Sportler.

(a) Wortlaut

Die Formulierung des Teilziels besticht zunächst durch ihre Unbedingtheit. Das Teilziel ist nicht – im Gegensatz zu den vorausgehend dargestellten Teilzielen – beschränkt auf bloße Förderung des Schutzes der körperlichen und seelischen Unversehrtheit, sondern deklariert den Schutz als absolut zu erreichenden Zustand.[718] Das Teilziel zeichnet sich also nicht durch die einem Förderziel immanente Zurückhaltung und schwächere Zielintensität aus, sondern vielmehr durch eine besondere Verpflichtung der Union. Die Union selbst wird dazu verpflichtet, den Schutz der körperlichen und seelischen Unversehrtheit zu gewährleisten. Sie ist dabei nicht davon abhängig, dass weitere Instanzen etwaige Förderungen der Union umsetzen, sondern kann und muss selbstständig für Schutz im Sinne des Teilziels sorgen. Damit gehen größere Gestaltungsspielräume einher, um der Verpflichtung gerecht werden zu können. Zudem zeigt dies den Anspruch der Union, den Schutz der Integrität im Vergleich zu anderen Instanzen wie Mitgliedstaaten und Verbänden effektiver und umfassender zu garantieren. Die Ausgestaltung als absolutes Teilziel macht den Schutz der körperlichen und seelischen Unversehrtheit zum zentralen Bestandteil der europäischen Dimension des Sports.

Gegenstand der Schutzverpflichtung ist die körperliche und seelische Unversehrtheit der Sportler, insbesondere der jungen Sportler. Dem Wortlaut nach ist sowohl die Integrität der professionellen als auch der Freizeitsportler einzubeziehen. Ebenso gilt die Schutzpflicht grundsätzlich gegenüber allen Altersklassen. Es erfolgt zwar eine Betonung des Schutzes der jungen Sportler, die zur Folge hat, dass sich Schutzmaßnahmen im Rahmen der Verwirklichung des Teilziels schwerpunktmäßig an den sportlichen Nachwuchs richten sollten. Die Schutzverpflichtung gegenüber anderen Altersklassen bleibt jedoch bestehen.

Geschützt werden sollen die körperliche und seelische Unversehrtheit der Sportler vor Beeinträchtigungen. Die Ursachen für Beeinträchtigungen sind vielfältig. An erster Stelle ist wohl die Einnahme von Dopingmitteln zu nennen, die nicht nur auf lange Sicht zu schweren gesundheitlichen Schäden im physischen

718 Grundsätzlich zur Unterscheidung zwischen absoluten Zielen und Förderzielen siehe oben F.IV.1. und F.IV.2.b.cc.(1).

und psychischen Bereich führen kann. Gleiches gilt für die hohe Belastung, insbesondere im Hochleistungssport, welche sich längerfristig sowohl auf die körperliche Verfassung als auch auf die Psyche negativ auswirken kann.[719] Die seelische Unversehrtheit ist darüber hinaus zu schützen vor übermäßigem Leistungsdruck, welcher im Hochleistungsbereich oftmals zum Alltag gehört. Problematisch erscheint in diesem Zusammenhang auch der Verlust sozialer und familiärer Bindungen, der in erster Linie sehr junge Sportler trifft, die als Nachwuchstalente verstärkt bereits vor Erreichen des zehnten Lebensjahres von großen Vereinen rekrutiert werden. Auffallend ist angesichts dieser Ausführungen, dass es der Wortlaut erlaubt, die seelische schon unter die körperliche Unversehrtheit zu subsumieren. Die Erwähnung der seelischen Unversehrtheit erscheint lediglich deklatorisch.

Die Zielrichtung lässt sich vor diesem Hintergrund durch Heranziehung der englischen Fassung präzisieren. In Art. 165 TFEU bezieht sich der Schutzauftrag auf *physical and moral integrity*. In ähnlicher Weise statuieren die französische Fassung *l'intégrité physique et morale* und die schwedische Fassung *fysiska och moraliska integritet*. Statt der seelischen Unversehrtheit wäre eine Übersetzung mit moralischer Integrität oder moralischer Unversehrtheit passender gewesen, wie der Blick in die anderen Sprachfassungen des AEUV belegt. Hierdurch erhält das Teilziel eine neue Perspektive. Denn die soeben angesprochenen Aspekte im Zusammenhang mit der seelischen Unversehrtheit sind teilweise bereits vom Schutz der körperlichen Unversehrtheit umfasst, und im Übrigen auch im Schutz der moralischen Integrität enthalten. Zur körperlichen Unversehrtheit ist jedenfalls bei weiterer Auslegung auch die psychische und somit seelische Integrität zu rechnen. Der Schutz der moralischen Integrität gibt der Schutzverpflichtung jedoch eine darüber hinaus gehende Perspektive. Geschützt werden sollen demnach die moralischen Werte des Sports, sie sollen bei der Ausübung des Sports durch einzelne Sportler erhalten bleiben. Zu den grundlegenden Werten zählt insofern Fairplay oder auch Sports- und gegebenenfalls Teamgeist.[720] Ebenso zu nennen sind unverzichtbare soziale Werte des Sports wie Akzeptanz oder Respekt. Ein solches Verständnis des Teilziels erfasst auch alle Aspekte der Dopingproblematik. Denn diese beeinträchtigt nicht nur die physisch-psychische Integrität, sondern ist zudem mit den moralischen Werten wie Fairplay oder Sportsgeist nicht vereinbar.[721] Die Verpflichtung erfasst auf diese Weise sowohl den Schutz der Sportler

---

719 *Weisemann/Spieker*, Sport, Spiel und Recht, S. 2 f.

720 *Niedobitek*, in: Streinz, Art. 165 AEUV Rn. 55.

721 *Vermeersch*, ESLJ Vol. 4 No. 1, S. 1.

vor negativen Beeinträchtigungen durch andere Athleten als auch den Schutz der einzelnen Sportler vor sich selbst.[722]

Die Schutzverpflichtung nimmt explizit die jungen Sportler ins Visier, ist also nicht zwingend begrenzt auf minderjährige Sportler. Die ausdrückliche Betonung ist angesichts der Inhalte der Verpflichtung lediglich deklaratorisch. Denn es sind ohnehin in erster Linie junge Sportler, die des Schutzes ihrer körperlichen und moralischen Integrität bedürfen. Beeinträchtigungen wie Doping, hohe körperliche und psychische Belastung, ständiger Leistungsdruck wirken sich vor allem bei jüngeren Sportlern in schwerwiegender Weise aus und können irreparable Schäden verursachen.

(b) Systematik

Die ausdrückliche Erwähnung der jungen Sportler erfolgt lediglich deklaratorisch. Was sich bereits im Zuge der grammatikalischen Auslegung ergeben hat, bestätigt sich in der systematischen. Denn auch die Verortung der Sportkompetenzen innerhalb der Bildungs- und Jugendpolitik gemäß Art. 165 f. AEUV hätte die Ausrichtung des Teilziels auf den Schutz der jungen Sportler vorgegeben. Erneut ist darauf hinzuweisen, dass dies keine Einschränkung der Zielgruppe bedeutet, sondern eine Schwerpunktsetzung. Auch ältere Sportler sind Beeinträchtigungen ihrer physischen und moralischen Integrität ausgesetzt, speziell durch die eigene Einnahme von Dopingmitteln, aber auch aufgrund des Dopings durch andere Sportler.

Auffallend ist bei der Ausgestaltung des Schutzziels im Vergleich zur den anderen Teilzielen, dass ein Hinweis auf die Autonomie der Verbände fehlt. Fairness und Offenheit von Sportwettkämpfen sowie die Zusammenarbeit zwischen den Sportorganisationen sollten lediglich gefördert werden. Mit der Beschränkung der Teilziele auf Förderung ist ein Hinweis auf die Autonomie der Sportverbände verbunden, die durch die ausdrückliche Erwähnung der Verantwortlichkeit der Verbände nochmals betont wird.[723] Anhand dieses systematischen Vergleiches zeigt sich, dass die verbandliche Autonomie im Bereich des Schutzes der körperlichen und seelischen Unversehrtheit weiter zurückgedrängt wird. Die Union ist selbst verantwortlich für die Gewährleistung des Schutzes und erhebt den Anspruch, den Schutz besser und effektiver als die autonomen Sportverbände organisieren zu können.[724]

722 In diesem Sinne auch *Grodde*, SpuRt 2005, 222 (226).
723 Hierzu oben F.IV.2.b.cc.(1); so auch *Eichel*, Der Sport im Recht der EU, S. 167.
724 *Wiesner*, Unionsziele im Europäischen Verfassungsrecht, S. 120.

(c) Teleologie

Im Rahmen der teleologischen Auslegung ist das Teilziel primär anhand des Gesamtziels der europäischen Dimension des Sports zu untersuchen. Von Bedeutung ist in diesem Zusammenhang die Vielschichtigkeit der europäischen Dimension des Sports, die bei auf das Schutzziel gerichteten Maßnahmen zu berücksichtigen ist. Das Schutzziel kann sowohl von der sozial-integrativen als auch der erzieherischen oder gesundheitlichen Perspektive aus betrachtet werden. Um den Schutz der körperlichen und moralischen Integrität bestmöglich zu gewährleisten, muss diese Vorgabe beachtet werden. Nur ein Zusammenspiel von sozial-integrativen, erziehungspolitischen und gesundheitspolitischen Maßnahmen im Sportbereich wird in effektiver Weise zur Verwirklichung des Ziels führen.

Die Problematik von zu hohem Leistungsdruck oder auch des Dopings betrifft nicht nur den Hochleistungssport, sondern ebenso Amateur- und Freizeitsport. Das Streben nach immer besseren Leistungen und neuen Rekorden verleitet nicht nur Spitzensportler zur Einnahme leistungssteigernder Mittel.[725] Hinzu kommt in ihrem Fall lediglich, dass mit steigendem sportlichem Erfolg kommerzielle Vorteile einhergehen,[726] wodurch zusätzliche Anreize gesetzt werden. Als Konsequenz muss der Schutz der körperlichen und moralischen Integrität sowohl den Spitzen- als auch den Amateursport umfassen. Eine andere Auffassung ist mit einer europäischen Dimension des Sports unvereinbar, die sich durch ihre vielschichtigen Aspekte auszeichnet und wirtschaftliche und gesellschaftliche Aspekte des Sports gleichermaßen einschließt.

Die Schutzverpflichtung vereint somit wie kein anderes Teilziel die wesentlichen Aspekte der europäischen Dimension des Sports und zeigt, dass das Ausnutzen von Synergieeffekten zwischen den vielschichtigen Aspekten des Sports zwingende Voraussetzung ist zur Erfüllung der gesetzten Ziele. Nicht auszuschließen ist, dass in diesem Bereich weitere Kompetenzen anderer Politikbereiche heranzuziehen sind, um das Ziel zu erreichen. Zu denken ist in erster Linie an gesundheitspolitische Maßnahmen auf Grundlage des Art. 168 AEUV. Danach ist bei Festlegung und Durchführung aller Unionspolitiken und -maßnahmen ein hohes Gesundheitsschutzniveau sicherzustellen, welches im Bereich des Hochleistungs- aber auch des Amateursports unter anderem aufgrund der Doping-Problematik derzeit nicht gewährleistet ist. Ebenso kann im Bereich der Bildung

725 *Garcia/Miettinen/Parrish/Siekmann*, The Lisbon Treaty and EU Sports Policy, S. 47.

726 Mitteilung der Kommission vom 01.12.1999, KOM(1999) 643 endg., S. 4 f.; *Vieweg*, NJW 1991, 1511 (1512).

angesetzt werden, beispielsweise durch entsprechend frühe Aufklärung und Information im Unterricht.[727]

(d) Historische Auslegung

Von großer Bedeutung für die inhaltliche Reichweite des Schutzziels ist die Erklärung von Nizza.[728] Ausdrücklich erwähnt sie nur den Schutz der körperlichen Unversehrtheit der Sportler als besonderes Anliegen des Europäischen Rates und fordert diesen insbesondere für minderjährige Sportler ein. Das Teilziel des Art. 165 Abs. 2 7. Spiegelstrich AEUV ist demgegenüber weiter gefasst, da es auf junge Sportler abstellt und dadurch nicht mehr minderjährige Athleten in die Schutzverpflichtung einbezieht. Die fehlende explizite Erwähnung der psychischen Unversehrtheit der Sportler bedeutet nicht, dass dieser Aspekt in der Erklärung keine Beachtung findet. Die weiteren Ausführungen im Rahmen der Erklärung zum Schutz junger Sportler zeigen vielmehr, dass die psychische Integrität Teil der körperlichen Unversehrtheit ist.[729] Das Anliegen des Schutzes der körperlichen Unversehrtheit und der moralischen Werte des Sports wird an dieser Stelle der Erklärung inhaltlich konkretisiert. Erziehung und Ausbildung von jungen Spitzensportlern dürfen demnach nicht dazu führen, dass ihre berufliche Eingliederung, ihre seelische Ausgeglichenheit, ihre familiären Bande sowie ihre Gesundheit aufgrund der sportlichen Karriere Schaden nehmen. Beeinträchtigungen der Gesundheit sind in erster Linie auf die Doping-Problematik zurückzuführen. Der Wortlaut des Art. 165 Abs. 2 7. Spiegelstrich AEUV umfasst all diese Gesichtspunkte, wenn das Teilziel im Sinne des Schutzes der körperlichen und moralischen Integrität verstanden wird.[730] Anhand der Erklärung von Nizza wird deutlich, dass sozial-integrative, erzieherische und gesundheitspolitische Elemente Bestandteil der Schutzverpflichtung sind. Neben der Doping-Prävention und der Beeinträchtigung moralischer Werte spricht die Erklärung als besonderes Problemfeld die Rekrutierung minderjähriger Sportler, vor allem aus Drittländern an, die von kommerziellen Interessen getrieben ist.[731] Besonders schutzbedürftig sind gemäß der Erklärung junge Spitzensportler.[732] Dies bestätigt die Einschätzung, dass Maßnahmen zur Verwirklichung des Schutzziels im Bereich des Hochleistungssport anknüpfen sollten.

---

727 So auch *Persch*, NJW 2010, 1917 (1920).
728 Dok. SN 400/00 ADD 1, S. 25.
729 Dok. SN 400/00 ADD 1, S. 25 (26).
730 Hierzu oben unter F.IV.2.b.cc.(4)(a).
731 Dok. SN 400/00 ADD 1, S. 25 (26).
732 Dok. SN 400/00 ADD 1, S. 25 (26).

(e) Schutz der körperlichen und seelischen Unversehrtheit in der sportpolitischen Praxis der Union

Der Kampf gegen Doping war bereits vor Inkrafttreten des Vertrages von Lissabon wesentlicher Bestandteil der unionspolitischen Maßnahmen im Sportbereich. Seinen Beginn nahm er bereits in den 80er Jahren, wobei insbesondere die Kommission das Ausmaß der Problematik zunächst unterschätzte.[733] Einen vorläufigen Höhepunkt bildete der Erlass des Antidoping-Verhaltenskodex im Jahr 1992, der Sportler, Vereine und Verbände ebenso wie Bildungseinrichtungen und Medien zu Aufklärung und Präventivmaßnahmen ermahnte.[734] Das unstrukturierte Vorgehen der Kommission führte zu einer Entschließung des Parlaments, in der es die Kommission aufforderte, das wahre Ausmaß der Doping-Problematik anzuerkennen und entsprechende Gegenmaßnahmen einzuleiten.[735] Das Parlament beabsichtigte eine im Bereich der Bekämpfung des Dopings harmonisierte Gesundheitspolitik wie auch verstärkte Kooperation auf Ebene der Forschung, Prävention und Information. Die Kommission reagierte hierauf und legte einen Drei-Punkte-Plan vor, der neben der Einholung von Sachverständigengutachten insbesondere Beiträge zur Gründung der WADA vorsah.[736] Die gesteckten Ziele konnten allerdings nur bedingt erreicht werden.[737] Aus diesem Grund forderte das Parlament die Kommission erneut auf, die grenzüberschreitende Zusammenarbeit zur Bekämpfung des Handels mit illegalen Substanzen zu fördern, eine effektive Strategie in den Bereichen der Gesundheit, Prävention, Erziehung und Forschung zu entwickeln sowie die Zusammenarbeit mit der WADA und weiteren internationalen Organisationen im Bereich der Doping-Bekämpfung zu intensivieren.[738] Im Weißbuch Sport nahm die Kommission einige dieser Aspekte auf und sprach sich zum einen für eine verstärkte Förderung der Zusammenarbeit von Strafverfolgungsbehörden, WADA und Interpol aus. Zum anderen erlegt sie sich eine Vermittlerrolle auf

---

733 *Tokarski/Steinbach*, S. 79; *Vermeersch*, ESLJ Vol. 4 No. 1, S. 3; dort jeweils auch umfassend zur Unionspolitik im Dopingbereich, die an dieser Stelle nicht in dieser Ausführlichkeit dargestellt werden kann; ebenso *Tokarski/Steinbach/Petry/Jesse*, Two Players – One Goal?, S. 71 ff.

734 ABl. 1992, C 44, S. 1 f.

735 Entschließung zu den erforderlichen Sofortmaßnahmen gegen Doping im Sport vom 17.12.1998, ABl. 1999, C 98, S. 291.

736 Mitteilung der Kommission vom 01.12.1999, KOM(1999) 643 endg., S. 5.

737 Hierzu *Vermeersch*, ESLJ Vol. 4 No. 1, S. 5; *Bogaert/Vermeersch*, ELRev 2006, 821 (825).

738 Entschließung zur Dopingbekämpfung im Sport vom 14.04.2005, P6_TA(2005)0134.

im Rahmen eines Netzwerks nationaler Dopingbekämpfungsstellen und macht sich für eine ordnungsgemäße Anwendung der UNESCO-Konvention über Doping im Sport[739] stark.[740] In ihrer Mitteilung zur Entwicklung der europäischen Dimension des Sports greift die Kommission diese Aspekte auf, fordert eine verstärkte Zusammenarbeit zwischen Mitgliedstaaten und verantwortlichen Organisationen wie WADA oder UNESCO und erwägt einen Beitritt der Union zum Anti-Doping-Übereinkommen des Europarates.[741] Darüber hinaus hat die Kommission mittlerweile eine Expertengruppe eingerichtet, die sich in erster Linie der Doping-Problematik im Bereich des Amateur- und Freizeitsports annimmt.[742]

Neben der Dopingbekämpfung ist der Schutz minderjähriger Sportler immer wieder Gegenstand unionspolitischer Maßnahmen, nicht erst seit Inkrafttreten des Vertrages von Lissabon. Schon das Weißbuch Sport betont die Bedeutung, die einer umfassenden Bildung und sozialen Integration junger Sportler neben ihrer sportlichen Karriere zukommen.[743] Besonders wichtig ist dies bei jungen Sportlern, die oftmals unter Aufgabe familiärer Bindungen in sehr jungem Alter von Spitzenvereinen rekrutiert werden.[744] In diesem Zusammenhang fordert das Parlament zusätzliche Maßnahmen, um zu verhindern, dass die Rekrutierung sehr jungen Nachwuchses zu Kinderhandel führt.[745] Zur Aufklärung möglicher Maßnahmen zum Schutz junger und insbesondere minderjähriger Sportler hat die Kommission unter anderem bereits Studien in Auftrag[746] gegeben und eine Expertengruppe eingerichtet.[747] Darüber hinaus wurden erste Maßnahmen für die duale Karriere von Sportlern ergriffen, die

---

739 International Convention against Doping in Sport, vom 19.10.2005, abgedruckt in ISLJ 2007/3–4, 119 ff.

740 Weißbuch Sport vom 11.07.2007, KOM(2007) 391 endg., S. 5.

741 Anti-Doping Convention vom 16.11.1989, abgedruckt in ISLJ 2007/3–4, 125; Mitteilung der Kommission vom 18.01.2011, KOM(2011) 12 endg., S. 4 f.

742 Deren Berichte sind abrufbar unter http://ec.europa.eu/sport/library/documents/expert-groups/anti-doping_en.pdf, zuletzt abgerufen am 30.06.2014.

743 Weißbuch Sport vom 11.07.2007, KOM(2007) 391 endg., S. 6.

744 Mitteilung der Kommission vom 18.01.2011, KOM(2011) 12 endg., S. 5.

745 Entschließung vom 29.03.2007 zur Zukunft des Profifußballs in Europa, P6_TA(2007)0100, Erwägungsgründe 35, 37.

746 Hierzu beispielsweise *Minderhoud/Oosterom-Staples*, Obstacles to free movement of young workers, S. 4 ff.

747 Berichte der Sachverständigengruppe sind abrufbar unter http://ec.europa.eu/sport/library/documents/expert-groups/education_en.pdf, zuletzt abgerufen am 30.06.2014.

das Gleichgewicht zwischen sportlicher Karriere sowie Bildung und Beruf wahren sollen.[748]

Die dargestellten Maßnahmen und Initiativen zeigen gewisse Schwerpunkte einer Unionspolitik, die den Schutz der körperlichen und seelischen Unversehrtheit der Sportler zum Gegenstand hat. Diese liegen vor allem in der Zusammenarbeit mit den für die Dopingbekämpfung primär zuständigen internationalen Organisationen wie WADA und UNESCO. Daneben versucht die Kommission, in erster Linie durch Einberufung von Forschungsgruppen und Vergabe von Studien, Beiträge zu liefern. Konkrete legislative Maßnahmen, insbesondere im Bereich der Dopingprävention stehen hingegen weiterhin aus. Die grundsätzliche Ausrichtung sowie die hinter den Maßnahmen erkennbaren Absichten bestätigen das durch die Auslegung ermittelte Ergebnis. Der Schutz vor allem der jungen Sportler vor negativen Beeinträchtigungen ist eines der zentralen Themen der Union im Bereich des Sports. Grundsätzlich verfolgt die Union dabei einen umfassenden Ansatz, der gesundheitliche, soziale, integrative und erzieherische Aspekte gleichermaßen einbezieht. Die Festschreibung dieses schon vor Inkrafttreten des Vertrages von Lissabon für die unionale Sportpolitik wesentlichen Bereichs durch Aufnahme des Schutzziels ist vor diesem Hintergrund konsequent.

(f) Schutz der körperlichen und seelischen Unversehrtheit als zentrale Säule der europäischen Dimension des Sports

Der Schutz der körperlichen und seelischen Unversehrtheit der Sportler und insbesondere der jungen Sportler verkörpert die zentrale Säule der europäischen Dimension des Sports. Bereits vor Einführung der Sportkompetenz in Art. 165 AEUV lag hierin ein Schwerpunkt der Tätigkeit der Union im Bereich des Sports.

Neben jungen Sportlern ist die Union auch zum Schutz älterer Sportler verpflichtet. Ebenso hat sie ihre Maßnahmen daran auszurichten, dass gerade Doping kein auf den Hochleistungssport begrenztes Phänomen ist, sondern im Amateur- und Freizeitbereich gleichermaßen auftritt.[749] Das Teilziel vereint nahezu alle Aspekte der vielschichtigen europäischen Dimension des Sports, was insbesondere im Bereich der Doping-Bekämpfung zum Ausdruck kommt. Damit

748 Hierzu die Schlussfolgerungen des Rates zu dualen Karrieren von Sportlern, ABl. 2013, C 168, S 10.

749 Hierzu die Schlussfolgerungen des Rates zur Bekämpfung von Doping im Freizeitsport vom 20.05.2012, ABl. 2012, C 169, S. 9.

wird die Doping-Problematik für die Erreichung des Ziels in den Mittelpunkt gestellt.[750] Seine Verwirklichung setzt voraus, dass der Sport von einer sozial-integrativen, gesundheits- sowie bildungspolitischen Perspektive aus betrachtet wird und konkrete Maßnahmen entsprechend ausgestaltet werden. Das Teilziel weist insofern enge Überschneidungen mit den Zielen der Union in anderen Bereichen auf. Hier zu nennen sind neben den gesundheitspolitischen Zielen gemäß Art. 168 AEUV auch die Ziele der Union im Bereich der Forschung, Art. 179 ff. AEUV, der Bildung, Art. 165 f. AEUV und der justiziellen Zusammenarbeit in Strafsachen, Art. 82 ff. AEUV.[751] Die Ausnutzung dieses weiten Spektrums von Kompetenzen und Instrumentarien wird für das Erreichen des Ziels unumgänglich sein. Eine einseitige Betrachtungsweise ist demgegenüber nicht ausreichend. Damit einhergehend sind Eingriffe in die Autonomie der Sportverbände unvermeidbar. Um ihre Schutzverpflichtung effektiv erfüllen zu können benötigt die Union weitere Gestaltungsspielräume, wodurch auch bislang ausschließlich von den Verbänden regulierte Materien nicht unangetastet bleiben werden. Im Spannungsfeld zwischen einer Sportpolitik der Union und der Autonomie der Verbände gewährt das absolute Schutzziel der Union einen größeren Aktionsradius. Dieses Verständnis ist in der höheren Zielintensität des Schutzziels gegenüber den Förderzielen angelegt.

(5) Die Teilziele als Grundpfeiler der europäischen Dimension des Sports

Die Auslegung der Teilziele hat deren konkretisierende Funktion im Hinblick auf das Gesamtziel der Entwicklung der europäischen Dimension des Sports bestätigt. Die Teilziele bilden die Grundpfeiler der europäischen Dimension des Sports und geben dem Gesamtziel die notwendige inhaltliche Substanz und Kontur. Hinsichtlich ihrer Zielintensität sind deutliche Unterschiede feststellbar, die auf der differenzierten Ausgestaltung als Förderziele oder als Schutzziel beruhen. Die Autonomie der Sportverbände erlangt innerhalb der Ziele auch aus diesem Grund in unterschiedlicher Weise Bedeutung. Im Bereich des Schutzziels wird sie weitgehend zurückgedrängt, da der Union aufgrund des unbedingt formulierten Ziels eine deutlich aktivere Rolle zukommt. Sie ist als Zieladressatin durch ihre Organe dazu verpflichtet, diese Rolle zu übernehmen.

---

750 *Kotzur*, in: Geiger/Khan/Kotzur, Art. 165 AEUV Rn. 7; *Vedder*, in: Vedder/Heintschel von Heinegg, Art. 165 AEUV Rn. 7.

751 Siehe hierzu die Empfehlung des Rates vom 26.11.2013 zur sektorübergreifenden Unterstützung gesundheitsfördernder körperlicher Aktivität, die neben Art. 292 AEUV die Art. 165, 168 AEUV als Rechtsgrundlage benennt, ABl. 2013, C 354, S. 1.

Die Zielbereiche können nicht eindeutig voneinander abgegrenzt werden, Überschneidungen sind im Einzelnen unvermeidbar. Besonders kommt dies im Zusammenhang mit der Doping-Problematik zum Tragen, die von allen Teilzielen erfasst wird. Der Schutz der körperlichen und seelischen Unversehrtheit der Sportler führt primär über eine aktive und strukturierte Anti-Doping-Politik, die über die bislang ergriffenen Maßnahmen und Absichtserklärungen weit hinausgeht. Ziel einer Anti-Doping-Strategie ist letztlich nicht nur der Schutz der Integrität, sondern zugleich die Förderung von Fairness und Offenheit bei Sportwettkämpfen. Der Weg zum Ziel führt für die Union darüber hinaus nur über eine verstärkte Zusammenarbeit mit und zwischen den Sportverbänden. Insbesondere im Bereich des Dopings verschwimmen also die Grenzen zwischen den einzelnen Teilzielen, wobei gerade ein solches Zusammenwirken der Ziele dem Ideal der europäischen Dimension des Sports sehr nahe kommt.

Die durch die Ausgestaltung der Ziele erkennbare Fokussierung auf die Doping-Problematik darf indes nicht dazu führen, dass andere Problemfelder in den Hintergrund gedrängt werden. Die Teilziele lassen in ihrer Gesamtheit ein breites Zielspektrum erkennen, welches der Union weite Spielräume für ihre Aufgabenerfüllung belässt. Gerade im Rahmen der Förderung der Prinzipien Fairness und Offenheit kann die Union verschiedenste Probleme des Sports auf europäischer Ebene aktiv angehen. Neben sozialen und erzieherischen Aspekten des Sports können auch gesundheitliche oder wirtschaftliche Gesichtspunkte Gegenstand unionaler Sportpolitik sein. Inhaltlich sind den Teilzielen trotz dieser grundsätzlichen Weite einige Schwerpunkte zu entnehmen, welche die Richtung einer künftigen Sportpolitik der Union vorgeben. Als solche zu nennen ist die sozialintegrative Komponente des Sports, die zum Ausdruck kommt in den Prinzipien Fairness und Offenheit und Bereiche wie den Kampf gegen Rassismus oder Diskriminierungen sowie die Förderung von Akzeptanz und Toleranz zum Gegenstand hat. Diese Prinzipien sind zugleich Anknüpfungspunkte für Maßnahmen innerhalb des Sports als Wirtschaftssektor. Hier ist beispielsweise zu denken an die Bekämpfung von Korruption sowie die Förderung von Solidarität und Chancengleichheit. Der Kampf gegen Doping sowie ein ganzheitlicher Schutz insbesondere der jungen Sportler sind Gegenstand des dritten Teilziels zum Schutz der Unversehrtheit. Bildungspolitische Maßnahmen sind im Bereich aller Teilziele denkbar. Vor diesem Hintergrund nimmt die Förderung der Zusammenarbeit eine gewisse Sonderstellung im Verflechtungsbereich der Ziele ein. Das Teilziel ist sowohl Ziel als auch Mittel zur Verwirklichung der europäischen Dimension des Sports, da eine effektive Zusammenarbeit mit den Sportverbänden in Anbetracht deren Autonomie zur Verwirklichung der europäischen Dimension des Sports unumgänglich ist.

dd. *Die europäische Dimension des Sports als Direktive für eine Sportpolitik der Union*

Im Folgenden werden die umfangreichen Erkenntnisse zum Sportbegriff, zur europäischen Dimension des Sports und zu den drei Teilzielen zusammengeführt.

Die Ausführungen zum Sportbegriff des Art. 165 AEUV und seiner europäischen Dimension verdeutlichen die Schwierigkeiten bei der Erfassung des Begriffs. Im Wege der Auslegung konnte die Reichweite des Sportbegriffs geklärt werden, wobei der Begriff der europäischen Dimension die erforderliche Perspektive festlegt: Über das Verständnis einer körperlichen Ertüchtigung hinaus hat die Auslegung einen weiten Sportbegriff ergeben, der ein Bündel an Aspekten umfasst. In Teilen lassen sich somit Überschneidungen mit der Definition des Europarates feststellen, der im AEUV enthaltene Begriff muss jedoch weiter verstanden werden. Eine genaue Abgrenzung bereitet Schwierigkeiten.[752] Ist die Definition des Europarates auch nicht unmittelbar anwendbar, so kann sie jedenfalls als erster Anhaltspunkt für eine Begriffsbestimmung und -eingrenzung dienen. Eine bedeutende, in Wortlaut und Systematik verankerte Erkenntnis ist, dass das Verständnis des Sports im Primärrecht vor allem auf seine sozialen und pädagogischen Aspekte ausgelegt ist. Dies betrifft den Sport im Unterricht und in der Freizeit, Sport als Form des sozialen Zusammenhalts und der Förderung des Gemeinschaftsgefühls, insbesondere in Vereinen und Verbänden. Sport bedeutet eine Form der körperlichen Ertüchtigung für alle Altersgruppen, wobei die Ausrichtung des primärrechtlichen Sportbegriffs insbesondere auf die Jugend abzielt und eine Sportpolitik für höhere Altersgruppen sich weniger auf den pädagogischen als vielmehr auf den gesundheitlichen Aspekt ausrichten wird.[753] Auch wenn ein diesbezüglicher Schwerpunkt zu erkennen ist, kommen kulturelle, gesundheitliche sowie wirtschaftliche Aspekte weiterhin zum Tragen. Zudem ist der Amateur- wie auch der Profisport im Sportbegriff des Art. 165 AEUV enthalten. Die europäische Dimension umfasst somit auch wirtschaftliche Aspekte des Sports. Nur dieses weite Verständnis entspricht in teleologischer Hinsicht den Zielen der Union gemäß Art. 3 EUV und kann als Grundlage dienen für eine umfassende und nachhaltige Sportpolitik, die einen maßgeblichen Beitrag zum Integrationsprozess liefert. Dieses Verständnis der europäischen Dimension des Sports spiegelt sich wieder in einzelnen Teilzielen des Art. 165 Abs. 2 7. Spiegel-

752 Dies zeigt sich auch im Rahmen einer Abgrenzung in negativer Hinsicht, *Eichel*, Der Sport im Recht der EU, S. 146 ff.

753 Siehe hierzu nur den Bericht der Kommission über die Durchführung des Arbeitsplans der EU für den Sport 2011–2014, COM(2014) 22, Ziffer 2.8.

strich AEUV. Sie bilden die Grundpfeiler der europäischen Dimension des Sports und konkretisieren das Gesamtziel in abschließender Weise. Die Zielrichtung der Gesamtdimension erfährt dadurch deutlichere Konturen. Anhand der Teilziele zeigt sich einmal mehr das vielschichtige Spektrum des Sports. Die Teilziele verpflichten die Union, ihre Sportpolitik insbesondere auf sozial-integrative, erzieherische, gesundheitliche sowie einzelne wirtschaftliche Aspekte auszurichten.

Somit bestätigt die Auslegung die Vielschichtigkeit des Sports und insbesondere seiner europäischen Dimension. Es wird die Notwendigkeit bestätigt, den Sportbegriff im jeweiligen Kontext zu bestimmen, welcher hier durch die europäische Dimension vorgegeben wird. Eine trennscharfe Abgrenzung zu Begriffen wie Kultur oder Gesundheit ist dabei kaum möglich. Zwar handelt es sich dabei jeweils um eigenständige Begriffe, welche eine unionsspezifische Bedeutung beinhalten. Jedoch kann nicht abgestritten werden, dass gewisse Überschneidungen bestehen und beispielsweise die Dimensionen des Sports und der Kultur Schnittbereiche aufweisen. So muss letztlich im Einzelfall entschieden werden, ob eine Aktivität oder Maßnahme dem Sportbegriff unterfällt oder ein kulturelles Ereignis darstellt. Es bietet sich an, hierbei auf den Maßnahmenschwerpunkt abzustellen. Entscheidend ist stets der jeweilige Kontext, in dem der Begriff des Sports Verwendung findet.[754]

Der Sportbegriff gibt auf diese Weise das inhaltliche Spektrum der europäischen Dimension des Sports vor. Zusammenfassend erweist sich der Sport im Sinne des AEUV als eine Betätigung, der über die körperliche und seelische Ertüchtigung und den Vergleich im Wettbewerb hinaus sozialintegrative, kulturelle, gesundheitliche sowie wirtschaftliche Funktionen zukommen.

Neben den auf dem Sportbegriff beruhenden inhaltlichen Abgrenzungen sind dem Schlüsselbegriff der europäischen Dimension des Sports weitere wichtige Erkenntnisse zu entnehmen, die sich insbesondere aus dem Wortlaut und der Teleologie ergeben. Das Unionsziel für den Sportbereich ist auf die Entwicklung seiner europäischen Dimension zugeschnitten. Diese Ausrichtung birgt ab-

---

754 Dies zeigt sich insbesondere am Begriff der Kultur in Art. 107 Abs. 3 d) AEUV, für den es umstritten ist, ob der Sport hierunter subsumiert werden kann; überwiegend wird dies abgelehnt, in Anbetracht der Aufnahme des Sports in Art. 165 AEUV erscheint diese klare Abgrenzung grundsätzlich vorzugswürdig; *Frenz*, Handbuch Europarecht, Band 3, S. 373; ähnlich auch *Scharf*, in: MüKomm Wettbewerbsrecht, Band 3 Kap. F. Rn. 1189; zum Ganzen auch *Schröder*, in: Birnstiel/Bungenberg/Heinrich, Kapitel 1 Rn. 2106; Koenig/Kühling/Ritter, EG-Beihilfenrecht, S. 151 f. sowie *Kreuzer*, Die öffentliche Förderung von Fußballstadien, S. 300 ff., der ebenfalls eine Einzelfallbetrachtung bei grundsätzlicher Trennung vorschlägt.

grenzende, limitierende und integrative Elemente in sich und verkörpert auf diese Weise tragende Prinzipien jeder Unionspolitik, wie die Prinzipien der Verhältnismäßigkeit gemäß Art. 5 Abs. 1 Satz 2, Abs. 4 EUV und der Subsidiarität gemäß Art. 5 Abs. 1 Satz 2, Abs. 3 EUV. Eine europäische Dimension des Sports ist abzugrenzen von weiteren Dimensionen, in erster Linie der Verbände und der Mitgliedstaaten. Die europäische Dimension des Sports ersetzt diese Dimensionen nicht etwa, sondern tritt ergänzend hinzu. Ziel ist es, bereits bestehende Aspekte einer europäischen Dimension weiter zu entwickeln und auf diese Weise letztlich das Ziel der europäischen Dimension zu verwirklichen. Interdimensionale inhaltliche Überschneidungen sind dabei nicht ausgeschlossen, und teilweise unumgänglich. Die limitierende Ausrichtung auf eine europäische Dimension hat zur Folge, dass die Gegebenheiten des bestehenden Gefüges im Sport zu beachten sind, geprägt von Verbänden und Mitgliedstaaten. Die primäre Zuständigkeit verbleibt auf den nationalen Ebenen, dort getragen vom Staat und von Verbänden im Rahmen ihrer Autonomie. Zu beachten ist in diesem Zusammenhang die Ausgestaltung der einzelnen Teilziele. In ihnen kommt eine differenzierte Gewichtung der Autonomie der Verbände zum Ausdruck, die daher insbesondere im Bereich der Schutzverpflichtung der Union weniger Geltung erfährt.

Die europäische Dimension ist ihren benachbarten Dimensionen dabei nicht etwa übergeordnet. Vielmehr lässt das limitierende im Zusammenspiel mit dem integrativen Element darauf schließen, dass die europäische Dimension zusätzliche Impulse im Sinne eines Mehrwerts bieten muss und Bereiche der Sportwelt erfasst, die von den mitgliedstaatlichen und verbandlichen Ebenen nicht abgedeckt werden. Eine europäische Dimension ohne solchen Mehrwert kann sich nicht zu einem eigenständigen und nachhaltigen Faktor einer umfassenden Sportpolitik neben den bereits bestehenden Faktoren entwickeln. Die europäische Dimension muss sich in das gegebene Gefüge integrieren und durch Auseinandersetzung und Kooperation mit den Dimensionen der Mitgliedstaaten und der autonomen Verbände eine Gesamtdimension des Sports bilden. Es lässt sich der limitierten und integrativen Ausgestaltung nicht entnehmen, dass sich die europäische Dimension unterordnen müsste. Wortlaut, Systematik und Teleologie sprechen vielmehr dafür, dass sie neben andere Sportdimensionen tritt und bei gegebenem Unionsbezug und Mehrwert selbstständige Maßnahmen hervorbringt.

Der Begriff wird der ihm zugeschriebenen Bedeutung als „Leitvorstellung“[755] oder „Leitmotiv“[756] in Anbetracht dieser Ergebnisse nur bedingt gerecht. Die

755 *Wiesner*, Unionsziele im Europäischen Verfassungsrecht, S. 125.
756 *Eichel*, Der Sport im Recht der EU, S. 150.

Annahme ist insoweit gerechtfertigt, als eine grobe Ausrichtung der Sportkompetenz vorgegeben wird und entsprechende Aussagen zum Verhältnis zwischen einer unionalen Sportpolitik und den mitgliedstaatlichen und verbandlichen Ebenen getroffen werden. Inhaltlich gibt der Sportbegriff eine große materielle Bandbreite für die Ausgestaltung der Sportpolitik der Union vor. Für eine Ausdifferenzierung und Schwerpunktbestimmung ist daher ein Rückgriff auf die Teilziele des Art. 165 Abs. 2 7. Spiegelstrich AEUV unausweichlich. Erst die Teilziele ermöglichen eine gewisse inhaltliche Eingrenzung möglicher Zielbereiche und verschaffen dem Begriff der europäischen Dimension des Sports die notwendige inhaltliche Kontur und Substanz. Sie ermöglichen eine genauere inhaltliche Ausdifferenzierung. Der Begriff der europäischen Dimension des Sports selbst wirkt somit weniger inhaltlich konkretisierend, sondern vielmehr als Ideal einer Sportpolitik der Union, welches die konkreteren Teilziele umklammert. Spezifische Zielschwerpunkte lassen sich nur den Teilzielen entnehmen. Dem Begriff der europäischen Dimension des Sports wohnt ein idealistisches Moment inne, von dem eine positive Signalwirkung ausgeht. Diese ist adressiert an Mitgliedstaaten und Verbände, welche die Aktivitäten der Union im Sportbereich im Übrigen oftmals als bedrohliche Einmischung empfinden. Mit dem Begriff der europäischen Dimension des Sports wird der Mehrwert einer aktiven und strukturierten Sportpolitik der Union veranschaulicht, den dieser gerade für die Sportverbände herbeiführen kann.

3. Sport als Unionsaufgabe gemäß Art. 165 Abs. 1 UAbs. 2, Abs. 3 AEUV

Art. 165 Abs. 1 UAbs. 2 und Abs. 3 AEUV enthalten die Unionsaufgabe Sport. Für die folgende Analyse kann bezüglich des Sportbegriffs auf die Ausführungen zum Unionsziel zurückgegriffen werden. Von besonderer Bedeutung ist das Unionsziel des Abs. 2 7. Spiegelstrich insofern, als es durch die einzelnen Teilziele näher bestimmt wird. Die Unionsaufgabe stellt die nächste Stufe der Konkretisierung dar, welche den durch das Gesamtziel der Entwicklung der europäischen Dimension des Sports und die drei dargestellten Teilziele vorgegebenen Zielrahmen ausfüllt.

Nachdem vorab die Aufgabenadressaten dargestellt werden, folgt die Untersuchung des Abs. 1 UAbs. 2, demgemäß die Union die europäische Dimension des Sports fördert. Konkretisiert wird die Förderaufgabe durch eine Berücksichtigungspflicht. Anschließend hieran wird auf die Unionsaufgabe gemäß Abs. 3 eingegangen.

a. Adressaten der Unionsaufgabe Sport

Bezüglich der Adressierung der Unionsaufgabe im Bereich des Sports gelten die Ausführungen zum Unionsziel weitestgehend entsprechend. Denn die Aufgabe gemäß Art. 165 Abs. 1 UAbs. 2 AEUV ist adressiert an die Union. Von dieser Verpflichtung sind sämtliche Unionsorgane umfasst.[757] Abs. 3 hingegen benennt neben der Union die Mitgliedstaaten. Damit sind die Mitgliedstaaten neben der Union primärrechtlich ausdrücklich zur Erfüllung dieses Teilaspekts der Unionsaufgabe nach Abs. 3 verpflichtet.

b. Die europäischen Aspekte des Sports im Sinne von Art. 165 Abs. 1 UAbs. 2 AEUV

Die folgenden Absätze befassen sich mit den europäischen Aspekten des Sports, welche im Rahmen der Unionsaufgabe gemäß Art. 165 Abs. 1 UAbs. 2 AEUV gefördert werden sollen. Es sei bereits an dieser Stelle vorangestellt, dass die Aufgabe gemäß Art. 165 Abs. 1 UAbs. 2 AEUV nicht auf Förderung der europäischen Dimension, sondern vielmehr der europäischen Aspekte des Sports gerichtet ist. Wie sogleich dargestellt wird, handelt es sich bei der deutschen Fassung nach der hier vertretenen Auffassung um eine Fehlübersetzung des Vertrages. Als Konsequenz wird für die Unionsaufgabe ihre materiell korrekte Bezeichnung verwendet.

aa. Wortlaut

Gemäß Art. 165 Abs. 1 UAbs. 2 AEUV trägt die Union zur Förderung der europäischen Dimension des Sports bei. Im Wortlaut unterscheiden sich Unionsaufgabe und Unionsziel demnach kaum, beide sind auf Förderung bzw. Entwicklung der europäischen Dimension des Sports gerichtet. Dieser semantische Gleichlauf stößt auch in der Literatur auf Unverständnis, führt jedoch in der Regel dazu, dass Unionsaufgabe und Unionsziel nicht getrennt betrachtet, sondern vermengt werden.[758] In der Tat erscheint der Wortlaut in Anbetracht des Verhältnisses und der grundsätzlich möglichen Abgrenzung von Unionszielen und Unionsaufgaben befremdlich.[759]

Die Unstimmigkeiten lassen sich über einen Vergleich mit weiteren Sprachfassungen des AEUV ausräumen. Während die deutsche Sprachfassung sowohl

---

757 Zu dieser für Unionsaufgaben typischen Adressierung *Schwind*, Zukunftsgestaltende Elemente, S. 346 f.; zur Union als Adressatin des Unionsziels Sport siehe oben F.IV.2.a.

758 *Eichel*, Der Sport im Recht der EU, S. 144; *Muresan*, causa sport 2010, 99 (100).

759 Oben F.IV.1.

onsaufgaben. Letztere stellen die unterste Ebene der Konkretisierung der zukunftsgestaltenden Normkategorien im Unionsrecht dar.[763] Sie präzisieren die Vorgaben der Ziele der Union gemäß Art. 3 EUV und auch der bereits näher bestimmten Bereichsziele weiter und geben konkrete Handlungsfelder vor.[764] Die Unionsaufgabe ist aus diesem Grund auszulegen im Lichte des Bereichsziels für den Sport gemäß Art. 165 Abs. 2 7. Spiegelstrich AEUV.

Daraus folgt, dass sich auch die Unionsaufgabe auf sämtliche Aspekte des Sports bezieht. Das Ziel der europäischen Dimension des Sports umfasst ein weites Spektrum, wie es bereits im Sportbegriff des Art. 165 AEUV angelegt ist.[765] Es sind daher wirtschaftliche wie auch gesellschaftliche Aspekte des Sports umfasst. Dies bedingt, dass sowohl Profi- als auch Amateursport Gegenstand von unionspolitischen Maßnahmen im Rahmen der Aufgabenerfüllung sein können. Das Bereichsziel für den Sportbereich gibt den finalen Rahmen vor, innerhalb dessen die konkreten Handlungsfelder der Unionsaufgabe umgesetzt werden können. Der richtungsweisende Charakter des Bereichsziels führt dazu, dass sein abgrenzendes, limitierendes und integratives Element auch die Unionsaufgabe beeinflusst. Die Beachtung der teleologischen Vorgabe bedingt, dass mitgliedstaatliche und sportverbandliche Ebenen zu berücksichtigen sind und das Erfordernis eines europäischen Mehrwerts, wie es bereits im Wortlaut von Art. 165 Abs. 1 UAbs. 2 AEUV angelegt ist, stets zu beachten ist.

Ebenso direktiver Einfluss auf die inhaltliche Ausgestaltung der Unionsaufgabe kommt den in Art. 165 Abs. 2 7. Spiegelstrich AEUV normierten Teilzielen der europäischen Dimension des Sports zu. Deren Vorgaben verdeutlichen die Handlungsfelder der Unionsaufgabe, indem einzelne Zielschwerpunkte gesetzt werden. Der Zielrahmen erfährt dadurch eine stärkere Konkretisierung. Im Rahmen der Förderung von Fairness und Offenheit und der Zusammenarbeit zwischen den Sportorganisationen sowie des Schutzes der körperlichen und moralischen Integrität gemäß Art. 165 Abs. 2 7. Spiegelstrich AEUV hat die Union die Aufgabe, die europäischen Aspekte dieser Zielbereiche zu fördern und den Mehrwert einer unionalen Sportpolitik bezogen auf die einzelnen Teilziele durch Förderbeiträge zu verwirklichen.

dd. Historische Auslegung

Historisch ist der Begriff der europäischen Aspekte des Sports in Art. 165 AEUV vor allem im Zusammenhang mit der Fassung des entsprechenden Artikels im Verfas-

---

763 Hierzu siehe die Ausführungen zur Struktur des Art. 165 AEUV, oben F.IV.1.

764 *Schwind*, Zukunftsgestaltende Elemente, S. 436 und 443.

765 Siehe hierzu oben S. F.IV.2.b.aa.

sungsvertrag zu betrachten. In den früheren Erklärungen von Amsterdam und Nizza fand der Begriff noch keine Erwähnung. Die Erklärung von Nizza jedoch verwendet statt des Begriffs Aspekt in diesem Zusammenhang den gleichbedeutenden Begriff der sozialen, erzieherischen und kulturellen Funktionen des Sports.[766] Auf diese Weise wird die Vielschichtigkeit betont und die Beschränkung einer eigenständigen unionalen Sportpolitik auf einzelne Teilaspekte ausgeschlossen. In den europäischen Verträgen sollte der Begriff der europäischen Aspekte des Sports erstmals mit Inkrafttreten des Verfassungsvertrages enthalten sein. Die europäische Dimension des Sports gemäß Art. III-282 Abs. 1 UAbs. 3 g) EVV beschrieb wie auch in Art. 165 AEUV das Unionsziel. Hingegen wurde im Rahmen der Unionsaufgabe gemäß Art. III-282 Abs. 1 UAbs. 2 EVV anstatt der europäischen Dimension des Sports der Begriff der europäischen Aspekte des Sports verwendet. So unterschieden sich Unionsaufgabe und Unionsziel bereits hinsichtlich ihres Wortlauts, im Gegensatz zu Art. 165 AEUV, welcher in beiden Absätzen einen semantischen Gleichlauf aufweist.

Wie bereits erörtert, verdeutlicht der im Plural gehaltene Begriff Aspekte die Vielschichtigkeit der Unionsaufgabe, welche hierdurch ihre Ausrichtung auf sämtliche Gesichtspunkte des Sports erfährt. Da Art. III-282 EVV und Art. 165 AEUV sich ansonsten im Wortlaut weitgehend entsprechen, ist davon auszugehen, dass auch in Art. 165 Abs. 1 UAbs. 2 AEUV der Begriff der Aspekte hineinzulesen ist. Dies entspricht, wie oben ausgeführt, den Sprachfassungen der anderen Mitgliedstaaten. Historisch betrachtet bezieht sich die Unionsaufgabe nicht auf einen einzelnen Aspekt des Sports, z. B. in sozialer Hinsicht, sondern umfasst darüber hinaus die weiteren Aspekte und somit das gesamte Aspektebündel des Sports. Der Vergleich mit der für den Verfassungsvertrag vorgesehenen deutschen Fassung des Art. III-282 EVV bestätigt so die hier vertretene Ansicht, dass in Art. 165 Abs. 1 UAbs. 2 AEUV eine Fehlübersetzung unterlaufen ist.

c. Unionsaufgabe: Beitrag zur Förderung der europäischen Aspekte des Sports

Während das Unionsziel die Entwicklung der europäischen Dimension des Sports bestimmt, soll die Union im Rahmen der Unionsaufgabe gemäß Art. 165 Abs. 1 UAbs. 2 AEUV zur Förderung beitragen.

aa. Wortlaut

Nach dem Wortlaut von Art. 165 Abs. 1 UAbs. 2 AEUV *trägt* die Union zur Förderung der europäischen Dimension des Sports *bei.* Die Formulierung im

766 Dok. SN 400/00 ADD 1, S. 25.

Indikativ zeigt den verpflichtenden Charakter der Unionsaufgabe, die sich an die Union und ihre Organe gemäß Art. 13 Abs. 1 Satz, Abs. 2 EUV richtet.

Die Formulierung des Art. 165 Abs. 1 UAbs. 2 AEUV bedeutet eine Einschränkung in mehrfacher Hinsicht, denn sowohl der Begriff der Förderung als auch die Maßgabe lediglich beizutragen, zeichnen sich durch ihren limitierenden Charakter aus. Der Wortlaut stellt klar, dass die Union nicht die einzige Instanz ist, welche die europäischen Aspekte des Sports fördert. Eine Förderung allein durch die Union wird nicht zum Ziel führen, da weitere Faktoren ebenfalls fördernd hinzutreten müssen. Solche Faktoren sind primär Mitgliedstaaten und Verbände. Dieses Verständnis ist dem Begriff der Förderung immanent, der eine Akzessorietät voraussetzt. Ähnliches ergibt sich aus der Beschränkung auf Beiträge zur Förderung, da dies ebenso impliziert, dass weitere Instanzen die eigentliche Förderung übernehmen und die Förderpolitik der Union eine ergänzende Funktion übernehmen kann.[767] Damit enthält die Beschränkung auf Beiträge zur Förderung einen Hinweis auf die Subsidiarität jeglicher unionaler Sportpolitik. Sportpolitische Maßnahmen verbleiben zuvorderst Aufgabe der Mitgliedstaaten und der Sportverbände. Die Beschränkung auf Beiträge zur Förderung entspricht nach diesem Verständnis der auf unterstützende, koordinierende und ergänzende Maßnahmen festgelegten Zuständigkeit der Union gemäß Art. 2 Abs. 5, Art. 6 AEUV.[768]

Der Begriff der Förderung[769] kann vor diesem Hintergrund ferner als Hinweis auf die möglichen Maßnahmen der Union gemäß Art. 165 Abs. 4 AEUV verstanden werden. Als sportpolitischer Beitrag ist dort vor allem der Erlass von Fördermaßnahmen vorgesehen. Die Unionsaufgabe wird auf diese Weise mit den konkreten rechtlichen Gestaltungsmöglichkeiten verknüpft.[770] Welche Arten der Förderung ergriffen werden können, wird dabei offen gelassen. Denkbar wären materielle, personelle sowie finanzielle Programme, wobei die finanzielle Förderung vor allem im Sportbereich die bevorzugte Maßnahme darstellt. Die fehlende Klarstellung spricht dafür, dass es der Union freisteht,

767 Entsprechend für den Bildungsbereich *Blanke*, in: Grabitz/Hilf/Nettesheim, Art. 165, Art. 166 AEUV Rn. 67.

768 *Frenz*, DÖV 2011, 249 (259).

769 Hierzu bereits oben im Zusammenhang mit Art. 165 Abs. 2 7. Spiegelstrich AEUV, F.IV.2.b.cc.(1)(a).

770 Dies ist indes eine Besonderheit der deutschen Sprachfassung des AEUV, da in den anderen Sprachfassungen im Rahmen des Abs. 1 UAbs. 2 von Förderung die Rede ist, in Abs. 4 jedoch der Begriff der stimulierenden, Anreiz- oder Initiativmaßnahmen verwendet wird, hierzu ausführlich unten F.Iv.4.a.

welche Form der Subvention sie im Einzelnen wählt; eine Beschränkung auf finanzielle oder andere Förderformen lässt sich dem Wortlaut der Vorschrift nicht entnehmen.

bb. Systematik

Die Union darf im Rahmen ihrer Aufgabenerfüllung lediglich zur Förderung beitragen. Die hiermit verbundenen Einschränkungen sind Ausdruck des Subsidiaritätsprinzips und der Achtung der Autonomie der Sportverbände. Die Anerkennung der grundlegenden Prinzipien kommt allerdings erst bei genauerer Analyse des Wortlauts zum Vorschein, denn eine ausdrückliche Erwähnung enthält Art. 165 AEUV nicht. Demgegenüber enthält die ebenfalls in Art. 165 AEUV normierte und in ihrer Struktur vergleichbare Kompetenz für den Bildungsbereich die Anforderung, dass die Union ihre Aufgabe nur *unter strikter Beachtung der Verantwortung der Mitgliedstaaten* und nur *erforderlichenfalls* wahrnehmen darf, Art. 165 Abs. 1 UAbs. 1 AEUV. Dadurch wird die zwingende Beachtung des Subsidiaritätsprinzips angeordnet.[771] Zwar sind Bildungs- und Sportpolitik innerhalb derselben Vorschrift geregelt. Dennoch handelt es sich trotz bestehender Überschneidungen und Synergien grundsätzlich um eigenständige Politikbereiche. Dies verdeutlichen sowohl der Wortlaut als auch die klare systematische Trennung.[772] Die explizite Normierung des Subsidiaritätsprinzips für den Bildungsbereich kann aus diesem Grund nicht auf die Zuständigkeit für den Sport übertragen werden. Die fehlende ausdrückliche Erwähnung im Rahmen der Sportkompetenz bedeutet indes nicht, dass das Prinzip keine Anwendung findet. Hieran zeigt sich vielmehr, dass auf nationaler Ebene primär nicht die Mitgliedstaaten selbst, sondern vielmehr die Sportverbände zuständig sind. Darüber hinaus kommt das Subsidiaritätsprinzip durch die Beschränkung auf Förderbeiträge zum Ausdruck, wenn auch nur in angedeuteter Form. Zum anderen ist es von der Union als politikübergreifender Grundsatz und selbstverständlicher Bestandteil der Unionspolitik gemäß Art. 5 Abs. 3 EUV ohnehin zu beachten, da es sich bei der Sportkompetenz gemäß Art. 6 Satz 2 lit. e) AEUV nicht um einen Bereich ausschließlicher Zuständigkeit handelt.[773]

Der Vergleich mit den für das Bildungswesen einschlägigen Passagen des Art. 165 AEUV bringt eine weitere Erkenntnis zu Tage. Die Union hat dort ge-

771 *Blanke*, in: Grabitz/Hilf/Nettesheim, Art. 165, Art. 166 AEUV Rn. 73.

772 Hierzu bereits oben F.IV.2.b.bb.(2).

773 *Bast*, in: Grabitz/Hilf/Nettesheim, Art. 3 EUV Rn. 49.

mäß Art. 165 Abs. 1 UAbs. 1 AEV die Aufgabe, zur Entwicklung einer qualitativ hochstehenden Bildung beizutragen. Dies soll durch fördernde, unterstützende und ergänzende Maßnahmen geschehen. Bereits dieser Wortlaut birgt eine erhebliche Beschränkung der Unionspolitik im Bildungsbereich in sich.[774] Entsprechende Passagen finden sich in Art. 146 Abs. 1 und Art. 147 Abs. 1 AEUV für die Beschäftigungspolitik. Letzterer definiert den Beitrag als Förderung, Unterstützung und Ergänzung. Demgegenüber enthält Art. 165 Abs. 1 UAbs. 2 AEUV für den Sportbereich eine noch weitergehende Limitierung, indem lediglich ein Beitrag zur Förderung anderer Instanzen von der Unionsaufgabe umfasst ist. Da die Begriffe Beitrag und Förderung bei isolierter Betrachtung bereits beschränkend wirken, wird durch die für den Sportbereich maßgebliche Kombination eine zusätzliche Beschränkungswirkung geschaffen, welche die potentielle Reichweite einer unionalen Sportpolitik noch weiter eingrenzt und die subsidiäre Rolle der Union im Rahmen ihrer ohnehin lediglich unterstützenden, koordinierenden und ergänzenden Sportkompetenz besonders betont.

cc. Teleologie

Im Hinblick auf die teleologische Auslegung ist daran zu erinnern, dass die Unionsaufgabe im Bereich des Sports vor allem anhand des Bereichsziels auszulegen ist. Als solches legt Art. 165 Abs. 2 7. Spiegelstrich AEUV die Entwicklung der europäischen Dimension des Sports fest.

Das Unionsziel der europäischen Dimension des Sports umklammert die europäischen Aspekte des Sports als Unionsaufgabe. Vor dem Hintergrund des richtungsweisenden und rahmengebenden Unionsziels werden die Konturen der Unionsaufgabe und insbesondere die Beschränkung auf Förderbeitrage deutlicher. Bereits im Wortlaut der restriktiv ausgestalteten Aufgabe ist angelegt, dass weitere Ebenen der Förderung bestehen. Hierbei handelt es sich um Verbände und Mitgliedstaaten. Die europäische Dimension des Sports wird nach diesem Verständnis nicht allein durch Förderung der Union entwickelt, sondern im Zusammenwirken und durch Einbindung weiterer Dimensionen, die ebenfalls zur Förderung beitragen und zu welchen der Förderbeitrag der Union hinzutritt. Durch die Wahrnehmung des Förderauftrags und das Gefüge der verschiedenen Beiträge kann das übergeordnete Ziel der europäischen Dimension des Sports erreicht werden.[775] Diese Ausgestaltung vermindert nicht

---

774 *Blanke*, in: Grabitz/Hilf/Nettesheim, Art. Art, 165, 166 AEUV Rn. 66; *Hablitzel*, DÖV 2002, 407 (410 f.).

775 Zum Verhältnis von Unionsaufgabe und -ziel siehe oben F.IV.1.b.

unbedingt die Bedeutung der Sportpolitik der Union, die mit ihren Beiträgen dennoch eine eigene sportpolitische Linie verfolgen und in Verbindung mit den Beiträgen anderer Ebenen die europäische Dimension schaffen kann. Sie führt jedoch dazu, dass es der Union untersagt ist, die Förderung der europäischen Aspekte vollständig an sich zu ziehen. Die Union kann vor diesem Hintergrund grundsätzlich keine unabhängige und von Mitgliedstaaten und Verbänden losgekoppelte Sportpolitik betreiben, sondern hat lediglich den Mehrwert einer unionalen Sportpolitik zu verwirklichen. Eine autonome Sportpolitik der Union ist nur denkbar, wenn der Mehrwert sich unabhängig von Mitgliedstaaten und Verbänden verwirklichen lässt, was aufgrund der bestehenden Strukturen im Sportsektor regelmäßig nicht der Fall sein wird. Die Union ist primär auf die Maßnahmen und Initiativen der kooperierenden Ebenen angewiesen, deren Bedeutung durch die Beschränkung der Unionspolitik auf Beiträge anerkannt wird. Der Zuständigkeit der Mitgliedstaaten und der Autonomie der Verbände wird dadurch Rechnung getragen. Zugleich kommt durch die Beschränkung auf Förderbeiträge das Subsidiaritätsprinzip gemäß Art. 5 Abs. 1 Satz, Abs. 3 EUV zum Ausdruck.[776] Dieses Verständnis der auf Förderbeiträge zugeschnittenen Sportpolitik der Union entspricht somit sowohl dem rahmengebenden Charakter der europäischen Dimension des Sports als auch der als bloße Komplementärkompetenz ausgestalteten Zuständigkeit gemäß Art. 2 Abs. 5, Art. 6 Satz 2 AEUV.

dd. Historische Auslegung

Bereits angemerkt wurde, dass der Beitrag zur Förderung dem Wortlaut nach nicht auf finanzielle Unterstützung beschränkt ist. Dieses Verständnis wird bestätigt durch die Erklärung von Nizza als Vorgängerregelung. Wesentliche Aspekte des Art. 165 AEUV sind dort bereits enthalten, inhaltlich jedoch umfassender und detaillierter ausgestaltet. Auch die Erklärung von Nizza spricht Fördermaßnahmen an, präzisiert diese jedoch insoweit, als darunter unter anderem die personelle und finanzielle Unterstützung aufgeführt werden.[777] Ebenso wird die Förderung des gleichberechtigten Zugangs der Geschlechter angesprochen, wodurch auch ideelle Gesichtspunkte zum Tragen kommen. Darüber hinaus zeigt sich die Absicht zur materiellen Förderung in Form von Dialogs und institutioneller Zusammenarbeit. Die Wortlautanalyse wird dadurch insoweit bestätigt, als auch nach der historischen Entwicklung jegliche Form der Förderung zulässig ist.

---

776 So auch *Muresan*, causa sport 2010, 99 (101); *Grodde*, SpuRt 2005, 222 (225).
777 Dok. SN 400/00 ADD 1, S. 25 (26).

ee. *Förderpraxis der Unionsorgane*

Diese Reichweite möglicher Förderbeiträge entspricht allerdings nur bedingt der Förderpraxis der Unionsorgane. Sie stützt sich bislang maßgeblich auf finanzielle Förderungen sowie die Kooperation mit den Sportverbänden und Mitgliedstaaten. Zu Letzterer ist unter anderem auf das europäische Sportforum und die Sportkonferenz hinzuweisen.[778] Ebenso zu nennen ist der Arbeitsplan der EU für den Sport 2011–2014, welcher Leitlinien aufstellt und einen Rahmen für die Zusammenarbeit zwischen Union, Verbänden und Mitgliedstaaten vorgibt.[779] Bezüglich der finanziellen Förderungen hat die Union diverse Förderprogramme ins Leben gerufen. Das Förderprogramm EURATHLON machte hierfür den Auftakt.[780] Zu erwähnen sind in diesem Zusammenhang weiterhin das Jahr der Erziehung durch Sport, wiederum der Arbeitsplan Sport 2011–2014 sowie das EU-Förderprogramm 2014–2020 für den Bildungsbereich, innerhalb dessen dem Sport eigene Fördermittel zugeschrieben wurden.[781] Diese Unionsinitiativen zeigen einerseits, dass der Schwerpunkt nicht allein auf finanzieller Förderung liegt, sondern insbesondere auch Unterstützung durch Vermittlung und Dialog angeboten wird. Andererseits werden angesichts der Maßnahmen die Förderungsschwerpunkte deutlich, welche jedenfalls im finanziellen Bereich liegen.[782] Diese Praxis entspricht dem Vorgehen der meisten Mitgliedstaaten.[783]

d. *Bei der Erfüllung der Unionsaufgabe zu berücksichtigende Aspekte*

Art. 165 Abs. 1 UAbs. 2 AEUV gibt der Union die Aufgabe, zur Förderung der europäischen Aspekte des Sports beizutragen. Dabei sind drei Belange zu berücksichtigen. Dies sind die besonderen Merkmale des Sports, die auf freiwilligem En-

---

778 Hierzu oben E.II. und E.IV.

779 Entschließung des Rates, ABl. 2011, C 162, S. 1 (2); hierzu auch der Bericht der Kommission vom 24.01.2014, COM(2014) 22 endg.

780 ABl. 194, C 297, S. 7; oben E.III.

781 Hierzu bereits oben F.IV.2.b.aa.(2)(e).

782 Hierzu *Hix*, Probleme der Normierung einer Sportklausel, S. 90 f.

783 Vgl. für Deutschland nur die Sportförderung basierend auf dem Leistungssportprogramm des BMI vom 28.09.2005 (GMBl. S. 1270 ff.); zur Sportförderung innerhalb der EU siehe die von der Kommission in Auftrag gegebene Studie *Study on the funding of grasroots sports in the EU* vom 27.06.2011, Vol. 1, S. 46 ff., abrufbar unter http://ec.europa.eu/internal_market/top_layer/docs/FinalReportVol1_en.pdf, abgerufen am 30.06.2014; Zu Hintergründen der Förderung siehe *Jeck/Langner*, Die Europäische Dimension des Sports, S. 11 ff.

gagement basierenden Strukturen des Sports sowie die soziale und pädagogische Funktion des Sports.

aa. Berücksichtigung bei der Aufgabenerfüllung

(1) Wortlaut

Art. 165 Abs. 1 UAbs. 2 AEUV normiert eine Berücksichtigungspflicht. Diese gilt ausdrücklich nur *dabei*, wodurch klargestellt wird, dass die genannten Aspekte nur bei Erfüllung der Unionsaufgabe im Bereich des Sports zu berücksichtigen sind. Allein bei der Förderung der europäischen Aspekte des Sports hat die Union demnach unter anderem den besonderen Merkmalen des Sports Rechnung zu tragen. Wird die Union demgegenüber aufgrund anderer Kompetenzen tätig, welche sich auf den Sportbereich auswirken können, so gilt die in Art. 165 Abs. 1 UAbs. 2 AEUV statuierte Berücksichtigungspflicht nicht.[784]

Die Wortwahl des Vertrages gibt Aufschluss über den Charakter der Berücksichtigungspflicht. Wird die Union im Rahmen ihrer Aufgabenerfüllung tätigt, so hat sie die jeweiligen Aspekte zwingend zu berücksichtigen. Die Verwendung des Indikativs *berücksichtigt* stellt klar, dass es sich um eine Pflicht zur Berücksichtigung handelt, was dem konkreten Charakter einer Unionsaufgabe entspricht. Dies bedeutet allerdings nicht, dass sich beispielsweise die besonderen Merkmale des Sports zwingend durchsetzen müssen. Bei der Förderung der europäischen Aspekte des Sports muss den besonderen Merkmalen zwar im Entscheidungsprozess Rechnung getragen werden, ihr Aussagegehalt und ihre Substanz sind einzubeziehen. Die Anforderungen der besonderen Merkmale müssen in der jeweiligen Maßnahme indes keinen Niederschlag finden, der Berücksichtigungspflicht kommt kein zwingender Charakter zu. Die besonderen Merkmale können vielmehr im Einzelfall zurücktreten, sofern andere Belange dies erfordern. *Berücksichtigen* bedeutet nicht *beachten*, sondern ist im Sinne von *Rechnung tragen* zu verstehen, wodurch der Verbindlichkeitsgrad verringert wird.[785] Im Einzelfall können also die zu berücksichtigenden Belange zurückgestellt werden, denn die bloße Berücksichtigungspflicht führt nicht dazu, dass beispielsweise im Wirkbereich der besonderen Merkmale des Sports die Reichweite sportpolitischer

---

784 So *Muresan*, causa sport 2010, 99 (103 f.); wohl auch *Niedobitek*, in: Streinz, Art 165 AEUV Rn. 47; *Bogaert/Vermeersch*, ELRev 2006, 821 (839); a.A.: *Brost*, SpuRt 2010, 178 (180 f.), der die Berücksichtigungspflicht als Querschnittsklausel versteht.

785 So zur Berücksichtigungspflicht in Art. 146 Abs. 2 AEUV *Krebber*, in Callies/Ruffert, Art. 146 AEUV Rn. 4; *Marauhn/Simon*, in Grabitz/Hilf/Nettesheim, Art. 146 AEUV Rn. 14; *Gassner*, in Vedder/Heintschel von Heinegg, Art. 146 AEUV Rn. 5.

Maßnahmen zwingend begrenzt wird. Die zu berücksichtigenden Belange sind nicht abwägungsfest.

Die in Art. 165 Abs. 1 UAbs. 2 AEUV aufgeführten Belange unterliegen der Berücksichtigungspflicht in unterschiedlicher Weise. Die Pflicht zur Berücksichtigung umfasst ein positives und ein negatives Element. In negativer Hinsicht einschränkend wirken vor allem die besonderen Merkmale des Sports. Berücksichtigen bedeutet in diesem Zusammenhang, dass der Gehalt der Besonderheiten des Sports im Einzelfall restriktiv auf die Reichweite unionspolitischer Maßnahmen bei der Förderung der europäischen Aspekte und der Entwicklung der europäischen Dimension des Sports wirken kann. Bezüglich der auf freiwilligem Engagement basierenden Strukturen sowie der sozialen und pädagogischen Funktion des Sports hingegen besagt die Berücksichtigungspflicht, dass die Union bei der Wahl ihrer Förderbeiträge in positiver Hinsicht besonderes Augenmerk auf diese Belange des Sports legen muss.[786] Die explizite Nennung dieser Aspekte hat zur Folge, dass in diesen Bereichen zumindest der Schwerpunkt einer unionalen Sportpolitik zu liegen hat. Die Berücksichtigungspflicht erhält in diesem Zusammenhang somit leitenden Charakter. Die Ziele der Union für den Sportbereich gemäß Art. 165 Abs. 2 7. Spiegelstrich AEUV sind demnach zuvorderst innerhalb und mittels der besonders zu berücksichtigenden sozialen und pädagogischen Aspekte des Sports zu verwirklichen.

(2) Systematik

Die Berücksichtigungspflicht erfasst nur diejenigen Maßnahmen der Union, welche sie im Rahmen der Erfüllung ihrer Aufgabe im Bereich Sport durchführt. Schon der Wortlaut spricht gegen die Annahme einer Querschnittsklausel. Bestätigt wird dies anhand eines systematischen Vergleichs. Die im Übrigen ähnlich aufgebaute Vorschrift des Art. 167 AEUV für den Kulturbereich enthält eine ausdrückliche Querschnittsklausel in Abs. 4. Diese statuiert eine entsprechende Berücksichtigungspflicht für kulturelle Aspekte, welche explizit auch dann gilt, wenn die Union aufgrund anderer Bestimmungen der Verträge tätig wird. Die Berücksichtigung der besonderen Merkmale hingegen erfolgt nur *dabei*, nämlich bei der Förderung der europäischen Aspekte des Sports aufgrund der Vorschrift des Art. 165 Abs. 1 UAbs. 2 AEUV. Dieses Ergebnis wird dadurch bestätigt, dass die Querschnittsklauseln durch den Vertrag von Lissabon nunmehr in Art. 8 ff.

786 In diesem Sinne auch *Garcia/Miettinen/Parrish/Siekmann*, The Lisbon Treaty and EU Sports Policy, S. 45 ff.

AEUV zusammengefasst sind.[787] Für den Sportbereich ist eine solche Klausel indes nicht vorgesehen.[788]

Ebenfalls anhand der Systematik wird der Grad der Verbindlichkeit der Berücksichtigungspflicht verdeutlicht. Während Abs. 1 UAbs. 2 den Begriff *berücksichtigen* verwendet, ist die Verantwortung der Mitgliedstaaten gemäß Abs. 1 UAbs. 1 *strikt zu beachten*. Mit der Beachtenspflicht wird ein erheblich strengerer Maßstab vorgegeben, der ein vollständiges Zurückstellen der mitgliedstaatlichen Belange nicht zulässt. Demgegenüber erweist sich der Verbindlichkeitsgrad der Berücksichtigungspflicht wie soeben beschrieben wesentlich schwächer. Die semantisch-systematische Abgrenzung der unterschiedlichen Begrifflichkeiten erhärtet dieses Ergebnis.

Darüber hinaus kann der Systematik entnommen werden, dass die gemäß Art. 165 Abs. 1 UAbs. 2 AEUV zu berücksichtigenden Aspekte einen abschließenden Katalog vorgeben. Weitere Aspekte des Sports muss die Union weder in positiver noch in negativer Hinsicht berücksichtigen, die einzelnen Aspekte der Berücksichtigungspflicht sind abschließend normiert. Denn Art. 165 Abs. 1 UAbs. 2 AEUV enthält nicht den Zusatz *insbesondere*, welcher beispielsweise in Art. 165 Abs. 2 1. Spiegelstrich AEUV oder auch in Art. 167 Abs. 4 AEUV enthalten ist und dort zum Ausdruck bringt, dass es sich nicht um eine abschließende Aufzählung handelt. Der semantisch-systematische Vergleich führt insofern zu einem eindeutigen Auslegungsergebnis. Dabei hat der abschließende Charakter der Aufzählung nicht zur Folge, dass die Union ihre Förderbeiträge auf diese Bereiche beschränken muss. Einem solchen Verständnis steht sowohl der schwache Verbindlichkeitsgrad der Berücksichtigungspflicht als auch das weite Verständnis einer europäischen Dimension des Sports entgegen.[789] Die positive Berücksichtigungspflicht bewirkt vielmehr, dass bei der Förderung der europäischen Dimension des Sports die entsprechenden Belange in besondere Weise zu fördern und korrespondierende Förderschwerpunkte zu setzen sind. Auch andere europäische Aspekte des Sports können unter Vorbehalt eines europäischen Mehrwerts gefördert werden. Verfehlt wäre es indes, wenn sich die zukünftige Ausrichtung einer Unionspolitik für den Sportbereich auf dessen wirtschaftliche Aspekte beschränkt und die Vorgaben der Berücksichtigungspflicht vollkommen ungeachtet bleibt.

---

787 Vgl. *Ress/Ukrow*, in: Grabitz/Hilf/Nettesheim, Art. 167 AEUV Rn. 148.

788 So auch *Beissel*, Deutscher Kulturföderalismus im Wandel der europäischen Integration S. 175.

789 Hierzu oben unter F.IV.3.d.aa.(1).

petenzen auszeichnen, da sie allein dem Sport zu eigen sind. Dabei lässt sich dem Wortlaut nicht entnehmen, welche Eigenart den Charakter des Sports zu etwas Besonderem macht. Der Wortlaut lässt Aussagen über die inhaltliche Reichweite der besonderen Merkmale nicht zu und es verbleibt zunächst unklar, in welcher Relation sich die besonderen Merkmale auswirken. Der Wortlaut allein ermöglicht nach diesen Erkenntnissen keine genauere Abgrenzung des Begriffs, der Schwerpunkt der Auslegung ist daher auf die anderen Methoden zu legen.

(2) Systematik

Mittels einer systematischen Untersuchung des Art. 165 Abs. 1 UAbs. 2 AEUV lässt sich zuvorderst erkennen, dass die besonderen Merkmale im Rahmen der zu berücksichtigenden Aspekte eine hervorgehobene Stellung einnehmen. Sie sind den weiteren in der Vorschrift genannten Merkmalen vorangestellt. Daraus lässt sich eine gewisse Betonung ihrer Bedeutung ableiten.

Die besonderen Merkmale sind von der Union zu berücksichtigen. Im systematischen Vergleich zu anderen Klauseln dieser Art innerhalb des AEUV zeigt sich, dass hier eine negative Berücksichtigungspflicht normiert wird. Damit ist gemeint, dass die Union als Adressatin der Berücksichtigungspflicht den besonderen Merkmalen bei Aufgabenerfüllung gemäß Art. 165 Abs. 1 UAbs. 2 AEUV Rechnung tragen muss, indem sie in Bereichen des Sports, in denen sich die besonderen Merkmale auswirken, sportpolitische Zurückhaltung übt. Die besonderen Merkmale haben im Zusammenhang mit der Berücksichtigungspflicht somit eine einschränkende Wirkung. Ähnliche Klauseln enthalten beispielsweise Art. 146 Abs. 2 AEUV oder Art. 151 Abs. 2 AEUV, welche ebenfalls derartige einschränkende Berücksichtigungspflichten statuieren.[798]

Die systematische Auslegung ermöglicht darüber hinaus eine Abgrenzung der besonderen Merkmale zu den Aspekten des Sports, seiner Autonomie sowie zu Bereichsausnahmen.

(a) Abgrenzung zu den europäischen Aspekten des Sports

Systematisch-grammatikalisch zeigt sich an der Wahl der Begriffe des Art. 165 AEUV, dass die besonderen Merkmale des Sports nicht mit den europäischen Aspekten gleichzusetzen sind. Die europäischen Aspekte und der Begriff der europäischen Dimension spielen auf die Vielschichtigkeit des Sportbegriffs an und

798 Vgl. *Langenfeld/Benecke*, in: Grabitz/Hilf/Nettesheim, Art. 151 AEUV Rn. 34; *Niedobitek*, in: Streinz, Art. 147 AEUV Rn. 6, 19; zum Charakter der Berücksichtigungspflicht siehe bereits oben F.IV.3.d.aa.

bestimmen die inhaltliche Reichweite einer unionalen Sportpolitik. Die besonderen Merkmale sind hiervon abzugrenzen, sie wirken vielmehr einschränkend. Allenfalls lässt sich feststellen, dass die Vielschichtigkeit des Sportbegriffs eines seiner besonderen Merkmale darstellt. Dabei handelt es sich jedenfalls nicht um dasjenige Merkmal, welches den besonderen Charakter im Sinne des Art. 165 Abs. 1 UAbs. 2 AEUV ausmacht. Denn die Vielschichtigkeit verpflichtet die Union im positiven Sinne, ihre Sportpolitik auch auf das gesamte Aspektebündel des Sports mit den beschriebenen Schwerpunkten auszurichten. Zudem ist die Vielschichtigkeit kein Merkmal, welches vor allem den Sport auszeichnet, denn sie ist auch anderen Bereichen zu eigen wie beispielsweise den Begriffen der Kultur oder der Bildung.

(b) Abgrenzung zur Autonomie

Die Systematik lässt einen weiteren Schluss zu. Die besonderen Merkmale des Sports sind nicht etwa gleichbedeutend mit dem Begriff der Autonomie des Sports, jedenfalls besteht keine Notwendigkeit, die Autonomie der Verbände unter den Begriff der besonderen Merkmale in Art. 165 Abs. 1 UAbs. 2 AEUV zu subsumieren.[799] Denn die Autonomie wird auf Ebene der Union bereits über Art. 12 GRC und Art. 11 EMRK geschützt.[800] Hieraus ergeben sich stärkere Bindungspflichten, als dies die Berücksichtigungspflicht des Art. 165 Abs. 1 UAbs. 2 AEUV zu leisten vermag. Die Autonomie der Sportverbände steht unter dem Schutz der Vereinigungsfreiheit gemäß Art. 12 Abs. 1 GRC, die Charta wiederum wird von der Union anerkannt und ist den Verträgen der Union gleichrangig, Art. 6 Abs. 1 UAbs. 1 EUV. Die Regelungsinhalte und somit auch die Vereinigungsfreiheit sind über Art. 6 Abs. 1 EUV für die Union rechtsverbindlich.[801] Daraus folgt, dass Verbände und insbesondere Sportverbände unabhängig von Art. 165 AEUV dem Schutz der Vereinigungsfreiheit unterfallen und sich somit auf europäischer Ebene auf ihre Autonomie berufen können.[802] Ihre autonome Regelungsbefugnis kommt daher auch dann zum Tragen, wenn die Union nicht

799 Die Begriffe werden dennoch bisweilen gleichgesetzt, vgl. *Persch*, NZA 2010, 986 (988 f.).

800 Zur Autonomie der Sportverbände in diesem Zusammenhang umfassend siehe *Schäfer*, Die Vereinbarkeit der „50+1"-Regel mit dem Europarecht, S. 66 ff., der ebenfalls zwischen der Autonomie und den Besonderheiten des Sports unterscheidet, S. 71.

801 *Schorkopf*, in: Grabitz/Hilf/Nettesheim, Art. 6 EUV Rn. 21; *Knecht*, in: Schwarze, Präambel GRC Rn. 16; *Borowsky*, in: Meyer, GRC, Titel VII, Vorbemerkungen Rn. 13.

802 *Persch*, NJW 2010, 1917 (1918); *Brost*, SpuRt 2010, 178 (180); *Streinz*, JuS 2000, 1015 (1016); *Streinz*, SpuRt 2000, 221 (225 ff.).

aktiv aufgrund ihrer Kompetenzen gemäß Art. 6 Satz 2 lit. e), Art. 165 Abs. 1 UAbs. 2 AEUV europäische Aspekte des Sports fördert, sondern insbesondere bei der Beurteilung sportverbandlicher Satzungen, beispielsweise anhand der Grundfreiheiten oder des Wettbewerbsrechts. Eine Subsumtion der Autonomie unter die besonderen Merkmale im Sinne von Art. 165 Abs. 1 UAbs. AEUV wäre vor diesem Hintergrund verfehlt.

(c) Abgrenzung zu Bereichsausnahmen

Ebenfalls anhand eines systematischen Vergleichs lässt sich zeigen, dass mit der Berücksichtigung der besonderen Merkmale keine Bereichsausnahme normiert wird.[803] Hierfür ist bereits die Berücksichtigungspflicht zu schwach ausgestaltet, da es sich nicht um eine strikte Pflicht zur Beachtung handelt. Darüber hinaus zeigt der Vergleich mit tatsächlichen Bereichsausnahmen des AEUV, dass Art. 165 Abs. 1 UAbs. 2 AEUV eine solche nicht beinhaltet. Bereichsausnahmen sind beispielsweise in Art. 45 Abs. 4 und Art. 51 Abs. 1 AEUV normiert. Sie zeichnen sich dadurch aus, dass Artikel oder Kapitel der Verträge auf bestimmte Tätigkeiten bzw. Bereiche *keine Anwendung* finden. Dadurch werden ausdrückliche Ausnahmen festgesetzt, wohingegen die Formulierung und Verortung in Art. 165 Abs. 1 UAbs. 2 AEUV die Annahme nicht zulässt, dass im Wirkungsbereich der besonderen Merkmale die Durchführung einer unionalen Sportpolitik vollständig ausgeschlossen ist.

(3) Teleologie

Dieses Ergebnis wird bestätigt in Anbetracht von Sinn und Zweck der Regelung. Bereits vorausgehend wurde darauf hingewiesen, dass eine Bereichsausnahme im Auswirkungsbereich der besonderen Merkmale den Sinn einer Sportpolitik der Union konterkarieren würde.[804] Gleiches gilt insoweit, als für den Sport als Wirtschaftszweig Bereichsausnahmen von der Anwendbarkeit der Grundfreiheiten und des Wettbewerbsrechts, vergleichbar zur Regelung des Art. 45 Abs. 4 AEUV, gefordert werden. Überragendes Ziel der Union im Rahmen des Integrationsprozesses ist die Schaffung eines Binnenmarkts, Art. 3 Abs. 3 UAbs. 1 Satz 1 EUV. Maßgebliche Instrumente zu dessen Verwirklichung sind

---

803 Zur Diskussion einer Bereichsausnahme bzw. *sporting exeption* im Bereich des Sports siehe *Vermeersch*, JCER 2007, 238 ff.; *Zylberstein*, in: Blanpain/Colucci/Hendrickx, The Future of Sports Law in the European Union, S. 95 ff.; *Summerer*, in: Fritzweiler/Pfister/Summerer, Praxishandbuch Sportrecht, S. 594 f.

804 Siehe oben F.IV.3.d.aa.(3).

die Grundfreiheiten sowie das Wettbewerbsrecht.[805] Zu diesem Zweck sind grundsätzlich jegliche Wirtschaftszweige, von einigen wenigen ausdrücklichen Bereichsausnahmen abgesehen, diesen Instrumenten unterworfen, um die effektive Umsetzung des Binnenmarkts zu gewährleisten. Auch der Sport ist ein solcher Wirtschaftszweig. Abseits des tatsächlichen sportlichen Geschehens auf dem Platz hat sich ein Wirtschaftssektor entwickelt, dessen Wachstum nicht abgeschlossen ist und der unter anderem für tausende Arbeitsplätze verantwortlich ist. Kommerzialisierung und Professionalisierung schreiten sowohl im Leistungs- als auch im Breitensport immer weiter voran.[806] Die wirtschaftlichen Auswirkungen betreffen zahlreiche Bereiche wie den Transfer von Spielern,[807] die Vermarktung von Sendelizenzen oder den Vertrieb von Merchandise-Artikeln.[808] Als Wirtschaftssektor unterliegt der Sport den gleichen regulatorischen Anforderungen wie andere Wirtschaftszweige. Eine Bereichsausnahme ist durch die besonderen Merkmale des Sports weder gerechtfertigt, noch wird eine solche in Art. 165 Abs. 1 UAbs. 2 AEUV statuiert. Bereits die systematisch-grammatikalische Analyse spricht gegen eine solche Annahme, sie würde darüber hinaus der teleologischen Ausrichtung der Union und insbesondere dem Binnenmarktziel zuwiderlaufen.

(4) Historische Auslegung

Erstmals Erwähnung im Zusammenhang mit den Verträgen fanden die Besonderheiten des Sports in der Erklärung Nr. 29 von Amsterdam. Die Besonderheiten des Amateursports sollten im Zusammenhang mit der Anhörung von Sportverbänden besonders berücksichtigt werden.[809] Zwar ist allein die Anführung der Besonderheiten im Rahmen der Verträge bereits erwähnenswert, darf jedoch

---

805 *Müller-Graf*, in: Dauses, A.I. Rn. 127 ff.; *Terhechte*, in: Grabitz/Hilf/Nettesheim, Art. 3 EUV Rn. 40 ff.

806 *Haas*, in: Haas/Haug/Reschke, B 1. Kapitel Rn. 59 ff.

807 Hierzu die von der Kommission in Auftrag gegebene Studie *The Economic and Legal Aspects of Transfers of Players*, Januar 2013, S. 3, http://ec.europa.eu/sport/library/documents/cons-study-transfers-final-rpt.pdf, abgerufen am 30.06.2014, wonach im Jahr 2010/11 mehr als 3 Milliarden Euro in Spielertransfers allein im Fußball umgesetzt wurden, Tendenz steigend; einen Eindruck vermittelt auch die Deloitte-Studie *Annual Review of Football Finance*, Juni 2013, wonach der europäische Fußballmarkt auf 19,4 Milliarden Euro angestiegen ist.

808 Zum Ganzen beispielsweise die Studie *Wirtschaftsfaktor Bundesliga* von McKinsey & Company, Inc., S. 10 ff.

809 ABl. 1997, C 340, S. 136.

aufgrund der Einschränkungen nicht überbewertet werden.[810] Die Besonderheiten sind gemäß dem Wortlaut der Erklärung von Amsterdam lediglich im Zusammenhang mit der Anhörung der Sportverbände bei wichtigen, den Sport betreffenden Fragen zu berücksichtigen. Eine darüber hinausgehende Berücksichtigungspflicht lässt sich der ohnehin nicht rechtsverbindlichen Erklärung nicht entnehmen. Hinzu kommt, dass nur die Besonderheiten des Amateursports Erwähnung finden, der professionelle Sport von der Berücksichtigungspflicht somit ohnehin nicht erfasst ist. Im Vergleich zur Fassung des AEUV ergibt sich, dass in Letzterem jedenfalls die Besonderheiten sowohl des Amateur- als auch des Profisports von der Union zu berücksichtigen sind. Auch eine Restriktion auf eine Berücksichtigung im Rahmen des Dialogs mit den Verbänden (Art. 165 Abs. 3 AEUV) ist entfallen. Die in der Erklärung von Amsterdam noch enthaltenen ausdrücklichen Beschränkungen wurden somit aufgehoben.

Die Aufgabe der Beschränkungen wurde allerdings nicht erst mit dem Vertrag von Lissabon vollzogen, sondern bereits mit der bald darauf erlassenen Erklärung von Nizza. Die *Erklärung über die im Rahmen gemeinsamer Politiken zu berücksichtigenden besonderen Merkmale des Sports und seine gesellschaftliche Funktion in Europa* nimmt die Besonderheiten des Sports schon in ihren Titel auf.[811] Die gesamte Erklärung ist darauf ausgerichtet, dem Verhältnis von Unionsrecht und Sportsektor unter Bezug auf dessen Besonderheiten Kontur und Struktur zu geben. Im Titel der Erklärung kommt zum Ausdruck, was bereits herausgearbeitet werden konnte. Die Besonderheiten des Sports einerseits und seine gesellschaftlichen Aspekte andererseits sind voneinander zu unterscheiden. Die Aspekte des Sports geben den Anwendungsbereich einer europäischen Sportpolitik vor und verdeutlichen Schwerpunkte einer solchen. Die Besonderheiten hingegen wirken sich auf den Anwendungsbereich einschränkend aus, da in ihrem Wirkbereich die Union bei der Gestaltung ihrer Sportpolitik besondere Zurückhaltung üben muss und die Autonomie der Verbände stärker zur Geltung kommt..

Was allerdings genau unter dem Begriff der besonderen Merkmale zu verstehen ist, geht nur teilweise aus der Erklärung hervor, deren Augenmerk ansonsten auf einer Darstellung der strukturellen und funktionalen Situation des Sportsektors liegt. Zu den Besonderheiten, wie in der Erklärung niedergelegt, zählt jedenfalls die Ausbildung des sportlichen Nachwuchses. Diese ist essentiell für den Sport, insbesondere im Profibereich ist der Sport darauf angewiesen,

---

810 *Weatherill*, in: Biondi/Eeckhout/Ripley, EU Law after Lisbon, S. 410; zur Bedeutung der Erklärung auch oben B.II.1.

811 Dok. SN 400/00 ADD 1, S. 25; zu Entstehung und Bedeutung siehe bereits oben B.II.2.

durch fortlaufende Ausbildung und Heranziehung junger Talente die hohe Qualität des Wettbewerbs aufrechtzuerhalten. Dem Katalog der Erklärung lässt sich zudem die besondere Bedeutung eines fairen und ausgeglichenen sportlichen Wettkampfes entnehmen sowie die Organisation des Sports in Verbänden basierend auf dem Ein-Platz-Prinzip. Ebenso kommt zum Ausdruck, dass Sport nicht nur ein aktives Element aufweist, sondern auch passiv Nutzen gezogen kann, wodurch sozialer Zusammenhalt und kulturelle Identität geschaffen werden. Anhand des Kataloges der Erklärung ist so eine gewisse Annäherung an die inhaltliche Bedeutung der besonderen Merkmale des Sports möglich. Da sowohl die Erklärung als auch Art. 165 AEUV die Besonderheiten des Sports unter dem Begriff der besonderen Merkmale führen, kann davon ausgegangen werden, dass die inhaltliche Eingrenzung auch im Rahmen des Art. 165 AEUV herangezogen werden kann.

Hierfür spricht zudem, dass bereits der Vertrag über eine Verfassung für Europa die besonderen Merkmale des Sports als solche bezeichnet hat und damit semantisch an die Erklärung von Nizza anknüpft. Eine genauere Begriffsbestimmung wurde jedoch auch im Rahmen der Verhandlungen des Konvents nicht herausgearbeitet.[812]

Bereits an dieser Stelle ist darauf einzugehen, dass eine Aufnahme der besonderen Merkmale bzw. der Besonderheiten des Sports in den Vertragstext ursprünglich nicht vorgesehen war. Die ersten Fassungen des Konvents enthielten lediglich die Verweise auf die auf freiwilligem Engagement basierenden Strukturen sowie auf die soziale und pädagogische Funktion des Sports. Die Aufnahme der Besonderheiten konnte erst sehr spät im Rahmen der Regierungskonferenz durchgesetzt werden, in den vorangegangenen Konventsverhandlungen war dies noch nicht gelungen.[813] Nicht zuletzt ergibt sich daraus im Vergleich zu den weiteren in Art. 165 Abs. 1 UAbs. 2 AEUV angesprochenen Gesichtspunkten ein Abgrenzungsbedarf. Hierauf wird an entsprechender Stelle vertieft eingegangen.[814] Die zögerliche Aufnahme der besonderen Merkmale des Sports im Rahmen des Konvents ist vor allem in Anbetracht ihrer herausragenden Bedeutung für das Verhältnis zwischen Union und Sportwelt verwunderlich. Es liegt angesichts dessen nahe, dass den besonderen Merkmalen im von den Verhandlungsparteien

---

812 In mehreren im Rahmen des Konvents hervorgebrachten Vorschlägen werden die Besonderheiten lediglich angesprochen, eine nähere Auseinandersetzung mit dem Begriff unterbleibt hingegen; KONV 398/02, S. 4 und KONV 478/03, S. 2 f.

813 Siehe hierzu *Garcia/Weatherill*, JEPP 2012, 238 (248 f.); auch oben B.III.1.b.

814 Siehe hierzu im Rahmen der Analyse der jeweiligen Belange unten F.IV.3.d.cc. und dd.

vorgesehenen Anwendungsbereich der Unionskompetenz für den Sportbereich letztlich keine besondere Bedeutung beigemessen wurde.

(5) Die besonderen Merkmale des Sports in der Praxis

Wie kaum ein anderer Begriff des europäischen Sportrechts wurden die besonderen Merkmale des Sports in der Praxis geformt. Während sie auch in der politischen Praxis von Rat, Parlament und Kommission vielerorts behandelt werden, sind besonders die Rechtsprechung des Gerichtshofs sowie die wettbewerbsrechtliche Entscheidungspraxis der Kommission zu untersuchen. Konturen und Bedeutung des Begriffs lassen sich erst dadurch genauer erschließen.

(a) Die besonderen Merkmale des Sports in der Sportpolitik

Die Kommission hob die Bedeutung der Besonderheiten bereits in ihrem Helsinki-Bericht hervor.[815] Danach kommen sie in erster Linie bei der Anwendung des Unionsrechts auf den Sport zum Tragen. Der Bericht nennt als Besonderheiten unter anderem die Wechselbeziehung zwischen sportlicher und wirtschaftlicher Tätigkeit, den Grundsatz der Chancengleichheit und die Ungewissheit der Ergebnisse. Auch im Weißbuch Sport greift die Kommission das Phänomen auf, dem sie einen eigenen Unterpunkt widmet.[816] Der Kommission gelingt eine Eingruppierung der besonderen Merkmale, die sie aus zwei unterschiedlichen Perspektiven betrachtet. Diese umfassen zum einen die Besonderheit sportlicher Aktivitäten und Regeln, zum anderen die Besonderheit der Sportstrukturen. Die Relevanz der Besonderheiten zeigt sich nach Ansicht der Kommission bei der Beurteilung der Vereinbarkeit von Sport- und Verbandsregeln mit dem Unionsrecht.[817] Fortgeführt wird dieser Umgang mit den besonderen Merkmalen in der Mitteilung zur Entwicklung der europäischen Dimension des Sports.[818] Die Rede ist nunmehr von einer Sonderstellung des Sports, die von entscheidender Bedeutung ist im Verhältnis von sportverbandlichen Regelungen und Unionsrecht. Eine endgültige Determinierung des Begriffs gelingt indes nicht. Die Kommission verspricht vielmehr, auch in Zukunft zu einer angemessenen Auslegung des Begriffs

---

815 KOM 1999 (644) endg., S. 8, hierzu bereits oben E.V.; in der Folge wird lediglich auf einzelne Dokumente von besonderer Bedeutung eingegangen, da sich letztlich jede sportpolitische Maßnahme auf Unionsebene mit den besonderen Merkmalen auseinandersetzt.

816 KOM(2007) 391 endg., S. 14 f., hierzu bereits oben E.VIII.

817 KOM(2007) 391 endg., S. 14.

818 KOM(2011) 12 endg., S. 13., hierzu bereits oben E.XI.

beizutragen. Hieran zeigen sich einmal mehr die Schwierigkeiten in Verbindung mit einer genauen Einordnung und Bestimmung des Begriffs.

Auch Europäischer Rat und Parlament setzen sich im Rahmen ihrer sportpolitischen Maßnahmen mit den besonderen Merkmalen auseinander. So forderte der Europäische Rat in diesem Zusammenhang, die Berücksichtigung der besonderen Merkmale nicht nur auf die wirtschaftliche Dimension des Sports zu begrenzen.[819] Damit verlangt der Rat, die besonderen Merkmale nicht nur bei der Überprüfung der Vereinbarkeit sportverbandlicher Regelungen mit den Grundfreiheiten oder dem Wettbewerbsrecht einzubeziehen, sondern ihnen in gleicher Weise auch bei sportpolitischen Maßnahmen Rechnung zu tragen. Das Parlament hat sich zuletzt in seiner Entschließung zu der europäischen Dimension des Sports mit den besonderen Merkmalen befasst. Dabei enthält die Entschließung unter anderem eine Definition des Begriffs, die aufgrund ihrer Weite eine nähere Eingrenzung und Bestimmung des Begriffsinhalts nicht zulässt. Die Besonderheit des Sports ergibt sich demnach „aus all den einzelnen und wesentlichen Merkmalen [...], die ihn von jedem anderen Sektor, einschließlich der Wirtschaftstätigkeit, unterscheiden".[820] Dieser Definitionsansatz ermöglicht zumindest eine erste Einordnung des Begriffs, wie sie sich allerdings schon aus dem Wortlaut ergibt.[821] Trotz der eigenen Bemühung um inhaltliche Ausgestaltung des Terminus forderte das Parlament die Kommission auf, einen Vorschlag vorzulegen, um die Besonderheiten Sports besser zu erfassen.[822]

(b) Die besonderen Merkmale des Sports in der Rechtsprechung des Gerichtshofs und der Entscheidungspraxis der Kommission

Gemeinsam ist den sportpolitischen Initiativen bei der Auseinandersetzung mit der Sonderstellung des Sports der Bezug auf die Rechtsprechung des Gerichtshofs und die Entscheidungspraxis der Kommission,[823] die den Begriff maßgeblich geformt und zahlreiche Beispiele für eine inhaltliche Abgrenzung geprägt haben.[824]

---

819 Schlussfolgerungen des Vorsitzes vom 11./12.12.2008, 17271/1/08 REV 1, Anl. 5.

820 Entschließung des Europäischen Parlaments vom 02.02.2012, ABl. 2013, C 239 E, S. 46 (48).

821 Hierzu bereits oben F.IV.3.d.bb.(1).

822 ABl. 2013, C 239 E, S. 46 (58); die Kommission hätte demnach noch im Jahr 2012 einen entsprechenden Vorschlag umsetzen sollen.

823 So beispielsweise die Kommission im Weißbuch Sport, KOM(2007) 391 endg., S. 14.

824 Die Prüfung der Besonderheiten des Sports erfolgt auf Ebene der Rechtfertigung bzw. im Rahmen des *Wouters*-Tests; hierzu ausführlich bereits oben C.II.2., C.II.3 und D.II.3.

Erstmals entscheidungserheblich hat sich der Gerichtshof in der Rechtssache *Bosman* mit den Besonderheiten des Sports auseinandergesetzt. Die Besonderheiten des Sports wurden insbesondere von der UEFA geltend gemacht, die unter Berufung hierauf primär eine Bereichsausnahme, jedenfalls aber eine gewisse Flexibilität einforderte.[825] Der Ruf nach einer Bereichsausnahme wurde zwar nicht erhört, grundsätzlich erkannte der Gerichtshof jedoch an, dass dem Sport im Allgemeinen und dem Fußball im Besonderen angesichts seiner beträchtlichen sozialen Bedeutung Besonderheiten zu eigen sind, welche insbesondere im Rahmen des Verhältnismäßigkeitsprinzips anzuerkennen sind. Im Einzelnen ging der Gerichtshof ein auf die Chancengleichheit und die Notwendigkeit eines finanziellen und sportlichen Gleichgewichts, die Ungewissheit der Ergebnisse sowie das Bedürfnis nach besonderer Nachwuchsförderung.[826] Die Berücksichtigung der Besonderheiten des Sports setzte sich in den folgenden Entscheidungen fort. In der Rechtssache *Deliege* erkannte der Gerichtshof so das Ein-Verbands-Prinzip an, das auf den Landesverbänden beruht, welche wiederum unter Kontinental- und Weltfachverbänden zusammengefasst sind.[827] Hieraus ergibt sich eine „monopolistisch-hierarchische"[828] Struktur der Sportorganisation, wodurch einheitliche sportliche Regeln und deren Verbindlichkeit gewährleistet werden. Im Falle des Basketballspielers *Lehtonen* hingegen befasste sich der Gerichtshof mit der Chancengleichheit im sportlichen Wettbewerb, die Wettbewerbsverzerrungen verhindern soll.[829] Die Chancengleichheit im Wettbewerb war, allerdings vor anderem Hintergrund, auch Gegenstand der Entscheidung in der Rechtssache *Meca-Medina*.[830] Ausdrücklich angesprochen werden die Besonderheiten des Sports vom Gerichtshof in der Entscheidung *Bernard*.[831] Er untergliedert die Besonderheiten dabei in allgemeine, welche dem Sport an sich zu eigen sind sowie spezielle, welche lediglich einzelne Sportarten charakterisieren. Unter Bezug auf seine *Bosman*-Entscheidung stellt der Gerichtshof fest, dass die Nachwuchsanwerbung und -förderung für den Sport unerlässlich seien und diese Besonderheit auch Entschädigungsklauseln grundsätzlich rechtfertigen kann. Als herausragendes Merkmal des Sports, welches in den meisten Entscheidungen des Gerichtshofes Bedeutung erlangte, erweist sich

---

825 EuGH, *Bosman*, Rs. C-415/93, Slg. 1995, S. I-4921 Rn. 71.

826 EuGH, *Bosman*, Rs. C-415/93, Slg. 1995, S. I-4921 Rn. 105 ff.

827 EuGH, *Deliege*, Rs. C-51/96, Slg. 2000, S. I-2549 Rn. 68.

828 *Pfister*, in: Fritzweiler/Pfister/Summerer, Praxishandbuch Sportrecht, S. 13.

829 EuGH, *Lehtonen*, Rs. C-176/96, Slg. 2000, S. I-2681 Rn. 51 ff.

830 EuGH, *Meca-Medina*, Rs. C-519/04, Slg. 2006, S. I-6991 Rn. 43.

831 EuGH, *Bernard*, Rs. C-325/08, Slg. 2010, S. I-2177 Rn. 40 ff.

die Gewährleistung eines fairen, ehrlichen und objektiven sportlichen Wettbewerbs.

In ähnlicher Weise hat die Kommission in ihren wettbewerbsrechtlichen Entscheidungen bzw. Beschlüssen Stellung zu den Besonderheiten des Sports bezogen. Vor dem Hintergrund der Multi-Ownership-Regelungen der UEFA erklärte die Kommission in der Entscheidung *ENIC*, dass der Regelungszweck, einen ehrlichen und fairen Wettbewerb sowie den Eindruck eines solchen vor dem Publikum zu bewahren, anerkannt werden müsse.[832] Das besondere Merkmal der Ergebnisoffenheit des sportlichen Wettbewerbs überlagert insofern gegebenenfalls entstehende wirtschaftliche Wettbewerbsbeschränkungen. In ihrer Entscheidung zur *UEFA Champions League* befasste sich die Kommission unter anderem mit dem Merkmal der finanziellen Solidarität zwischen den einzelnen Sportvereinen.[833] Ein gewisses finanzielles Gleichgewicht zwischen den Vereinen einer Liga oder eines Wettbewerbs könne insofern zu fairen und spannenderen Spielen beitragen. Überhaupt sind einige der besonderen Merkmale des Sports auf den sportlichen Wettbewerb zurückzuführen. Dies wurde wiederum deutlich in der Entscheidung der Kommission zu *Meca-Medina*, in der sie wie im weiteren Verfahrensverlauf auch der Gerichtshof, die Gewährleistung eines fairen sportlichen Wettbewerbs unter gleichen Rahmenbedingungen für alle Athleten sowie den Schutz ihrer Gesundheit und Integrität als besondere Merkmale anerkannte, welche die Rechtfertigung sportverbandlicher Regelungen grundsätzlich begründen können.[834]

(6) Zusammenfassende Begriffsbestimmung

Die vorangegangenen Absätze haben gezeigt, mit welchen Schwierigkeiten die Begriffsbestimmung verbunden ist. Letztlich ermöglicht erst der Rückgriff auf Rechtsprechung und politische Praxis eine nähere Eingrenzung. Anhand der klassischen Auslegungsmethoden ließ sich aufzeigen, dass die besonderen Merkmale des Sports diesen Sektor im Vergleich zu anderen Sektoren unterscheiden, wenn hieraus auch noch nicht hervorgeht, worin der Unterschied im Einzelnen begründet ist. Des Weiteren konnte ausgeschlossen werden, dass mit der Pflicht zur Berücksichtigung der besonderen Merkmale eine Bereichsausnahme normiert wird. Auch lässt sich der Systematik entnehmen, dass die

832 KOM, *ENIC*, COMP /37 806 Rn. 32 ff.

833 KOM, *UEFA Champions League*, COMP/C.2–37.398, ABl. 2003, L 291, S. 25 (45, 51).

834 KOM, *Meca-Medina*, COMP/38158 Rn. 45; bestätigt in KOM, *Cañas*, COMP/39471 Rn. 25.

Autonomie der Sportverbände bereits über Art. 11 GRC bzw. Art. 12 EMRK geschützt wird und daher nicht von den besonderen Merkmalen im Sinne von Art. 165 Abs. 1 UAbs. 2 AEUV umfasst ist. Historisch belegt die Erklärung des Europäischen Rates von Nizza, dass sich die besonderen Merkmale des Sports vor allem aus den Strukturen der Sportorganisation sowie dem sportlichen Wettbewerb ergeben. Ebenso lässt sich anhand der historischen Verwendung des Begriffs der besonderen Merkmale bzw. der Besonderheiten des Sports erkennen, dass die Berücksichtigungspflicht nicht im positiven Sinne zu verstehen ist, sondern einschränkend derart, als die sportpolitischen Maßnahmen im Wirkungsspektrum der Besonderheiten dem spezifischen Charakter des Sports Rechnung zu tragen haben.

An ein solches Verständnis knüpft die sportpolitische Praxis auf Unionsebene an, die zumindest ergänzend zur näheren Begriffsbestimmung heranzuziehen ist. So betrachtet die Kommission in ihrem Weißbuch Sport die besonderen Merkmale aus zwei unterschiedlichen Perspektiven, zum einen die Besonderheit sportlicher Aktivitäten und sportlicher Regeln sowie zum anderen die Besonderheit der Sportstrukturen. Unter diese Gruppierung lassen sich in der Folge auch die besonderen Merkmale subsumieren, mit denen sich der Gerichtshof in seiner Rechtsprechung zum Sportsektor auseinandergesetzt hat. Insbesondere anhand der Untersuchung der Entscheidungspraxis lässt sich überdies erkennen, dass die Berücksichtigungspflicht hinsichtlich der besonderen Merkmale des Sports eine negative ist, welche mögliche unionspolitische Maßnahmen im Sportbereich gegebenenfalls einschränkt. Dies ist anhand der Zusammenhänge erkennbar, in denen die besonderen Merkmale insbesondere von Seiten der Sportverbände in den Sachverhalten angeführt werden.[835] Eine positive Berücksichtigungspflicht dergestalt, dass die Union vor allem die besonderen Merkmale des Sports fördern sollte, ist von Seiten der Verbände gerade nicht erwünscht.

Die Systematisierung der Kommission ermöglicht eine genauere Begriffsbestimmung, wenn auch unter Berücksichtigung insbesondere der historischen Auslegung eher auf die Inhalte der Erklärung von Nizza zurückgegriffen werden sollte. Denn anhand dieser werden die eigentlichen Grundlagen der Besonderheiten des Sports deutlich: Diese betreffen zum einen die Strukturen und die Organisation des Sports, zum anderen den sportlichen Wettbewerb. Die besonderen Merkmale, wie sie auch von Gerichtshof und Kommission berücksichtigt werden, lassen sich hierauf zurückführen.

835 Hierzu nur EuGH, *Bosman*, Rs. C-415/93, Slg. 1995, S. I-4921 Rn. 71 f.

(a) Die besonderen Strukturen des Sports

Die spezielle Struktur des Sports beruht letztlich auf dem Ein-Verbands- bzw. dem Ein-Platz-Prinzip.[836] Dieses bedeutet, dass es in der Regel für jede Sportart auf den verschiedenen geographischen Ebenen einen Verband gibt. So existiert beispielsweise im Fußball der Weltverband FIFA, dem wiederum die kontinentalen Verbände wie die UEFA für Europa oder die AFC[837] für den asiatischen Kontinent untergliedert sind. Von hoher Bedeutung sind die Fachverbände der jeweiligen Staaten, wie der DFB in Deutschland oder der SFF[838] in Schweden, die aus Zusammenschlüssen von Regional- oder Landesverbänden bestehen. Die Basis dieser pyramidalen Struktur bilden letztlich die einzelnen Sportvereine.[839] Dadurch wird zum einen gewährleistet, dass für jede Sportart einheitliche Regeln zu beachten sind, zum anderen ist es in der Hierarchie der einzelnen Verbandsstrukturen angelegt, dass diese Regeln für alle untergeordneten Verbandseinheiten verpflichtend sind.[840]

Das Ein-Verbands-Prinzip wurde vom Gerichtshof unter anderem in der Entscheidung zur Rechtssache *Deliege* behandelt und dort als Besonderheit des Sports eingestuft, die grundsätzlich die Rechtfertigung sportverbandlicher Regelungen begründen kann. Die Basis der Sportstrukturen stellen die einzelnen Sportvereine dar, die in den meisten Fällen durch ehrenamtliche Tätigkeit die Durchführung der Sportarten ermöglichen und gewährleisten. Von besonderer Bedeutung sind die Verbände der jeweiligen Länder, welche die einzelnen Vereine zusammenfassen und diese auf nationaler Ebene organisieren. Ihnen kommt eine Monopolstellung zu, die es erlaubt, Ligen, Wettbewerbe und Spielregeln verbindlich für ihre Mitglieder zu regeln.[841] Eine weitere Besonderheit ist beispielsweise die Wechselbeziehung zwischen professionellem und Amateursport. Beide sind miteinander verflochten und finanziell sowie strukturell voneinander abhängig. Sie ergänzen sich gegenseitig und bauen

836 Hierzu bereits oben unter A.II.3.

837 Asian Football Confederation.

838 Svensk Fotbollförbundet.

839 *Osmann*, SpuRt 1999, 228 (229).

840 Hierzu und zur Struktur des Sports im Allgemeinen siehe *Pfister*, in: Fritzweiler/Pfister/Summerer, Praxishandbuch Sportrecht, S. 13 ff.; *Nafziger*, in: Nafziger/Ross, Handbook on International Sports Law, S. 88 ff.; *Grodde*, Vertragsfreiheit autonomer Sportverbände S. 41 ff.

841 Vgl. hierzu EuGH, *Deliege*, Rs. C-51/96, Slg. 2000, S. I-2549 Rn. 13 f.; *Pfister*, in: Fritzweiler/Pfister/Summerer, Praxishandbuch Sportrecht, S: 12 f.

aufeinander auf. Eine genaue Abgrenzung ist vor diesem Hintergrund nicht immer möglich.[842]

(b) Die Besonderheit des sportlichen Wettbewerbs

In den meisten Entscheidungen von Gerichtshof und Kommission waren jedoch Besonderheiten ausschlaggebend, die weniger auf die strukturellen Gegebenheiten des Sports als vielmehr auf den sportlichen Wettbewerb zurückzuführen sind.[843]

Der sportliche Wettbewerb unterscheidet sich erheblich vom wirtschaftlichen Wettbewerb. Die sportlichen Konkurrenten sind voneinander dergestalt abhängig, dass ein Wettbewerb ohne den jeweils anderen nicht stattfinden kann. Chancengleichheit, insbesondere in struktureller und finanzieller Hinsicht, ist eine Grundvoraussetzung für einen auf Dauer funktionierenden sportlichen Wettbewerb. Kommt es in finanzieller Hinsicht zu Verschiebungen in Richtung eines Vereins oder weniger Vereine, besteht die Gefahr, dass hieraus eine finanzielle und sportliche Dominanz entsteht, die letztlich zum Erliegen des Wettbewerbs führt. Dies wiederum hätte immense wirtschaftliche Auswirkungen, da ohne spannenden, fairen und objektiven Wettbewerb auch das Interesse des Publikums ausbleiben wird. Qualitativ gleichwertige Mannschaften gewährleisten einen wesentlich attraktiveren sportlichen Wettbewerb, der schließlich die Grundlage für den wirtschaftlichen Erfolg und Wettbewerb bildet.[844] Werden von Seiten der Verbände Regelungen des sportlichen Wettbewerbs erlassen oder verändert, so wird dies in den meisten Fällen letztendlich auch wirtschaftliche Auswirkungen mit sich bringen. So ergeben sich aus dem sportlichen Wettbewerb eine Reihe besonderer Merkmale. Neben der bereits erwähnten Chancengleichheit sind hier beispielsweise die finanzielle Solidarität zwischen den Vereinen, die Trennung von Männern und Frauen in vielen Sportarten, die Einteilung in Altersklassen, die Gewährleistung der Ergebnisoffenheit, die besondere Förderung des Nachwuchses und ein finanzielles Gleichgewicht zwischen den Teilnehmern des jeweiligen Wettbewerbs zu nennen.

---

842 .Zur Abgrenzung auch *Szyszczak*, in: Bogusz/Cygan/Szyszczak, The Regulation of Sport in the European Union, S. 4 ff.

843 Vgl. hierzu auch *Eichel*, Der Sport im Recht der EU, S. 155, der den sportlichen Wettbewerb als „Ausgangspunkt aller weiteren angeführten besonderen Merkmale" betrachtet.

844 Siehe hierzu schon KOM, Das Europäische Sportmodell, 2. Fassung, 22.04.1999, S. 4; oben E.IV.

(c) Definitionsansatz

Angesichts dieser Auslegungsergebnisse wird ein Definitionsansatz möglich, der eine genauere Eingrenzung der besonderen Merkmale des Sports bewirken kann. Dieser Ansatz berücksichtigt insbesondere die herausragenden Charakteristika des Sports, welche die Grundlage der Besonderheiten bilden und auch in der Entscheidungspraxis von Gerichtshof und Kommission, wenn auch nicht ausdrücklich, angelegt sind:

> *Besondere Merkmale des Sports sind solche Eigenschaften des Sports, die ihn im Vergleich zu anderen Sektoren, einschließlich des Wirtschaftssektors, abgrenzen und die auf den einzigartigen Strukturen der Sportwelt sowie dem sportlichen Wettbewerb beruhen.*

cc. Auf freiwilligem Engagement basierende Strukturen

Mit den auf freiwilligem Engagement basierenden Strukturen wird der Berücksichtigungspflicht ein weiterer Gesichtspunkt unterworfen. Von Interesse im Rahmen der folgenden Auslegung ist dabei unter anderem das Verhältnis zu den besonderen Merkmalen des Sports.

(1) Wortlaut

Bereits dem Wortlaut lässt sich entnehmen, dass mit der ausdrücklichen Erwähnung des freiwilligen Engagements die ehrenamtliche Tätigkeit innerhalb der Sportvereine und -verbände gemeint ist. Das Ehrenamt stellt im Rahmen der Pyramidenstruktur des Sports die Basis dar, es ist die unverzichtbare Grundlage der Sportstrukturen.[845] Die Tätigkeit der Freiwilligen umfasst eine weite Spannbreite, im Fußball beispielsweise sind hier unter anderem Trainer, Schiedsrichter und Platzwarte sowie der jeweilige Verwaltungsapparat zu nennen. Hinzu kommen vielfältige Arbeiten innerhalb der Organisation von Vereinen und Verbänden. Ohne die Freiwilligentätigkeit wäre das europäische Sportmodell letztlich nicht existenzfähig, das Ehrenamt leistet einen unvergleichlichen Beitrag zur sozialen Wertschöpfung.[846] Nach einer von der Kommission in Auftrag gegebenen Studie sind in der Union bis zu 16 % der Erwachsenen im Sportsektor ehrenamtlich beschäftigt, der Anteil ehrenamtlicher Tätigkeit im Sportbereich erreicht in einzelnen Mitgliedstaaten bis zu 84 % der gesamten freiwilligen Tätigkeit.[847] Dem

---

845 *Osmann*, SpuRt 1999, 228 (229); *Parrish/Garcia/Miettinen/Siekmann*, The Lisbon Treaty and EU Sports Policy, S. 45.

846 Vgl. *Streinz*, causa sport 2009, 106 (107).

847 *Study on Volunteering in the European Union*, von der Kommission in Auftrag gegebene Studie von *GHK* vom 17.02.2010, abrufbar unter http://ec.europa.eu/citizenship/pdf/doc1018_en.pdf, abgerufen am 30.06.2014.

Ehrenamt kommt vor diesem Hintergrund eine hohe gesellschaftliche und vor allem soziale Bedeutung zu. Aus der grammatikalischen Exegese ergibt sich daher, dass mit der ausdrücklichen Erwähnung des freiwilligen Engagements und der Strukturen des Sports der Bezug zum Europäischen Sportmodell hergestellt wird, wie auch von der Kommission anerkannt.[848]

Eher fernliegend erscheint es, die Erwähnung der auf freiwilligem Engagements basierenden Strukturen als Bezug zur Autonomie der Sportverbände zu sehen. Es wurde bereits festgestellt, dass die Autonomie der Verbände einer Erwähnung im Rahmen des Art. 165 AEUV nicht bedarf.[849] Im Übrigen stellt das Ehrenamt im Sportbereich eines der besonderen Merkmale des Sports dar, welches auf die besondere Struktur des Sportsektors zurückzuführen ist. Es liegt insofern näher, die explizite Aufnahme des Ehrenamts als besondere Hervorhebung des europäischen Sportmodells zu verstehen und nicht als einen versteckten Anknüpfungspunkt für die Autonomie der Verbände.[850] Hierfür spricht nicht nur die besondere Betonung des Ehrenamts, sondern eben der hierauf basierenden Strukturen, deren Zusammensetzung als europäisches Sportmodell bezeichnet wird. Auf diese Weise werden die Organisation und Struktur des Sports in Europa, wie im Europäischen Sportmodell zusammengefasst, als einzelnes besonderes Merkmal ausdrücklich erwähnt und der Berücksichtigungspflicht unterworfen.

(2) Systematik

Mittels der systematischen Auslegung lässt sich eine Abgrenzung zu den ebenfalls in Art. 165 Abs. 1 UAbs. 2 AEUV genannten besonderen Merkmalen des Sports herstellen. Als Teil der besonderen Strukturen des Sports ist die Freiwilligentätigkeit und insbesondere die Abhängigkeit des Sportssektors von der Unterstützung durch das Ehrenamt ebenfalls als besonderes Merkmal des Sports anzusehen.[851] Die auf dem Ehrenamt gründende Pyramidenstruktur erfährt durch die ausdrückliche Nennung eine starke Betonung, der allerdings eher deklaratorischer Charakter zukommt, da sie bereits von den besonderen Merkmalen umfasst ist und daher bei unionspolitischen Maßnahmen ohnehin zu berücksichtigen ist. Wie bereits ausgeführt, handelt es sich hierbei um eine negative Berücksichti-

848 KOM, Das Europäische Sportmodell, 2. Fassung, 22.04.1999, S. 4; hierzu auch *Osmann*, SpuRt 1999, 228 ff.; oben E.IV.

849 Hierzu oben F.IV.3.d.bb.(2)(b).

850 So *Wiesner*, Unionsziele im Europäischen Verfassungsrecht, S. 123.

851 Zum Ehrenamt als besonderes Merkmal des Sports siehe oben F.IV.3.d.bb.(6)(a).

gungspflicht, da die besonderen Merkmale unionspolitische Maßnahmen im Sportsektor gegebenenfalls beschränken.[852]

Ebenfalls bereits hingewiesen wurde darauf, dass die Erwähnung der auf freiwilligem Engagement basierenden Strukturen in erster Linie eine positive Berücksichtigungspflicht auslöst. Eine solche bedeutet, dass die Beiträge zur Förderung der europäischen Aspekte des Sports sich vor allem auf das Ehrenamt konzentrieren sollen. Durch die ausdrückliche Erwähnung des Ehrenamts wird somit ein Förderschwerpunkt normiert. Käme der Erwähnung des Ehrenamts lediglich eine einschränkende Funktion zu wie dem Oberbegriff der besonderen Merkmale, so wäre der Wortlaut des Art. 165 Abs. 1 UAbs. 2 AEUV anders ausgefallen. Hier hätte es dann nahegelegen, nach dem Wort *Merkmale* das Wort *insbesondere* einzufügen. Der Förderschwerpunkt konzentriert sich dabei mehr auf das Ehrenamt und weniger auf die Strukturen des Sports, als deren Regelung zu den inneren Angelegenheiten des Sports zählt und der Autonomie unterfällt.

In Abgrenzung zur ebenfalls ausdrücklich erwähnten sozialen und pädagogischen Funktion des Sports wird deutlich, dass das freiwillige Engagement als Basis des europäischen Sportmodells einen Schwerpunkt der Förderung darstellen soll. Die Wortlautauslegung zeigte, dass das Ehrenamt sich insbesondere den sozialen Aspekten des Sports zuweisen lässt und nach diesem Verständnis von deren Erwähnung in Art. 165 Abs. 1 UAbs. 2 AEUV bereits umfasst ist. Dennoch erfolgt ein expliziter Hinweis, der nur als nochmalige Betonung der Bedeutung des Ehrenamts und als Richtungsvorgabe für eine Förderpolitik der Union verstanden werden kann.

(3) Teleologie

Die ausdrückliche Erwähnung der auf freiwilligem Engagement gründenden Strukturen ist auch vor dem Hintergrund der Ziele der Union zu betrachten. Besondere Bedeutung erlangen dabei die sozialen und kulturellen Zielsetzungen in Art. 3 Abs. 3 UAbs. 2 und 4 EUV. Ziel der Union ist es demnach unter anderem, soziale Ausgrenzung und Diskriminierung zu bekämpfen sowie die Gleichstellung von Frauen und Männern zu fördern. Der Reichtum der kulturellen Vielfalt soll gewahrt, das kulturelle Erbe geschützt und entwickelt werden. Ausgehend von dieser teleologischen Perspektive bestätigt sich die Annahme, dass die Erwähnung des freiwilligen Engagements als besonderes Fördermandat zu betrachten ist. Die freiwillige Tätigkeit in Vereinen und Verbänden kann einen

---

852 Hierzu ausführlich oben F.IV.3.d.aa.(1).

wesentlichen Beitrag zur Erreichung der beschriebenen Unionsziele liefern. Die Tätigkeit vermag es insbesondere, den sozialen Zusammenhalt zu fördern, sie wirkt sozialer Isolation entgegen und verfügt über hohes integratives Potential, indem Freiwillige unterschiedlicher sozialer und ethnischer Herkunft und Altersgruppen zusammenarbeiten.[853] Darüber hinaus kann die Ausübung des Ehrenamts zumindest in einigen europäischen Ländern durchaus als Teil der Kultur bezeichnet werden. So gibt es in Portugal etwa 70.000 unbezahlte Trainer sowie 40.0000 freiwillige Jury- und Ausschussmitglieder im Sportbereich.[854] Eine solche Anzahl von allein im Sportsektor tätigen Freiwilligen kann als Teil der Kultur eines Landes erachtet werden. Die Freiwilligentätigkeit des Sportsektors, die in den meisten Mitgliedstaaten der Union einen erheblichen Anteil an der Gesamtzahl der ehrenamtlich Tätigen darstellt, kann vor diesem Hintergrund maßgeblich zu den sozialen und kulturellen Zielen der Union beitragen. Die Erwähnung in Art. 165 Abs. 1 UAbs. 2 AEUV darf daher nicht nur als kompetenzeinschränkend betrachtet werden, sondern vielmehr als Festschreibung eines spezifischen Fördermandats, das auf die Unterstützung der untersten Ebene der Pyramidenstruktur des Sports ausgerichtet ist.

Dies bestätigt sich in Anbetracht des ersten Teilziels des Art. 165 Abs. 7 Spiegelstrich AEUV, welches Fairness und Offenheit von Sportwettkämpfen avisiert. Die Förderung der Sportstrukturen, basierend auf dem freiwilligen Engagement, hat diese Zielvorgabe aufzunehmen und umzusetzen. Die freiwillige ehrenamtliche Mitarbeit in Vereinen und Verbänden ist ein hervorragendes Mittel zur Integration und Inklusion. Menschen unterschiedlicher sozialer und ethnischer Herkunft, verschiedener Altersklassen sind gemeinsam tätig, verbunden durch den Erfolg ihres Vereines. Die Prinzipien Fairness und Offenheit kommen im Rahmen der ehrenamtlichen Tätigkeit besonders zur Geltung in Form von Toleranz, Akzeptanz und Solidarität.[855] Im Rahmen der Erfüllung der Unionsaufgabe kann auf diese Weise zur Entwicklung der europäischen Dimension des Sports beigetragen werden.

853 Zu den sozialen Aspekten siehe die von der Kommission in Auftrag gegebene Studie *Study on Volunteering in the European Union* vom 17.02.2010, S. 219 ff., http://ec.europa.eu/citizenship/pdf/doc1018_en.pdf, abgerufen am 30.06.2014; in diesem Sinne auch *Grodde*, SpuRt 2005, 222 (227).

854 *Osmann*, SpuRt 1999, 228 (229).

855 Das Ehrenamt ist daher wesentlicher Teil der sozial-integrativen Komponente des Sports, hierzu sogleich unter F.IV.3.d.dd.; vgl. auch die Schlussfolgerungen des Rates vom 18.11.2010 zur Rolle des Sports als Grundlage und Antrieb für aktive soziale Eingliederung, ABl. 2010, C 326, S. 5.

(4) Historische Auslegung

Anhand der Entwicklung im Rahmen des Europäischen Konvents lassen sich einige dieser Punkte bestätigen. Zunächst war vorgesehen, den Sport allein in Anbetracht seiner sozialen und pädagogischen Aspekte in den Vertrag über eine Verfassung für Europa aufzunehmen.[856] Die Aufnahme der besonderen Merkmale, ebenso wie die Erwähnung der auf freiwilligem Engagement basierenden Strukturen, erfolgte letztlich erst im Rahmen der Regierungskonferenz. Bereits zuvor war erwogen worden, im Vertrag eine ausdrückliche Anerkennung der bestehenden Sportstrukturen sowie der Unabhängigkeit der Sportverbände zu verankern.[857] Der Vorschlag konnte sich letztlich nur teilweise durchsetzen. Denn aufgenommen wurde lediglich der Verweis auf die Strukturen des Sports und dabei die Freiwilligentätigkeit besonders hervorgehoben. Ein ausdrücklicher Verweis auf die Unabhängigkeit ist demgegenüber unterblieben. Aus diesem Grund erscheint die Annahme naheliegend, dass die Erwähnung der Strukturen und insbesondere des freiwilligen Engagements in erster Linie einen Förderschwerpunkt normiert, welcher auf das Ehrenamt als Basis der Sportstrukturen bezogen ist.

Angesichts dieses Verständnisses ist auf die Erklärung von Nizza einzugehen, die inhaltlich eine wesentliche größere Bandbreite aufweist und der sich daher wichtige Hinweise für das Verständnis der Sportkompetenz des Art. 165 AEUV entnehmen lassen. Demnach unterstützen die Mitgliedstaaten „die Tätigkeit der ehrenamtlichen Mitarbeiter im Sport durch Fördermaßnahmen zur Gewährleistung eines adäquaten Schutzes und zur Anerkennung der wirtschaftlichen und sozialen Funktion der ehrenamtlichen Mitarbeiter, gegebenenfalls mit Beteiligung der Gemeinschaft“.[858] Dieser an Mitgliedstaaten und Union gerichteten Förderauftrag gibt Aufschluss über die Bedeutung des deutlich kürzer ausgefallenen Verweises auf die ehrenamtliche Tätigkeit in Art. 165 Abs. 1 UAbs. 2 AEUV. Das Ehrenamt ist für den Sport sowohl in wirtschaftlicher als auch sozialer Hinsicht unverzichtbar. Die ehrenamtliche Mitarbeit verschafft den Vereinen und Verbänden insbesondere im Amateurbereich einen größeren finanziellen Spielraum, da für die ehrenamtlich ausgeführten Arbeiten keine Personalkosten anfallen. Zugleich verschafft die ehrenamtliche Beteiligung an Projekten im Verein sozialen Zusammenhalt und Integration, ungeachtet dessen, ob ehrenamtlich Tätige die jeweilige Sportart aktiv ausüben. Gerade nach Ende der sportlichen Karriere ermöglicht das Ehrenamt eine fortlaufende und aktive Teilhabe am Vereins- und

856 Siehe zu dieser Entwicklung oben B.III.1.b.

857 KONV 478/03, S. 3.

858 Dok. SN 400/00 ADD 1, S. 25.

Verbandsleben und leistet so einen wesentlichen Beitrag zum gesellschaftlichen Zusammenhalt. Es sind die Auswirkungen der Freiwilligentätigkeit, welche besondere Förderung durch eine Sportpolitik der Union verdienen. Die ausdrückliche Erwähnung von Fördermaßnahmen auch durch die Union in der Erklärung von Nizza bestätigt somit die Annahme, dass mit der Berücksichtigungspflicht bezüglich des Ehrenamts und der Sportstrukturen ein Förderschwerpunkt normiert werden sollte.

dd. Soziale und pädagogische Funktion

(1) Wortlaut

Art. 165 Abs. 1 UAbs. 2 AEUV erwähnt ausdrücklich die soziale und pädagogische Funktion des Sports, die bei den Beiträgen der Union zur Förderung der europäischen Aspekte des Sports ebenfalls zu berücksichtigen ist. Hierbei handelt es sich nicht nur etwa um ein besonderes Merkmal des Sports, sondern es sind zugleich einzelne Aspekte des vielschichtigen Sportbegriffs angesprochen.[859] Die ausdrückliche Erwähnung wirkt sich damit in zweifacher Hinsicht aus. Neben den sonstigen gesellschaftlichen, wirtschaftlichen und kulturellen Aspekten des Sports werden in Art. 165 Abs. 1 UAbs. 2 AEUV die soziale und pädagogische Funktion somit ausdrücklich hervorgehoben. Es handelt sich nicht um eine lediglich deklaratorische Erwähnung dieser Aspekte. Die explizite Aufnahme spricht vielmehr dafür, dass diesen Funktionen des Sports im Rahmen der positiven Berücksichtigungspflicht in besonderer Weise Rechnung zu tragen ist. Wie bezüglich der auf freiwilligem Engagement basierenden Strukturen gilt auch hier, dass auf diese Weise ein Förderschwerpunkt normiert wird. Zugleich ist indes denkbar, dass sich bezüglich der sozialen und pädagogischen Funktion auch eine negative bzw. einschränkende Berücksichtigungspflicht entfaltet. Fördert die Union beispielsweise wirtschaftliche Aspekte der europäischen Dimension des Sports, so muss sichergestellt sein, dass hierdurch die soziale und pädagogische Funktion des Sports nicht beeinträchtigt wird. Jedenfalls ist den Aspekten in angemessener Weise Rechnung zu tragen. Insoweit nur gleicht die Berücksichtigung der sozialen und pädagogischen Funktion der Wirkweise der besonderen Merkmale.

(2) Systematik

Diesbezüglich kann weitestgehend auf die Ausführungen zu den auf freiwilligem Engagement basierenden Strukturen des Sports verwiesen werden. Die soziale

---

859 Zur Abgrenzung von Merkmalen und Aspekten des Sports siehe oben F.IV.3.d.bb.(2)(a).

und pädagogische Funktion des Sports ist eines der besonderen Merkmale des Sports.[860] Als solches ist es in Art. 165 Abs. 1 UAbs. 2 AEUV bereits allgemein erwähnt. Die ausdrückliche Pflicht zur Berücksichtigung der Funktion ist demnach dahingehend zu verstehen, dass im Sinne einer positiven Berücksichtigungspflicht ein Förderschwerpunkt innerhalb der europäischen Aspekte des Sports statuiert wird.

Im Übrigen entspricht die Erwähnung der sozialen und insbesondere der pädagogischen Funktion der systematischen Verortung der Sportkompetenzen im Rahmen des Titels XII für allgemeine und berufliche Bildung, Jugend und Sport. Der expliziten Erwähnung kommt insofern klarstellende Wirkung zu, als sich die Ausrichtung der Sportkompetenzen auf soziale und pädagogische Aspekte bereits aus dem systematischen Zusammenhang ergibt.

(3) Teleologie

Die sozialen Zielsetzungen der Union wurden im Zuge des Vertrages von Lissabon wesentlich überarbeitet,[861] die soziale Ausrichtung des Integrationsprozesses hat eine neue Ausrichtung erfahren.[862] Die entsprechenden Ziele sind in Art. 3 Abs. 3 UAbs. 2 normiert. Konkretisiert werden diese Ziele unter anderem durch die einzelnen Kompetenzen im Rahmen der Sozialpolitik, Art. 151 ff. AEUV. Insbesondere sollen demnach soziale Ausgrenzung und Diskriminierung bekämpft werden. Einzelne Personen oder auch Personengruppen werden nicht aus „Kernbereichen sozialer Teilhabe“[863] ausgeschlossen, wozu auch der Sportbereich gezählt werden kann. Wie kaum ein anderer gesellschaftlicher Bereich ist der Sport geeignet, Personen unterschiedlicher ethnischer Herkunft, unterschiedlicher Altersgruppen oder sozialer Klassen zusammenzubringen. Dies betrifft sowohl die Ausübung einzelner Sportarten als auch die ehrenamtliche Betätigung in Vereinen und Verbänden. Mit der ausdrücklichen Erwähnung der sozialen und pädagogischen Funktion des Sports wird die Unionspolitik im Sportbereich mit ihrer Sozialpolitik verknüpft. Die Ausrichtung der sozialpolitischen Unionsziele gibt Aufschluss über die Ausrichtung einer Sportpolitik der Union, die wesentlich zur Erreichung der sozialen Zielsetzung beitragen kann. Diese Erkenntnisse bestätigen die Auslegung zu den auf freiwilligem Engagement basierenden Struk-

860 EuGH, *Bosman*, Rs. C-415/93, Slg. 1995, S. I-4921 Rn. 106; EuGH, *Bernard*, Rs. C-325/08, Slg. 2010, S. I-2177 Rn. 39.

861 *Terhechte*, in Grabitz/Hilf/Nettesheim, Art. 3 EUV Rn. 51.

862 *Ruffert*, in: Callies/Ruffert, Art. 3 EUV Rn. 27.

863 *Terhechte*, in Grabitz/Hilf/Nettesheim, Art. 3 EUV Rn. 52.

turen. Bereits dort konnte festgestellt werden, dass deren Erwähnung ein Hinweis ist auf die soziale Ausrichtung der Unionspolitik im Sportbereich.[864]

Ähnliches gilt für die pädagogische Funktion des Sports, was insbesondere im Lichte der Teilziele deutlich wird. Ziel der Union ist es unter anderem, den Schutz der körperlichen und moralischen Integrität der Sportler zu gewährleisten. Ebenso sollen Fairness und Offenheit gefördert werden. Dieser Zielrahmen kann bei Erfüllung der Unionsaufgaben im Sport vor allem mittels der pädagogischen und sozialen Funktion des Sports ausgefüllt werden. Konkrete Maßnahmen können im Rahmen der Dopingbekämpfung präventiv und aufklärend wirken. Sie fördern die Vereinbarkeit von Erziehung, Ausbildung und sportlicher Laufbahn von jungen Spitzensportlern. Auch im Hinblick auf die Entwicklung und Bewahrung der Prinzipien Fairness und Offenheit von Sportwettkämpfen tragen sportpädagogische Initiativen zur Verwirklichung der Ziele bei und übertragen diese Prinzipien der Sportwelt in die gesellschaftliche Sphäre. Die Vorgaben der Teilziele wirken somit direktiv und geben konkrete Hinweise auf mögliche Handlungsfelder der Union im Zusammenhang mit der Förderung der sozialen und pädagogischen Funktion des Sports.

(4) Historische Auslegung

Bereits die Erklärung Nr. 29 von Amsterdam nannte die Bedeutung des Sports bei der Identitätsfindung und der Begegnung von Menschen und somit wesentliche Aspekte der sozialen Funktion des Sports[865]. Die umfassendere Erklärung von Nizza sprach die sozialen Werte des Sports ebenso an wie seine Rolle in der Erziehung. In diesem Zusammenhang sollte der Sport der sozialen Eingliederung und Beteiligung am gesellschaftlichen Leben dienen, Toleranz und Akzeptanz von Verschiedenheiten sowie die Beachtung von Regeln fördern.[866] Diese Ausdifferenzierung des sozialen Aspekts bestätigt die soeben beschriebenen Erkenntnisse der teleologischen Auslegung. Zugleich wird hieran verdeutlicht, dass die Sportpolitik der Union von den sozialen Aspekten des Sports geprägt sein soll.

Dies steht im Einklang mit der ursprünglichen Ausgestaltung des Verfassungsvertrages im Rahmen des Konvents. Dort war vorgesehen, die europäischen Aspekte des Sports in Anbetracht seiner sozialen und pädagogischen Funktion zu fördern.[867] Es wird ein eindeutiger Bezug hergestellt zu den sozialen

864 Oben F.IV.3.d.cc.(3).

865 ABl. 1997, C 340, S. 136.

866 Dok. SN 400/00 ADD 1, S. 25.

867 KONV 850/03, S. 147; auch oben B.III.1.b.

und pädagogischen Aspekten als Teile einer europäischen Dimension des Sports und damit der Unionspolitik eine klare Ausrichtung vorgegeben. Durch die Aufnahme der besonderen Merkmale sowie die Erwähnung der Sportstrukturen wurden weitere Elemente hinzugefügt, welche diese offensichtliche Fokussierung auf die soziale und pädagogische Funktion abgeschwächen. Es ist jedoch davon auszugehen, dass die ursprünglich auch im Wortlaut zum Ausdruck kommende primäre Ausrichtung auf die soziale und pädagogische Funktion erhalten bleiben sollte. Hierfür spricht die Entwicklung im Zuge der Konventsverhandlungen und auf der Regierungskonferenz, auf der die weiteren in Art. 165 Abs. 1 UAbs. 2 AEUV enthaltenen Gesichtspunkte erst nach langwierigen Verhandlungen aufgenommen wurden.[868] Dies entspricht im Übrigen den Vorgaben der Erklärungen von Amsterdam und Nizza und setzt so deren grundsätzliche politische Linie fort. Letztlich bestätigt die historische Betrachtung die Ansicht, dass die Nennung der sozialen und pädagogischen Funktion in erster Linie im positiven Sinne zu verstehen ist und die Förderbeiträge der Union diesen Schwerpunkt zu beachten haben.

(5) Soziale und pädagogische Funktion in der Praxis von Rechtsprechung und Politik auf Unionsebene

Ergänzend ist an dieser Stelle auf den Umgang mit der sozialen und pädagogischen Funktion des Sports in der politischen Praxis einerseits und in der Entscheidungspraxis von Rechtsprechung und Kommission andererseits einzugehen. Dadurch werden die Ergebnisse der Auslegung bestätigt.

Vor dem Hintergrund der Erklärungen von Amsterdam und Nizza, die den Sport in erster Linie aus einer sozialen Perspektive betrachten, waren auch konkrete politische Maßnahmen der Union im Sportbereich in erster Linie ausgerichtet auf die soziale und pädagogische Funktion. An dieser Stelle ist insbesondere das Jahr der Erziehung durch Sport 2004 zu nennen.[869] Auch nach Inkrafttreten des Vertrages von Lissabon sind sportpolitische Maßnahmen in diesem Kontext angesiedelt.[870] Die soziale Komponente wird von der Kommission zudem im Zusammenhang mit dem Bau von Multifunktionsarenen hervorgehoben. Die soziale Funktion des Sports wird dabei weniger als besonderes

868 Siehe *Garcia/Weatherill*, JEPP 2012, 238 (247 ff.).

869 Beschluss des Europäischen Parlaments und des Rates vom 06.02.2003, Nr. 291/2003/EG, ABl. 2003, L 43, S. 1; siehe oben E.VII.

870 Hierzu das Programm der Kommission Erasmus+, Verordnung (EU) Nr. 1288/2013 vom 11.12.2013 zur Einrichtung von „Erasmus+", dem Programm für allgemeine und berufliche Bildung, Jugend und Sport, ABl. 2013, L 347, S. 50.

Merkmal zur Rechtfertigung der staatlichen Förderungen verstanden, sondern unter Bezug auf Art. 165 Abs. 1 UAbs. 2 AEUV und die Normierung der sozialen Funktion wird der Bau solcher Arenen zur Aufgabe staatlichen Handelns erklärt.[871]

Die Bedeutung der sozialen Funktion als besonderes Merkmal, welches zur Rechtfertigung sportverbandlicher Maßnahmen beitragen kann, wurde vom Gerichtshof schon im *Bosman*-Urteil betont und in seiner Entscheidung *Bernard* bestätigt. Dem Sport im Allgemeinen und dem Fußball im Besonderen wird hier eine beträchtliche soziale Bedeutung zugesprochen, die bei der Beurteilung der Rechtmäßigkeit von Verbandssatzungen zu berücksichtigen ist.[872] Die soziale Funktion wird dabei im Zusammenhang mit Entschädigungszahlungen angeführt, welche im Falle eines Transfers für die Ausbildung und Förderung junger Talente zu zahlen sind.[873] Es ist jedoch davon auszugehen, dass sich die Berücksichtigung der sozialen Funktion gemäß Art. 165 Abs. 1 UAbs. 2 AEUV in erster Linie im Rahmen der sportpolitischen Maßnahmen auswirken wird im beschriebenen Sinne eines Förderschwerpunktes. Hierfür spricht, dass die Berücksichtigung *dabei* erfolgt, also bei der Förderung der europäischen Aspekte des Sports, zu denen insbesondere die soziale Komponente als Teilaspekt des Sports zählt.

(6) Soziale und pädagogische Funktion als Aufgabenschwerpunkt

Mit der Berücksichtigungspflicht hinsichtlich der sozialen und pädagogischen Funktion des Sports wird ein Handlungsschwerpunkt innerhalb der Unionsaufgabe für den Sport gesetzt. Sport ist ein Medium zu sozialen Eingliederung, zur Förderung des sozialen und gesellschaftlichen Zusammenhalts und zur Bildung eines Gemeinschaftsgefühls. Der bildungsbezogene Aspekt des Sports kann genutzt werden, um grundlegende Werte wie Akzeptanz, Disziplin, Toleranz und Fairness auf spielerische Weise zu erlernen und zu fördern. Dies hat sich zuletzt an der sportpolitischen Praxis der Union gezeigt, deren Maßnahmen maßgeblich diese Aspekte des Sports herum erfassten. Diese sportpolitische Tendenz wurde mit dem Vertrag von Lissabon aufgegriffen und entsprechend in Art. 165 Abs. 1 UAbs. 2 AEUV festgeschrieben. Dass das Handlungsfeld der Union für den Sportbereich primär um die sozialen und pädagogischen Aspekte

---

871 KOM, *Uppsala Arena*, SA.33618 (12/C) (ex 11/N), ABl. .2012, C 152, S. 18 (22); KOM, *Multifunktionsarena der Stadt Erfurt*, SA.35135 (2012/N) Rn. 14.

872 EuGH, *Bosman*, Rs. C-415/93, Slg. 1995, S. I-04921 Rn. 106.

873 EuGH, *Bernard*, Rs. C-325/08, Slg. 2010, S. I-02177, Rn. 40, 44.

des Sports angelegt wurde, belegt die ursprüngliche Fassung der Unionsaufgabe in den ersten Entwürfen des Konvents. Dort war allein dieser Aspekt der Berücksichtigungspflicht unterworfen. Das Handlungsfeld wird weiter konkretisiert, indem Art. 165 Abs. 1 UAbs. 2 AEUV das Ehrenamt ausdrücklich erwähnt, dem innerhalb der Sportwelt herausragende soziale Bedeutung zukommt. Die sozialen und pädagogischen Aspekte des Sports geben im Lichte des Unionsziels gemäß Art. 165 Abs. 2 7. Spiegelstrich AEUV das konkrete und primär maßgebliche Handlungsfeld vor, innerhalb dessen die Union die europäische Dimension des Sports entwickeln kann.

e. Unionsaufgabe: Förderung der Zusammenarbeit gemäß Art. 165 Abs. 3 AEUV

Art. 165 Abs. 3 AEUV gilt sowohl für die Sport- als auch die Bildungskompetenzen der Union. Neben Art. 165 Abs. 1 UAbs. 2 AEUV ist die Förderung der Zusammenarbeit mit dritten Ländern und den für den Sport zuständigen internationalen Organisationen Teil der Unionsaufgabe.

aa. Wortlaut

Aufgabe der Union ist gemäß Art. 165 Abs. 3 AEUV die Förderung der Zusammenarbeit mit dritten Ländern und den für den Sportbereich zuständigen internationalen Organisationen. Während Abs. 1 und Abs. 2 die Inhalte für die unionsinterne Sportpolitik in Form von Zielen und Aufgaben vorgeben, reichert Abs. 3 die europäische Dimension des Sports um eine „auswärtige Perspektive“[874] an, indem ausschließlich die Verpflichtung zur internationalen Zusammenarbeit im Bildungs- und Sportbereich normiert wird. Die Förderung der Zusammenarbeit betrifft zum einen dritte Länder, in Abgrenzung zu den Mitgliedstaaten, die selbst Adressaten der Unionsaufgabe gemäß Abs. 3 sind. Im Zusammenhang mit dritten Ländern kommt dem Sport insbesondere eine entwicklungspolitische Funktion zu.[875] Zum anderen sind die für den Sport zuständigen internationalen Organisationen einbezogen, wobei der Europarat als Beispiel für eine solche internationale Organisation ausdrücklich erwähnt wird. Die beispielhafte Nennung des Europarates in diesem Zusammenhang stellt klar, dass lediglich die Zusammenarbeit mit amtlichen internationalen Or-

874 *Niedobitek*, in: Streinz, Art. 165 AEUV Rn. 48.

875 Hierzu die Entschließung des Parlaments vom 01.12.2005 zu Entwicklung und Sport, P6_TA(2005)0464.

ganisationen Gegenstand der Unionsaufgabe ist.[876] Neben dem Europarat[877] sind insbesondere die UNESCO[878] und die Vereinten Nationen[879] auf internationaler Ebene für den Sport zuständig im Sinne von Art. 165 Abs. 3 AEUV. Nichtamtliche Organisationen hingegen, wie es insbesondere Sportverbände wie FIFA oder WADA sind, werden von Abs. 3 nicht erfasst.[880] Die Zusammenarbeit zwischen den für den Sport verantwortlichen Verbänden ist Inhalt des Art. 165 Abs. 2 7. Spiegelstrich AEUV, der die Förderung dieser Zusammenarbeit zum Ziel der Union erklärt. Damit ist auch die Zusammenarbeit mit der WADA von diesem Teilziel erfasst. Es besteht daher trotz ihrer hohen Bedeutung im Bereich der Dopingbekämpfung kein Bedürfnis, sie in die internationale Zusammenarbeit der Union gemäß Abs. 3 einzubeziehen.[881]

Abs. 3 nennt als Adressaten die Union und die Mitgliedstaaten. Beide werden zur internationalen Zusammenarbeit mit den Sportorganisationen verpflichtet. Es ist nicht zwingend erforderlich, dass die Union stets zusammen mit den Mitgliedstaaten auf internationaler Ebene auftritt, wenn dies auch im Einzelfall zweckdienlich sein mag.[882] Dem Wortlaut lässt sich ein solches Verständnis nicht entnehmen. Abs. 3 eröffnet vielmehr die Möglichkeit für eine eigenständige internationale Strategie der Union im Rahmen der durch die Unionsziele für den Sport gesetzten Grenzen und den allgemeinen Beschränkungen, insbesondere dem Subsidiaritätsprinzip gemäß Art. 5 Abs. 1 Satz 2, Abs. 3 EUV.[883] Die nach

---

876 *Simm*, in: Schwarze, Art. 165 AEUV Rn. 21; *Blanke*, in: Grabitz/Hilf/Nettesheim, Art. 165, 166 AEUV Rn. 94.

877 Zur Tätigkeit des Europarates im Sport siehe oben F.IV.2.b.aa.(1); auch *Frossard*, ISLJ 2007/1–2, 30 ff.; *Tokarski*, Spuren, S. 61 ff.

878 DIE UNESCO veranstaltet unter anderem die Weltkonferenz der Sportminister, MINEPS, darüber hinaus ist am 01.02.2007 das UNESCO-Übereinkommen gegen Doping im Sport in Kraft getreten, abgedruckt beispielsweise in ISLJ 2007/3–4, 119 ff.

879 Die Vereinten Nationen betrachten den Sport in erster Linie als Instrument ihrer entwicklungspolitischen Zielsetzungen, siehe hierzu den Bericht der Vereinten Nationen aus dem Jahr 2003, Sport for Development and Peace, S. 2 ff.

880 Hierzu bereits oben F.IV.2.b.cc.(3).

881 A.A.: *Eichel*, Der Sport im Recht der EU, S. 179 f; dies führt allerdings zu Folgeproblemen im Zusammenhang mit dem Abschluss völkerrechtlicher Verträge gemäß Art. 216 AEUV, im Übrigen auch zu weiteren Abgrenzungsschwierigkeiten im Hinblick auf ebenso bedeutende Sportorganisationen wie beispielsweise das IOC.

882 *Vedder*, in: Vedder/Heintschel von Heinegg, Art. 165 AEUV Rn. 9; *Niedobitek*, in: Streinz, Art. 165 AEUV Rn. 48; *Fischer*, in: Lenz/Borchardt, Art. 165 AEUV Rn. 20.

883 *Blanke*, in: Grabitz/Hilf/Nettesheim, Art. 165, Art. 166 AEUV Rn. 94.

außen gerichtete Tätigkeit der Union im Rahmen von Art. 165 Abs. 3 AEUV ist gegenüber dem Handeln der Mitgliedstaaten gleichberechtigt.[884]

Der Wortlaut des Art. 165 Abs. 3 AEUV enthält keinen unmittelbaren Hinweis darauf, auf welche Weise die internationale Zusammenarbeit gefördert werden kann. Die Handlungsoptionen für die internationale Zusammenarbeit entsprechen daher denjenigen für die unionsinterne Sportpolitik. Sie ergeben sich aus Art. 165 Abs. 4 AEUV. Ebenso wenig lässt sich der Vorschrift entnehmen, welche Inhalte im Rahmen der internationalen Zusammenarbeit verfolgt werden sollen. Die mangelnde ausdrückliche inhaltliche Ausgestaltung der internationalen Zusammenarbeit der Union im Sportbereich legt es nahe, auf die Aufgaben und Ziele gemäß Abs. 1 und Abs. 2 zurückzugreifen. Deren inhaltliche Ausrichtung ist damit auf die internationale Zusammenarbeit zu übertragen.[885] Hierfür spricht, dass die inhaltliche Reichweite der unionsexternen Sportpolitik grundsätzlich nicht weiter oder enger gezogen werden kann als die unionsinterne.[886]

bb. Systematik

Dies bestätigt sich im Rahmen der systematischen Auslegung. Die Verknüpfung von Unionsziel und Unionsaufgaben gilt auch für die Unionsaufgabe der internationalen Zusammenarbeit gemäß Art. 165 Abs. 3 AEUV. Auch im Rahmen der internationalen Zusammenarbeit ist die Union durch den gemäß Art. 165 Abs. 2 7. Spiegelstrich AEUV vorgegebenen Zielrahmen gebunden. Die Unionsaufgabe erfährt dadurch eine inhaltliche Konkretisierung, die nicht nur in positiver, sondern gleichermaßen in negativer Hinsicht gilt. Die der europäischen Dimension immanenten Schranken grenzen die möglichen Handlungsfelder somit auch hinsichtlich der internationalen sportpolitischen Perspektive ein. Zudem ist zu bedenken, dass die Ziele der Union gemäß Art. 165 Abs. 7. Spiegelstrich AEUV primär für die unionsinterne Sportpolitik entwickelt wurden. Dies schließt eine unreflektierte Übertragung der Zielsetzungen auf die auswärtige Sportpolitik aus. Die Ziele sind vor diesem Hintergrund stets darauf zu überprüfen, ob aufgrund der unterschiedlichen Perspektive eine Modifizierung erforderlich ist oder im Einzelfall eine Übertragung ausscheidet.[887]

---

884 So für Art. 167 Abs. 3 AEUV *Sparr*, in: Schwarze, Art. 167 AEUV Rn. 36.

885 *Frenz*, Handbuch Europarecht, Band 6, S. 1153.

886 Vedder/Heintschel von Heinegg, Art. 165 AEUV Rn. 9; *Ruffert*, in: Callies/Ruffert, Art. 165 AEUV Rn. 30; *Fischer*, in: Lenz/Borchardt, Art. 165 AEUV Rn. 20.

887 So *Blanke*, in: Grabitz/Hilf/Nettesheim, Art. 165, Art. 166 AEUV Rn. 96 f.;

Im Hinblick auf mögliche Handlungsformen der Union zur Umsetzung der Unionsaufgabe ist die systematische Verknüpfung mit Art. 216 ff. AEUV zu beachten, die Regelungen zu internationalen Übereinkünften der Union enthalten.[888] Die Union kann gemäß Art. 216 Abs. 1 AEUV internationale Übereinkünfte abschließen, soweit es die in den Verträgen festgesetzten Ziele erfordern. Hierunter sind in erster Linie die für die einzelnen Politikfelder normierten Bereichsziele zu verstehen, welche den Aufgabenrahmen bestimmen.[889] Wie im Bildungs- kann es auch im Sportbereich erforderlich sein, internationale Übereinkünfte mit Drittstaaten oder auch internationalen Organisationen zu schließen, um die Verwirklichung der europäischen Dimension des Sports in effektiver Weise auch auf internationale Ebene zu übertragen.[890] Die Kompetenz zum Abschluss völkerrechtlicher Verträge ergibt sich somit für den Sportbereich aus Art. 216 Abs. 1 AEUV i.V.m. Art. 165 Abs. 4 AEUV. Die in Art. 165 Abs. 4 AEUV beschriebenen Fördermaßnahmen allein sind hierfür nicht ausreichend, da die Kompetenzen der Union zum Abschluss völkerrechtlicher Verträge in Art. 216 AEUV ausdrücklich geregelt sind und damit der Regelung des Art. 165 Abs. 4 AEUV insoweit vorgehen.[891] Die inhaltliche Ausgestaltung hingegen ist gemäß Art. 216 Abs. 1 AEUV von den jeweiligen Zielen abhängig, für den Sport gemäß Art. 165 Abs. 2 7. Spiegelstrich AEUV.

cc. Teleologie

Bereits anhand der systematischen Auslegung wurde die Einbindung der internationalen Zusammenarbeit in das Zielspektrum der Union für den Sportbereich erkennbar. Die breit gefächerten Zielinhalte des Art. 165 Abs. 2 7. Spiegelstrich AEUV eignen sich grundsätzlich für eine Übertragung auf die internationale sportpolitische Ebene der Union. Die auswärts gerichtete Sportpolitik kann dabei insbesondere die Prinzipien Fairness und Offenheit als grundlegende sportliche, aber gleichermaßen gesellschaftliche Prinzipien im Rahmen der internationalen Zusammenarbeit fördern. Dem Sport kann inso-

---

888 In diesem Sinne *Niedobitek*, in: Streinz, Art. 165 AEUV Rn. 49.

889 *Arnold/Meindl*, in: Dauses, K.I. Rn. 57; *Vöneky/Beylage-Haarmann*, in: Grabitz/Hilf/Nettesheim, Art. 216 AEUV Rn. 10.

890 Zu einzelnen internationalen Abkommen im Bildungsbereich siehe *Simm*, in: Schwarze, Art. 165 AEUV Rn. 23.

891 So auch *Simm*, in: Schwarze, Art. 165 AEUV Rn. 23; a.A.: *Eichel*, Der Sport im Recht der EU, S. 196 f.

fern eine entwicklungspolitische Rolle zukommen.[892] Über den Sport als Vehikel können seine Grundprinzipien auf die gesellschaftliche Ebene übertragen werden. Auch die in ihrer Ausgestaltung angelegte Ausrichtung der Teilziele auf die Dopingbekämpfung[893] erhält durch Art. 165 Abs. 3 AEUV einen zusätzlichen, unionsexternen Fokus. Denn eine effektive und nachhaltige Bekämpfung der Doping-Problematik erfordert eine über die Unionsgrenzen hinausgehende Kooperation von Union, Mitgliedstaaten, Drittstaaten und internationalen Organisationen. Ähnliches gilt beispielsweise für die insbesondere in sozialer Hinsicht problematische Rekrutierung sportlichen Nachwuchses aus Dritt- und oftmals Entwicklungsländern.[894]

dd. Historische Auslegung

Für die internationale Zusammenarbeit zwischen Union und Drittstaaten sowie internationalen Organisationen lassen sich der historischen Auslegung kaum Erkenntnisse entnehmen. Die Erklärungen von Amsterdam und Nizza haben zwar die Kooperation mit den auch international tätigen Sportverbänden zum Gegenstand,[895] nicht jedoch die internationale Zusammenarbeit im Sinne von Art. 165 Abs. 3 AEUV.

Eine solche war bereits für Art. III-282 Abs. 2 EVV vorgesehen, wobei sich die Zusammenarbeit dort auf die *für die Bildung und Sport zuständigen Organisationen* beschränkte. Der Wortlaut des Art. 165 Abs. 3 AEUV ist insoweit präziser, als die Zusammenarbeit die für die Bildung und *den Sport* zuständigen Organisationen umfasst. Die Einfügung des Artikels stellt klar, dass auch solche amtlichen internationalen Institutionen erfasst werden würden, die ausschließlich im Bereich des Sports tätig sind. Der feine Unterschied im Wortlaut wird sich letztlich kaum auswirken, da die im Sportsektor tätigen amtlichen internationalen Organisationen in der Regel auch Aspekte der Bildung behandeln.[896]

---

892 In diesem Sinne haben die Kommission und die FIFA im Jahr 2006 eine Vereinbarung geschlossen, um den Fußball als Entwicklungsvehikel vor allem in Afrika zu fördern, hierzu die Pressemitteilung vom 09.06.2006, IP/06/968.

893 Oben F.IV.2.b.cc.

894 Hierzu die von der Kommission in Auftrag gegebene Studie *Study on Sports Agents in the European Union*, S. 172 f, abrufbar http://ec.europa.eu/sport/library/documents/study_on_sports_agents_in_the_eu_en.pdf, abgerufen am 30.06.2014.

895 Hierzu oben F.IV.2.b.cc.(3).

896 So z. B. der Europarat oder die UNESCO.

f. Die Handlungsfelder der Union im Sportbereich

Die Auslegung des Art. 165 Abs. 1 UAbs. 2 AEUV hat umfassende Erkenntnisse zu Bedeutung, Inhalt und Reichweite der Unionsaufgabe Sport hervorgebracht.

Auch im Rahmen der Unionsaufgabe ist der Sportbegriff des AEUV heranzuziehen, um das inhaltliche Spektrum der Unionsaufgabe zu bestimmen. Die Untersuchung hat ergeben, dass in Art. 165 Abs. 1 UAbs. 2 AEUV ein vielschichtiger Sportbegriff zugrunde zu legen ist, der die gesamten Aspekte des Sports umfasst. Hierzu zählen soziale, erzieherische, kulturelle, gesundheitliche und wirtschaftliche Gesichtspunkte. Bedeutung und Reichweite der Unionsaufgabe sind indes nicht allein von der Substanz des Sportbegriffs abhängig. Die maßgebliche Perspektive wird vor dem teleologischen Hintergrund insbesondere durch den Schlüsselbegriff der europäischen Dimension des Sports und die einzelnen Teilziele des Art. 165 Abs. 2 7. Spiegelstrich vorgegeben. Bereits anhand dieser Betrachtung wird klar, dass die Förderung der europäischen Aspekte vor allem soziale und pädagogische Gesichtspunkte des Sports beinhalten wird. Mit dem Begriff der europäischen Dimension sind darüber hinaus limitierende und abgrenzende Elemente verbunden. Hieraus ergibt sich zum einen die Subsidiarität und Verhältnismäßigkeit von im Zuge der Aufgabenerfüllung ergriffenen sportpolitischen Maßnahmen gegenüber der Sportpolitik der Mitgliedstaaten und der Verbände, zum anderen wird das Erfordernis eines europäischen Mehrwerts jeglicher sportpolitischer Maßnahme der Union auf die Unionsaufgabe übertragen. Der Mehrwertvorbehalt ist überdies im Zuschnitt der Unionsaufgabe auf die europäischen Aspekte verankert.

Der weitläufige Begriff der europäischen Aspekte des Sports erfährt durch die nachfolgenden Passagen des Art. 165 Abs. 1 UAbs. 2 AEUV eine deutlichere Ausdifferenzierung. Dort werden drei Belange genannt, welche im Zuge von Beiträgen zur Förderung der europäischen Aspekte berücksichtigt werden müssen. Diese Aufzählung ist zwar abschließend, jedoch nicht in dem Sinne, dass sportpolitische Maßnahmen keine weiteren Aspekte des Sports angehen dürfen. Die Berücksichtigungspflicht bewirkt lediglich die Normierung entsprechender Förderbeitragsschwerpunkte. Anderen Aspekte, wie beispielsweise der wirtschaftlichen oder sozialen Komponente des Sports, muss demgegenüber nicht in besonderer Weise Rechnung getragen werden. Die Berücksichtigungspflicht zeichnet sich aus durch ihren schwachen Verbindlichkeitsgrad, sie kommt in ihrer Reichweite und ihrem Anwendungsbereich einer Querschnittsklausel nicht gleich. Die Pflicht umfasst sowohl eine negative als auch eine positive Seite, wobei sich im Rahmen des Art. 165 Abs. 1 UAbs. 2 AEUV vor allem letztere auswirkt. Dies ist in der Ausrichtung der Unionsaufgabe begründet, welche die Ziele der Union im Sportbereich präzisiert, konkrete Bereiche der Aufgabenerfüllung bestimmt und die Sportkompetenz der Union dadurch inhaltlich ausgestaltet.

Angesichts ihrer Verwendung durch Gerichtshof und Kommission erscheinen die besonderen Merkmale in Art. 165 Abs. 1 UAbs. 2 AEUV fehlplatziert. Denn sie wirken sich in erster Linie bei der Beurteilung sportverbandlicher Regelungen auf die Vereinbarkeit mit Grundfreiheiten, Wettbewerbs- und Beihilferecht aus. Von minderer Bedeutung sind sie hingegen bei der Gestaltung einer aktiven Sportpolitik der Union. Die Beschränkung der sportpolitischen Kompetenzen der Union wird bereits durch die mehrfache Anknüpfung an das Subsidiaritätsprinzip, das Verhältnismäßigkeitsprinzip sowie die Autonomie der Verbände gewährleistet. Insofern spiegelt sich die dargestellte Entwicklung bei den Konventsverhandlungen in der konkreten Ausgestaltung wieder. Art. 165 Abs. 1 UAbs. 2 AEUV erweckt den Eindruck, dass die ursprünglich für den Verfassungsvertrag vorgesehene Fassung der Unionsaufgabe, die lediglich die soziale und pädagogische Funktion des Sports ausdrücklich erwähnte, tatsächlich auch für Art. 165 Abs. 1 UAbs. 2 AEUV gelten sollte. Die Ausgestaltung der Erwähnung der besonderen Merkmale und der Sportstrukturen als deren Unterfall wirkt vor allem in systematischer Hinsicht unpassend und ist wohl darauf zurückzuführen, dass ohne größere Änderungen der Vorschrift ein entsprechender Hinweis in Art. 165 AEUV aufgenommen werden sollte.

So sind für die inhaltliche Substanz der Unionsaufgabe vor allem die weiteren in Art. 165 Abs. 1 UAbs. 2 AEUV genannten Belange wichtig. Denn daraus ergeben sich als Handlungsfelder für Maßnahmen der Union im Sportbereich aufgrund der positiven Berücksichtigungspflicht vor allem die soziale und pädagogische Funktion des Sports und insbesondere das Ehrenamt. Hierin liegt die maßgebliche Dimension der Unionsaufgabe im Sportbereich. Der Rahmen für diese Handlungsfelder wird durch die Teilziele gemäß Art. 165 Abs. 2 7. Spiegelstrich AEUV deutlich enger gezogen. Doping, diskriminierungsfreier Zugang zu Wettkämpfen, die Vereinbarkeit von sportlicher Karriere insbesondere junger Sportler mit sozialen und moralischen Werten sowie ihrer Gesundheit sind nur einige Themen, welche die Union im Zusammenspiel von Aufgabe und Ziel angehen und innerhalb derer sie die sozialen und pädagogischen Aspekte des Sports umsetzen kann. Zur Verwirklichung der sektorspezifischen Ziele hat die Union schwerpunktmäßig Maßnahmen im Zusammenhang mit den sozialen und pädagogischen Aspekten des Sports umzusetzen. Dabei ist sie nicht auf eine unionsinterne Sportpolitik beschränkt, sondern hat gemäß Art. 165 Abs. 3 AEUV darüber hinaus die unionsexterne Perspektive zu beachten.

4. Maßnahmen zur Verwirklichung von Unionsaufgabe und Unionsziel gemäß Art. 165 Abs. 4 AEUV

Art. 165 Abs. 1 bis Abs. 3 AEUV geben die inhaltliche Ausrichtung von Unionsaufgabe und Unionsziel unter anderem für den Sportbereich vor. Dadurch werden die Handlungsfelder einer unionalen Sportpolitik abgesteckt. Die rechtlichen Gestaltungsmöglichkeiten und Handlungsoptionen sind nicht Gegenstand dieser Regelungen. Das rechtliche Instrumentarium zur Umsetzung von Aufgabe und Ziel ist in Art. 165 Abs. 4 AEUV festgelegt.[897]

Die in den beiden Spiegelstrichen des Abs. 4 aufgeführten rechtlichen Maßnahmen werden gemäß dem einleitenden Satz als Beitrag zur Verwirklichung der Ziele des Art. 165 AEUV erlassen. Damit bezieht sich Abs. 4 nicht nur auf die sport- sondern auch auf die bildungs- und jugendpolitischen Zielsetzungen. Die Maßnahmen dienen nicht der Verwirklichung der Ziele, sondern lediglich als Beitrag hierzu. Der Wortlaut weist dadurch auf den subsidiären Charakter jeglicher Initiativen der Union auf Grundlage des Art. 165 AEUV hin. Dies entspricht der lediglich unterstützenden, koordinierenden und ergänzenden Politik der Union im Bereich des Sports gemäß Art. 6 Satz 2 lit. e) AEUV.[898] Dem Wortlaut lässt sich entnehmen, dass die Union die Ziele nicht allein verwirklichen darf und kann, sondern das Erreichen der Ziele vom Willen der Mitgliedstaaten abhängig ist.

a. Fördermaßnahmen

Gemäß Art. 165 Abs. 4 1. Spiegelstrich AEUV erlassen Parlament und Rat Fördermaßnahmen nach dem ordentlichen Gesetzgebungsverfahren und nach Anhörung des Wirtschafts-und Sozialausschusses und des Ausschusses der Regionen.

aa. Begriff und Bedeutung

(1) Rechtliches Instrumentarium für Fördermaßnahmen

Der Begriff der Fördermaßnahmen ist in den Verträgen nicht definiert. Erstmals Erwähnung fand er dort in Art. 128 Abs. 5 EWGV, demgemäß gemeinschaftliche Aktionen vorgesehen und den Mitgliedstaaten entsprechende Mitwirkungspflichten auferlegt werden konnten.[899] Fördermaßnahmen kön-

897 *Simm*, in: Schwarze, Art. 165 AEUV Rn 22.

898 Hierzu oben F.III.

899 EuGH, *Erasmus*, Rs. 242/87, Slg. 1989, 1425, Rn. 11; hierzu *Niedobitek*, in: Streinz, Art. 165 AEUV Rn. 16.

nen in formeller Hinsicht eine verbindliche Gestalt annehmen und daher als Verordnung, Richtlinie oder Beschluss erlassen werden.[900] Somit stehen alle verbindlichen Rechtsakte gemäß Art. 288 AEUV zum Erlass von Fördermaßnahmen zur Verfügung, wenn für diese in der bisherigen Praxis auch zumeist die Rechtsform des Beschlusses gewählt wurde.[901] Hierfür spricht in grammatikalisch-systematischer Hinsicht zum einen die Anknüpfung an das ordentliche Gesetzgebungsverfahren für den Erlass der Fördermaßnahmen. Denn das ordentliche Gesetzgebungsverfahren gemäß Art. 289 Abs. 1, Art. 294 AEUV ist zusammen mit den Rechtsakten der Union gemäß Art. 288 AEUV in unmittelbarem systematischem Zusammenhang geregelt. Zudem legt Art. 289 Abs. 1 Satz 1 AEUV fest, dass im ordentlichen Gesetzgebungsverfahren Verordnung, Richtlinie und Beschluss ergehen. Zum anderen bestimmt Art. 2 Abs. 5 UAbs. 2 AEUV, dass im Rahmen der unterstützenden, koordinierenden und ergänzenden Zuständigkeit der Union, wozu der Sport zählt, verbindliche Rechtsakte erlassen werden dürfen. Darüber hinaus bestätigt die Normierung des Harmonisierungsverbots in Art. 2 Abs. 2 UAbs. 2 AEUV und Art. 165 Abs. 4 1. Spiegelstrich AEUV, dass formell verbindliche Maßnahmen auf Grundlage des Abs. 4 zulässig sind. Nur mittels verbindlicher Rechtsakte ist eine Harmonisierung denkbar. Nicht als Fördermaßnahmen erlassen werden können Empfehlungen und Stellungnahmen. Hierfür spricht, dass diese Handlungsformen nicht im ordentlichen Gesetzgebungsverfahren erlassen werden können, Art. 289 Abs. 1 Satz 1 AEUV.

Da für Fördermaßnahmen im Sportbereich gemäß Art. 165 Abs. 4 1. Spiegelstrich AEUV demnach das gesamte Instrumentarium des Art. 288 AEUV zur Verfügung steht, ist im Einzelfall zu entscheiden, welche Form des Rechtsaktes tatsächlich gewählt wird. Diese Entscheidung unterliegt maßgeblich dem Grundsatz der Verhältnismäßigkeit, da Maßnahmen der Union gemäß Art. 5 Abs. 4 UAbs. 1 EUV auch formal nicht über das zur Erreichung der Ziele erforderliche Maß hinausgehen dürfen.[902] Insbesondere im Sportbereich erscheint aufgrund der begrenzten Zuständigkeit der Union, der Verankerung des Subsidiaritäts- und

900 *Vedder*, in: Vedder/Heintschel von Heinegg, Art. 2 AEUV Rn. 19; *Simm*, in: Schwarze, Art. 165 AEUV Rn. 24; *Frenz*, Handbuch Europarecht, Band 6, S. 1155; *Ruffert*, in: Callies/Ruffert, Art. 165 AEUV RN. 23.

901 *Fischer*, in: Lenz/Borchardt, Art. 165 AEUV Rn. 13; *Niedobitek*, in: Streinz, Art. 165 AEUV Rn. 59; gegen den Erlass von Fördermaßnahmen in verbindlicher Form *Blanke*, in: Grabitz/Hilf/Nettesheim, Art. 165, Art. 166 AEUV Rn. 101, anders *Nettesheim*, in: Grabitz/Hilf/Nettesheim, Art. 2 AEUV Rn. 34.

902 *Biervert*, in: Schwarze, Art. 288 AEUV Rn. 14.

Verhältnismäßigkeitsprinzips sowie der Besonderheiten des Sports und seiner Autonomie eine restriktive Anwendung von Verordnung und Richtlinie geboten.

Nicht zur Verfügung steht hingegen die Methode der offenen Koordinierung, da sie in Art. 165 AEUV keine Erwähnung findet. Eine Aufnahme dieses Koordinierungsverfahrens in den Verfassungsvertrag lehnte schon der Konvent ab.[903] Lediglich in bestimmten Politikbereichen, wie etwa in Art. 168 Abs. 2 UAbs. 2 Satz 2 und Art. 173 Abs. 2 Satz 2 AEUV, ist die Methode im AEUV erwähnt, nicht jedoch innerhalb des ersten Teils des Vertrages unter den allgemeinen Bestimmungen.[904] Daraus ist zu schließen, dass eine Übertragung auf andere Politikbereiche nicht möglich ist.[905]

(2) Inhaltliche Eingrenzung

Verbindlich sind die genannten Rechtsakte indes lediglich in formeller Hinsicht, Aussagen zur materiellen Reichweite sind damit nicht verbunden. Der inhaltliche Umfang der Maßnahmen auf Grundlage des Art. 165 Abs. 4 AEUV bestimmt sich allein nach Maßgabe der Abs. 1 bis 3. Ausschließlich auf die inhaltliche Reichweite bezieht sich insofern der Begriff der Fördermaßnahmen, der erneut auf die beschränkten Kompetenzen der Union hinweist.[906] Die formelle Verbindlichkeit darf also nicht dazu führen, dass die inhaltlichen Vorgaben und Grenzen der Abs. 1 bis 3 überschritten werden. Der Begriff der Fördermaßnahmen wird näher bestimmt im Zusammenhang mit der kompetenzrechtlichen Verortung des Sports im Rahmen der Beitragskompetenz gemäß Art. 6 AEUV. Die Ausführungen hierzu sind entsprechend heranzuziehen.[907] Fördermaßnahmen beinhalten demnach unterstützende, koordinierende und ergänzende Elemente, was dem Charakter dieser Unionskompetenz entspricht.[908] So bezeichnet auch der Europäische Rat Fördermaßnahmen als „Gemeinschaftsmaßnahmen zur Stärkung der Zusammenarbeit zwischen den Mitgliedstaaten oder zur Unterstützung und Ergänzung ihres Handelns in den betreffenden Bereichen, gegebenenfalls auch durch finanzielle Unterstützung

---

903 *König*, in: Schulze/Zuleeg/Kadelbach, S. 94.

904 *Nettesheim*, EuR 2004, 511 (531); *Nettesheim*, in: Grabitz/Hilf/Nettesheim, Art. 6 AEUV Rn. 16.

905 Ablehnend auch *Eichel*, Der Sport im Recht der EU, S. 188 f; *Ruffert*, in: Callies/Ruffert, Art. 6 Rn. 16; *Pelka*, in: Schwarze, Art. 6 AEUV Rn. 17; offen lassend *Frenz*, Handbuch Europarecht, Band 6, S. 640.

906 *Niedobitek*, EuR 1995, 349 (368); *Ruffert*, in: Callies/Ruffert, Art. 165 AEUV Rn. 23.

907 Oben F.III.

908 Zu Art. 167 Abs. 5 AEUV siehe *Sparr*, in: Schwarze, Art. 167 AEUV Rn. 42.

von Gemeinschaftsprogrammen oder einzelstaatlicher bzw. gemeinsamer Maßnahmen zur Erreichung der Ziele dieser Artikel.“[909]

Im systematischen Vergleich mit den allgemeinen Vertragsbestimmungen zur Zuständigkeit gemäß Art. 2 ff. AEUV bestätigt sich diese Definition. Es wurde bereits darauf hingewiesen, dass entsprechend dem Prinzip der begrenzten Einzelermächtigung der Sport in Art. 6 Satz 2 lit. e) AEUV der Beitragskompetenz zugeordnet wurde, die durch die Ausrichtung auf unterstützende, koordinierende und ergänzende Maßnahmen eine inhaltliche Beschränkung erfährt. Hieran ist die Reichweite der Fördermaßnahmen zu messen, die den inhaltlichen Rahmen des Art. 2 Abs. 5 UAbs. 1, Art. 6 Satz 1 AEUV übernehmen.[910] Dieser inhaltliche Gleichlauf entspricht dem Prinzip der begrenzten Einzelermächtigung, Art. 5 Abs. 1 Satz 1, Abs. 2 Satz 1 EUV. Darüber hinaus bestätigt der Vergleich mit weiteren Politikbereichen aus dem Bereich der unterstützenden, koordinierenden und ergänzenden Maßnahmen gemäß Art. 6 AEUV, dass fördernde Maßnahmen einen entsprechenden unterstützenden, koordinierenden und ergänzenden Charakter aufweisen. Gemäß Art. 167 Abs. 1 AEUV fördert die Union im Kulturbereich die Zusammenarbeit und unterstützt und ergänzt die Tätigkeit der Mitgliedstaaten. Dem entspricht der Wortlaut des Art. 168 Abs. 2 Satz 1 AEUV für das Gesundheitswesen. Dieser inhaltliche Zusammenhang zwischen Förderung sowie Unterstützung, Koordinierung und Ergänzung ist auf Art. 165 zu übertragen.

(3) Fördermaßnahmen als Triebfeder

Der Charakter der Fördermaßnahmen lässt sich näher bestimmen durch einen Vergleich mit anderen Sprachfassungen. So sind in Art. 165 Abs. 4 1. Spiegelstrich AEUV der englischen Fassung *incentive measures* aufgeführt, in der französischen Version *actions d'encouragement*, in der schwedischen Ausgabe *stimulansåtgärder*. Darunter sind Anreiz- oder Initiativmaßnahmen zu verstehen. Lediglich in Art. 149 Abs. 1 AEUV führt die deutsche Fassung des Vertrages den Begriff solcher Anreizmaßnahmen auf. Bemerkenswert ist zudem, dass die dargestellten englischen und französischen Fassungen in Art. 149 Abs. 1 und Art. 165 Abs. 4 1. Spiegelstrich AEUV identische Begriffe anführen. Anreizmaßnahmen sollen gemäß Art. 149 Abs. 1 AEUV die Zusammenarbeit fördern sowie

909 Europäischer Rat von Edinburgh, 11. bis 12.12.1992, Schlussfolgerungen des Vorsitzes, DOC/92/9 vom 13.12.1992, Teil A Anlage 1, Ziffer 4., abrufbar unter http://europa.eu/rapid/press-release_DOC-92-8_de.htm, abgerufen am 30.06.2014.

910 Hierzu bereits oben F.III.

Zuständigkeiten der regionalen und kommunalen Körperschaften betonte der Ausschuss bereits vor Inkrafttreten des Vertrages von Lissabon.[919]

b. Empfehlungen

Als weitere Handlungsform im Bereich der Sportkompetenz sieht Art. 165 Abs. 4 2. Spiegelstrich AEUV den Erlass von Empfehlungen vor. Diese sind vom Rat auf Vorschlag der Kommission zu erlassen. Empfehlungen kennzeichnet ihre mangelnde Verbindlichkeit, Art. 288 UAbs. 5 AEUV, und ihre hierin begründete verminderte rechtliche Relevanz.[920] Sie sind gegebenenfalls als Auslegungsmaßstab heranzuziehen und haben im Übrigen vor allem politik- und verwaltungsleitende Wirkungen und Funktionen, beispielsweise in Form von Leitlinien oder Bekanntmachungen.[921] Rechtlich bedeutsam werden Empfehlungen im Einzelfall in Verbindung mit der Treuepflicht der Mitgliedstaaten gemäß Art. 4 Abs. 3 EUV, die sich über die Vorgaben einer Empfehlung nicht ohne weiteres hinwegsetzen dürfen.[922] Die explizite Erwähnung in Art. 165 Abs. 4 AEUV spricht dafür, dass Empfehlungen im Bereich der Bildungs-, Jugend- und Sportpolitik als besonders geeignetes Mittel angesehen werden, wobei dadurch keine Pflicht einhergeht, dieser in der Systematik angelegten Gewichtung zu folgen.[923] Im Hinblick auf die begrenzt ausgestalteten Kompetenzen der Union im Sportbereich und die grundsätzliche Skepsis von Mitgliedstaaten und Verbänden gegenüber jeglichen Aktivitäten der Union auf Ebene des Sports erscheinen Empfehlungen als „weiches“[924] Instrument in sportpolitischer Hinsicht durchaus als geeignetes Mittel.

c. Ausschluss jeglicher Harmonisierung

Fördermaßnahmen gemäß Art. 165 Abs. 4 1. Spiegelstrich AEUV ergehen unter dem Ausschluss jeglicher Harmonisierung der Rechts- und Verwaltungsvorschriften der Mitgliedstaaten. Art. 165 Abs. 4 1. Spiegelstrich AEUV normiert das bereits in Art. 2

---

919 Stellungnahme zum „Europäischen Sportmodell“, ABl. 1999, C 374, S. 56; hierzu auch *Sparr*, in: Schwarze, Art. 167 AEUV Rn. 45.

920 *Nettesheim*, in: Grabitz/Hilf/Nettesheim, Art. 288 AEUV Rn. 206; *Biervert*, in: Schwarze, Art. 288 AEUV Rn. 37.

921 *Ruffert*, in: Callies/Ruffert, Art. 288 EUV Rn. 95; *von Danwitz*, in Dauses, B. II. Rn. 58 f.

922 *Nettesheim*, in: Grabitz/Hilf/Nettesheim, Art. 288 AEUV Rn. 206.

923 *Niedobitek*, in: Streinz, Art. 165 AEUV Rn. 61.

924 *Vedder*, in: Vedder/Heintschel von Heinegg, Art. 167 AEUV Rn. 9; *Niedobitek*, in: Streinz, Art. 288 AEUV Rn. 145.

Abs. 5 UAbs. 2 AEUV enthaltene Harmonisierungsverbot ausdrücklich für den Bereich des Sports,[925] wobei es sich dabei angesichts des allgemeinen Harmonisierungsverbots des Art. 2 Abs. 5 UAbs. 2 AEUV um eine deklaratorische Erwähnung handelt.

aa. Begriff und Bedeutung

Ausgeschlossen ist gemäß Art. 165 Abs. 4 1. Spiegelstrich AEUV die Angleichung von mitgliedstaatlichen Rechts- und Verwaltungsvorschriften, der Union wird jegliche inhaltliche Harmonisierung untersagt. Das Harmonisierungsverbot bezieht sich auf die inhaltliche Reichweite möglicher Fördermaßnahmen gemäß Abs. 4. Durch das Verbot wird ein wesentliches Element des Integrationsprozesses ausgeschlossen und dadurch der Schutz der mitgliedstaatlichen Kompetenzen unter anderem im Sportbereich gewährleistet.[926] Darüber hinaus werden nationale Besonderheiten und Unterschiede gewahrt.[927] Die Bedenken der Mitgliedstaaten und der Verbände bezüglich einer zu weit reichenden Einmischung der Union in die mitgliedstaatliche und autonome Sportpolitik kommen in der Normierung des auch für den Sport geltenden Harmonisierungsverbotes besonders zum Ausdruck. Es entspricht insofern der schwachen Ausgestaltung der Unionskompetenzen gemäß Art. 2 Abs. 5, Art. 6 AEUV und dient dazu, eine Umgehung der beschränkten Kompetenzen zu verhindern.

Ziel einer europäischen Dimension des Sports ist es im Übrigen nicht, die Mitgliedstaaten und Verbände aus ihren primären Kompetenzen zu verdrängen. Ziel ist es, den Mehrwert einer unionalen Sportpolitik zu verwirklichen. Mit diesem Telos korrespondiert das Harmonisierungsverbot insofern, als es einer europäischen Dimension des Sports zuwiderlaufen würde, wenn durch eine unionale Sportpolitik die von nationalen und regionalen Besonderheiten geprägte Sportpolitik umfänglich angeglichen würde.[928]

bb. Anwendungsbereich

Der Geltungsbereich des Harmonisierungsverbotes ist in mehrfacher Hinsicht beschränkt.

(1) Unmittelbare, faktische und mittelbare Harmonisierung

So werden durch das Verbot nur solche Rechtsakte ausgeschlossen, die unmittelbar auf die Rechtsangleichung in den Mitgliedstaaten abzielen. Nicht

---

925 *Vedder*, in: Vedder/Heintschel von Heinegg, Art. 165 AEUV Rn. 10.

926 *Fischer*, in: Lenz/Borchardt, Art. 165 AEUV Rn. 17.

927 *Frenz*, Handbuch Europarecht, Band 6, S. 636.

928 Entsprechend für die Kulturpolitik *von Danwitz*, NJW 2005, 529 (534).

umfasst vom Verbot werden hingegen faktische und mittelbare Harmonisierungswirkungen, die auf mitgliedstaatlicher Ebene als Angleichungsreflexe oder -effekte aus sportpolitischen Maßnahmen der Union resultieren. Diese enge Auslegung ist deshalb geboten, weil oftmals zum Zeitpunkt des Maßnahmenerlasses nicht beurteilt werden kann, inwieweit Harmonisierungswirkungen entstehen können. Faktische Harmonisierungseffekte sind bei einer Vielzahl von Maßnahmen denkbar, obgleich die Maßnahmen nicht unmittelbar hierauf abzielen. „De-Facto Harmonisierungen“[929] sind daher zulässig, da anderenfalls aufgrund einer Überdehnung des Verbotes jedwede sportpolitischen Maßnahmen der Union auf Grundlage des Art. 165 AEUV einem möglichen Verstoß gegen das Verbot der Rechtsangleichung ausgesetzt wären.[930] Auch der Wortlaut, nach dem jegliche Harmonisierung untersagt ist, gebietet kein anderes Ergebnis. Denn das Adjektiv *jegliche* bezieht sich allein auf die Intensität der Harmonisierung, nicht jedoch auf die Abgrenzung von unmittelbarer und faktischer Angleichung. Ausgeschlossen ist somit eine Harmonisierung jeglichen Intensitätsgrades, insbesondere auch die Vorgabe von Mindestregelungen.[931]

Vor diesem Hintergrund erscheinen auch solche mittelbaren Harmonisierungseffekte zulässig, die sich aus der mitgliedstaatlichen Anpassung von Vorschriften ergeben, um an finanzielle Unterstützungen der Union zu gelangen. Gerade im Bereich des Sports ist es naheliegend, dass mittels einer Politik des „goldenen Zügels“[932] Angleichungseffekte erreicht werden können.

(2) Harmonisierung auf Grundlage anderer Kompetenznormen

Der Wortlaut des einleitenden Satzes des Art. 165 Abs. 4 AEUV und die Systematik zeigen überdies, dass eine Rechtsangleichung nur ausgeschlossen ist, wenn Fördermaßnahmen zur Verwirklich der sportspezifischen Ziele des Art. 165 AEUV ergehen. Das Harmonisierungsverbot des Art. 165 Abs. 4 1. Spiegelstrich AEUV gilt grundsätzlich nicht bei Maßnahmen auf Grundlage anderer Kompetenznormen, auch wenn diese im Einzelfall Auswirkungen auf die Ziele des

---

929 *Nettesheim*, in: Grabitz/Hilf/Nettesheim, Art. 2 AEUV Rn. 35.

930 In diesem Sinne auch *Niedobitek*, EuR 1995, 349 (369); *Blanke*, in: Grabitz/Hilf/Nettesheim, Art. 165, Art. 166 AEUV Rn. 112; *Pelka*, in: Schwarze, Art. 2 AEUV Rn. 22; a.A. *Ruffert*, in: Callies/Ruffert, Art. 165 AEUV Rn. 22.

931 *Niedobitek*, EuR 1995, 349 (369); a.A. wohl *Persch*, NJW 2010, 1917 (1918).

932 *Blanke*, in: Grabitz/Hilf/Nettesheim, Art. 165, Art. 166 AEUV Rn. 112; kritisch *Krebber*, in: Callies/Ruffert, Art. 149 AEUV Rn. 4.

Art. 165 AEUV herbeiführen.[933] Unzulässig ist es jedoch, zur Erreichung der Ziele des Art. 165 Abs. 2 AEUV bewusst auf andere Kompetenzgrundlagen zurückzugreifen und auf diese Weise das Harmonisierungsverbot zu umgehen.[934] Wird also gemäß Art. 165 Abs. 2 7. Spiegelstrich AEUV das Ziel verfolgt, die europäische Dimension des Sports zu entwickeln, ist die jeweilige Fördermaßnahme auf die Kompetenznorm des Art. 165 AEUV zu stützen. Das Harmonisierungsverbot findet uneingeschränkt Anwendung. Werden jedoch andere Zielsetzungen verfolgt, beispielsweise zum Funktionieren des Binnenmarkts oder im Bereich der justiziellen Zusammenarbeit, so ist Art. 165 AEUV nicht als Rechtsgrundlage einschlägig und gilt das Harmonisierungsverbot des Abs. 4 nicht. Schwierigkeiten treten auf, wenn Maßnahmen mehrere Ziele verfolgen. Sport ist eine vielschichtige Materie mit wirtschaftlichen, sozialen, gesundheitlichen, pädagogischen und kulturellen Aspekten. So sind etwa Maßnahmen im Sportbereich denkbar, die sowohl die Regulierung des Binnenmarkts zum Gegenstand haben, sich zugleich aber auf die Ziele des Art. 165 Abs. 2 7. Spiegelstrich AEUV und die europäische Dimension des Sports auswirken. Gerade im Bereich der Sportpolitik werden Maßnahmen daher oftmals politikübergreifende Ziele und Zwecke verfolgen, die eine genaue Abgrenzung erforderlich machen.[935]

Dem Prinzip der begrenzten Einzelermächtigung gemäß Art. 5 Abs. 1 Satz 1 EUV wird allerdings nur entsprochen, wenn nicht nur eine ausdrückliche, sondern vor allem die richtige Rechtsgrundlage in Anbetracht der mit einer Maßnahme verfolgten Ziele Anwendung findet.[936] Dies gebietet sich nicht nur deshalb, weil von der Wahl der Rechtsgrundlage die Frage der Organkompetenz, sondern auch mögliche Handlungsformen sowie das einschlägige Verfahren abhängig sind.[937] Es ist vor allem dann von Bedeutung, wenn die Wahl der Rechtsgrundlage über das Eingreifen eines Harmonisierungsverbotes entscheidet und somit die Verbandskompetenz zwischen Union und Mitgliedstaaten betroffen ist. Die Wahl der Rechtsgrundlage ist indes keine subjektiv geprägte Entscheidung des

---

933 *Fischer*, in: Lenz/Borchardt, Art. 165 Rn. 17; *Blanke*, in: Grabitz/Hilf/Nettesheim, Art. 165, Art. 166 AEUV Rn. 111; *Simm*, in: Schwarze, Art. 165 AEUV Rn. 27; *Niedobitek*, in: Streinz, Art. 165 AEUV Rn. 60.

934 EuGH, Rs. C-210/03, Slg. 2004, S. I-11893, Rn. 76; EuGH, *Tabakwerberichtlinie*, Rs. C-376/98, Slg. 2000, S. I-8419, Rn. 79.

935 *Pelka*, in: Schwarze, Art. 2 AEUV Rn. 26.

936 *Callies*, in: Callies/Ruffert, Art. 5 EUV Rn. 9.

937 EuGH, *CITES*, Rs. C-370/07, Slg. 2009, S. I-8197, Rn. 46 ff.; EuGH, *Cartagena-Protokoll*, Gutachten 2/00, Slg. 2001, S. I-9713, Rn. 5; *Bast*, in: Grabitz/Hilf/Nettesheim, Art. 5 EUV Rn. 17; *Callies*, in: Callies/Ruffert, Art. 5 EUV Rn. 9.

jeweiligen Organs, sondern muss sich auf objektive, gerichtlich nachprüfbare Umstände gründen, wozu insbesondere Ziel und Inhalt des jeweiligen Rechtsaktes gehören.[938] Verfolgt ein Rechtsakt zwei oder mehrere Zielsetzungen, so ist er auf diejenige Rechtsgrundlage zu stützen, welche sich in Anbetracht der Zielsetzung als wesentliche und überwiegende herausstellt, während die andere lediglich von untergeordneter Bedeutung ist.[939] Kann im Rahmen dieser Schwerpunktbetrachtung kein Rangverhältnis ausgemacht werden, so kann ein Rechtsakt ausnahmsweise auf verschiedene, gleichermaßen einschlägige Rechtsgrundlagen gründen.[940]

Die dargestellten Grundsätze gelten dabei insbesondere im Zusammenhang mit den allgemeinen Vorschriften zur Rechtsangleichung gemäß Art. 114 f. AEUV.[941] Im Hinblick auf die ergänzende Rechtsetzungsbefugnis des Art. 352 AEUV sind ähnliche Grundsätze einschlägig. Reichen die in den Verträgen vorgesehenen Befugnisse nicht aus, um die Vertragsziele zu erreichen und erscheint ein Tätigwerden der Union erforderlich, so kann der Rat auf Vorschlag der Kommission mit der Zustimmung des Parlaments die entsprechenden Vorschriften einstimmig erlassen. Zu den Vertragszielen zählt die Entwicklung der europäischen Dimension des Sports gemäß Art. 165 Abs. 2 7. Spiegelstrich AEUV. Erweisen sich die zur Zielverwirklichung vorgesehenen Befugnisse als ungenügend, kann auf die Flexibilitätsklausel zurückgegriffen werden. In Anbetracht des Harmonisierungsverbotes gilt jedoch, dass Art. 352 AEUV nicht herangezogen werden darf, um das Verbot der Rechtsangleichung zu umgehen.[942] Aus diesem Grund kann zur Verwirklichung der Ziele des Art. 165 Abs. 2 AEUV nicht auf Art. 352 AEUV rekurriert werden.[943] Die bereits angesprochene Rechtsprechung des EuGH wurde mit dem Vertrag von Lissabon in Art. 352

---

938 *Sparr*, in: Schwarze, Art. 167 AEUV Rn. 7

939 EuGH, *Belgien/Kommission*, Slg. 2005, S. I-2801, Rn. 79; EuGH, *Cartagena-Protokoll*, Gutachten 2/00, Slg. 2001,S. I-9713, Rn. 23; EuGH, *Parlament/Rat*, Slg. 1999, S. I-869, Rn. 36 ff.

940 EuGH, *Cartagena-Protokoll*, Gutachten 2/00, Slg. 2001, S. I-9713, Rn. 23; EuGH, *Titandioxidrichtlinie*, Slg. 1991, S. I-2867, Rn. 13, 17; *Bast*, in: Grabitz/Hilf/Nettesheim, Art. 5 EUV Rn. 18.

941 Hierzu EuGH, *American Tobacco*, Rs. C-491/01, Slg. 2002, S. I-11453, Rn. 58 ff.; EuGH, *Tabakwerberichtlinie*, Rs. C-376/98, Slg. 2000, S. I-8419, Rn. 76 ff; *Simm*, in: Schwarze, Art. 165 AEUV Rn. 27.

942 EuGH, Rs. C-210/03, Slg. 2004, S. I-11893, Rn. 76; EuGH, *Tabakwerberichtlinie*, Rs. C-376/98, Slg. 2000, S. I-8419, Rn. 79; *Niedobitek*, in: Streinz, Art. 165 AEUV Rn. 60.

943 *Fischer*, in: Lenz/Borchardt, Art. 165 AEUV Rn. 19; *Khan*, in: Geiger/Khan/Kotzur, Art. 352 Rn. 9, 12.

Abs. 3 AEUV festgeschrieben. Nicht ausgeschlossen ist es aber, andere Vertragsziele mittels der Flexibilitätsklausel zu verfolgen, auch wenn sich die jeweiligen Maßnahmen auf die Ziele des Art. 165 Abs. 2 AEUV auswirken.[944] Letztlich erscheint es unwahrscheinlich, dass Maßnahmen im Bereich des Sports auf Grundlage des Art. 352 AEUV erlassen werden. Sowohl das Harmonisierungsverbot, Art. 165 Abs. 4 1. Spiegelstrich AEUV i.V.m. Art. 352 Abs. 3 AEUV als auch das Einstimmigkeitserfordernis im Rat werden Bestrebungen in diese Richtung nicht zulassen.[945]

Anhand der dargestellten Grundsätze ist im Einzelfall zu entscheiden, welche Rechtsgrundlage einschlägig ist und ob das Harmonisierungsverbot des Art. 165 Abs. 4 1. Spiegelstrich AEUV Anwendung findet. Vor allem im Sportsektor wird es aufgrund der vielschichtigen Materie vorkommen, dass Rechtsakte sowohl auf Art. 165 AEUV als auch auf andere Kompetenzgrundlagen aus den Bereichen der Kultur oder Gesundheit, des Binnenmarkts oder der justiziellen Zusammenarbeit gestützt werden könnten.[946] Zu wählen ist stets diejenige Rechtsgrundlage, welche den Rechtsakt schwerpunktmäßig abdeckt. So ist es zulässig, Harmonisierungsmaßnahmen zu erlassen, welche primär die Errichtung und das Funktionieren des Binnenmarkts zum Gegenstand haben, obwohl sie für die Ziele der Union im Sportbereich von maßgeblicher Bedeutung sind.[947] Hinsichtlich eines möglichen Harmonisierungsverbots ist jedoch zu beachten, dass die Rechtsangleichung in einigen anderen Kompetenzbereichen der Union ebenso ausgeschlossen ist. Dies betrifft in erster Linie Bereiche der unterstützenden, koordinierenden und ergänzenden Zuständigkeit gemäß Art. 6 AEUV wie Gesundheit, Kultur, Bildung und Jugend.[948] So haben Maßnahmen, die sowohl der sport- als auch der ge-

---

944 Europäischer Rat von Edinburgh, 11. bis 12.12.1992, Schlussfolgerungen des Vorsitzes, DOC/92/9 vom 13.12.1992, Teil A Anlage 1, Ziffer 4., abrufbar unter http://europa.eu/rapid/press-release_DOC-92-8_de.htm, abgerufen am 30.06.2014.

945 Vor allem im Bereich der Zuständigkeiten gemäß Art. 6 AEUV sind die Mitgliedstaaten gegenüber jeglicher Kompetenzübertragung auf die Union sehr zurückhaltend; dies gilt insbesondere im Sportbereich, hierzu oben B.III.

946 Siehe hierzu die Empfehlung des Rates vom 26.11.2013 zur sektorübergreifenden Unterstützung gesundheitsfördernder körperlicher Aktivität, ABl. 2013, C 354, S. 1; im Übrigen unter G.I.3.e.; eine umfassende Darstellung bietet auch *Eichel*, Der Sport im Recht der EU, S. 202 ff.

947 EuGH, *Tabakwerbung II*, Rs. C-380/03, Slg. 2006, S. I-11573, Rn. 92, 95; EuGH, *Tabakwerberichtlinie*, Rs. C-376/98, Slg. 2000, S. I-8419, Rn. 78.

948 Die Harmonisierungsverbote sind hierfür über Art. 2 Abs. 5 UAbs. 2 AEUV hinausgehend in Art. 168 Abs. 5, Art. 167 Abs. 5 1. Spiegelstrich, Art. 165 Abs. 4 1. Spiegelstrich und Art. 166 Abs. 4 AEUV normiert.

sundheitspolitischen Kompetenz zugeordnet werden können, in jedem Fall ein Harmonisierungsverbot zu beachten.

d. *Das restriktive rechtliche Instrumentarium zur Umsetzung von Aufgabe und Ziel im Sportbereich*

Art. 165 Abs. 4 AEUV legt das rechtliche Instrumentarium für die Umsetzung von Unionsaufgabe und Unionsziel im Sportbereich fest. Entsprechend der Verankerung des Sports im Rahmen der unterstützenden, koordinierenden und ergänzenden Zuständigkeit gemäß Art. 2 Abs. 5, Art. 6 AEUV beschränken sich die rechtlichen Handlungsoptionen auf Fördermaßnahmen und Empfehlungen. Art. 165 Abs. 4 AEUV gilt nicht nur für unionsinterne, sondern ebenso für unionsexterne Maßnahmen bei der Förderung der internationalen Zusammenarbeit gemäß Art. 165 Abs. 3 AEUV. Hinzu kommen dort lediglich die Kompetenzen zum Abschluss völkerrechtlicher Verträge gemäß Art. 216 ff. AEUV. Grundsätzlich gibt Art. 165 Abs. 4 allein die formell zulässigen Gestaltungsvarianten vor, die das gesamte Spektrum des Art. 288 AEUV umfassen. Die materielle Ausgestaltung der jeweiligen Maßnahmen richtet sich hingegen nach Art. 165 Abs. 1 bis 3 AEUV entsprechend den sportspezifischen Zielen und Aufgaben. Die inhaltlich beschränkende Wirkung des Art. 165 Abs. 4 AEUV entspringt der Normierung von Fördermaßnahmen und dem Harmonisierungsverbot. Fördermaßnahmen stellen entsprechend der Kompetenz gemäß Art. 2 Abs. 5, Art. 6 AEUV in erster Linie unterstützende, koordinierende und ergänzende Maßnahmen dar, wobei hierzu auch Anreizmaßnahmen im Sinne von Art. 149 Abs. 1 AEUV zählen. Fördermaßnahmen können so zur Triebfeder mitgliedstaatlichen Handelns im Sportbereich werden. Damit ist insofern die Verwirklichung einer eigenständigen Sportpolitik der Union möglich, solange der Vorbehalt eines europäischen Mehrwerts, wie er in der Ausrichtung des Unionsziels auf die europäische Dimension des Sports verankert ist, und auch die primäre Zuständigkeit der Mitgliedstaaten beachtet werden. Vor diesem Hintergrund dürften ergänzende Fördermaßnahmen das maßgebliche Mittel zur Verwirklichung der europäischen Dimension des Sports darstellen. Das restriktive rechtliche Instrumentarium und die zusätzliche Einschränkung durch das Harmonisierungsverbot haben zur Folge, dass auf Grundlage des Art. 165 Abs. 4 AEUV zwar eine unionsspezifische Sportpolitik möglich ist, diese jedoch von der Umsetzung und dem Willen der Mitgliedstaaten abhängig ist. Die in Art. 165 Abs. 4 AEUV aufgeführten Maßnahmen erlauben so nur eine vergleichsweise schwache Direktion mitgliedstaatlichen Handelns, obgleich die Auswirkungen einer vor allem auf finanzielle Förderung ausgerichteten Sportpolitik und der damit oftmals einhergehenden faktischen Harmonisierung nicht zu unterschätzen sind.

G. Auswirkungen der Verankerung des Sports im Primärrecht

Im abschließenden Kapitel werden die Auswirkungen der primärrechtlichen Verankerung des Sports untersucht.[949] Dem Kapitel kommt zugleich zusammenfassender Charakter zu, indem die Ergebnisse der Auslegung als Grundlage herangezogen werden. Zunächst wird der rechtliche Charakter der Aufnahme des Sports in Art. 165 AEUV dargestellt einschließlich seines Adressatenkreises, anschließend folgen Ausführungen zu den Auswirkungen der Vorschrift auf europäische Sportpolitik und europäisches Sportrecht.

I. Rechtlicher Charakter der sportbezogenen Regelungen des AEUV

Die Verankerung des Sports im AEUV hat primär eine kompetenzbegründende und kompetenzausfüllende Wirkung (2.). Zugleich enthalten Art. 6 und Art. 165 AEUV Elemente, die zu einer Begrenzung dieser Kompetenzen führen (3.). Von Bedeutung ist darüber hinaus die Verpflichtungswirkung von Unionsaufgabe und Unionsziel (4.). Während Art. 165 AEUV nur für die Union als Adressatin kompetenzbegründend und kompetenzausfüllend ist, wirkt sich die verpflichtende Wirkung von Unionsziel und Unionsaufgabe in verschiedenen Richtungen aus (1.).

1. Adressatenkreis des Art. 165 AEUV

a. Die Union als Adressatin

Primär ist die Union Adressatin des Art. 165 AEUV. Aufgabe gemäß Art. 165 Abs. 1 UAbs. 2 AEUV und Ziel gemäß Art. 165 Abs. 2 7. Spiegelstrich AEUV richten sich allein an die Union. Zur Verfolgung und Erfüllung von Aufgaben und Zielen verfügt die Union über einen institutionellen Rahmen gemäß Art. 13 Abs. 1 EUV, der aus den verschiedenen Organen besteht. Hierzu zählt zunächst das Parlament, das gemeinsam mit dem Rat die sportbezogenen Ziele gesetzgeberisch umsetzt, Art. 14, 16 Abs. 1 EUV. Der Rat legt darüber hinaus die Politik in den einzelnen Bereichen und somit für den Sport fest. Dabei greift er die Impulse und Zielsetzungen des Europäischen Rates gemäß Art. 15 Abs. 1 Satz 1 EUV auf. Der Kommission kommt auch hinsichtlich des Sports ihre Rolle als Initiativ- und

949 Eine ähnliche Zusammenstellung bietet *Eichel*, Der Sport im Recht der EU, S. 181 ff.

Anstoßgeberin gemäß Art. 17 Abs. 1 Satz 1, Abs. 2 Satz 1 EUV zu, in der sie vor allem Vorschläge zur Rechtssetzung tätigt. Zugleich hat sie die Anwendung der im Sportbereich ergangenen Maßnahmen gemäß Art. 17 Abs. 1 Satz 2 EUV zu überwachen. Während Rat und Parlament den Haushaltsplan auch für den Sport aufstellen, ist die Kommission gemäß Art. 17 Abs. 1 Satz 4 EUV zu seiner Ausführung und Verwaltung verpflichtet. Für den Gerichtshof ist Art. 165 AEUV bei der Auslegung und Anwendung des Rechts gemäß Art. 19 Abs. 1 Satz 2 EUV zu beachten. Mit der Adressierung der Union werden somit sämtliche Organe der Union zur Beachtung der sportrelevanten Passagen des Art. 165 AEUV im Rahmen ihrer jeweiligen Aufgaben und Befugnisse verpflichtet und die Bindung des institutionellen Rahmens an die sportspezifischen Ziele und Aufgaben der Union hergestellt.

Sowohl Ziel als auch Aufgaben sind offen und abstrakt ausgestaltet, wenn auch in unterschiedlicher Intensität. Der offene Zielrahmen verlangt nach Ausfüllung durch Wahrnehmung der konkreteren Unionsaufgaben mittels der in Art. 165 Abs. 4 AEUV vorgesehenen Handlungsformen. Hier wird für die Organe ein Gestaltungsspielraum erkennbar. Zugleich zeigt sich am gestalterischen Element, dass sich Ziele und Aufgaben in erster Linie an Kommission, Parlament und Rat richten, denen die politische und legislative Ausformung von Zielen und Aufgaben obliegt. Für den Gerichtshof hingegen sind die Ziele bezüglich seiner Kontroll- und Sicherungsfunktion von Bedeutung. Zwar sind grundsätzlich alle Organe an die Ziele der Union und damit an das sektorspezifische Ziel des Art. 165 AEUV gebunden. Aufgrund der unterschiedlichen und ausdifferenzierten Zuweisung und Verteilung der Funktionen gemäß Art. 14 ff. EUV sind es primär die Organe der Legislative und Exekutive, die für die gestalterische Verwirklichung des Zielrahmens verantwortlich sind. Die Organe können die Ziele somit nur gemäß den ihnen in den Verträgen zugewiesenen Funktionen und Zuständigkeiten verfolgen.[950] Bereits dieser Zusammenhang zwischen Zielen und Aufgaben einerseits sowie dem institutionellen Rahmen zu ihrer Verwirklichung andererseits zeigt, dass sich Art. 165 AEUV in erster Linie im Bereich der europäischen Sportpolitik auswirken wird.

b. Die Mitgliedstaaten als Adressaten

Ausdrücklich erfolgt die Adressierung der Mitgliedstaaten nur in Art. 165 Abs. 3 AEUV im Rahmen der unionsexternen Aufgaben im Sportsektor. Die Aufgabe, die Zusammenarbeit mit Drittländern und den für den Sport zuständigen internationalen Organisationen, insbesondere dem Europarat zu fördern, obliegt Union

---

950 *Reimer*, EuR 2003, 992 (1006).

und Mitgliedstaaten gleichermaßen und gleichberechtigt. Die Mitgliedstaaten sind hinsichtlich der auswärtigen Zusammenarbeit ebenso wie die Union inhaltlich an die Zielvorgaben des Art. 165 Abs. 2 7. Spiegelstrich AEUV gebunden, da die auswärtigen Befugnisse nicht weiter reichen können als die unionsinternen. Diese ausdrückliche Bindung im Zuge der internationalen Zusammenarbeit gemäß Art. 165 Abs. 3 AEUV bedeutet indes nicht, dass die Mitgliedstaaten nicht an die allgemeinen und sektorspezifischen Ziele der Union gebunden wären. Die Bindung der Mitgliedstaaten an die Ziele des Art. 165 AEUV erfolgt über Art. 4 Abs. 3 EUV in positiver wie in negativer Hinsicht. Dadurch werden die Mitgliedstaaten mittelbar zu Adressaten von Unionsaufgabe und Unionsziel.

Gemäß Art. 4 Abs. 3 UAbs. 3 EUV unterstützen die Mitgliedstaaten die Union bei der Erfüllung ihrer Aufgabe und unterlassen alle Maßnahmen, die die Verwirklichung der Ziele der Union gefährden könnten. Außerdem ergreifen die Mitgliedstaaten gemäß Art. 4 Abs. 3 UAbs. 2 EUV alle geeigneten Maßnahmen zur Erfüllung der Verpflichtungen, die sich aus den Verträgen oder den Handlungen der Unionsorgane ergeben. Die positive wie auch negative Verpflichtung der Mitgliedstaaten gemäß dem Grundsatz der loyalen Zusammenarbeit trifft alle innerstaatlichen Stellen und somit Exekutive, Legislative und Judikative.[951] Die Mitgliedstaaten haben nach den Zielen zu handeln und die Union zu unterstützen sowie in negativer Hinsicht Beeinträchtigungen der Ziele zu unterlassen.[952] Damit wird grundsätzlich eine Zielbindung nicht nur der Union, sondern auch der Mitgliedstaaten erreicht.[953] Das sektorspezifische Ziel für das Politikfeld Sport ist auf Entwicklung der europäischen Dimension des Sports ausgerichtet. Seine inhaltliche Ausgestaltung entspricht der lediglich unterstützenden, koordinierenden und ergänzenden Zuständigkeit der Union. Oftmals werden sportpolitische Maßnahmen der Union akzessorischen Charakter haben und vom Handlungs- und Umsetzungswillen der Mitgliedstaaten abhängig sein. Die sportspezifischen Ziele binden die Mitgliedstaaten daher insoweit, als sie zur Unterstützung der Union verpflichtet sind und Maßnahmen der Union umzusetzen haben. Sie sind gegebenenfalls zu Mitwirkung und Kooperation verpflichtet.[954] Bei der innerstaatlichen Umsetzung sportpolitischer Vorgaben der Union haben die Mitgliedstaaten den Zielrahmen des Art. 165 Abs. 2 7. Spiegelstrich

---

951 *Hatje*, in: Schwarze, Art. 4 EUV Rn. 24; *Von Bogdandy/Schill*, in: Grabitz/Hilf/Nettesheim, Art. 4 EUV Rn. 62.

952 *Müller-Graff*, in: Dauses, A.I. Rn. 178; *Kahl*, in: Callies/Ruffert, Art. 4 EUV Rn. 39.

953 *Ruffert*, in: Callies/Ruffert, Art. 3 EUV Rn. 8; *Terhechte*, in: Grabitz/Hilf/Nettesheim, Art. 3 EUV Rn. 27.

954 EuGH, *Erasmus*, Rs. C-242/87, Slg. 1989, S. 1425 Rn. 11; EuGH, *Commett II*, Rs. C-51/89, Slg. 1991, S. I-2757 Rn. 10.

AEUV zu beachten.[955] Ohne eine derartige Zielbindung der Mitgliedstaaten über den Grundsatz der loyalen Zusammenarbeit würde die restriktive Zuständigkeit der Union gemäß Art. 165 AEUV oftmals ins Leere laufen und die Sportkompetenz ihrer Wirksamkeit und Effektivität berauben.

c. Private als Adressaten

Nicht zum Adressatenkreis, weder der allgemeinen Ziele der Union noch der Bereichsziele, zählen Private. Die Ziele der Union zeichnet ihr objektiv-rechtlicher Charakter aus, sie verleihen keine subjektiven Rechte.[956] Da sie auf Verwirklichung ausgelegt sind, ergeben sich unmittelbar Rechte und auch Pflichten nur aus den jeweiligen Umsetzungsakten. Eine unmittelbare Zielbindung Privater scheidet hingegen aus.[957]

2. Kompetenzbegründende und kompetenzausfüllende Wirkung

Der Sport wird in den Verträgen in Art. 6 Satz 2 lit. e) AEUV und Art. 165 AEUV erwähnt. Die Aufnahme in die allgemeinen Bestimmungen zur Zuständigkeit gemäß Art. 2 ff. AEUV in Verbindung mit Art. 165 AEUV hat kompetenzbegründende Wirkung, dem Grundsatz der begrenzten Einzelermächtigung gemäß Art. 5 Abs. 1 Satz 1, Abs. 2 AEUV entsprechend. Inhaltlich lassen sich der Ausgestaltung der Sportkompetenz als unterstützende, koordinierende und ergänzende Zuständigkeit nur sehr begrenzt Vorgaben entnehmen, welche auf die immanenten Beschränkungen der Komplementärkompetenz zurückzuführen sind. Der materielle Gehalt der Sportkompetenz ergibt sich aus Art. 165 AEUV, der in Abs. 2 7. Spiegelstrich das sektorspezifische Unionsziel für den Sport bestimmt und in Abs. 1 UAbs. 2 mit der Unionsaufgabe Sport in Konkretisierung des Bereichsziels Handlungsfelder vorgibt.

a. Materielle Bandbreite einer Sportpolitik der Union

Die Gestaltung einer europäischen Sportpolitik auf Grundlage der neu geschaffenen Kompetenzen wird maßgeblich geprägt durch das Bereichsziel gemäß Art. 165 Abs. 2 7. Spiegelstrich AEUV, das die Entwicklung der europäischen

---

955 So für die agrarpolitischen Ziele *Kopp*, in: Streinz, Art. 39 AEUV Rn. 2; *Bittner*, in: Schwarze, Art. 39 AEUV Rn. 3.

956 *Wiesner*, Unionsziele im Europäischen Verfassungsrecht, S. 156; *Kopp*, in: Streinz, Art. 33 AEUV Rn. 4.

957 *Frenz*, Handbuch Europarecht, Band 6, S. 570; *Terhechte*, in: Grabitz/Hilf/Nettesheim, Art. 3 EUV Rn. 27; *Reimer*, EuR 2003, 992 (1007).

Dimension des Sports zum Gegenstand hat. Inhaltlich erweist sich der Begriff der europäischen Dimension nur bedingt als aussagekräftig. Seine inhaltliche Bedeutung besteht darin, dem insofern maßgeblichen Sportbegriff die notwendige Perspektive zu geben. Aus diesem Zusammenspiel ergibt sich eine große potentielle materielle Bandbreite für die sportpolitische Ausrichtung der Union. Der Vielschichtigkeit des Sportbegriffs entsprechend umklammert die europäische Dimension des Sports das gesamte Aspektebündel des Sports. Hierzu zählen soziale, erzieherische, kulturelle, gesundheitliche sowie wirtschaftliche Aspekte des Sports. Eine europäische Sportpolitik hat aufgrund der Autonomie des Sports nicht die Regelung der Ausübung einzelner Sportarten zum Gegenstand, sondern vielmehr die gesellschaftliche und wirtschaftliche Dimension des Sports. Die Verankerung der Sportkompetenz innerhalb der Bildungskompetenzen wirkt sich somit nur begrenzt auf die inhaltliche Ausrichtung einer aktiven Sportpolitik der Union aus.[958] Die Entwicklung der europäischen Dimension des Sports soll zu einer Europäisierung des Sports dergestalt führen, dass diejenigen Bereiche der Sportwelt, in denen aktives Eingreifen der Union zu einem europäischen Mehrwert beitragen kann, zum Gegenstand der Sportpolitik der Union werden.

b. Inhaltliche Konkretisierung des Zielrahmens durch Teilziele

Konkretisiert wird die sportpolitische Direktive durch die in Art. 165 Abs. 2 7. Spiegelstrich AEUV genannten Teilziele. Danach erfasst die europäische Dimension des Sports in abschließender Weise die Förderung von Fairness und Offenheit des Sports, die Förderung der Zusammenarbeit zwischen den Sportorganisationen sowie den Schutz der körperlichen und moralischen Integrität der Sportler. Den Teilzielen lassen sich einzelne Zielschwerpunkte entnehmen, wobei dem Schutzziel gegenüber den Förderzielen eine höhere Bedeutung zukommt. Es beschreibt einen absoluten finalen Zustand und ermöglicht so der Union größere Gestaltungsspielräume. Die Ausgestaltung der Teilziele bedingt, dass Maßnahmen der Dopingprävention und Dopingbekämpfung wesentlicher Bestandteil einer Unionspolitik im Sport sein müssen, da alle Teilziele hierauf zugeschnitten sind. Eine ausschließlich anti-doping-basierte Sportpolitik kann den Zielvorgaben jedoch nicht gerecht werden. Gerade das inhaltliche Spektrum des Schutzziels verlangt nach Maßnahmen zur Vereinbarkeit von Sport und Karriere, nach Initiativen gegen übermäßigen Leistungsdruck sowie Erhalt der sozialen Bindungen von jungen Hochleistungssportlern. Die Förderung von Fairness und Offenheit,

---

958 Zu eng insofern *Frenz*, DÖV 2011, 249 (251), der die Sportpolitik lediglich als Ergänzung zur Jugendpolitik betrachtet.

grundlegenden Prinzipien der Sportwelt, eröffnet einen weiten Zielrahmen, da diese Prinzipien jedenfalls auf erzieherische und sozial-integrative sportpolitische Maßnahmen abzielen. Ebenso bietet sich innerhalb dieser Zielvorgaben Raum für Maßnahmen zu den wirtschaftlichen Aspekten des Sports.

c. Die konkreten Handlungsfelder der Unionsaufgabe

Zur Umsetzung des Unionsziels für den Sport gibt die Unionsaufgabe gemäß Art. 165 Abs. 1 UAbs. 2 AEUV konkrete Handlungsfelder vor. Der weite direktive Zielrahmen der Union, der gesellschaftliche und wirtschaftliche Aspekte des Sports gleichermaßen umfasst, wird durch die Vorgabe aufgegriffen, zur Förderung der europäischen Aspekte des Sports beizutragen. Dem auf Fördermaßnahmen ausgelegten rechtlichen Instrumentarium entsprechend, soll die Entwicklung der europäischen Dimension durch Förderbeiträge zu einzelnen der dimensional umklammerten Aspekte erfolgen. Die Förderung kann in Form von finanziellen, materiellen, institutionellen oder auch immateriellen Maßnahmen erfolgen. Präzisiert wird die Unionsaufgabe durch die Berücksichtigungspflicht, die nach dem hier vertretenen Verständnis in positiver wie in negativer Hinsicht zu beachten ist. Die Auslegung hat ergeben, dass von den drei zu berücksichtigenden Belangen primär die soziale und pädagogische Funktion des Sports bei der Förderung der europäischen Aspekte von Bedeutung im Rahmen der unionalen Sportpolitik ist. Diesem Förderschwerpunkt entsprechend ist der von Art. 165 Abs. 2 7. Spiegelstrich AEUV vorgegebene Zielrahmen durch solche sportpolitische Maßnahmen auszufüllen, die das soziale und pädagogische Spektrum des Sports betreffen. Eine weitere Präzisierung erfährt die Unionsaufgabe durch die ausdrückliche Erwähnung der Freiwilligentätigkeit. Als Basis der Sportstrukturen ist das Ehrenamt der sozial-integrativen Komponente des Sports zuzuordnen, die durch Maßnahmen und Initiativen im Bereich der freiwilligen Tätigkeit gezielt gefördert werden kann.

d. Realisierung des Mehrwertpotentials

Sowohl Unionsziel als auch Unionsaufgabe enthalten einen Mehrwertvorbehalt, dem zwar überwiegend kompetenzbegrenzende Wirkung zukommt,[959] der jedoch auch in positiver Hinsicht Beachtung verlangt. Die Ausrichtung der Sportkompetenz auf die europäische Dimension und europäische Aspekte hat zur Folge, dass die Union bei der Umsetzung ihrer Kompetenzen den europäischen

959 Hierzu sogleich unter G.I.3.b.aa.

Mehrwert der Materien zu verwirklichen hat, die Gegenstand der jeweiligen sportpolitischen Maßnahmen sind. Dem offenen und abstrakten Charakter der zukunftsgestaltenden Aufgaben und Ziele entsprechend liegt der Aufnahme des Sports in das Primärrecht die Annahme zu Grunde, dass der Mehrwert bislang nicht aufgedeckt ist. Die Realisierung des Mehrwertpotentials im Sportbereich ist der übergreifende Leitgedanke der europäischen Dimension des Sports, die dadurch zur Direktive für die künftige Sportpolitik der Union auf Grundlage von Art. 165 AEUV wird. Soweit der europäische Mehrwert im Rahmen der Sportpolitik verwirklicht wird, kann die Union eine eigenständige mehrwertbasierte Sportpolitik verfolgen, da nur sie in der Lage ist, das Mehrwertpotential aufzudecken. Die Verwirklichung des Mehrwerts erfolgt dabei mittels ergänzender Maßnahmen.

e. *Instrumentarium zur Umsetzung von Ziel und Aufgabe*

Das rechtliche Instrumentarium zur Umsetzung von Unionsaufgabe und Unionsziel im Sportbereich ist in Art. 165 Abs. 4 AEUV niedergelegt. In formeller Hinsicht können Fördermaßnahmen der Union gemäß Art. 165 Abs. 4 1. Spiegelstrich AEUV in verbindlicher Form im ordentlichen Gesetzgebungsverfahren gemäß Art. 289 Abs. 1, Art. 294 AEUV erlassen werden – als Verordnung, Richtlinie oder Beschluss. Hinzu kommen Empfehlungen gemäß Art. 165 Abs. 4 2. Spiegelstrich AEUV sowie im Rahmen der internationalen Zusammenarbeit gemäß Art. 165 Abs. 3 AEUV der Abschluss internationaler Übereinkünfte mit Drittländern oder internationalen Organisationen gemäß Art. 165 Abs. 4 i.V.m. 216 Abs. 1 AEUV. Fördermaßnahmen sind entsprechend der Sportkompetenz gemäß Art. 6 Satz 2 lit. e) AEUV auf unterstützende, koordinierende oder ergänzende unionale Tätigkeit ausgelegt. Möglich sind Förderungen in finanzieller, materieller, institutioneller oder auch immaterieller Hinsicht. Die Förderung sollte sich weniger auf den Erhalt des status quo beziehen, sondern angesichts des offenen und zukunftsgerichteten Unionsziels auf die Fortentwicklung des status quo und Verwirklichung des noch nicht offengelegten Mehrwertpotentials.

3. Kompetenzbegrenzende Elemente

Der materielle Gehalt der Fördermaßnahmen muss trotz der formellen Verbindlichkeit die Beschränkungen der sportpolitischen Kompetenzen der Union beachten. Inhaltliche Kompetenzgrenzen ergeben sich nicht nur immanent aus Art. 6 und Art. 165 AEUV, sondern auch aus den allgemeinen unionsrechtlichen Schranken.

a. Komplementärkompetenz

Sport auf Ebene der Union ist Teil ihrer Komplementärkompetenz gemäß Art. 2 Abs. 5, Art. 6 AEUV, die auf unterstützende, koordinierende und ergänzende Maßnahmen beschränkt ist. Die Mitgliedstaaten bleiben im Sportbereich primär zuständig. Die in der Kompetenzzuweisung gemäß Art. 6 Satz 2 lit. e) AEUV angelegte komplementäre Rolle der Union hat jedoch nicht zur Folge, dass ihr eine eigene sportpolitische Agenda verwehrt ist. Sportpolitische Maßnahmen der Union sind nicht streng akzessorisch zur Politik der Mitgliedstaaten. Gerade durch ergänzende Maßnahmen kann die Union in Bereichen tätig werden, welche auf mitgliedstaatlicher Ebene noch nicht abgedeckt sind oder aber auf nationaler Ebene nicht behandelt werden können. Hier ist wiederum an die sportpolitische Direktive zu erinnern, die auf die Realisierung des europäischen Mehrwerts abzielt und in diesem Zusammenhang für die Sportpolitik der Union Gestaltungsräume eröffnet. So können sportpolitische Maßnahmen Anreize auf Ebene der Mitgliedstaaten setzen und auf diese Weise zur Triebfeder mitgliedstaatlichen Handelns werden. Gleichwohl sind die Grenzen der Komplementärkompetenz stets zu beachten, die neben der Hoheit der Mitgliedstaaten auch die autonome Regulierung der Sportverbände schützt.

b. Ziel- und aufgabenimmanente Beschränkungen

Art. 165 AEUV enthält eine Reihe von Beschränkungen, die in Unionsziel und Unionsaufgabe verankert sind.

aa. Mehrwertvorbehalt

Dem Ziel der Entwicklung der europäischen Dimension des Sports immanent ist das Erfordernis des europäischen Mehrwerts jeglicher Maßnahme, die auf Grundlage der Sportkompetenzen umgesetzt wird. Dieser Mehrwertvorbehalt lässt sich dem limitierenden, abgrenzenden und integrativen Element der europäischen Dimension entnehmen. Jegliche Maßnahme der Union zur Verwirklich der Ziele im Sportbereich ist am Mehrwertvorbehalt zu messen. Dies entspricht der Ausgestaltung der Komplementärkompetenz gemäß Art. 6 Satz 2 AEUV, wonach Maßnahmen in diesem Bereich stets eine europäische Zielsetzung vorweisen müssen. Während das Subsidiaritätsprinzip gemäß Art. 5 Abs. 1 Satz 2, Abs. 3 EUV nur solche Maßnahmen zulässt, die auf Unionsebene besser verwirklicht werden können, bestimmt der Mehrwertvorbehalt, dass nur Maßnahmen zulässig sind, die einen grenzüberschreitenden europäischen Bezug aufweisen und daher von Verbänden und Mitgliedstaaten nicht effektiv geregelt werden können. Die

Union darf innerhalb des Zielrahmens nur diejenigen Aspekte aufgreifen, die einen europäischen Mehrwert aufweisen. Die Reichweite der Sportkompetenz wird dadurch erheblich eingeschränkt, da anhand des Mehrwertvorbehalts zu entscheiden ist, ob die Union für einen bestimmten Regelungsaspekt des Sports überhaupt zuständig ist. Damit bestimmt der Mehrwertvorbehalt bereits den „Kompetenzumfang", während das Subsidiaritätsprinzip die „Kompetenzausübung" betrifft.[960] Gewisse Überschneidungen der Regelungsbereiche sind zwar unvermeidlich und im integrativen Element der europäischen Dimension des Sports angelegt, die Entwicklung der europäischen Dimension schließt es aber aus, die mitgliedstaatlichen und verbandlichen Ebenen zu verdrängen. Die europäische Dimension des Sports ist nach dem hier vertretenen Verständnis den Ebenen der Mitgliedstaaten und Verbände weder über- noch untergeordnet. Vielmehr soll im Rahmen einer eigenständigen unionalen Sportpolitik eine Verbindung mit diesen weiteren Ebenen erfolgen und so eine Gesamtdimension geschaffen werden, die den bislang noch nicht realisierten Mehrwert beinhaltet.

Jede Maßnahme der Union im Bereich des Sports ist somit am Ziel der Entwicklung der europäischen Dimension des Sports zu messen. Dies gilt in positiver wie in negativer Hinsicht. So müssen einzelne sportpolitische Maßnahmen die Grenzen dieses Zielrahmens stets beachten. Eine Überschreitung des sektorspezifischen Zielrahmens macht die Einzelmaßnahme rechtswidrig, da die Union gemäß Art. 5 Abs. 2 Satz 1 EUV nur innerhalb der Grenzen der Zuständigkeiten tätig werden darf, die ihr die Mitgliedstaaten zur Verwirklichung der Ziele übertragen haben.[961] Missachtet die Union den in Art. 165 Abs. 2 7. Spiegelstrich AEUV abgesteckten Zielrahmen und ergreift sie Maßnahmen, die beispielsweise keinen Mehrwert durch unionale Gestaltung bieten, überschreitet sie ihre Kompetenzen.

bb. Berücksichtigung der besonderen Merkmale des Sports

Bei der Förderung der europäischen Aspekte des Sports berücksichtigt die Union unter anderem die besonderen Merkmale des Sports. Darunter sind dem hier entwickelten Definitionsansatz nach solche Eigenschaften des Sports zu verstehen, die ihn im Vergleich zu anderen Sektoren, einschließlich des Wirtschaftssektors, abgrenzen und die auf den einzigartigen Strukturen der Sportwelt sowie dem sportlichen Wettbewerb beruhen. Es handelt sich um eine

960 Hierzu *Müller-Graff*, in: Dauses, A.I. Rn. 183.

961 *Müller-Graff*, in: Dauses, A.I. Rn. 179; *Pfeiffer*, in: Grabitz/Hilf/Nettesheim, Art. 169 AEUV Rn. 18; *Schwind*, Zukunftsgestaltende Elemente, S. 426.

negative Berücksichtigungspflicht, die zu einer Eingrenzung des politischen Gestaltungsspielraums der Union im Sportbereich führt.[962] Die Union muss den Besonderheiten bei Erfüllung der Unionsaufgabe Rechnung tragen, wobei sich die besonderen Merkmale in der abschließenden Maßnahme der Union nicht niederschlagen müssen. Gesondert werden in Art. 165 Abs. 1 UAbs. 2 AEUV die Strukturen des Sports erwähnt, die ebenfalls zu seinen besonderen Merkmalen zählen. Sie sind gekennzeichnet vom Ein-Verbands-Prinzip und werden maßgeblich getragen von der ehrenamtlichen Tätigkeit.[963] Struktur und Organisation des Sports ist somit im Rahmen der Berücksichtigungspflicht besonders Rechnung zu tragen.

Es wird indes keine strikte Beachtenspflicht normiert, weshalb sich die Union über die besonderen Merkmale im Einzelfall hinwegsetzen kann. Ebenso wenig handelt es sich um eine Querschnittsklausel.[964] Die besonderen Merkmale sind nur bei der Förderung der europäischen Aspekte des Sports zu berücksichtigen. Wird die Union auf Grundlage anderer Kompetenzen tätig, die sich gegebenenfalls auf den Sport auswirken können, gilt die Berücksichtigungspflicht nicht. Damit ist ihr Anwendungsbereich erheblich eingeschränkt.

Eine Querschnittsklausel, wie sie in Art. 8 ff. AEUV und insbesondere in Art. 167 Abs. 4 AEUV für den Bereich der Kultur normiert ist, würde den Anwendungsbereich der Berücksichtigungspflicht erweitern. Insbesondere im Bereich des Sports, der von seiner Vielschichtigkeit geprägt ist und Berührungspunkte zu zahlreichen anderen Unionskompetenzen wie Kultur, Bildung oder Gesundheit aufweist, könnte eine Querschnittsklausel dazu beitragen, die Konturen im oftmals spannungsgeladenen Verhältnis von Unionsrecht und Sport zu schärfen und die Diskussionen um eine angemessene Berücksichtigung der besonderen Merkmale eingrenzen. Die Berücksichtigungspflicht nur im Rahmen der Unionsaufgabe zu normieren, erscheint demgegenüber fehlplatziert.[965] Denn die besonderen Merkmale des Sports wirkten sich bislang in erster Linie in den Entscheidungen von Gerichtshof und Kommission zu Fragen der Vereinbarkeit sportverbandlicher Regelungen mit den Grundfreiheiten oder dem Wettbewerbsrecht aus. Die Berücksichtigungspflicht des Art. 165 Abs. 1 UAbs. 2 AEUV greift jedoch in diesem

962 Siehe zur Abgrenzung von der positiven Berücksichtigungspflicht oben G.I.2.c. und F.IV.3.d.bb.

963 Zu diesem europäischen Sportmodell siehe *Osmann*, SpuRt 1999, 228 und SpuRt 2000, 58.

964 A.A.: *Brost*, SpuRt 2010, 178 (180 f.).

965 Kritisch auch *Wiesner*, Unionsziele im Europäischen Verfassungsrecht, S. 173, mit einem eigenen Normierungsvorschlag für eine Querschnittsklausel.

Zusammenhang nicht, jedenfalls nicht unmittelbar.[966] Eine Querschnittsklausel hätte zur Folge, dass Grundfreiheiten und die in der Querschnittsklausel enthaltene Pflicht zur Berücksichtigung der besonderen Merkmale einander gleichrangig gegenüberstehen. Es kommt zu einer „Kollision gleichrangiger Belange", die in der Folge einen Ausgleich im Wege der Herbeiführung der praktischen Konkordanz erfordert, wobei eine Abwägung der widerstreitenden Belange und Interessen vorgenommen wird.[967] Die Besonderheiten des Sports erhielten auf diese Weise deutlich stärkeres Gewicht als ihnen bislang in der Rechtsprechung des Gerichtshofs zukommt.[968] Insofern sah schon die Erklärung von Nizza eine weiterreichende Formulierung vor, welche die Berücksichtigung bei den „Tätigkeiten [der Union] im Rahmen der Verträge" vorsah.[969] Die Formulierung kommt einer Querschnittsklausel nahe. Die Normierung ist darüber hinaus aus systematischer Sicht geboten. Denn für den Bereich der Kultur oder der Gesundheit wurden Querschnittsklauseln in Art. 167 Abs. 4 AEUV und Art. 168 Abs. 7 AEUV normiert. Insbesondere im Rahmen der Komplementärkompetenzen, in denen das Verhältnis von Union und Mitgliedstaaten zumeist besonderen Spannungen unterliegt, sehen die Verträge Querschnittsklauseln vor. Auch für den Sport wäre die Normierung einer solchen daher zu erwarten gewesen.[970] Die fehlende Aufnahme ist unter Umständen darauf zurückzuführen, dass die Besonderheiten des Sports ohnehin erst im Zuge der Regierungskonferenz zum Verfassungsvertrag nach zähen Verhandlungen aufgenommen wurden und das grundsätzliche Konzept der Sportkompetenz daher nicht mehr verändert werden sollte.[971]

cc. Die Autonomie des Sports

Die Autonomie der Sportverbände wird in Art. 165 AEUV zwar nicht ausdrücklich erwähnt, die sportrelevanten Passagen der Vorschrift enthalten jedoch einige Anknüpfungspunkte. Die kompetenzbegrenzende Wirkung der Autonomie des Sports wird daher bereits an dieser Stelle behandelt. Feststellen lässt sich die

966 *Siekmann*, ISLJ 2004, 77; zur mittelbaren Wirkung als Auslegungs- oder Interpretationshilfe siehe unten G.I.4.c.cc.

967 *Kment*, EuR 2007, 275 (280)

968 Hierzu oben C.II.

969 Dok. SN 400/00 ADD 1, S. 25.

970 Erste Entwürfe eines Sportartikels sahen bereits eine Querschnittsklausel vor, so beispielsweise ein Vorschlag des DSB, abgedruckt in *Tokarski/Steinbach*, Spuren, S. 76 f.; vgl. hierzu auch die Forderung im Zuge des Konvents, KONV 821/03, S. 105 f.

971 Siehe hierzu oben B.III.; der für den Verfassungsvertrag vorgesehene Art. III-282 EVV entspricht nahezu wortgleich Art. 165 AEUV.

Anerkennung der Autonomie bereits anhand des Unionsziels gemäß Art. 165 Abs. 2 7. Spiegelstrich AEUV. Demnach soll lediglich die europäische Dimension des Sports entwickelt werden, die weiteren Dimensionen des Sports sind hingegen nicht Gegenstand der Unionskompetenz. Diese verbleiben bei Mitgliedstaaten und Sportverbänden im Rahmen ihrer Autonomie. Der Union ist es untersagt, die mitgliedstaatlichen und verbandlichen Dimensionen zu ersetzen oder auch nur teilweise zu verdrängen. Ihr obliegt allein die Verwirklichung des europäischen Mehrwerts. In ähnlicher Weise kommt die Autonomie im Teilziel der Förderung der Zusammenarbeit zwischen den für den Sport verantwortlichen Organisationen zum Ausdruck. Dadurch wird die grundsätzliche Verantwortlichkeit der Verbände für den Sport anerkannt, deren Zusammenarbeit die Union lediglich fördern will. Letztlich kann die Union gemäß Art. 165 Abs. 1 UAbs. 2 AEUV zu einer Förderung der europäischen Aspekte des Sports lediglich beitragen, darüber hinaus stehen als Beiträge für die Verwirklichung der Ziele des Art. 165 AEUV gemäß Abs. 4 lediglich Fördermaßnahmen und unverbindliche Empfehlungen zur Verfügung. Damit ist ein deutlicher Hinweis auf die lediglich komplementäre sportpolitische Rolle der Union und den Respekt vor der verbandlichen Unabhängigkeit verbunden.[972]

Ungeachtet dieser Anknüpfungspunkte innerhalb der Vorschrift des Art. 165 AEUV können sich die Verbände ohnehin auf Ebene der Union auf ihre Autonomie berufen. Art. 165 AEUV ist hierfür keine Grundlage. Die Autonomie wird geschützt über Art. 12 GRC i.V.m. Art. 6 Abs. 1 EUV. Die Organe der Union gemäß Art. 13 Abs. 1 UAbs. 2 EUV haben die Autonomie der Verbände gemäß Art. 51 Abs. 1 GRC zu wahren und ihre Grenzen zu beachten. Die grundrechtlich geschützte Autonomie begrenzt somit die Kompetenzen der Union. Auch das Grundrecht der Vereinigungsfreiheit gilt gemäß Art. 52 Abs. 1 GRC jedoch nicht schrankenlos, sondern kann unter Wahrung des Grundsatzes der Verhältnismäßigkeit eingeschränkt werden, wenn dies gesetzlich vorgesehen und erforderlich ist und den von der Union anerkannten, dem Gemeinwohl dienenden Zielsetzungen tatsächlich entspricht. Zu diesen Zielsetzungen zählen insbesondere die in den Verträgen niedergelegten Ziele, neben den Zielen des Art. 3 EUV somit auch das Bereichsziel des Art. 165 AEUV.[973] Insbesondere im Rahmen der Verhältnismäßigkeit ist dabei die unterschiedliche Ausgestaltung der Unionsziele zu beachten. Diese sind als Förder- und als Schutzziele ausgestaltet, womit

---

972 Ähnlich auch *Persch*, NJW 2010, 1917 (1918 f.); *Eichel*, Der Sport im Recht der EU, S. 140 f.; *Schäfer*, Die Vereinbarkeit der „50+1“-Regel mit dem Europarecht, S. 75.

973 Erläuterungen zur Charta der Grundrechte, ABl. 2007, C 303, S. 17 (32); *Jarass*, Art. 52 GRC Rn. 31; *Streinz/Michl*, in: Streinz, Art. 52 GRC Rn. 28.

unterschiedlich weite Gestaltungsspielräume der Union verbunden sind. Im Bereich des Schutzziels, bezogen auf die körperliche und moralische Integrität der Sportler, verlangt das absolut formulierte Ziel der Union weitere Spielräume als bei den Förderzielen, die größere Zurückhaltung gegenüber Mitgliedstaaten und Verbänden kennzeichnet. Die Autonomie der Verbände wird sich gegenüber Eingriffen durch unionale Maßnahmen im Sportbereich daher in unterschiedlicher Weise durchsetzen, abhängig von der jeweiligen Zielsetzung der Maßnahme. Insofern sind diejenigen Anknüpfungspunkte der Autonomie innerhalb der Vorschrift beachtenswert, welche Aufschluss geben können über die Verhältnismäßigkeit einzelner Maßnahmen. Sie vermitteln, inwieweit Maßnahmen der Union die Vereinigungsfreiheit zurückdrängen dürfen und präzisieren so die Reichweite der Autonomie auf Ebene der Union.

Der Geltungsanspruch der Autonomie ist im Übrigen stets im Zusammenhang mit den Besonderheiten des Sports zu betrachten. Je enger eine Materie mit den besonderen Merkmalen des Sports oder der unmittelbaren Ausübung des Sports in Verbindung steht, desto stärker kommt der Schutz der Autonomie zur Entfaltung.[974] Zur Veranschaulichung dieser Ausführungen kann auf die allgegenwärtige Bekämpfung der Dopingproblematik eingegangen werden. Die Verpflichtung der Union zum Gesundheitsschutz der Sportler, insbesondere der jungen Sportler, zeigt, dass die Sportpolitik der Union schwerpunktmäßig eine Anti-Doping-Strategie umfassen soll. Das Schutzziel signalisiert, dass die Union in diesem Bereich weniger Zurückhaltung üben muss und ihr weitere Eingriffs- und Gestaltungsspielräume zustehen, sofern sie Bereiche regelt, in denen sich der europäische Mehrwert realisieren lässt. Der durch die Autonomie gesicherte Einfluss der Sportverbände im Bereich der Anti-Doping-Politik kann dadurch Einschränkungen erfahren, insbesondere bei Aspekten, die von der Union besser und effektiver geregelt werden können. Die Teilziele sowie die dargestellten Anknüpfungspunkte der Autonomie enthalten somit Wertungsvorgaben, die unter anderem die Verhältnismäßigkeitsprüfung beeinflussen können. Mit dem Schutz der Autonomie nicht vereinbar wäre es jedoch, wenn die Union dazu überginge, beispielsweise die Definition von Doping zu regeln, da dies im Rahmen des Selbstverständnisses und des Selbstbestimmungsrechts zu den innersten Angelegenheiten des Sports zählt.[975]

---

974 *Schäfer*, Die Vereinbarkeit der „50+1“-Regel mit dem Europarecht, S. 70; *Pfister*, S. 12; in diesem Sinne auch EuG, *Piau*, Rs. T-193/02, Slg. 2005, S. II-209 Rn. 73 ff.

975 *Persch*, NZA 2010, 986 (988); *Steiner*, causa sport 2009, 14 (21); *Steiner*, NJW 1991, 2729 (2730); KOM, *Meca-Medina*, COMP/38158 Rn. 50.

c. *Subsidiaritätsprinzip*

Für den Sportbereich ist die Frage nach dem „Ob" des Tätigwerdens entsprechend dem Prinzip der begrenzten Einzelermächtigung gemäß Art. 5 Abs. 1 Satz 1, Abs. 2 EUV entscheidend. Die Zuständigkeit der Union ergibt sich aus Art. 6, Art. 165 AEUV. Nicht geklärt ist damit die Frage, ob die Union trotz der grundsätzlichen Kompetenzen im Einzelfall tatsächlich tätig werden darf. Art. 5 Abs. 1 Satz 2, Abs. 3 EUV normiert das Subsidiaritätsprinzip als „allgemeine Kompetenzausübungsregel"[976], an der sich jegliches Handeln der Union außerhalb ihrer ausschließlichen Zuständigkeit messen lassen muss. Das Subsidiaritätsprinzip greift nur dort, wo sowohl Mitgliedstaaten als auch Union über Kompetenzen verfügen. Die Union darf demnach gerade im Bereich der Komplementärkompetenz nur tätig werden, wenn die Ziele der jeweiligen Maßnahme auf mitgliedstaatlicher Ebene nicht erreicht und auf Ebene der Union besser verwirklicht werden können. Einzubeziehen ist insoweit das jeweilige Unionsziel, für den Sportbereich Art. 165 Abs. 2 7. Spiegelstrich AEUV, da gemäß Art. 5 Satz 4 Subsidiaritätsprotokoll zur Beurteilung der Subsidiarität auf die Ziele der Union abzustellen ist.[977] Nicht zu verwechseln ist das Subsidiaritätsprinzip im Sinne von Art. 5 Abs. 1 Satz 2, Abs. 3 EUV mit der Subsidiarität staatlicher Eingriffe, im Besonderen mittels der finanziellen Sportförderung, in den Bereich des Sports, die letztlich auf die Autonomie der Verbände zurückzuführen ist.[978] Neben der Subsidiarität gegenüber der Sportpolitik der Mitgliedstaaten muss die Union somit die Subsidiarität gegenüber den durch ihre Autonomie geschützten Verbänden achten.

Für das Subsidiaritätsprinzip finden sich in den sportrelevanten Passagen wie für die Autonomie der Sportverbände verschiedene Anknüpfungspunkte. Zum einen ist das Subsidiaritätsprinzip im limitierenden und abgrenzenden Element des Unionsziels der Entwicklung der europäischen Dimension des Sports verankert. Im Übrigen darf die Union gemäß Art. 165 Abs. 1 UAbs. 2 AEUV zur Förderung der europäischen Aspekte des Sports lediglich beitragen und gemäß Art. 165 Abs. 4 AEUV nur Beiträge zur Verwirklichung der Ziele des Art. 165 AEUV erlassen. In diesen Beschränkungen klingt die Subsidiarität jeglicher unionaler sportpolitischer Maßnahmen an.[979]

---

976 *Von Danwitz*, in: Dauses, B.II. Rn. 148; vgl. auch *Albin*, NVwZ 2006, 629 (634).

977 *Schwind*, Zukunftsgestaltende Elemente, S. 337.

978 Hierzu *Persch*, NJW 1917 (1918); *Steiner*, NJW 1991, 2729 (2730); vgl. auch die Stellungnahme des Ausschusses der Regionen zum „Europäischen Sportmodell", ABl. 1999, C 374, S. 56 (58).

979 So für die Kompetenz im Bereich der Bildung *Blanke*, in: Grabitz/Hilf/Nettesheim, Art. 165, Art. 166 AEUV Rn. 73; *Callies*, in; Callies/Ruffert, Art. 5 EUV Rn. 43.

Im Hinblick auf die ohnehin nur komplementäre Kompetenz der Union für den Sport erscheint fraglich, inwieweit das Subsidiaritätsprinzip zum Schutz der primären Zuständigkeiten der Mitgliedstaaten noch maßgeblich Bedeutung erlangt. Denn über den Mehrwertvorbehalt, den ohnehin lediglich unterstützenden, koordinierenden und ergänzenden Charakter der Sportkompetenz sowie die damit einhergehende inhaltliche Beschränkung auf Fördermaßnahmen unterliegt die Reichweite der Unionskompetenz bereits weitgehenden Restriktionen. Hinzu kommt das Harmonisierungsverbot gemäß Art. 165 Abs. 4 1. Spiegelstrich AEUV. Die materielle Ausgestaltung der Zuständigkeit der Union für den Sport lässt kaum Maßnahmen und Regelungen zu, welche die Schranken des Subsidiaritätsprinzips gemäß Art. 5 Abs. 1 Satz 2, Abs. 3 EUV überschreiten.

d. Grundsatz der Verhältnismäßigkeit

Letztes Element der Schrankentrias des Art. 5 EUV ist der kompetenzbezogene[980] Grundsatz der Verhältnismäßigkeit gemäß Art. 5 Abs. 1 Satz 2, Abs. 4 EUV. Wird die Union auf Grundlage der Sportkompetenz tätig, so dürfen ihre Maßnahmen das zur Erreichung der Ziele des Art. 165 Abs. 2 AEUV erforderliche Maß nicht überschreiten. Die sportrelevanten Passagen enthalten auch Anknüpfungspunkte und Wertungsvorgaben für den Grundsatz der Verhältnismäßigkeit. Verortet sind diese im Unionsziel selbst, das durch sein abgrenzendes, limitierendes und integratives Element gekennzeichnet ist. Darüber hinaus ist die unterschiedlich ausgestaltete Zielintensität der Teilziele der europäischen Dimension des Sports in Form der Förderziele und des Schutzziels zu beachten.

Der Grundsatz der Verhältnismäßigkeit gilt sowohl in formeller als auch in materieller Hinsicht. So steuert der Grundsatz die Wahl der jeweiligen Handlungsform von Fördermaßnahmen gemäß Art. 165 Abs. 4 1. Spiegelstrich AEUV, für die Verordnung, Richtlinie oder Beschluss gemäß Art. 289 Abs. 1 Satz 1 AEUV zur Verfügung stehen. Darüber hinaus ist anhand des Grundsatzes zu entscheiden, ob Fördermaßnahmen erforderlich sind oder vielmehr eine weiche Steuerung durch den Erlass von Empfehlungen gemäß Art. 165 Abs. 4 2. Spiegelstrich AEUV ausreicht. Im Rahmen der Sportkompetenz ist dabei insbesondere die Unabhängigkeit der Verbände zu beachten, die zur Folge hat, dass auch den Mitgliedstaaten im Sportbereich nur begrenzte Gestaltungs- und Umsetzungsspielräume zustehen. Oftmals wird sich daher die Empfehlung als unter Verhältnismäßigkeits- und Subsidiaritätsgesichtspunkten einzig zulässige Maßnahme erweisen. Materiell ist unter anderem auf die differenziert ausgestaltete Zielintensität hinzuweisen.

---

980 *Trstenjak/Beysen*, EuR 2012, 265 (266 f.).

Maßnahmen und Regelungen der Union dürfen weder in Regelungsbreite noch in Regelungstiefe die primären Zuständigkeiten von Mitgliedstaaten und letztlich auch von Verbänden weiter als erforderlich einschränken.[981] Gerade im Zuge der Verwirklichung des Schutzziels stehen der Union allerdings umfassendere Gestaltungsspielräume zu. Diese Wertungsvorgabe des Art. 165 Abs. 2 7. Spiegelstrich AEUV ist für die Verhältnismäßigkeitsprüfung von besonderer Bedeutung, da das im Einzelfall erforderliche Maß an den konkreten, mit der jeweiligen Maßnahme verfolgten Bereichszielen zu messen ist.[982]

e. *Harmonisierungsverbot*

Mit dem Harmonisierungsverbot beim Erlass verbindlicher Fördermaßnahmen gemäß Art. 165 Abs. 4 1. Spiegelstrich AEUV erfahren die Kompetenzen der Union im Bereich des Sports eine weitreichende Einschränkung. Die Rechtsangleichung als wesentliches Mittel des Integrationsprozesses steht bei Maßnahmen auf Grundlage des Art. 165 AEUV nicht zur Verfügung.[983] Die Normierung des Verbotes korrespondiert mit der nur begrenzten Kompetenzübertragung auf die Union, dies stellt eine weitere Schranke zur Sicherung des mitgliedstaatlichen Primats im Rahmen der Politikfelder des Art. 6 AEUV dar. Das Harmonisierungsverbot des Art. 165 Abs. 4 1. Spiegelstrich AEUV ist in seinem Anwendungsbereich allerdings dadurch beschränkt, dass es nur beim Erlass von Fördermaßnahmen als Beitrag zur Verwirklichung der Ziele des Art. 165 AEUV gilt. Wird die Union hingegen auf Grundlage anderer Kompetenznormen tätig, gilt das Harmonisierungsverbot nicht. Unzulässig ist es, das Harmonisierungsverbot des Art. 165 Abs. 4 1. Spiegelstrich AEUV zu umgehen[984]. Vor diesem Hintergrund stellt sich die Frage nach den faktischen Auswirkungen des Verbots auf eine Sportpolitik der Union.

Sport ist ein vielschichtiges Kompetenzfeld, das Berührungspunkte und Überschneidungen zu zahlreichen anderen Politikbereichen der Union aufweist. Hierzu zählen neben der Kultur gemäß Art. 167 AEUV, Gesundheitspolitik gemäß Art. 168 AEUV und Bildungspolitik gemäß Art. 165 f. AEUV die Sozialpolitik gemäß Art. 151 ff. AEUV sowie die vielfältigen Anknüpfungspunkte der Binnenmarktpolitik. Darüber hinaus bestehen beispielsweise im Hinblick auf Korruption, Doping und Wettbetrug Bezüge zur justiziellen Zusammenarbeit gemäß Art. 82 ff.

---

981 *Callies*, in: Callies/Ruffert, Art. 5 EUV Rn. 47; *Bickenbach*, EuR 2013, 523 (528).

982 Hierzu *Bast*, in: Grabitz/Hilf/Nettesheim, Art. 5 EUV Rn. 70.

983 *Blanke*, in: Grabitz/Hilf/Nettesheim, Art. 165, Art. 166 AEUV Rn. 110; *Hablitzel*, DÖV 2002, 407 (409).

984 Zum Ganzen bereits oben F.IV.4.c.

AEUV. Aufgrund der Vielschichtigkeit des Sports, aber auch der anderen angeführten Politikfelder, können sich Maßnahmen auf Grundlage anderer Kompetenznormen auf die sportbezogenen Ziele des Art. 165 Abs. 2 7. Spiegelstrich AEUV auswirken. Eine nach der Rechtsprechung des Gerichtshof verbotene Umgehung des Harmonisierungsverbots[985] durch Zurückgreifen auf andere Kompetenzen, insbesondere Art. 114 AEUV, ist indes selbst dann nicht gegeben, wenn anderen, kompetenzfremden Belangen maßgebliche Bedeutung zukommt.[986] Aus dem für ein bestimmtes Politikfeld geltenden Harmonisierungsverbot folgt also nicht, dass Maßnahmen, die auf Grundlage anderer Kompetenzen erlassen wurden, keine Auswirkungen auf dieses Politikfeld herbeiführen dürfen. Erlässt die Union daher Maßnahmen zur Rechtsangleichung im Binnenmarkt gemäß Art. 114 AEUV oder Maßnahmen im Bereich der justiziellen Zusammenarbeit gemäß Art. 83 AEUV, so können sich diese Maßnahmen auf die Ziele im Bereich des Sports maßgeblich auswirken, ohne dass damit eine Umgehung des Harmonisierungsverbotes des Art. 165 Abs. 4 1. Spiegelstrich AEUV und die Unzulässigkeit der Maßnahme einhergeht. Vor allem im Zuge der Bekämpfung der Doping-Problematik sind Harmonisierungsmaßnahmen möglich und notwendig, sie wurden auch vom Parlament bereits eingefordert.[987] Insofern sind gemäß Art. 83 Abs. 1 UAbs. 2, Abs. 2 Satz 1 AEUV unter anderem Maßnahmen zur Angleichung der strafrechtlichen Rechtsvorschriften der Mitgliedstaaten denkbar, wenn Doping unter dem Aspekt des illegalen Drogenhandels oder der organisierten Kriminalität betrachtet wird. Aufgrund der zahlreichen Berührungspunkte, vor allem des kommerzialisierten Profisports mit den binnenmarktbezogenen Kompetenzen der Union, bestehen darüber hinaus Harmonisierungsspielräume zur Herstellung der Freizügigkeit gemäß Art. 46 AEUV oder zur Anerkennung von Zeugnissen und Diplomen gemäß Art. 53 AEUV.[988] Werden Maßnahmen zur Rechtsangleichung trotz erheblicher Auswirkungen auf den Sport auf andere Rechtsgrundlagen gestützt, greift somit das Harmonisierungsverbot des Art. 165 Abs. 4 1. Spiegelstrich AEUV nicht. Nur wenn Maßnahmen allein auf Art. 165 AEUV gründen, weil schwerpunktmäßig die Ziele

---

985 EuGH, Rs. C-210/03, Slg. 2004, S. I-11893, Rn. 76; EuGH, *Tabakwerberichtlinie*, Rs. C-376/98, Slg. 2000, S. I-8419, Rn. 79.

986 EuGH, *Tabakwerbung II*, Rs. C-380/03, Slg. 2006, S. I-11573 Rn. 92.

987 ABl. 2013, C 239 E, S. 46 (53); zum Harmonisierungspotential in der Dopingbekämpfung siehe *Kornbeck*, MschrKrim 2010, 198 ff.; *Westerbeek/Theeboom*, in: Theeboom/Westerbeek/De Knop, EU-Involvement in Sport, S. 148 f.

988 *Garcia/Miettinen/Parrish/Siekmann*, The Lisbon Treaty and EU Sports Policy, S. 27; hierzu und umfassend zur Rechtsangleichung mit Bezug zum Sport siehe auch *Eichel*, Der Sport im Recht der EU, S. 201 ff.

des Art. 165 Abs. 2 7. Spiegelstrich AEUV verfolgt werden, entfaltet das Verbot der Rechtsangleichung seine Wirkung.[989]

Der Umgang mit anderen Harmonisierungsverboten, in erster Linie Art. 168 Abs. 5 AEUV, hat gezeigt, dass der Union dennoch Spielräume zur Harmonisierung verbleiben. Ausgeschlossen ist dies lediglich dann, wenn auch die jeweils andere Kompetenzgrundlage durch ein Harmonisierungsverbot abgesichert ist. In zahlreichen Politikfeldern der Komplementärkompetenzen gemäß Art. 6 AEUV, die vielfältige Bezugspunkte zum Sport aufweisen, ist dies der Fall. So gelten Harmonisierungsverbote gemäß Art. 168 Abs. 5 AEUV für das Gesundheitswesen, gemäß Art. 167 Abs. 5 1. Spiegelstrich AEUV für die Kulturpolitik sowie gemäß Abs. 4 der Art. 165 und Art. 166 AEUV für die Bildungspolitik. Die Gefahr der Umgehung besteht im Zusammenhang mit diesen Querschnittsmaterien daher nicht. Gleichwohl ist vor allem aufgrund der zahlreichen wirtschaftlichen Aspekte des Sports ein hohes Harmonisierungspotential erkennbar.[990] Darüber hinaus zeigt die Praxis der Union im Bereich der Bildungspolitik, im Speziellen zum Bologna-Prozess, dass trotz der Verbote umfangreiche Harmonisierungswirkungen aufgrund von Unionsmaßnahmen entstehen können.[991]

4. Verpflichtende Wirkung von Unionsziel und Unionsaufgabe

Neben der kompetenzbegründenden und kompetenzausfüllenden Wirkung kommt Art. 165 AEUV verpflichtende Wirkung zu, die in Unionsziel und Unionsaufgabe begründet ist. Ziele der Union und insbesondere die einzelnen Bereichsziele verfügen über vielfältige Wirkungen. Im Folgenden wird auf diejenigen eingegangen, die hinsichtlich des Bereichsziels Sport von besonderer Relevanz sind.

a. Erfüllungsverpflichtung

Die Union ist verpflichtet, sowohl Ziele als auch Aufgaben zu erfüllen. Das Verwirklichungsmoment ist schon den Begriffen Ziel und Aufgabe immanent. Die Union verfolgt ihre Ziele gemäß Art. 3 Abs. 6 EUV gemäß den jeweiligen Zuständigkeiten mittels ihrer Organe, welche gemäß Art. 13 Abs. 1 UAbs. 1 EUV die Pflicht haben, die Ziele in rechtlicher und tatsächlicher Hinsicht zu verfolgen.[992]

---

989 A.A. *Persch*, NJW 2010, 1917 (1918), der auch auf Grundlage von Art. 165 AEUV einheitliche Mindestbedingungen für zulässig erachtet.

990 *Garcia/Miettinen/Parrish/Siekmann*, The Lisbon Treaty and EU Sports Policy, S. 27.

991 Hierzu *Frenz*, DÖV 2011, 249 (259); kritisch *Hablitzel*, BayVBl 2014, 234 (235).

992 *Terhechte*, in: Grabitz/Hilf/Nettesheim, Art. 3 EUV Rn. 27; *Müller-Graff*, in: Dauses, A.I. Rn. 178.

Die Verpflichtung zur Erfüllung der Aufgaben folgt aus dem Wortlaut des Art. 165 Abs. 1 UAbs. 2 AEUV.[993] Die Organe der Union sind daher im Rahmen ihrer jeweiligen Funktionen verpflichtet, die europäische Dimension des Sports zu entwickeln. Der dadurch eröffnete Zielrahmen wird durch die Unionsaufgabe konkretisiert, zu den einzelnen europäischen Aspekten des Sports beizutragen.

Die Erfüllungsverpflichtung richtet sich aufgrund des gestalterischen Elements in erster Linie an die exekutiven und legislativen Organe der Union, wie Kommission, Rat und Parlament. Die Mitgliedstaaten werden ausdrücklich nur in Art. 165 Abs. 3 AEUV zur internationalen Zusammenarbeit verpflichtet. Eine besondere Rolle kommt der Kommission zu, die aufgrund ihrer Vorschlagsrechts gemäß Art. 17 Abs. 2 Satz 1 EUV, Art. 165 Abs. 4 1. Spiegelstrich AEUV die grundsätzliche Ausrichtung der legislativen Maßnahmen von Parlament und Rat im Bereich des Sports maßgeblich steuern kann. Im Vorfeld von konkreten Vorschlägen zu einzelnen Rechtssetzungsakten verfügt die Kommission bereits über umfassende Möglichkeiten, das legislative Programm zu dirigieren. Vor allem im Bereich des Sports hat sie mit dem Weißbuch Sport und der Mitteilung zur Entwicklung der europäischen Dimension des Sports hiervon Gebrauch gemacht.[994] Aufgrund der Ausrichtung der Sportkompetenz auf die Förderung der europäischen Aspekte, die unter anderem eine finanzielle Förderung beinhaltet, verlangt die Erfüllungsverpflichtung speziell im Hinblick auf die Ausübung der Haushaltsbefugnisse von Rat und Parlament sowie die Ausführung des Haushaltsplans gemäß Art. 17 Abs. 1 Satz 4 EUV durch die Kommission Geltung. Nachdem in den Jahren 2012 und 2013 keine Haushaltsmittel mehr zur Verfügung standen,[995] wurde der Sport nunmehr in den mehrjährigen Finanzrahmen gemäß Art. 312 AEUV aufgenommen, um gemäß Art 312 Abs. 1 AEUV auch in der Sportpolitik eine geordnete finanzielle Entwicklung zu gewährleisten.[996] Der mehrjährige Finanzrahmen sieht im Rahmen der Bildungspolitik ein Unterprogramm für den Sport vor.[997] Das Programm umfasst positive wie auch negative Seiten des Sports, wobei letztere vor allem mit wirtschaftlichen Aspekten zusammenhängen und damit

993 Oben F.IV.3.c.aa.

994 Hierzu oben E.VIII. und E.XI.

995 Siehe hierzu die kritische Stellungnahme des DOSB vom 10.12.2010, abrufbar unter http://www.dosb.de/en/organisation/internationales/detail/news/kein_eu_sportfoerderprogramm_2012_und_2013/, abgerufen am 30.06.2014.

996 Verordnung (EU; Euratom) Nr. 1311/2013 des Rates vom 02.12.2013 zur Festlegung des mehrjährigen Finanzrahmens für die Jahre 2014–2020, ABl. 2013, L 347, S. 884.

997 Mitteilung der Kommission vom 29.06.2011 – Ein Haushalt für „Europe 2020“ – Teil II: Politikbereiche im Überblick, KOM(2011) 500 endg. Teil II, S. 34.

den professionellen Sport betreffen. Schwerpunkt ist darüber hinaus die Entwicklung einer europäischen Zusammenarbeit im Sport sowie die Förderung sozioökonomischer Aspekte. Die Agenda des Finanzrahmens für den Sport spiegelt dadurch die Ziele des Art. 165 Abs. 2 7. Spiegelstrich AEUV bereits wieder. Die Aufnahme des Sports in den mehrjährigen Finanzrahmen ist Grundvoraussetzung für eine funktionierende und eigenständige Sportpolitik der Union, welche die Verwirklichung der Ziele des Art. 165 Abs. 2 7. Spiegelstrich AEUV zum Gegenstand hat und nicht auf die für andere Politikfelder vorgesehenen Finanzrahmen angewiesen ist. Die Basis für ein eigenes Sportförderprogramm der Union zur Erfüllung der verpflichtenden Unionsaufgabe gemäß Art. 165 Abs. 1 UAbs. 2 AEUV ist damit geschaffen.[998]

Trotz der Verpflichtung sind grundsätzlich weder Unionsziele noch Unionsaufgaben unmittelbar justiziabel. Dies ist darauf zurückzuführen, dass sie durch ihr prospektives Element sowie eine abstrakte und offene Formulierung gekennzeichnet sind.[999] Die Verwirklichung der Ziele erfolgt gemäß Art. 3 Abs. 6 EUV mittels geeigneter Maßnahmen. Sektorspezifisch für den Sport legt Art. 165 Abs. 4 Fördermaßnahmen und Empfehlungen als geeignete Mittel zur Erfüllung von Aufgabe und Ziel fest. Hinsichtlich der genauen Ausformung der Zielverwirklichung steht den Organen ein Gestaltungsspielraum zu,[1000] der es in Grenzen zulässt, bezüglich der einzelnen Teilziele gemäß Art. 165 Abs. 2 7. Spiegelstrich AEUV und der zu ihrer Umsetzung zu wählenden Maßnahmen zu priorisieren. Auch wenn mit der Verpflichtung zum Schutz der körperlichen und moralischen Integrität ein Zielschwerpunkt normiert wird, so ist es den umsetzenden Organen möglich, die Förderung anderer Teilziele jedenfalls temporär vorzuziehen. Private verfügen daher über keinen allgemeinen Anspruch auf Erfüllung der Ziele.[1001] Auch Bereichsziele der Union sind grundsätzlich nicht justiziabel, sondern vielmehr erst der zu ihrer Erfüllung erlassene einzelne Rechtsakt. Die Justiziabilität wird nur dann erwogen, wenn die Union der Verwirklichungsverpflichtung in ihrer Gesamtheit nicht nachkommt, die Union

---

998 Die Sportförderung wird dabei in das Programm Erasmus+ integriert, hierzu die Verordnung (EU) Nr. 1288/2013 vom 11.12.2013 zur Einrichtung von „Erasmus+“, dem Programm für allgemeine und berufliche Bildung, Jugend und Sport, ABl. 2013, L 347, S. 50 (60); hierzu bereits oben F.IV.2.b.aa.(2)(e).

999 *Becker*, in: Schwarze, Art. 3 EUV Rn. 10.

1000 EuGH, *Parlament/Rat*, Rs. C-13/83, Slg. 1985, S. 1513 Rn. 49 f.

1001 EuGH, *Giménez Zaera*, Rs. C-126/96, Slg. 1987, S. 3697 Rn. 11, 14; EuGH, *Portugal/Rat*, Rs. C-149/96, Slg. 1999, S. I-8395 Rn. 86; *Müller-Graff*, in: Dauses, A.I. Rn. 178; *Wiesner*, Unionsziele im Europäischen Verfassungsrecht, S. 154.

also jegliche Maßnahmen zur Umsetzung der Zielvorgaben unterlässt.[1002] Im Übrigen scheitert eine rechtliche Überprüfung am abstrakten Charakter der Ziele sowie dem hiermit einhergehenden Umsetzungsspielraum der Organe.[1003]

b. Politische Direktivwirkung

Die sportspezifischen Ziele des Art. 165 Abs. 2 7. Spiegelstrich AEUV stellen Richtungsvorgaben für die Sportpolitik der Union dar. Im Rahmen der politischen Orientierung sind die sportspezifischen Ziele bereits mit anderen Bereichszielen in Einklang zu bringen. Die Vermeidung von Zielkonflikten ist vor allem in der Sportpolitik bedeutsam aufgrund ihrer potentiellen Vielschichtigkeit und der zahlreichen Berührungspunkte mit anderen Politikfeldern wie der Kultur- oder Gesundheitspolitik. In ihrer Funktion als politische Richtungsvorgaben gelten die Ziele in erster Linie für den Rat, der gemäß Art. 16 Abs. 1 Satz 2 EUV die Politik nach Maßgabe der Verträge festlegt. Dem Rat obliegt damit die Ausrichtung der unionalen Sportpolitik unter Bindung an die Ziele des Art. 165 Abs. 2 7. Spiegelstrich AEUV. Er kann zu diesem Zweck Empfehlungen gemäß Art. 165 Abs. 4 2. Spiegelstrich AEUV erlassen. Aufgrund seiner Zusammensetzung kommt ihm eine besondere politische Verantwortung zu. Insbesondere im Bereich der Sportpolitik, in dem die Mitgliedstaaten einer eigenständigen Sportpolitik der Union mit besonderer Skepsis entgegentreten, kann der Rat die diesbezüglichen mitgliedstaatlichen Interessen wahren. Dies gilt nicht nur im Hinblick auf die grundsätzliche Festlegung der Sportpolitik, sondern ebenso bei konkreten legislativen Einzelmaßnahmen, die Rat und Parlament gemäß Art. 165 Abs. 4 1. Spiegelstrich AEUV gemeinsam erlassen. Zur Erfüllung dieser Pflichten sind im Rahmen der Ratstätigkeit nunmehr regelmäßige Treffen der Sportminister im Sportministerrat vorgesehen, darüber hinaus wurde eine ständige Arbeitsgruppe eingerichtet, welche die Sportministertreffen inhaltlich vorbereitet.[1004]

Die politische Direktivwirkung richtet sich darüber hinaus an die Kommission, die gemäß Art. 17 Abs. 1 Satz 1 EUV die allgemeinen Interessen der Union fördert und geeignete Initiativen zu diesem Zweck ergreift. Die Kommission wird dadurch zu einem gewissen Grad zu einem politischen Organ, wobei ihr in erster Linie die gestalterische Verwirklichung und Förderung der Unionsinteressen obliegt.[1005] In diesem Sinne hat sie schon vor Inkrafttreten des Vertrages von

1002 EuGH, *Parlament/Rat*, Rs. C-13/83, Slg. 1985, S. 1513 Rn. 53.

1003 *Ruffert*, in: Callies/Ruffert, Art. 3 EUV Rn. 5.

1004 Hier der Infobrief des Bundestags, WD 10–3010 – 038/10, S. 13.

1005 *Martenczuk*, in: Grabitz/Hilf/Nettesheim, Art. 17 EUV Rn. 10 f.

Lissabon die Sportpolitik der Union entscheidend geprägt. Sowohl der Helsinki-Bericht als auch das Weißbuch Sport gehören zu den Meilensteinen der sportpolitischen Initiativen.[1006] Speziell die in Art. 165 Abs. 2 7. Spiegelstrich AEUV normierten Teilziele sind für eine künftige Sportpolitik der Union aufgrund ihrer inhaltlichen Tiefe richtungsweisend, wobei die unterschiedliche Ausgestaltung und Gewichtung zwischen Förder- und Schutzzielen zu beachten ist. Mit den grundsätzlichen sportpolitischen Initiativen im Weißbuch Sport sowie der darauf aufbauenden Mitteilung zur Entwicklung der europäischen Dimension des Sports hat die Kommission die Grundsteine für die Ausrichtung der Sportpolitik der Union bereits gelegt. Sie sind der Ebene der konkreten Legislativvorschläge im Rahmen von Art. 17 Abs. 2 Satz 1 EUV i.V.m. Art. 165 Abs. 4 1. Spiegelstrich AEUV als allgemeine Programme vorgelagert und nehmen die Zielvorgaben des Art. 165 Abs. 2 7. Spiegelstrich AEUV bereits auf. Nach Inkrafttreten des Vertrages von Lissabon hat die Kommission zahlreiche Expertengruppen initiiert, die bestimmte sportbezogene Materien untersuchen sollen. Hierzu zählen unter anderem die Doping-Bekämpfung, Zusammenhänge zwischen Sport, Gesundheit und Teilhabe sowie die nachhaltige Finanzierung des Sportsektors.[1007] An diesen vorbereitenden Maßnahmen zeichnet sich bereits ab, dass die Kommission gewillt ist, das gesamte inhaltliche Spektrum der sportbezogenen Passagen des Art. 165 AEUV auszuschöpfen.

c. Steuerungswirkung

Eine maßgebliche Funktion der Ziele der Union und auch der politikspezifischen Bereichsziele ist ihre Steuerungswirkung, die sich in die Steuerung von Ermessens- und Entscheidungsspielräumen, die Steuerung von Abwägungen sowie die Steuerung von Abwägungsprozessen unterteilt.

aa. Steuerung von Ermessens- und Entscheidungsspielräumen

Die Steuerungswirkung der Ziele im Hinblick auf Ermessens- und Entscheidungsspielräume[1008] kommt sowohl bei Entscheidungen der Legislative als auch der

---

1006 Hierzu oben E.V. und E.VIII.

1007 Ein Überblick ist zu erhalten unter http://ec.europa.eu/sport/policy/cooperation/expert_groups_en.htm, zuletzt abgerufen am 30.06.2014.

1008 Die Ziele gelten für Ermessens- und Beurteilungsspielräume gleichermaßen, wobei eine Unterscheidung in Beurteilungsspielräume auf Tatbestandsseite und Ermessensspielräume auf Rechtsfolgenseite der Rechtsprechung des EuGH nicht entnommen werden kann, *Dervisopoulus*, in: Rengeling/Middeke/Gellermann, § 7 Rn. 117.

Exekutive zum Tragen.[1009] Im Rahmen ihrer legislativen Tätigkeit stehen Parlament und Rat weite Ermessensspielräume zu.[1010] Ebenso verfügt die Kommission bei der Ausfüllung ihres Initiativrechts gemäß Art. 17 Abs. 2 Satz 1 EUV über legislative Ermessensspielräume. Ermessensentscheidungen trifft sie darüber hinaus als Exekutivorgan der Union. Die Entscheidungen sind am Maßstab der Ziele zu messen,[1011] wobei insbesondere die jeweiligen sektorspezifischen Ziele heranzuziehen sind.[1012] Diese steuern dabei sowohl die Ermessensspielräume von Organen der Union als auch von mitgliedstaatlichen Stellen bei der Ausgestaltung von Ermessensspielräumen.[1013] Die Ziele wirken sich so auf nationaler Ebene im Rahmen der legislativen und exekutiven Tätigkeit aus und bilden den Maßstab bei der Umsetzung und Ausführung von Sekundärrecht, das auf Grundlage von Art. 165 AEUV erlassen wurde.[1014] Die Mitgliedstaaten sind nicht nur im Rahmen der Zielverwirklichung zur Mitwirkung verpflichtet,[1015] sondern haben ihre Umsetzung und Mitwirkung am Zielspektrum auszurichten. Dies gebietet sich schon aus der Einheit der Rechtsordnung.[1016]

(1) Legislatives Ermessen

Das Ziel der Entwicklung der europäischen Dimension des Sports wirkt sich in positiver wie auch in negativer Hinsicht aus. Zunächst konkretisiert das Ziel die Zuständigkeit der Union für den Bereich des Sports. Vorwiegend die inhaltlich präzisen Teilziele des Art. 165 Abs. 2 7. Spiegelstrich AEUV geben den Rahmen einer künftigen Sportpolitik der Union vor. Diese Vorgaben sind gesetzgeberisch umzusetzen, wobei der Kommission aufgrund ihres Initiativrechts weitreichende Einflussmöglichkeiten zukommen. Sie kann die inhaltliche Ausgestaltung der sportpolitischen Einzelmaßnahmen entscheidend steuern. In formeller und in

1009 Zu den Ermessensspielräumen schon EuGH, *Italien/Kommission*, Rs. C-1/69, Slg. 1969, S. 277 Rn. 4/5.; EuGH, *Parlament/Rat*, Rs. C-13/83, Slg. 1985, S. 1513 Rn. 49 f.; EuGH, *Chabo*, Rs. C-213/09, Slg. 2010, S. I-12109 Rn. 18; *Becker*, in: Schwarze, Art. 3 EUV Rn. 7; *Geiger*, in: Geiger/Khan/Kotzur, Art. 3 EUV Rn. 2.

1010 EuGH, *Deutschland/Rat*, Rs. C-280/93, Slg. 1994, S. I-4973 Rn. 47; *Kopp*, in: Streinz, Art. 33 AEUV Rn. 3.

1011 *Ruffert*, in: Callies/Ruffert, Art. 3 EUV Rn. 8; *Reimer*, EuR 2003, 992 (1004 f.).

1012 *Terhechte*, in: Grabitz/Hilf/Nettesheim, Art. 3 EUV Rn. 10.

1013 *Wiesner*, Unionsziele im Europäischen Verfassungsrecht, S. 146; *Ruffert*, in: Callies/Ruffert, Art. 3 EUV Rn. 8; *v. Bogdandy*, in: Grabitz/Hilf, Art. 2 EGV Rn. 8.

1014 *Kopp*, in: Streinz, Art. 33 AEUV Rn. 2.

1015 Hierzu oben G.I.4.a.

1016 *V. Bogdandy*, in: Grabitz/Hilf, Art. 2 EGV Rn. 52; hierzu auch *Hatje*, in: Schwarze, Art. 4 EUV Rn. 28.

materieller Hinsicht verfügt sie dabei über Spielräume, die sie gestalterisch auszufüllen hat.

So sind die Zielvorgaben zunächst bei der Wahl des Rechtsakts der einzelnen Maßnahme zu beachten, auch wenn den Organen hier regelmäßig ein weiter Entscheidungsspielraum zustehen wird.[1017] Das Bereichsziel sowie die einzelnen Teilziele enthalten zudem Anknüpfungspunkte für die Subsidiarität und Verhältnismäßigkeit von Maßnahmen. Die Subsidiarität der sportpolitischen Maßnahme verlangt dabei gegenüber den Mitgliedstaaten und bezüglich der Sportverbände Beachtung.[1018] Vor diesem Hintergrund wird sich die Verordnung nicht immer als zulässiges Mittel erweisen, gegebenenfalls ist auf die weiche Steuerung der Empfehlung zurückzugreifen, welche die Mitgliedstaaten jedenfalls nicht unmittelbar rechtlich bindet und ihnen größere Gestaltungsspielräume belässt. Die Zielvorgaben wirken sich sodann in materieller Hinsicht aus, als sie den Schutz der körperlichen und moralischen Integrität der Sportler in den Mittelpunkt der Sportpolitik rücken. Aufgrund der Ausgestaltung als verpflichtendes Schutzziel wird ein Förderschwerpunkt gesetzt, demgemäß die Sportpolitik der Union auszurichten ist. Das Spektrum dieses Teilziels umfasst dabei nicht nur die Dopingbekämpfung, sondern ebenso Maßnahmen gegen übermäßigen Leistungsdruck und für die Aufrechterhaltung und Förderung wesentlicher sportlicher, aber zugleich sozialer Werte. Dieser primärrechtlich bestimmte Förderschwerpunkt kann nicht übergangen, im Rahmen einer Ermessensentscheidung jedoch zumindest temporär zurückgestellt werden, wenn dies die tatsächlichen Umstände und Hintergründe der Entscheidung erfordern.[1019] Den Organen der Union stehen über diese Wertungsvorgabe hinaus Spielräume bei der Gewichtung der einzelnen Ziele zu.[1020] Ähnliches gilt für den Förderschwerpunkt bezüglich des Ehrenamts, der innerhalb der Unionsaufgabe gemäß Art. 165 Abs. 1 UAbs. 2 AEUV durch die positive Berücksichtigungspflicht eine Akzentuierung erfährt. Die Förderung des Ehrenamts, wie auch der soziale und pädagogische Aspekt des Sports stellen die zentralen Handlungsfelder dar, auf denen die Teilziele erreicht werden können. Die Ermessensgrenzen sind indes überschritten, wenn die Verfolgung einzelner Teilziele endgültig eingestellt wird oder Gewichtung der Ziele ein Erreichen anderer Ziele unmöglich macht.[1021] So wäre es unzulässig, auf Grundlage des Art. 165 AEUV ausschließ-

---

1017 *Nettesheim*, in: Grabitz/Hilf/Nettesheim, Art. 288 AEUV Rn. 81.

1018 Zur Unterscheidung siehe oben G.I.3.c.

1019 EuGH, *Deutschland/Rat*, Rs. C-280/93, Slg. 1994, S. I-4973 Rn. 47.

1020 *Kopp*, in: Streinz, Art. 33 AEUV Rn. 11.

1021 *Bittner*, in: Schwarze, Art. 39 AEUV Rn. 8.

lich sportpolitische Maßnahmen zur Doping-Bekämpfung zu erlassen, da dies eine zu einseitige Auslegung der sportpolitischen Ziele darstellt.

Auch die inhaltlich begrenzenden Elemente der sportrelevanten Passagen des Art. 165 AEUV und im Besonderen die einzelnen Ziele wirken sich auf Ermessens- und Entscheidungsspielräume aus.[1022] Soweit die Unionsorgane Maßnahmen als Beitrag zur Förderung der europäischen Dimension des Sports erlassen, haben sie stets die Besonderheiten des Sports in ihre Entscheidung einzubeziehen. Je mehr eine zu regelnde Materie den besonderen Merkmalen des Sports zuzurechnen ist, desto stärkere Beachtung verlangt die Berücksichtigungspflicht. Ebenso darf der Zielrahmen des Art. 165 Abs. 2 7. Spiegelstrich AEUV nicht überschritten werden. Er eröffnet in positiver Hinsicht das Handlungsspektrum, steckt aber zugleich die Handlungsgrenzen ab, deren Überschreiten die jeweilige Maßnahme rechtswidrig macht.[1023] Die Union darf keine Ziele im Sportbereich verfolgen, die nicht der Entwicklung der europäischen Dimension des Sports dienen.[1024] Dies gilt jedenfalls, soweit sie ihre Maßnahme nicht auf die Ziele anderer Politikfelder stützen kann.[1025]

(2) Exekutives Ermessen

Ermessensentscheidungen trifft die Kommission darüber hinaus, wenn sie gemäß Art. 17 Abs. 1 Satz 3 EUV die Anwendung des Unionsrechts überwacht und gemäß Art. 17 Abs. 1 Satz 5 EUV nach Maßgabe der Verträge Exekutivfunktionen ausübt.[1026] Beispielhaft ist in diesem Zusammenhang auf den Ermessenstatbestand des Art. 107 Abs. 3 AEUV einzugehen, welcher der Kommission weite Ermessensspielräume einräumt und die Wertung wirtschaftlicher und sozialer Aspekte einbezieht.[1027] Ähnliche Spielräume bestehen im Rahmen von Art. 101 Abs. 3 AEUV. Nachdem Aufgabe und Ziel für den Sport jedenfalls über Art. 4 Abs. 3 EUV auch die Mitgliedstaaten verpflichten, dürfen bei der Beurteilung, ob im Sinne von Art. 107 Abs. 3 c) oder d) AEUV das mit einer Maßnahme verfolgte Ziel im Interesse der Union liegt, die Vorgaben des Art. 165 AEUV nicht unberücksichtigt bleiben.[1028] Die Berücksichtigung der sozialen und pädagogischen Funktion des

1022 *V. Bogdandy*, in: Grabitz/Hilf, Art. 2 EGV Rn. 8.
1023 *Schwind*, Zukunftsgestaltende Elemente, S. 337.
1024 *Müller-Graff*, in: Dauses, A.I. Rn. 179 f.; *Ruffert*, in: Callies/Ruffert, Art. 3 EUV Rn. 8.
1025 Zur Abgrenzung von Rechtsgrundlagen siehe oben F.IV.4.c.bb.
1026 *Martenczuk*, in: Grabitz/Hilf/Nettesheim, Art. 17 EUV Rn. 38 f.
1027 EuGH, Rs. C-355/95 P, Slg. 1997, S. I-2549 Rn. 26; EuGH, *Frankreich/Kommission*, Rs. C-301/87, Slg. 1990, S. I-307 Rn. 15;
1028 Zu Art. 107 Abs. 3 d) AEUV siehe bereits oben Fn. 752.

Sports stellt einen primärrechtlich festgelegten Förderschwerpunkt dar. Mitgliedstaatliche Maßnahmen, die beispielsweise Sportinfrastruktur wie Sportplätze, Sporthallen oder auch Multifunktionshallen finanziell fördern, können unter dem sozialen Aspekt des Sports betrachtet werden. Sport erfüllt seine soziale Aufgabe nicht nur im Rahmen der aktiven gemeinsamen Ausübung, sondern ebenso und sogar in noch stärkerer Form als Publikumsmagnet. Die für die Aufnahme des Publikums vorgesehene Infrastruktur dient somit gesellschaftlichen und vorrangig sozialen Zwecken, indem sie die gemeinsame Teilhabe an Sportveranstaltungen ermöglicht und fördert. Es wäre im Übrigen widersprüchlich, wenn die Union zwar im Rahmen der Erfüllung ihrer eigenen Aufgabe gemäß Art. 165 Abs. 1 UAbs. 2 AEUV zur besonderen Förderung der sozialen Aspekte des Sports verpflichtet ist, eine entsprechende Ausrichtung mitgliedstaatlicher Förderungen jedoch nicht anerkennt. Konsequenterweise bezieht sich die Kommission im Rahmen der Überprüfung des Art. 107 Abs. 3 AEUV auf die Berücksichtigungspflicht des Art. 165 Abs. 1 UAbs. 2 AEUV und deklariert die Infrastrukturförderung unter diesem Gesichtspunkt als staatliche Aufgabe.[1029]

bb. Steuerung von Abwägungen

Neben Ermessensspielräumen steuern die Unionsziele Abwägungsprozesse. Dies betrifft unter anderem den Grundsatz der Verhältnismäßigkeit, allerdings weniger in seiner Funktion als Schranke der Kompetenzausübung gemäß Art. 5 Abs. 1 Satz 2, Abs. 4 EUV,[1030] sondern hinsichtlich seiner Bedeutung bei der Beurteilung von unionalen, mitgliedstaatlichen oder auch verbandlicher Regelungen am Maßstab der Grundfreiheiten oder auch der Grundrechte auf Ebene der Rechtfertigung. Elemente der Abwägung sowie eine Verhältnismäßigkeitsprüfung enthalten zudem der *Wouters*-Test, den Gerichtshof und Kommission bei der Prüfung der Vereinbarkeit sportverbandlicher Regelwerke mit dem Wettbewerbsrecht heranziehen sowie die Freistellungsentscheidungen gemäß Art. 101 Abs. 3 AEUV und weitere Entscheidungen im Wettbewerbsrecht.[1031] Maßgeblich sind stets die jeweiligen mit einer Regelung verfolgten Ziele. Insofern können die Vorgaben des Art. 165 Abs. 2 7. Spiegelstrich AEUV für Maßnahmen der Union und gerade auch für Vorhaben der Mitgliedstaaten oder der Sportverbände maßgeblich

---

1029 KOM, *Uppsala Arena*, SA.33618 (12/C) (ex 11/N), ABl. .2012, C 152, S. 18 (22).

1030 Hierzu bereits oben G.I.3.d.; zur Abgrenzung auch *Trstenjak/Beysen*, EuR 2012, 265 ff.

1031 Hierzu oben C.II.3. und D.II.3; zu den wettbewerbsrechtlichen Abwägungsentscheidungen im Einzelnen *Lippert*, DVBl. 2008, 492 (495 ff.).

werden. Die Ziele entfalten zwar keine unmittelbare Wirkung, die primärrechtlichen Vorgaben können jedoch nicht unberücksichtigt bleiben. Von Bedeutung ist die abwägungssteuernde Wirkung der Ziele vor allem für Gerichtshof und Kommission, denen gemäß Art. 19 Abs. 1 Satz 2 EUV und Art. 17 Abs. 1 Satz 3 EUV Überwachungs- und Kontrollpflichten obliegen.

Sowohl Art. 165 Abs. 1 UAbs. 2 AEUV als auch die Teilziele der Union gemäß Art. 165 Abs. 2 7. Spiegelstrich AEUV enthalten Anknüpfungspunkte, auf die sich vor allem Sportverbände, aber auch einzelne Sportler berufen können, um entweder Regelwerke zu rechtfertigen oder aber eine derartige Rechtfertigung zu bestreiten. Beispielsweise verlangt Art. 165 Abs. 1 UAbs. 2 AEUV die Berücksichtigung der sozialen und pädagogischen Funktion des Sports. Diese wurde vom Gerichtshof schon in den Rechtssachen *Bosman* und *Bernard* ausdrücklich anerkannt, dort bei der Prüfung der Erforderlichkeit im Rahmen der Rechtfertigung.[1032] Die ausdrückliche Erwähnung der sozialen und pädagogischen Funktion des Sports hat also verstärkende und konkretisierende Wirkung. Wenn die Union diese Funktion bei Beiträgen zur Förderung der europäischen Aspekte des Sports berücksichtigen muss, so liegt es nahe, dass sich auch Verbände auf diese Funktion berufen, falls sie Regelungen im Zusammenhang mit der Ausbildung von Spielern erlassen. Eine unmittelbare Heranziehung der Berücksichtigungspflicht folgt hieraus jedoch nicht, sie kann im Rahmen der Argumentation lediglich ergänzend wirken. In dieser Form bezieht sich auch der Gerichtshof auf Art. 165 Abs. 1 UAbs. 2 AEUV. Nach seiner Ansicht spricht für die Relevanz der sozialen und pädagogischen Funktion „außerdem" ihre Erwähnung im Primärrecht.[1033] In ähnlicher Weise sind Gerichtshof und Kommission bereits mit den Erklärungen von Amsterdam und Nizza verfahren und haben deren Inhalte ergänzend und bestätigend in ihre Entscheidungen einfließen lassen.[1034]

Der abwägungssteuernde Charakter des Art. 165 AEUV ist hierauf nicht beschränkt. Art. 165 Abs. 2 7. Spiegelstrich AEUV normiert als Teilziele der Union zum einen die Förderung von Fairness und Offenheit, zum anderen den Schutz der körperlichen und moralischen Integrität der Sportler, insbesondere der jungen Sportler. Gerade sportverbandliche Maßnahmen, die ähnliche Ziele verfolgen, können sich im Rahmen der Rechtfertigung auf die vertragliche Verankerung berufen. Unter Hinweis auf das Prinzip der Fairness könnten Verbände

---

1032 EuGH, *Bernard*, Rs. C-325/08, Slg. 2010, S. I-2177 Rn. 40; EuGH, EuGH, *Bosman*, Rs. C-415/93, Slg. 1995, S. I-4921 Rn. 106.

1033 EuGH, *Bernard*, Rs. C-325/08, Slg. 2010, S. I-2177 Rn. 40.

1034 Vgl. hierzu die Schlussanträge der Generalanwältin Sharpston vom 16.07.2009, Rs. C-325/08, Slg. 2010, S. I-2177 Rn. 47.

Regelwerke rechtfertigen, die Chancengleichheit oder Solidarität bewahren oder fördern sollen. Bei der Prüfung der Rechtfertigung und im Besonderen der Erforderlichkeit von Verbandsregeln, welche die Bewahrung der Chancengleichheit zum Gegenstand haben, kann sich die primärrechtliche Festschreibung des Prinzips als Argument für die Vereinbarkeit der Regelung niederschlagen. Besondere Beachtung verdienen überdies Regelungen, die zum Schutz der körperlichen und moralischen Integrität erlassen werden, da sich die in der Schutzverpflichtung begründete Gewichtungsvorgabe auch in diesem Zusammenhang auswirkt. Anderes hingegen hat das Teilziel der Förderung von Offenheit zur Folge. Hierdurch werden diskriminierungsfreie Wettkämpfe zum Teilziel der europäischen Dimension des Sports erhoben und auf diese Weise das allgemeine Diskriminierungsverbot des Art. 18 EUV sportspezifisch präzisiert.[1035] Damit wird die bisherige Praxis der Rechtsprechung festgeschrieben, die jegliche diskriminierende verbandliche Regelwerke als mit den Grundfreiheiten für unvereinbar erklärte.[1036] Den Zielen kommt somit ein zweidimensionaler Charakter zu, da sie sowohl zu Gunsten der Rechtfertigung sportverbandlicher Satzungen herangezogen, als auch gegen die Anerkennung einer Rechtfertigung angeführt werden können.

Speziell bei der Kollision von Grundfreiheiten und Grundrechten, wie der Vereinigungsfreiheit der Sportverbände, und dem Herstellen der praktischen Konkordanz ist die den Zielen immanente Wertung im Rahmen der Abwägung zu berücksichtigen.[1037] Der Prinzipiencharakter des auf Fairness und Offenheit ausgerichteten Teilziels gemäß Art. 165 Abs. 2 7. Spiegelstrich AEUV wirkt zwar unmittelbar verpflichtend nur für die Union und ihre Organe, es erscheint jedoch naheliegend, dass Verbände sich jedenfalls mittelbar hierauf berufen können, wenn sie mit Regelwerken Zielsetzungen verfolgen, die den in Art. 165 Abs. 2 7. Spiegelstrich AEUV normierten Zielen entsprechen. Mit der Normierung der Teilziele wird nicht nur eine Erfüllungsverpflichtung normiert, sondern werden die einzelnen Ziele zugleich auf primärrechtlicher Ebene anerkannt. Die primärrechtliche Anerkennung kann gegebenenfalls zur Rechtfertigung verbandlicher Maßnahmen führen, obgleich damit eine Beschränkung der Grundfreiheiten oder der Wettbewerbsregeln einhergeht.[1038] Vor allem bei Regeln, die den Schutz der körperlichen und moralischen Integrität zum Gegenstand haben, kommt dieser Zielsetzung in der Abwägung hohes Gewicht zu, da ihr durch die primärrechtliche Schutzverpflichtung besondere Geltung zugeschrieben wird. Im Rahmen

---

1035 Vgl. *Ruffert*, in: Callies/Ruffert, Art. 165 AEUV Rn. 7.

1036 Hierzu oben C.I.1., C.I.2. und C.II.3.

1037 Hierzu *Streinz*, SpuRt 2000, 221 (227); *Gramlich*, DÖV 1996, 801 (805 ff.).

1038 So auch *Wiesner*, Unionsziele im Europäischen Verfassungsrecht, S. 159.

einer Abwägung zwischen Grundfreiheiten einerseits und dem Grundrecht der Vereinigungsfreiheit gemäß Art. 12 Abs. 1 GRC andererseits können die Ziele somit den Abwägungsprozess bei der Herstellung der praktischen Konkordanz entscheidend beeinflussen.

cc. Steuerung der Auslegung

Darüber hinaus entfalten Unionsziele ihre steuernde Wirkung bei der Auslegung.[1039] In dieser Funktion sind sie in erster Linie vom Gerichtshof zu beachten, gemäß Art. 19 Abs. 1 Satz 2 EUV für die Auslegung der Verträge zuständig. Auslegung erfolgt darüber hinaus durch die Kommission, insbesondere im Rahmen ihrer wettbewerbsrechtlichen Befugnisse.[1040]

Im Rahmen der Auslegung und Interpretation haben Gerichtshof und Kommission gleichermaßen regelmäßig auf die Erklärungen von Amsterdam und Nizza zurückgegriffen. Gerade die Erklärung von Nizza bot aufgrund ihrer inhaltlichen Tiefe umfangreiche Vorgaben für die Auslegung unbestimmter Rechtsbegriffe. Die ersten Urteile und Entscheidungen nach Inkrafttreten des Vertrags von Lissabon zeigen, dass Gerichtshof und Kommission die Inhalte des Art. 165 AEUV in entsprechender Weise in ihre Entscheidungen einbeziehen. Sowohl in den Rechtssachen *Bernard*[1041] als auch *Karen Murphy*[1042] griff der Gerichtshof ergänzend auf Art. 165 Abs. 1 UAbs. 2 AEUV zurück. Die Kommission verfährt auf ähnliche Weise in ihren beihilferechtlichen Entscheidungen zu Multifunktionshallen.[1043] Art. 165 AEUV tritt dabei nicht an Stelle der Erklärungen. Diese bleiben vielmehr auch weiterhin relevant, was insbesondere für die substanzreiche Erklärung von Nizza zutrifft.[1044]

Die sportbezogenen Vorgaben des Art. 165 AEUV und vor allem das Zielbündel des Art. 165 Abs. 2 7. Spiegelstrich AEUV sind bei der Auslegung von Rechtsbegriffen heranzuziehen, welche die europäische Dimension des Sports betreffen. Hierzu zählen unter anderem die Frage nach einer Wettbewerbsbeschränkung im Sinne von Art. 101 Abs. 1 AEUV oder auch der Begriff des

---

1039 *Bitterlich*, in: Lenz/Borchardt, Art. 3 EUV Rn. 2; *Müller-Graff*, in: Dauses, A.I. Rn. 181.

1040 *Borchardt*, in: Schulze/Zuleeg/Kadelbach, Europarecht, S. 569; *Frenz*, Handbuch Europarecht, Band 5, S. 117.

1041 EuGH, *Bernard*, Rs. C-325/08, Slg. 2010, S. I-2177 Rn. 40.

1042 EuGH, *Karen Murphy*, Rs. C-403/08, Slg. 2011, S. I-9083 Rn. 101.

1043 KOM, *Uppsala Arena*, SA.33618 (12/C) (ex 11/N), ABl. .2012, C 152, S. 18 (22).

1044 Vgl. hierzu die Schlussanträge der Generalanwältin Sharpston vom 16.07.2009, Rs. C-325/08, Slg. 2010, S. I-2177 Rn. 47; Schlussanträge der Generalanwältin Kokott vom 03.02.2011, Rs. C-403/08, Slg. 2011, S. I-9083 Rn. 46 mit Verweis auf Fn. 12.

Gemeinwohls gemäß Art. 52 Abs. 1 Satz 2 GRC.[1045] In ähnlicher Weise können die Ziele im Rahmen der Beurteilung der Vereinbarkeit sportverbandlicher Regelungen mit den Grundfreiheiten Bedeutung erlangen, da nach der ständigen Rechtsprechung des Gerichtshofs im Rahmen der Rechtfertigung ungeschriebene Rechtfertigungsgründe anerkannt werden, wenn diese notwendig sind, um zwingenden Erfordernissen des Allgemeininteresses gerecht zu werden.[1046] Die soziale und pädagogische Funktion des Sports kann unter dem Gesichtspunkt des Gemeinwohls betrachtet und grundsätzlich als Rechtfertigungsgrund anerkannt werden. Der Sport wird zwar von den Verbänden weitgehend autonom reguliert, seine vielschichtigen Aspekte dienen jedoch überwiegend auch öffentlichen Interessen.[1047] Die Normierung der Berücksichtigungspflicht im Hinblick auf die soziale und pädagogische Funktion bietet daher einen primärrechtlichen Anknüpfungspunkt für einen entsprechenden Rechtfertigungsgrund.[1048] In diesem Sinne hat sich der Gerichtshof auf die Funktion bereits in den Urteilen *Bosman* und *Bernard* bezogen.[1049] Eine derartige Bedeutung kann zudem den als Teilzielen festgeschrieben Prinzipien Fairness und Offenheit zukommen, die aufgrund ihres weiten Spektrums ebenfalls als Auslegungs- und Interpretationshilfe fungieren können.

In diesem Sinne kann sich auch die Schutzverpflichtung bezüglich der körperlichen und moralischen Integrität auswirken. Als Teilziel der Union für die Sportkompetenz ist die Verpflichtung zum Schutz der Sportler nicht einklagbar.[1050] Es enthält keine unmittelbar subjektiv-rechtliche Komponente. Eine solche kann sich jedoch mittelbar daraus ergeben, dass das Grundrecht auf Unversehrtheit gemäß Art. 3 Abs. 1 GRC durch die Schutzverpflichtung der Union gemäß Art. 165 Abs. 2 7. Spiegelstrich AEUV konkretisiert wird.[1051] Die Reichweite des Grund-

---

1045 Im Einzelnen *Eichel*, Der Sport im Recht der EU, S. 223 ff.

1046 EuGH, *Cassis de Dijon*, Rs. C-120/78, Slg. 1978, S. 649 Rn. 8; zum Ganzen auch *Dauses/Brigola*, C.I.Rn. 261 ff.

1047 Schlussanträge der Generalanwältin Kokott vom 03.02.2011, Rs. C-403/08, Slg. 2011, S. I-9083 Rn. 207; vgl. auch *Streinz*, SpuRt 2000, 221 (227).

1048 In diesem Sinne auch *Wiesner*, Unionsziele im Europäischen Verfassungsrecht, S. 158 f.; *Eichel*, Der Sport im Recht der EU, S. 234 ff., der diese Aspekte unter dem Aspekt der Rechtsfortbildung anspricht, da die Entwicklung der *Cassis*-Formel als richterliche Rechtsfortbildung anzusehen ist, *Leible/T. Streinz*, in: Grabitz/Hilf/Nettesheim, Art. 34 AEUV Rn. 101.

1049 EuGH, *Bernard*, Rs. C-325/08, Slg. 2010, S. I-2177 Rn. 40; EuGH, EuGH, *Bosman*, Rs. C-415/93, Slg. 1995, S. I-4921 Rn. 106.

1050 Siehe oben G.I.4.a.

1051 *Wiesner*, Unionsziele im Europäischen Verfassungsrecht, S. 161.

rechts auf körperliche und geistige Unversehrtheit erfährt durch die Normierung des sportspezifischen Teilziels eine Präzisierung, die von den übrigen Teilzielen hinsichtlich ihrer schwächeren Zielintensität als Förderziele nicht ausgeht.

II. Auswirkungen im Rahmen des europäischen Sportrechts

Im Rahmen des europäischen Sportrechts, geprägt durch die Rechtsprechung des Gerichtshofs und die Entscheidungspraxis der Kommission zu wettbewerbsrechtlichen und neuerdings verstärkt zu beihilferechtlichen Aspekten des Sports, werden die Auswirkungen der primärrechtlichen Verankerung des Sports überschaubar bleiben. Im Verhältnis zwischen Union und Sport werden sich insofern kaum Veränderungen ergeben. Die grundsätzliche Anwendbarkeit der Verträge auf den Sport ist vom Gerichtshof geklärt worden. In der Entscheidungspraxis von Gerichtshof und Kommission zeichnen sich mittlerweile gemeinsame Linien und Grundsätze ab, die der Prüfung der Vereinbarkeit sportverbandlicher Regelwerke am Maßstab der Grundfreiheiten und des Wettbewerbs- und Beihilferechts die notwendige Kontur geben.

Wenn auch der dogmatische Umgang mit der Autonomie des Sports, geschützt durch das Grundrecht der Vereinigungsfreiheit gemäß Art. 12 GRC, im Einzelnen noch nicht endgültig geklärt ist, so werden die besonderen Merkmale des Sports doch in jeder Entscheidung zum Verhältnis von Sport und Unionsrecht berücksichtigt. Nur in Fällen, in denen der Sachverhalt aufgrund der ausschließlich wirtschaftlichen Ausrichtung keine Bezüge zur sportlichen Tätigkeit aufweist, werden die Besonderheiten des Sports konsequenterweise nicht einbezogen. Art. 165 Abs. 1 UAbs. 2 AEUV, dessen Berücksichtigungspflicht hinsichtlich der besonderen Merkmale nicht als Querschnittsklausel ausgestaltet ist, wird keine Neuausrichtung der Entscheidungspraxis herbeiführen. Nur die Normierung einer Querschnittsklausel hätte im Einzelfall zu einer stärkeren Akzentuierung und Durchsetzungskraft der besonderen Merkmale gegenüber Grundfreiheiten oder Wettbewerbsregeln führen können. Die Hoffnung vieler Verbände, die Verankerung des Sports im Primärrecht würde die Rechtssicherheit im Umgang mit Grundfreiheiten und Wettbewerbsregeln erhöhen, wird sich nicht erfüllen können, da die sportbezogenen Passagen des Art. 165 AEUV dahingehend keine unmittelbaren Anknüpfungspunkte bieten. Für den Umgang mit den Besonderheiten des Sports und seiner Autonomie bietet Art. 165 AEUV in sportrechtlicher Hinsicht nur bedingt neue Erkenntnisse. Die Annahme liegt nahe, dass die sportbezogenen Absätze des Art. 165 AEUV von Gerichtshof und Kommission primär als Auslegungs- und Interpretationshilfe herangezogen werden.

Darüber hinaus kommt den Passagen gegebenenfalls Bedeutung bei der Steuerung von Ermessens- und Entscheidungsspielräumen der Kommission im Bereich des Wettbewerbs- und Beihilferechts zu sowie bei der Steuerung von Abwägungsentscheidungen. Die inhaltlichen Vorgaben, Gewichtungen und Wertungen innerhalb von Unionsaufgabe gemäß Art. 165 Abs. 1 UAbs. 2 AEUV und Unionsziel gemäß Art. 165 Abs. 2 7. Spiegelstrich AEUV bieten im Rahmen ihrer Steuerungswirkung jedenfalls in Maßen Grundlagen für eine entsprechende Verwendung. So liefert die inhaltliche Ausgestaltung und Akzentuierung der sportbezogenen Passagen des Art. 165 AEUV im Einzelfall Anknüpfungspunkte für neue Argumentationslinien. Eine grundsätzliche Neuverteilung der Rollen geht damit allerdings nicht einher. Die inhaltliche Ausrichtung vermag nur in Einzel- und Grenzfällen den Ausschlag dahingehend geben, ob beispielsweise sportverbandliche Regelungen am Maßstab der Grundfreiheiten noch zu rechtfertigen sind. Ähnliche Bedeutung erlangten bereits die Erklärungen von Amsterdam und Nizza trotz ihrer fehlenden rechtlichen Verbindlichkeit. Die Erklärungen sind Vorgänger des Art. 165 AEUV und ihre Inhalte finden sich zu großen Teilen in Art. 165 Abs. 1 UAbs. 2 AEUV und Art. 165 Abs. 2 7. Spiegelstrich AEUV wieder. Die Praxis von Gerichtshof und Kommission im Umgang mit Art. 165 AEUV wird daher ihrer Praxis hinsichtlich diesen Erklärungen weitgehend entsprechen. Die primärrechtliche Verankerung des Sports ist somit hinsichtlich des europäischen Sportsrechts nicht geeignet, maßgebliche Änderungen herbeizuführen. Vielmehr bestätigt Art. 165 AEUV die mittlerweile in weiten Teilen gefestigte Rechtsprechung und Entscheidungspraxis zum Verhältnis von Unionsrecht und Sport.

III. Auswirkungen im Rahmen der europäischen Sportpolitik

Eine solche Schlussfolgerung ist hinsichtlich der Auswirkungen der Verankerung für das Verhältnis von Union und Sport im Rahmen der europäischen Sportpolitik nicht gerechtfertigt. Art. 165 AEUV baut zwar auf ein umfassendes inhaltliches sportpolitisches Fundament auf. Seine sportbezogenen Kompetenzen erweisen sich jedoch nicht als bloße Bestätigung, sondern greifen die bisher mangels Rechtsgrundlage unstrukturierten sportpolitischen Inhalte auf, und überführen sie in Zielsetzungen, die eine Neuausrichtung der unionalen Sportpolitik ermöglichen. Es ist die europäische Sportpolitik, auf welche die sportbezogenen Passagen des Art. 165 AEUV zugeschnitten sind. Art. 165 AEUV wirkt demnach sowohl kompetenzbegründend als auch kompetenzbegrenzend, hier verlangen Erfüllungsverpflichtung und politische Direktivwirkung Beachtung. Nachdem bislang keine Kompetenz für den Sport in den Verträgen vorgesehen war, ist nunmehr eine solche entsprechend dem Prinzip der begrenzten Einzelermächtigung gemäß Art. 5 Abs. 1 Satz 1, Abs. 2 EUV aufgenommen werden. Die inhaltliche Reichweite der Kompetenz ergibt sich aus Unionsaufgabe gemäß Art. 165 Abs. 1 UAbs. 2 AEUV und Unionsziel gemäß Art. 165 Abs. 2 7. Spiegelstrich AEUV. Dort ist die unionsinterne sportpolitische Perspektive normiert, die zugleich die inhaltlichen Möglichkeiten vorgibt für unionsexternes sportpolitisches Handeln gemäß Art. 165 Abs. 3 AEUV. Die Inhalte des Art. 165 AEUV erweisen sich größtenteils als Fortführung der Erklärungen von Amsterdam und Nizza, wobei im Einzelnen neue Schwerpunkte gesetzt wurden. Aufgabe und Ziel sind substantielle Weiterentwicklungen der Erklärungen als Vorgängerregelungen. Scheinen die Vorgaben auf den ersten Blick abstrakt und konturlos, so ist dies zum einen ihrem Charakter als prospektiv ausgerichtete Ziele und Aufgaben geschuldet, zum anderen lassen sich jedenfalls bei genauerer Analyse Inhalte und Bedeutung herausarbeiten. Gleiches gilt für die zahlreichen kompetenzbegrenzenden Elemente, die sowohl in der Vorschrift selbst angelegt als auch allgemeinen Bestimmungen wie der Schrankentrias oder Autonomie der Verbände zu entnehmen sind.

Trotz der vielfältigen Begrenzungen der ohnehin lediglich komplementären Zuständigkeit gemäß Art. 6 Satz 2 lit. e) AEUV ist auf Grundlage des Art. 165 AEUV eine eigenständige, umfassende und nachhaltige Sportpolitik der Union möglich. Vor allem das in drei Teilziele untergliederte sportspezifische Ziel der Entwicklung der europäischen Dimension des Sports gibt die inhaltliche Ausrichtung aller sportpolitischer Maßnahmen der Union vor. Diese können grundsätzlich den Breiten- und Spitzensport gleichermaßen erfassen, soweit insbesondere die Autonomie der Verbände und die Subsidiarität sowohl gegenüber Mitgliedstaaten wie auch Verbänden beachtet werden. Die Aufgaben- und Zielbestimmungen eröffnen unter anderem die Möglichkeit für Förderprogramme in finanzieller Hinsicht, wobei die sozialen und pädagogischen Aspekte des Sports sowie die ehrenamtliche Tätigkeit schwerpunktmäßig berücksichtigt werden sollte. Gleiches folgt aus der Schutzverpflichtung gemäß Art. 165 Abs. 2 7. Spiegelstrich AEUV im Hinblick auf eine nachhaltige Anti-Doping-Politik der Union, wenn die Sportpolitik der Union auch nicht einseitig hierauf zugeschnitten werden darf.

Das legislative Instrumentarium, das Art. 165 Abs. 4 AEUV der Union zur Erfüllung ihrer sportpolitischen Pflichten zur Seite stellt, ist hinsichtlich seiner Reichweite und Effektivität nicht zu unterschätzen. Das Harmonisierungsverbot könnte sich aufgrund der vielschichtigen Materie des Sports nur bedingt als wirksame Grenze erweisen, da Maßnahmen mit Auswirkungen auf die europäische Dimension des Sports auf zahlreiche andere Rechtsgrundlagen gestützt werden können, die ein solches Verbot nicht enthalten. Darüber hinaus kann auch eine weiche sportpolitische Steuerung durch finanzielle und anderweitige Fördermaßnahmen sowie Empfehlungen zu einer faktischen Harmonisierung führen, wie es unter anderem bereits im Bereich der Bildung trotz entsprechender Kompetenzgrenzen geschehen ist. Überdies eröffnet die Möglichkeit ergänzender Maßnahmen im Sinne von Art. 6 Satz 1 AEUV für die Verwirklichung des europäischen Mehrwerts einen weiten Spielraum, innerhalb dessen die Union eigene und weitestgehend unabhängige sportpolitische Zielsetzungen verfolgen kann.

Dies bedeutet nicht zwangsläufig eine Gefahr für die Autonomie des Sports oder eine Verdrängung der Mitgliedstaaten aus ihrer primären Zuständigkeit im Bereich des Sports. Vielmehr können sowohl Mitgliedstaaten als auch Verbände und nicht zuletzt einzelne Sportler von einem nachhaltigen und strukturierten sportpolitischen Handeln der Union, das am Erfordernis des Mehrwertvorbehalts ausgerichtet ist, maßgeblich profitieren. Der in positiver wie auch in negativer Hinsicht wirkende Mehrwertvorbehalt gewährleistet stets die Einhaltung der Grenzen, deren Überschreitung Mitgliedstaaten und Verbände fürchten.

Auf diese Weise führt die primärrechtliche Verankerung des Sports zu einer Neuordnung des Verhältnisses zwischen Union und Sport in sportpolitischer Hinsicht. Die Union war bereits vor Inkrafttreten des Vertrages von Lissabon sportpolitisch aktiv. Das bis dahin allerdings unstrukturierte und ausufernde Handeln, noch dazu ohne rechtliche Grundlage, enthält mit Art. 165 AEUV erstmals eine primärrechtliche Richtungsvorgabe. Hierin ist die eigentliche Bedeutung des Art. 165 AEUV begründet, dessen Auswirkungen auf die sportrechtliche Dimension des Verhältnisses von Union und Sport weniger ins Gewicht fallen. In diesem Zusammenhang sind die Wünsche und Interessen von Union und Verbänden weitgehend erfüllt worden. Dies bedeutet indes nicht, dass für eine Weiterentwicklung kein Raum wäre, denn die systematische Verortung des Sports im Rahmen der Zuständigkeit für Bildung und Jugend erscheint nicht zwingend. Angesichts des hohen Stellenwerts des Sports in wirtschaftlicher und gesellschaftlicher Hinsicht sowie seiner vielfältigen Potentiale wäre die Verankerung eines eigenen Sportartikels angemessen. Letztlich wird erst die künftige Gestaltung der Sportpolitik der Union Klarheit über die Effektivität der Regelung geben. Erste vorbereitende Maßnahmen der Kommission in Form der Beauftragung von Expertengruppen zeigen, dass sie gewillt ist, das inhaltliche Spektrum des Art. 165 AEUV auszuschöpfen. Entscheidend wird somit sein, in welcher Intensität und Nachhaltigkeit Union, Mitgliedstaaten und nicht zuletzt die Verbände zu Dialog, Kompromiss und Zusammenarbeit bereit sind. Hiervon ist die Verwirklichung des Mehrwertpotentials, die Art. 165 Abs. 2 7. Spiegelstrich AEUV vorgibt, abhängig. Die Voraussetzungen für eine Realisierung sind in Art. 165 AEUV jedenfalls normiert.

H. Nachtrag: Aktuelle sportpolitische und sportrechtliche Entwicklungen

Die seit Mai 2014 eingetretenen Entwicklungen im Verhältnis von EU und Sport werden nachstehend dem Aufbau der Dissertationsschrift folgend skizziert. Am Ende des Abschnitts werden diese Entwicklungen vor dem Hintergrund der vorstehenden Untersuchung eingeordnet. Die Einordnung wird zeigen, dass die Ergebnisse der vorstehenden Arbeit auch in Anbetracht der aktuellen Entwicklungen Bestand haben.

I. Neue Entscheidungen der Kommission und des Gerichtshofs

Der Schwerpunkt dieses Nachtrags liegt auf drei aktuelleren Entscheidungen der Kommission, die allesamt einen wettbewerbsrechtlichen Hintergrund haben. Die Entscheidungen betreffen die öffentliche Förderung von Kletterhallen in Deutschland, die öffentliche Sportförderung in Tschechien sowie Regelungen über die Teilnahmeberechtigung an Wettbewerben des Eisschnell- und Eiskunstlaufs. Soweit verfügbar, wird an passender Stelle auf die hierzu bereits ergangene Rechtsprechung eingegangen.

1. Magic Mountain[1052]

a. Sachverhalt

Der Deutsche Alpenverein (DAV) erhält von mehreren Bundesländern und Kommunen öffentliche Förderungen unterschiedlicher Art, unter anderem Zuwendungen, Kauf- und Mietpreisvergünstigungen. Förderungen dieser Art können nach den jeweiligen Regelungen zur Sportförderung grundsätzlich gemeinnützigen, nicht gewinnorientierten Sportvereinen gewährt werden, die bestimmte Kriterien erfüllen. Gegenstand der Untersuchung der Kommission waren Grundstücksüberlassungen zu vergünstigten Mietpreisen[1053] auf Grundlage des Sportfördergesetzes Berlin an die Berliner Sektion des DAV sowie Zuwendungen an

1052 KOM, *Magic Mountain*, Entscheidung vom 05.12. 2012, C (2012)8761 final.

1053 Nach dem Sachverhalt der Entscheidung ist eine jährliche Miete von 1.132,92 Euro vorgesehen, wohingegen einer der Beschwerdeführer für die Anmietung seines Grundstücks 17.500 Euro per Monat bezahlt; KOM, *Magic Mountain*, Entscheidung vom 05.12.2012, C (2012)8761 final, Rn. 8.

verschiedene Sektionen des DAV in Form von nicht rückzahlbaren Zuschüssen auf der Grundlage von Förderrichtlinien in Baden-Württemberg. Die Beschwerdeführer, der gewerbliche Anbieter der Kletterhalle „Magic Mountain“, die unweit von der Kletterhalle der Berliner Sektion des DAV liegt, sowie ein Interessenverband, der unter anderem diverse unabhängige Kletterhallenbetreiber aus Österreich vertrat, sahen die öffentlichen Förderungen der DAV-Einrichtungen als rechtswidrige staatliche Beihilfe.

b. Entscheidung der Kommission

Nach Ansicht der Kommission handelt es sich bei den staatlichen Förderungen um Beihilfen im Sinne des Art. 107 Abs. 1 AEUV. Die Kommission betrachtet dabei den DAV Dachverband und seine einzelnen Sektionen als Gruppe und bejaht auf dieser Grundlage den Unternehmensbegriff sowie die wirtschaftliche Betätigung, ebenso wie die grenzüberschreitende Auswirkung.[1054]

Im Ergebnis hält die Kommission die Förderung jedoch für mit dem Binnenmarkt vereinbar.[1055] Sie beruft sich dabei auf Art. 107 Abs. 3 lit. c) AEUV. Danach kann die Kommission Beihilfen als mit dem Binnenmarkt vereinbar erklären, wenn es sich um eine Beihilfe zur Förderung der Entwicklung gewisser Wirtschaftszweige oder Wirtschaftsgebiete handelt, und die Beihilfe die Handelsbedingungen nicht in einer Weise verändert, die dem gemeinsamen Interesse zuwiderläuft. Die Kommissionprüft nimmt an dieser Stelle eine Prüfung der Verhältnismäßigkeit der jeweiligen Maßnahme vor, in deren Zentrum ein genau definiertes Ziel von gemeinsamen Interesse steht.[1056]

Bei der Bestimmung des Ziels der Maßnahme bezieht sich die Kommission in ihrer Entscheidung zu den DAV-Kletterzentren auf Art. 165 AEUV. Knapp stellt die Kommission fest, dass die Maßnahmen den Vorgaben des Art. 165 AEVU entsprechen. Die Maßnahmen zur Sportförderung dienten der Förderung des Sports und der körperlichen Unversehrtheit. Damit beruft sich die Kommission sowohl auf die Unionsaufgabe der Förderung des Sports als auch das Unionsziel

---

1054 KOM, *Magic Mountain*, Entscheidung vom 05.12. 2012, C (2012)8761 final, Rn. 53 ff.; siehe allgemein zum Unternehmensbegriff und seiner Anwendung auf Sportvereine und -verbände *Hail*, Spitzensport im Licht des Europäischen Kartellrechts, 2014, S. 232.

1055 Zur Auswirkung dieser Entscheidung für die auf nationaler Ebene anhängigen Verfahren siehe Rennert, Bedeutung von Kommissionsentscheidungen im Beihilfeprüfverfahren für die nationalen Gerichte, EuZW 2017, 567 ff.

1056 KOM, *Magic Mountain*, Entscheidung vom 05.12. 2012, C (2012)8761 final, Rn. 67, dort zum genauen Aufbau der Prüfung.

der körperliche Unversehrtheit, wie sie in Art. 165 Abs. 1 UAbs. 2 sowie Art. 165 Abs. 2 7. Spiegelstrich AEUV für den Sport genannt sind.

Die gewährten Finanzierungen sollen den Klettersport, damit verbundene pädagogische Tätigkeiten und das gesellschaftliche Leben von Amateursportlern einschließlich Jugendlichen in Vereinen fördern, deren Mitglieder sich auf freiwilliger Basis engagieren. Die Kommission erkennt darin, dass die Sportförderung zumindest im Fall der Kletterhallen des DAV einen weiten Teil des Aufgabenspektrums des Art. 165 AEUV abdeckt. Keine Rolle spielt es, dass sich die Effekte auf die örtliche bzw. regionale Ebene begrenzen.[1057]

Im weiteren Verlauf der Prüfung bejaht die Kommission Erforderlichkeit und Verhältnismäßigkeit der verfahrensgegenständlichen Sportförderung. Sie bezieht sich in ihren Ausführungen zwar nicht nochmals ausdrücklich auf Art. 165 AEUV. Jedoch klingen an verschiedener Stelle die in Art. 165 Abs. 1 UAbs. 2 AEUV genannte Unionsaufgabe und vor allem die bei der Erfüllung der Unionsaufgabe zu berücksichtigenden Aspekte an. So würdigt die Kommission bei der Untersuchung der Verhältnismäßigkeit etwa die gesellschaftliche Verankerung des DAV sowie die Tatsache, dass jeglicher Gewinn in den Sport sowie in Bildungs- und Ausbildungsmaßnahmen investiert wird.[1058] Wesentlich ist für die Kommission hier zudem, dass sich die Tätigkeit des DAV auf den Amateursport und auf eine nichtkommerzielle Förderung des Sports in der Gesellschaft begrenzt.[1059]

c. *Entscheidung des Gerichts*

Das Gericht bestätigte die Entscheidung der Kommission mit Urteil vom 09.06.2016.[1060] Von wesentlicher Bedeutung ist diejenige Passage des Urteils, mit der das Gericht die Auffassung der Kommission bestätigt, dass Art. 165 AEUV auf Ebene des Primärrechts Ziele von Allgemeininteresse vorgibt. Sofern Mitgliedstaaten bei der Förderung des Sports diese Ziele von Allgemeininteresse verfolgen, können Fördermaßnahmen im Rahmen des Art. 107 Abs. 3 AEUV gerechtfertigt sein.[1061]

1057 KOM, *Magic Mountain*, Entscheidung vom 05.12. 2012, C (2012)8761 final, Rn. 68 f.

1058 KOM, *Magic Mountain*, Entscheidung vom 05.12. 2012, C (2012)8761 final, Rn. 79.

1059 KOM, *Magic Mountain*, Entscheidung vom 05.12. 2012, C (2012)8761 final, Rn. 92 f.

1060 EuG, *Magic Mountain*, Urteil vom 09.06.2016, Rs. T 162/13.

1061 EuG, *Magic Mountain*, Urteil vom 09.06.2016, Rs. T-162/13, Rn. 79; hierzu auch die Anmerkung von *Vedder*, Vereinbarkeit der staatlichen Förderung des Breitensports mit dem EU-Beihilferecht, SpuRt 2016, 202 (207).

Eine weitere wesentliche Aussage, die im Zusammenhang mit Art. 165 AEUV zu sehen ist – auch wenn sich das Gericht nicht ausdrücklich auf die Regelung bezieht – betrifft das Vorbringen des klagenden Kletterhallenbetreibers, die verfahrensgegenständliche Sportförderung hätte auch auf Anbieter kommerzieller Kletterzentren ausgedehnt werden müssen. Dem tritt das Gericht entgegen, indem es darauf verweist, dass mit der deutschen Sportförderung – entsprechend den Vorgaben des Art. 165 Abs. 1 UAbs. 2 AEUV – auch pädagogische und soziale Ziele verfolgt werden, die eine Förderung auch kommerzieller Anbieter nicht gewährleisten kann. Denn die geförderten Kletterhallen stehen nicht nur Mitgliedern des gemeinnützigen Vereins zur Verfügung, sondern darüber hinaus Schulen und anderen öffentlichen Einrichtungen.

d. *Verfahren auf nationaler Ebene*

Der Sachverhalt beschäftigte über mehrere Instanzen auch die nationalen Gerichte. Das Verwaltungsgericht Berlin hatte der Klage des gewerblichen Kletterhallenbetreibers auf Feststellung der Nichtigkeit des Mietvertrages teilweise stattgegeben, da die Mietzinsvergünstigungen vor positiver Entscheidung der Kommission rechtswidrig gewesen seien.[1062] Dem hatte sich das Oberverwaltungsgericht Berlin-Brandenburg weitestgehend angeschlossen.[1063] Das Oberverwaltungsgericht sah sich dabei an die Entscheidung der Kommission zum Vorliegen einer Beihilfe weitgehend gebunden. Diese Annahme hielt das Bundesverwaltungsgericht für rechtswidrig und verwies den Rechtsstreit zurück.[1064] Mit Urteil vom 18.12.2017 entschied das Oberverwaltungsgericht abermals. Es bestätigte die Auffassung des Verwaltungsgerichts Berlin, wonach die Klausel des Mietvertrages, die einen unter der ortsüblichen Miete festgesetzten Mietzins enthielt, bis zum Zeitpunkt des Beschluss der Kommission zur Vereinbarkeit der Beihilfe, nichtig sei.[1065] Mit dieser Entscheidung dürfte damit das letzte Kapitel des Rechtsstreits beendet sein.[1066]

1062 VG Berlin, Urteil vom 19.03.2013 – VG 26 K 6.13 –, veröffentlicht bei juris.

1063 OVG Berlin-Brandenburg, Beschluss vom 03.09.2014 – OVG 6 N 28.13 – veröffentlicht bei juris.

1064 BVerwG, Urteil vom 26.10.2016–10 C 3/15 – , juris Rn. 41 f.

1065 OVG Berlin-Brandenburg, Urteil vom 18.12.2017 – OVG 6 B 3.17 – veröffentlicht bei juris.

1066 Siehe zum Ganzen die Anmerkung von *Dingemann*, Beihilfeigenschaft der für den Bau einer Kletterhalle gewährten Sportförderung an den Deutschen Alpenverein, EuZW 2018, 323 (329 f.).

2. Hamr-Sport[1067]

Hamr-Sport, ein tschechisches Unternehmen, das drei Sporteinrichtungen (Squash-, Tennisplätze etc.) in Prag betreibt und vermietet, erhob 2011 Beschwerde zur Kommission wegen der Förderung nichtkommerzieller Sporteinrichtungen in Tschechien. Hamr-Sport erachtete die Förderung nichtkommerzieller Anbieter als Verzerrung des Wettbewerbs auf dem Markt der Freizeitsporteinrichtungen, auf dem kommerzielle Anbieter mit den geförderten Angeboten nicht konkurrieren könnten.[1068]

In ihrer wettbewerbsrechtlichen Prüfung befasst sich die Kommission abermals vor allem mit der Frage, ob die Förderung der nichtkommerziellen Einrichtungen als mit dem Binnenmarkt vereinbar angesehen werden kann, Art. 107 Abs. 3 lit. c) AEUV.

Wiederum beruft sich die Kommission dabei auf die in Art. 165 Abs. 1 UAbs. 2 sowie Art. 165 Abs. 2 7. Spiegelstrich AEUV genannten Aspekte. Entscheidend ist für die Kommission, dass die Fördermaßnahmen auf den Amateursport abzielen und der breiten Öffentlichkeit den Zugang zu sportlichen Aktivitäten erleichtern sollen. Besonders würdigt die Kommission den Fokus der Maßnahme auf die Förderung junger Talente sowie den Zugang zu Freizeitaktivitäten für Kinder, Jugendliche wie auch Erwachsene.[1069] In diesen Aspekten sieht die Kommission ein legitimes Ziel von gemeinsamem Interesse, das zudem geeignet und erforderlich ist sowie in angemessener Weise verfolgt wird. Zwar beeinflusst die Sportförderung den Wettbewerb, jedoch nicht in einer Weise, die den herausgearbeiteten legitimen Zielen zuwiderlaufen würde. Hier lässt die Kommission erneut der Tatsache, dass sich die Förderung auf den Amateursport und seine erzieherische und integrierende Funktion bezieht, besondere Bedeutung zukommen.[1070]

Die gegen die Entscheidung der Kommission eingelegte Klage wies das Gericht mit Entscheidung vom 12.05.2016 zurück.[1071] Es bestätigte insbesondere den Ansatz der Kommission, bei der Bewertung der Vereinbarkeit mit dem Binnenmarkt auf die in Art. 165 AEUV genannten Vorgaben abzustellen.[1072]

1067 KOM, *Hamr-Sport*, Entscheidung vom 11.06.2014, C(2014) 3602 final.

1068 KOM, *Hamr-Sport*, Beschluss vom 11.06.2014, C(2014) 3602 final, Rn. 16.

1069 KOM, *Hamr-Sport*, Entscheidung vom 11.06.2014, C(2014) 3602 final, Rn. 71 f.

1070 KOM, *Hamr-Sport*, Entscheidung vom 11.06.2014, C(2014) 3602 final, Rn. 91.

1071 EuG, *Hamr-Sport*, Urteil vom 12.05.2016, Rs. T-693/14.

1072 EuG, *Hamr-Sport*, Urteil vom 12.05.2016, Rs. T-693/14, Rn. 56

3. International Skating Union[1073]

Die aktuellste Entscheidung der Kommission, vom 08.12.2017, betrifft die Regelungen der International Skating Union (ISU)[1074] über die Berechtigung zur Teilnahme an Wettbewerben im Eisschnell- und Eiskunstlauf. Die ISU ist die internationale Dachorganisation der entsprechenden nationalen Verbände und der vom Internationalen Olympischen Komitee (IOC) für diesen Sportbereich anerkannte Verband. Sie organisiert internationale Wettbewerbe, vermarktet die Übertragungsrechte, verhandelt Sponsorenverträge und verkauft Tickets.[1075] Die ISU stellt für den Bereich des Eisschnell- und Eiskunstlaufs die verbindlichen Regelungen für die Ausübung dieser Sportarten auf. Zu diesem Regelwerk gehören auch Bestimmungen über die Teilnahmeberechtigungen an Wettbewerben.

a. Verfahren

Das Verfahren der Kommission geht auf die Beschwerde zweiter Eisschnellläufer vom 06.06.2014 zurück, deren Gegenstand die Regelungen der ISU aus dem Jahr 2014 über die Berechtigung zur Teilnahme an Wettbewerben der ISU waren („Eligibility rules"). Die Eisschnellläufer sind Mitglieder des Königlich-niederländischen Eisläuferbundes[1076], der wiederum als nationaler Verband Mitglied der ISU ist. Die Eisschnellläufer unterlagen damit bei der Ausübung ihrer Sportart den Regularien der ISU. Die ISU-Regelungen über die Teilnahmeberechtigung sahen eine lebenslange Sperre zur Teilnahme an von der ISU oder von Mitgliedern organisierten Wettbewerben sowie den Olympischen Spielen vor, wenn einzelne Mitglieder an Wettbewerben partizipierten, die von der ISU nicht autorisiert waren.[1077]

1073 KOM, *International Skating Union*, Entscheidung vom 08.12.2017, C(2017) 8240 final.; veröffentlicht in einer vorläufigen Fassung am 23.03.2018; ausführlich zum Verfahren (als „work in progress" bezeichnet) siehe *Kornbeck*, Der ISU-Fall der Europäischen Kommission und die Zukunft des Ein-Platz-Prinzips, veröffentlicht unter https://www.jku.at/fileadmin/gruppen/144/Working_Papers/WP8_Kornbeck.pdf, abgerufen am 29.05.2018.

1074 Die International Skating Union (ISU), mit Sitz in Lausanne ist die Internationale Dachorganisation im Bereich des Eisschnelllaufs und Eiskunstlaufs, in der verschiedene nationale Verbände zusammengeschlossen sind.

1075 KOM, *International Skating Union*, Entscheidung vom 08.12.2017, C(2017) 8240 final, Rn. 10.

1076 Koninklijke Nederlandsche Schaatsenrijders Bond (KNSB).

1077 Abgedruckt in KOM, *International Skating Union*, Entscheidung vom 08.12.2017, C(2017) 8240 final, Rn. 49 ff.

b. Verstoß gegen Art. 101 AEUV

Die Kommission sieht in diesen Regelungen der ISU einen Verstoß gegen Art. 101 AEUV. Auf dem weltweiten Markt der Organisation und Vermarktung des Eisschnelllaufs halte die ISU eine starke Position, die unter anderem auf ihre Rolle als Regelungsgeber zurückzuführen ist.[1078] Die Kommission betont dabei unter Berufung auf die Rechtsprechung des EuGH, dass es keine Bereichsausnahme für den Sport bzw. Sportverbände vom Anwendungsbereich des Unionsrechts gebe.[1079] Ausführlich begründet die Kommission sodann, dass es sich bei der ISU um eine Unternehmensvereinigung im Sinne von Art. 101 Abs. 1 AEUV handele.[1080]

Die Kommission ist der Ansicht, bei den Regelungen der ISU handele es sich um bezweckte Wettbewerbsbeschränkungen, die objektiv geeignet sind, den Wettbewerb zu beeinträchtigen.[1081] Die Regelungen zur Teilnahmeberechtigung verhinderten die Teilnahme von Sportlern an Wettbewerben von Drittanbietern ohne Autorisierung der ISU. Eine ausdrückliche Verknüpfung mit legitimen Zielsetzungen für die Regelungen, wie etwa die Integrität des Sports, der Schutz der Gesundheit oder der Sicherheit der Sportler sowie die Organisation und ordnungsgemäße Durchführung der Sportart sei nicht vorhanden. Vielmehr beinhalten die ISU-Regelungen aus dem Jahr 2014 den ausdrücklichen Passus, dass sie dem Schutz der ökonomischen und weiteren Interessen der ISU dienen.[1082] Unabhängig davon, dass damit eine Wettbewerbsbeschränkung bereits bejaht wurde, weist die Kommission zusätzlich eine bewirkte Wettbewerbsbeschränkung nach, die unabhängig von ihrem Zweck den Wettbewerb beeinträchtigt.[1083]

1078 KOM, *International Skating Union*, Entscheidung vom 08.12.2017, C(2017) 8240 final, Rn. 115 ff., eine beherrschende Marktposition musste die Kommission nicht nachweisen, da Art. 102 AEUV nicht Maßstab der Prüfung war.

1079 KOM, *International Skating Union*, Entscheidung vom 08.12.2017, C(2017) 8240 final, Rn. 136; siehe hierzu die vorstehende Untersuchung unter C.II.1.b.

1080 KOM, *International Skating Union*, Entscheidung vom 08.12.2017, C(2017) 8240 final, Rn. 146 ff.

1081 „By object“, im Gegensatz zur bewirkten Beschränkung („by effect“); zur Unterscheidung hierzu *Stockenhuber*, in: Grabitz/Hilf/Nettesheim, Das Recht der Europäischen Union, 62. EL Juli 2017, Art. 101 AEUV Rn. 141 ff.

1082 KOM, *International Skating Union*, Entscheidung vom 08.12.2017, C(2017) 8240 final, Rn. 163 ff.; im Jahr 2016 legte die ISU überarbeitete Regelungen vor, jedoch die Bewertung der Kommission nicht ändern, Rn. 180 ff.

1083 KOM, *International Skating Union*, Entscheidung vom 08.12.2017, C(2017) 8240 final, Rn. 190 ff; die bewirkte Wettbewerbsbeschränkung wird anhand der (fiktiven)

c. *Beurteilung unter Anwendung des* Wouters-*Tests*

Unter Bezugnahme auf die Rechtsprechung des EuGH in der Rechtssache *Meca-Medina* stützt sich die Kommission in der Folge der Prüfung auf den *Wouters*-Test.[1084] Danach können Regelungen von (Sport)verbänden vom Tatbestand des Art. 101 Abs. 1 AEUV ausgenommen werden, wenn sie bei Beurteilung des Gesamtzusammenhangs ein legitimes Ziel verfolgen, die Wettbewerbsbeschränkung notwendig mit der Zielsetzung verbunden ist sowie die Verhältnismäßigkeit gewahrt wird. Dabei tritt die Kommission ausdrücklich der Auffassung der ISU entgegen, der *Wouters*-Test begründe eine Vermutung für die Rechtmäßigkeit sportverbandlicher Regelungen.[1085]

Bei der Bestimmung des legitimen Ziels stellt die Kommission zunächst voran, dass sie den Schutz der Integrität des Sports, den Schutz der Gesundheit und der Sicherheit der Sportler sowie die Organisation und Durchführung der jeweiligen Sportart grundsätzlich als legitime Interessen anerkennt und auch die vom Gerichtshof herausgearbeiteten Besonderheiten des Sports berücksichtigt. Sie verweist an dieser Stelle unter anderem auf die Begleitdokumente zum Weißbuch Sport[1086], auf die sie eingangs der Entscheidung bereits ausführlich eingeht.[1087] Auf die genannten Interessen verweist auch die ISU, ebenso wie auf die Solidarität innerhalb der pyramidenartig organisierten Struktur innerhalb der Dachorganisation sowie die Gewährleistung des auf freiwilligem Engagement basierenden Sportmodells. Entsprechend ihrer bisherigen Linie anerkennt die Kommission diese Argumentation der ISU grundsätzlich, weist jedoch etwa den Verweis der ISU auf den Schutz ökonomischer Interessen klar zurück.[1088]

Soweit die ISU sich auf den Schutz der Integrität sportlicher Wettbewerbe und die Bekämpfung von Wettbetrug bzw. Manipulationen beruft, erkennt die Kommission diese Ziele zwar grundsätzlich an, erachtet die mit den ISU-Regelungen

---

Wettbewerbsverhältnisse geprüft, die ohne die jeweilige Maßnahme vorzufinden wären; siehe *Stockenhuber*, in: Grabitz/Hilf/Nettesheim, Das Recht der Europäischen Union, 62. EL Juli 2017, Art. 101 AEUV Rn. 145.

1084 Hierzu die vorstehende Untersuchung unter C.II.3.b.

1085 KOM, *International Skating Union*, Entscheidung vom 08.12.2017, C(2017) 8240 final, dort unter Fn. 329.

1086 Siehe die vorstehende Untersuchung unter E.VIII.

1087 KOM, *International Skating Union*, Entscheidung vom 08.12.2017, C(2017) 8240 final, Rn. 211 f.; siehe auch die ausführliche Darstellung der rechtlichen Grundlagen unter Rn. 23 ff.

1088 KOM, *International Skating Union*, Entscheidung vom 08.12.2017, C(2017) 8240 final, Rn. 219 ff.

einhergehenden Wettbewerbsbeschränkungen jedoch als nicht notwendig zur Zielerreichung und im Übrigen unverhältnismäßig.[1089] Gleiches gilt für das Ziel, mit den Teilnahmebeschränkungen die Gesundheit der Sportler zu schützen und Doping zu bekämpfen, sowie die weiteren von der ISU vorgebrachten Regelungszwecke.[1090]

Im Ergebnis führt somit nach Ansicht der Kommission der *Wouters*-Test – im Gegensatz zu ihrer Entscheidung in *Meca-Medina* oder *Canas* – nicht zu einer Tatbestandsausnahme für die sportverbandliche Regelung. Wenig überraschend hat die ISU die Entscheidung der Kommission in einer ersten öffentlichen Erklärung deutlich kritisiert und wirft der Kommission darin vor, die in Art. 165 AEUV niedergelegten Prinzipien, insbesondere die Besonderheiten des Sports, nicht zu berücksichtigen.[1091] Dementsprechend hat die ISU am 19.02.2018 Klage eingereicht und beantragt, den Beschluss der Kommission vom 08.12.2017 aufzuheben.[1092]

4. Konsequente Fortführung der bisherigen Entscheidungslinie

Mit den dargestellten Entscheidungen hat die Kommission ihre bisherige Entscheidungslinie konsequent fortgeführt. Für den Bereich der Sportförderung dürften die Entscheidungen *Magic Mountain* und *Hamr-Sport* für Rechtssicherheit sorgen. Die Kommission hat klare Linien für die Zulässigkeit entsprechender Maßnahmen der Mitgliedstaaten vorgegeben. Auch die Entscheidung zur *International Skating Union* baut auf der bisherigen Entscheidungspraxis von Kommission, Gericht und Gerichtshof auf und könnte für die Beurteilung sportverbandlicher Regelwerke anhand des Wettbewerbsrechts ähnliche Relevanz erlangen wie die bislang wegweisende Entscheidung *Meca-Medina*.

a. Der Stellenwert des Art. 165 AEUV für die Zulässigkeit der Förderung des Breitensports

Die Entscheidungen zur Sportförderung in Deutschland und Tschechien zeigen, dass die Kommission unter Berufung auf das Ziel- und Aufgabenspektrum des Art. 165 AEUV im Bereich des Sports die finanzielle Unterstützung des Breiten-

---

1089 KOM, *International Skating Union*, Entscheidung vom 08.12.2017, C(2017) 8240 final, Rn. 226 ff.

1090 KOM, *International Skating Union*, Entscheidung vom 08.12.2017, C(2017) 8240 final, Rn. 239 ff.

1091 Siehe hierzu die unter https://www.isu.org/news-inside-isu/145-news/11810-isu-statement-european-commission-decision?templateParam=15 veröffentlichte Erklärung vom 08.12.2017; abgerufen am 29.05.2018.

1092 ABl. 2018, C 142, S. 55.

oder Amateursports durch staatliche Stellen für grundsätzlich zulässig hält. Eine generelle Ausklammerung des (Amateur-)Sports kommt dabei nicht in Betracht. Soweit sich Amateursportvereine jedenfalls auch wirtschaftlich betätigen, gelten für sie bzw. für Maßnahmen zur Förderung die Vorgaben des Wettbewerbs- bzw. Beihilferechts. Dies hat die Rechtsprechung des Gerichtshofs bereits früh festgestellt und auch Art. 165 AEUV hat trotz seiner Betonung der Besonderheiten des Sports an dieser Erkenntnis nichts geändert.[1093]

Die Zulässigkeit solcher staatlicher Sportförderung gilt jedenfalls, solange sich die Förderung auf den Breiten- bzw. den Amateursport bezieht. Eine solche Förderung kann sich auf die primärrechtlichen Vorgaben stützen, denen auch die Mitgliedstaaten verpflichtet sind:[1094] die Förderung der europäischen Dimension des Sports unter Berücksichtigung insbesondere der auf freiwilligem Engagement basierenden Strukturen des Sports sowie seiner sozialen und pädagogischen Funktion. Hierauf sollte nach der Auslegung des Art. 165 Abs. 1 UAbs. 2 AEUV der Schwerpunkt liegen bei der Förderung der europäischen Dimension des Sports.[1095] Die Kommission – bestätigt durch das Gericht – zeigt in ihrer Entscheidung auf, wie die primärrechtlichen Vorgaben des Art. 165 AEUV genutzt werden können, um konkrete Maßnahmen im Bereich des Sports zu ergreifen.

Die Entscheidungen lassen zudem erkennen, dass die Kommission einer Sportförderung entlang den primärrechtlichen Zielvorgaben einen hohen Stellenwert beimisst. Eine Sportförderung in Form finanzieller Unterstützung wird zwar regelmäßig eine Beihilfe darstellen, welche die Kommission jedoch als mit dem Binnenmarkt vereinbar erklären kann. Für eine solche Erklärung kommt es darauf an, dass sich die jeweilige Fördermaßnahme auf legitime Ziele von gemeinsamem Interesse stützen lässt. Hier zeigt sich die Bedeutung der sportbezogenen Passagen des Art. 165 AEUV, denen entsprechende Ziele entnommen werden können. Die Ziele sind zwar innerhalb der in Art. 107 Abs. 3 lit. c) AEUV angelegten Abwägung nicht abwägungsfest. Ihnen dürfte jedoch nicht zuletzt aufgrund ihrer primärrechtlichen Verankerung ein hoher Stellenwert zukommen, den die Kommission in ihren Entscheidungen *Magic Mountain* sowie *Hamr-Sport* auch anerkennt – trotz der Einschränkungen des Wettbewerbs, die hinter den legitimen Zielen von gemeinsamen Interesse zurücktreten müssen.[1096] Dieses hohe Gewicht in der Abwägung dürfte jedenfalls soweit gelten, als sich die För-

---

1093 BVwerG, Urteil vom 26.10.2016–10 C 3/15 –, juris Rn. 41 f.

1094 Siehe die vorstehende Untersuchung unter G.I.1.b.

1095 Siehe hierzu die vorstehende Untersuchung unter F.IV.d.cc. und dd.

1096 *P. Fischer*, in Fischer/Dötsch, jurisPR SteuerR 34/2016 Anm. 2 bezeichnet diesen Vorgang treffend als „Wegwägung“ der Wettbewerbsbeinträchtigung.

derung auf den Amateur- und Breitensport bezieht, auf den auch die Vorgaben des Art. 165 AEUV zur Sportförderung in erster Linie abzielen.

Den Entscheidungen dürfte sich für die Ausgestaltung der Sportförderung zudem entnehmen lassen, dass sich eine Förderung (auch) kommerzieller Anbieter nicht auf die primärrechtliche Zielvorgabe stützen lassen dürfte – im Rahmen der Abwägung jedenfalls nicht mit vergleichbarem Gewicht. Denn die Vorgaben des Art. 165 AEUV für den Bereich des Sports zielen bei der Sportförderung schwerpunktmäßig auf den Amateur- bzw. Breitensport ab und lassen sich daher für die Förderung kommerzieller Sportbereiche kaum anführen.[1097] Anders dürfte dies lediglich in den Bereichen sein, in denen das Aufgaben- und Zielspektrum des Art. 165 AEUV auch den Profisport erfasst, also beispielsweise bei der Dopingbekämpfung.[1098]

b. Die Besonderheiten des Sports innerhalb des Wouters-*Tests*

Die Entscheidung *International Skating Union* ist in mehrfacher Weise bemerkenswert. Zunächst fällt der Umfang der Entscheidung sowie die Vorgehensweise der Kommission auf. Sie setzt sich sehr ausführlich mit den vorgebrachten Argumenten sowie der Entwicklung des Sachverhalts auseinander. Sodann stellt die Kommission ihrer Darstellung der Fakten einen eigenen Abschnitt zu den rechtlichen Grundlagen voran.[1099] Hier beschreibt die Kommission nicht nur die Vorgaben des Art. 165 AEUV, sondern geht im Einzelnen auch auf die Rechtsprechung des Gerichtshofs sowie das Weißbuch Sport ein. Die Kommission beschreibt an dieser Stelle zunächst exemplarisch und abstrakt die Besonderheiten des Sports sowie ihre Bedeutung für den vorliegenden Sachverhalt.

Mit den entscheidenden Passagen zur Prüfung des Art. 101 AEUV führt die Kommission sodann ihre bisherige Entscheidungspraxis für Regelungen von

---

1097 Siehe hierzu die vorstehende Untersuchung unter F.IV.3.d.dd.(6); konsequenterweise hat die Kommission die Förderung von Profivereinen für wettbewerbsrechtlich unzulässig erklärt; siehe hierzu *Geulen*, Unionsrechtliche Grenzen der staatlichen Sportförderung, NVwZ 2017, 1663; ausführlich zu Entscheidungen der Kommission gegen Vereine in Spanien und den Niederlanden siehe *van der Hout/Wagner*, Schmerzhafte Beschlüsse für spanische und niederländische Fußballclubs – EU-beihilferechtliche Schranken für die Finanzierung des Profisports, SpuRt 2016, 187.

1098 Siehe hierzu die vorstehende Untersuchung unter F.IV.2.b.cc.(4), wonach unter der Vorgabe, den Schutz der Unversehrtheit der Sportler zu fördern, auch Maßnahmen im Profisport möglich sein dürften.

1099 KOM, *International Skating Union*, Entscheidung vom 08.12.2017, C(2017) 8240 final, Rn. 23 ff.

Sportverbänden fort: zur Anwendung kommt der dreistufige *Wouters*-Test. Bemerkenswert ist im Vergleich zu bisherigen Entscheidungen der Kommission in diesem Bereich wiederum die Detailtiefe, mit der sich die Kommission mit den von der ISU vorgebrachten Argumenten auseinandersetzt. Zunächst erteilt die Kommission einer Bereichsausnahme eine klare Absage. Auch eine Vermutung für die Rechtmäßigkeit sportverbandlicher Regelungen lasse sich dem *Wouters*-Test nicht entnehmen. Die bisherigen Entscheidungen auf europäischer Ebene geben in der Tat auch keine Anhaltspunkte für eine solche Vermutung, selbst wenn im Rahmen des *Wouters*-Tests bislang sportverbandliche Regelungen überwiegend nicht beanstandet wurden.[1100] Es überrascht angesichts der eindeutigen Aussagen der bisherigen Rechtsprechung, dass Sportverbände weiterhin auf eine Ausnahme vom Anwendungsbereich pochen oder eine Vermutungswirkung in Anspruch nehmen wollen.

Der *Wouters*-Test erfordert stets eine Prüfung des Einzelfalls, für die es nicht ausreicht, sich ohne materielle Substanz auf die Besonderheiten des Sports sportspezifische Zwecke zu berufen. Die Kommission macht in der Entscheidung immer wieder deutlich, dass sie grundsätzlich gewillt ist, diese Zwecke gebührend zu berücksichtigen. Dies jedoch nur dann, wenn die jeweiligen sportverbandlichen Regelungen tatsächlich den sportspezifischen Zwecken wie dem Schutz der Gesundheit und Sicherheit der Sportler dienen und diese Ziele nicht tatsächlich hinter der Verfolgung ökonomischer Interessen zurücktreten.

Gerade weil die Kommission in der Entscheidung zu den Regularien der ISU die in zahlreichen Entscheidungen entwickelten Grundsätze fortführt, dürfte der Inhalt der Entscheidung an sich nicht überraschend gekommen sein. Gleichwohl scheint es angemessen, der Entscheidung ähnliche Bedeutung beizumessen wie den Entscheidungen zu Bosman oder Meca-Medina.[1101] Die Bedeutung der Entscheidung liegt darin, dass sie Auswirkungen haben dürfte auf Regularien anderer

---

1100 Eine Ausnahme mag insoweit das Urteil des Gerichts in Sachen *Meca-Medina* darstellen, in dem für allein auf die Ausübung des jeweiligen Sports abzielende sportverbandliche Regelungen ohne wirtschaftlichen Bezug eine Ausnahme vom Anwendungsbereich des Unionsrechts anklingt; siehe hierzu die vorstehende Untersuchung unter C.I.9.; siehe zu der Entscheidung *Kornbeck*, „Le geste sportif": ein alternatives Unterscheidungsmerkmal zu den „besonderen Merkmalen" des Sports nach Art. AEUV Artikel 165 AEUV?, EuZW 2017, 603, der mit dem Passus des Gerichts „le geste sportif" ein alternatives Konzept zur Unterscheidung der Besonderheiten des Sports vorschlägt.

1101 So *Kornbeck*, ISU-Fall entschieden: Loyalitätsklauseln als Kartellrechtsverstoß, SpuRt 2018, 22 (23).

Verbände, die ähnliche Vorgaben beinhalten.[1102] Bereits vor ihrer Veröffentlichung hatte die Entscheidung hohe Wellen geschlagen. Sportverbände befürchteten das Ende des Europäischen Sportmodells und ermahnten dazu, dass die Beurteilung sportverbandlicher Regelungen nicht allein anhand ökonomischer Aspekte geschehen dürfe.[1103]

Diese Befürchtungen haben sich mit der Entscheidung der Kommission zu den ISU-Regelungen nicht bestätigt. Der Kommission kann nicht vorgeworfen werden, sich mit den Besonderheiten des Sports nicht auseinanderzusetzen. Sie greift diese Aspekte vielmehr sowohl in allgemeiner Natur eingangs der Entscheidung auf, als auch speziell auf den Fall zugeschnitten und im Zusammenhang mit der von der ISU vorgebrachten Argumentation. Es kann auch nicht vollkommen überraschend sein, dass sich die Besonderheiten des Sports im Fall der ISU-Regularien nicht durchsetzen konnten. Weder die bisherige Entscheidungspraxis der europäischen Gerichte noch der Kommission kennen einen generellen Vorrang der Besonderheiten des Sports, der einer Berichtsausnahme gleichkommen würde.[1104] Auch lässt sich eine Vermutungsregelung zugunsten der Besonderheiten des Sports nicht begründen. Weder die genannte Entscheidungspraxis noch Art. 165 AEUV bieten hierfür eine Grundlage. Art. 165 Abs. 1 UAbs. 2 AEUV gilt im Bereich des Wettbewerbsrechts nicht unmittelbar, sondern entfaltet Wirkung als Auslegungs- bzw. Abwägungsdirektive. Noch dazu enthält die Vorschrift nur die Vorgabe, die Besonderheiten des Sports zu „berücksichtigen". Dies ist schon im Vergleich zum Wortlaut des Art. 165 Abs. 1 UAbs. 1 AEUV („unter strikter Beachtung") deutlich schwächer. Noch dazu besagt die Berücksichtigungspflicht lediglich, dass die Besonderheiten in entsprechende Entscheidungen einfließen müssen, gibt jedoch darüber hinaus keine besondere Gewichtung vor.[1105] Damit

---

1102 Vgl. *Kornbeck*, a. a. O., SpuRt 2018, 22 (24).

1103 Vgl. hier die Pressemitteilung des EOC EU-Büros vom 22.06.2017, abrufbar unter http://www.euoffice.eurolympic.org/blog/press-release-ioc-president-thomas-bach-calls-protection-european-sport-model-european-evening; abgerufen am 29.05.2018; sowie die Berichterstattung des IOC vom 22.11.2017, aberufbar unter https://www.olympic.org/news/ioc-president-at-the-council-of-the-european-union-for-meeting-on-sport-in-the-21st-century; abgerufen am 29.05.2018; siehe auch *Hellmund*, Aus dem EU-Büro des Sport – Zwischen Anspruch und Wirklichkeit: Der neue Arbeitsplan der europäischen Sportminister 2017–2020, SpuRt 2017, 145 (146), der die wettbewerbsrechtliche Einstufung von Sportverbänden als „absurd" bezeichnet.

1104 *Vedder*, in: Vedder/Heintschel von Heinegg, Europäisches Unionsrecht, 2. Auflage 2018, Art. 165 AEUV Rn. 9.

1105 Siehe hierzu die vorstehende Untersuchung unter F.IV.3.d.aa.

ist klar, dass die Besonderheiten des Sports vielmehr einen Aspekt darstellen, der in die jeweilige Einzelfallprüfung – neben anderen Aspekten – miteinfließt und der sich in einer Abwägung durchsetzen kann. Dabei lässt sich aus einem Vergleich der Entscheidungen zu *Meca-Medina* und *International Skating Union* schließen, dass sich die Besonderheiten des Sports vor allem durchsetzen, wenn die jeweilige sportverbandliche Regelung einen starken Bezug zur unmittelbaren sportlichen Tätigkeit aufweist und wirtschaftliche Beweggründe nicht im Vordergrund stehen.

II. Sportpolitische Initiativen: Der EU Arbeitsplan für den Sport

Eine wichtige Vorgabe für die europäische Sportpolitik der nächsten Jahre dürfte der EU-Arbeitsplan für den Sport für den Zeitraum 2017 bis 2020 sein, der vom Rat für Bildung, Jugend, Kultur und Sport am 23.05.2017 beschlossen wurde.[1106] Mit seiner Entschließung knüpft der Rat an die bisherigen Arbeitspläne für die Zeiträume 2011 bis 2014 sowie 2014 bis 2017 an. Prioritäten des Arbeitsplans sind die Integrität des Sports und insbesondere die Förderung von Good Governance, die wirtschaftliche Dimension des Sports sowie die Rolle des Sports in der Gesellschaft, also vor allem seine Bezüge zu anderen Politikbereichen wie Bildung oder Gesundheit.

1. Keine klare Priorisierung

Eine klare Priorisierung ist hier noch nicht erkennbar, da mit den genannten Themen nahezu das gesamte Spektrum des Sports abgedeckt wird. In der Entschließung wird an verschiedenen Stellen erkennbar, dass der Rat bei der Umsetzung des Arbeitsplans auch auf die Zusammenarbeit mit den Sportverbänden und maßgeblichen Institutionen setzt.[1107] Als konkrete Maßnahmen schlägt der Arbeitsplan unter anderem die Einführung einer jährlichen Europäischen Woche des Sports sowie die jährliche Veranstaltung eines Europäischen Sportforums vor, um insbesondere den strukturellen Dialog mit dem Sportsektor zu erleichtern.[1108] Darüber hinaus enthält der Arbeitsplan für die Jahre 2017 bis 2020 zahlreiche

---

1106 Entschließung des Rates vom 23.05.2017 zum Arbeitsplan der Europäischen Union für den Sport (01.07.2017 bis 31.12.2020), ABl. 2017, C 189, S. 5.

1107 Siehe hierzu u. a. Ziffer 14 der Empfehlung, ABl. 2017, C 189, S. 6, wobei einige Aspekte der Einbindung des Sports noch unklar scheinen, wie die kritische Anmerkung von *Hellmund*, a. a. O., SpuRt 2017, 145 zeigt.

1108 ABl. 2017, C 189, S. 8.

Verweise auf die Ein- oder Weiterführung von Expertengruppen, die sich mit unterschiedlichen Themen innerhalb der genannten Prioritäten auseinandersetzen sollen. Dabei wird anhand des Berichts der Kommission über die Durchführung und Zweckmäßigkeit des Arbeitsplans für die Jahre 2014 bis 2017 nicht ohne Weiteres erkennbar, welcher konkrete Mehrwert in den bisherigen zahlreichen Arbeitsgruppen geschaffen wurde.[1109] Hier wäre zu überlegen, die Auswahl der Themen stärker zu fokussieren und auf konkrete umzusetzende Ergebnisse zu achten.[1110]

2. Europäisches Sportforum

Wesentliche Neuerungen verglichen mit den vorangegangenen Arbeitsplänen enthält die Fassung für die Jahre 2017 bis 2020 nicht. Der Plan führt vielmehr das bisherige Konzept fort. Konkrete Maßnahmen enthält der Arbeitsplan selbst zudem kaum. Diese sollen wohl vielmehr innerhalb vom Arbeitsplan vorgeschlagenen Strukturen entwickelt werden. Eine Ausnahme hierzu stellt etwa das Europäische Sportforum dar, wobei es sich dabei nicht um eine Neuerung handelt. Das Forum wird vielmehr seit mehreren Jahren jährlich abgehalten.[1111] Es hat sich in der Zwischenzeit zum wichtigsten Forum für den Austausch aller auf Ebene der EU mit dem Sport befassten Akteure entwickelt. In den letzten Jahren standen Themen im Vordergrund,[1112] welche die Kommission auch durch Einsatz zweier sogenannter hochrangiger EU-Gruppen begleitet hatte: Die hochrangigen EU-Gruppen traten im Jahr 2015 erstmals zusammen und legten Ihre Ergebnisse 2016 vor.[1113] Beide können sich thematisch auf die Vorgaben des Art. 165 AEUV stützen. Die Gruppe für Sportdiplomatie sollte identifizieren, wie Sport die Umsetzung der auswärtigen Ziele der Union unterstützen kann und wie über den Sport europäische Werte vermittelt werden können. Die Gruppe für Breitensport sollte Vorschläge unterbreiten, wie die Union den Breitensport besser unter-

---

1109 Bericht der Kommission vom 22.01.2017 über die Durchführung und Zweckmäßigkeit des Arbeitsplans der Europäischen Union für den Sport (2014–2017); COM(2017) 22 final.

1110 Zurecht kritisch *Hellmund*, a. a. O. SpuRt 2017, 145 (146).

1111 Siehe hierzu die vorstehende Untersuchung unter E.II.

1112 So befasste sich das Sportforum 2018 mit den Berührungspunkten und Überschneidungen des Sports mit anderen Politikbereichen sowie der Rolle des Sports in der internationalen Zusammenarbeit; das Sportforum 2017 hatte unter anderem den Breitensport zum Gegenstand.

1113 Verfügbar unter https://ec.europa.eu/sport/policy/cooperation/high-level-groups_en; abgerufen am 29.05.2018.

stützen kann. Letztere hat im Juni 2016 einen umfangreichen Bericht vorgelegt, der die verschiedenen Aspekte des Breitensports beleuchtet und Empfehlungen für Maßnahmen der EU vorlegt.

Der Bericht verdeutlicht einmal mehr den Querschnittscharakter des Sports, der bei Maßnahmen in diversen anderen Politikbereichen einbezogen werden kann, etwa beim Thema soziale Inklusion oder im Bereich der Bildung.

III. Kontinuität im Verhältnis von EU und Sport

Die vorgelegte Dissertationsschrift kam zu dem Ergebnis, dass sich die primärrechtliche Verankerung des Sports vorrangig in sportpolitischer Hinsicht bemerkbar machen dürfte. In dieser Hinsicht führe Art. 165 AEUV zu einer Neuordnung des Verhältnisses zwischen Union und Sport. Die sportrechtlichen Auswirkungen hingegen dürften überschaubar bleiben.[1114] Die oben dargestellten neuesten Entwicklungen bestätigen dieses Ergebnis.

In sportpolitischer Hinsicht ist erkennbar, dass sich die Aktivitäten der Union an den Zielvorgaben des Art. 165 AEUV orientieren. Dies zeigt nicht zuletzt die Schwerpunktsetzung der Kommission durch die hochrangigen EU-Gruppen zu den Themen Sportdiplomatie und Breitensport. Beide Bereiche beruhen auf den Vorgaben des Art. 165 AEUV, der unter anderem auf eine Förderung des Breitensports abzielt und der innerhalb der durch das Ziel- und Aufgabenspektrum gesetzten Grenzen eine eigenständige internationale Strategie der Union ermöglicht. Entsprechend der Ergebnisse des EU Sportforums 2017 bietet der Breitensport die meisten Ansatzpunkte für Fördermaßnahmen der EU. Es ist der Breitensport, in dem sich der Querschnittscharakter des Sports am stärksten auswirkt und der die meisten Berührungspunkte zu anderen Politikbereichen aufweist.[1115] Zur Entfaltung einer europäischen Dimension des Sports in diesem Bereich dürften sich insbesondere Förderprogramme wie Erasmus+ eignen,[1116] dessen sportbezogener Programmteil schwerpunktmäßig auf den Breitensport zielt.[1117]

1114 Siehe hierzu die vorstehende Untersuchung unter G II. und III.

1115 Siehe zu den Ergebnissen Sportforums 2017 den finalen Bericht, abrufbar unter: https://ec.europa.eu/sport/sites/sport/files/eu-sport-forum-report_en.pdf

1116 Das Förderprogramm beruht auf der Verordnung (EU) Nr. 1288/2013 vom 11.12.2013 zur Einrichtung von „Erasmus+“, dem Programm für allgemeine und berufliche Bildung, Jugend und Sport, ABl. 2013, L 347; siehe hierzu auch die vorstehende Untersuchung unter F.IV.2.b.aa.(2)(e).

1117 *Odendahl*, in: Frankfurter Kommentar zu EUV, GRC und AEUV, 2017, Band III, Art. 165 AEUV Rn. 33.

Im sportrechtlicher Hinsicht haben gerade die Entscheidungen europäischer Institutionen zur Sportförderung der Mitgliedstaaten für Einrichtungen des Breitensports gezeigt, dass sich das Ziel- und Aufgabenspektrum des Art. 165 AEUV entscheidend auch auf beihilferechtliche Sachverhalte auswirken kann. Die Vorgaben des Art. 165 AEUV schaffen hier Rechtssicherheit, da die Kommission Maßnahmen innerhalb des Ziel- und Aufgabenspektrums als mit dem Binnenmarkt vereinbar erklären kann und Art. 165 AEUV auf diese Weise Rechtssicherheit schafft. Darüber hinaus zeigt die bemerkenswerte Entscheidung der Kommission zu Regularien der *International Skating Union* gleichwohl, dass Art. 165 AEUV nicht zu einer wesentlichen Verschiebung der in den vorangegangenen Jahrzehnten vor allem zu Regularien im Bereich des Profisports ergangenen Entscheidungen führt. Die in Grundsatzentscheidungen wie *Bosman* oder *Meca-Medina* aufgestellten Grundsätze haben weiterhin Bestand und Art. 165 AEUV wird hier primär als Auslegungs- und Interpretationshilfe ergänzend herangezogen.

Literaturverzeichnis

Adrian, Axel: Grundprobleme einer juristischen (gemeinschaftsrechtlichen) Methodenlehre, Berlin 2009.

Albin, Silke: Das Subsidiaritätsprinzip in der EU – Anspruch und Rechtswirklichkeit, Neue Zeitschrift für Verwaltungsrecht (NVwZ) 2006, 629.

Anweiler, Jochen: Die Auslegungsmethoden des Gerichtshofs der Europäischen Gemeinschaften, Frankfurt 1997, zit. *Anweiler*, Die Auslegungsmethoden des Gerichtshofs der EG.

Arnault, José Luis: Independent European Sports Review, 2006.

Beissel, Charlotte: Deutscher Kulturföderalismus im Wandel der europäischen Integration, Baden-Baden 2012.

Beysen, Erich/*Trstenjak,* Verica: Das Prinzip der Verhältnismäßigkeit in der Unionsrechtsordnung, Europarecht (EuR) 2012, 265.

Bickenbach, Christian: Das Subsidiaritätsprinzip in Art. 5 EUV und seine Kontrolle, Europarecht (EuR) 2013, 523.

Bieber, Roland/*Ress,* Georg: Die Dynamik des Europäischen Gemeinschaftsrechts, Baden-Baden 1987, zit. *Bearb.*, in: Bieber/Ress.

Biondi, Andrea/*Eeckhout,* Piet/*Ripley,* Stephanie: EU Law after Lisbon, Oxford 2012, zit. *Bearb.*, in: Biondi/Eeckhout/Ripley.

Birnstiel, Alexander/*Bungenberg,* Marc/*Heinrich,* Helge: Europäisches Beihilfenrecht, Baden-Baden 2013, zit. *Bearb.*, in: Birnstiel/Bungenberg/Heinrich.

Blackshaw, Ian: Doping is a Sporting, Not an Economic Matter, The International Sports Law Journal (ISLJ) 2005, Heft 3–4, 51.

Blanpain, Roger: Geschichte und Hintergründe des Bosman-Urteils, Arbeit und Recht (AuR) 1996, 161.

Blanpain, Roger/*Colucci,* Michele/*Hendrickx,* Frank: The Future of Sports Law in the European Union: Beyond the EU Reform Treaty and the White Paper, Alphen aan den Rijn 2008, zit. *Bearb.*, in: Blanpain/Colucci/Hendrickx.

Bleckmann, Albert: Die Rechtsquellen des Europäischen Gemeinschaftsrechts, Neue Zeitschrift für Verwaltungsrecht (NVwZ) 1993, 824.

Bleckmann, Albert: Zu den Auslegungsmethoden des Europäischen Gerichtshofs, Neue Juristische Wochenschrift (NJW) 1982, 1177.

Bogaert, Stefan van den: Practical Regulation of the Mobility of Sportsmen in the EU Post Bosman, Den Haag 2005.

Bogaert, Stefan van den/*Vermeersch* An: Sport an the EC Treaty: a tale of uneasy bedfellows?, European Law Review (ELRev) 2006, 821.

Bogusz, Barbara/*Cygan,* Adam/*Szyszczak,* Erika: The Regulation of Sport in the European Union, Northampton, USA, 2007, zit: *Bearb.*, in: Bogusz/Cygan/Szyszczak.

Brokamp, Jürgen: Informationsveranstaltung zum Thema: "Auswirkungen der EU-Politiken auf den Sport", Brüssel 1997, zit. *Brokamp*, Auswirkungen der EU-Politiken auf den Sport.

Buck, Carsten: Über die Auslegungsmethoden des Gerichtshofs der Europäischen Gemeinschaft, Frankfurt 1998, zit. *Buck*, Über die Auslegungsmethoden des Gerichtshofs der EG.

Callies, Christian: Grundlagen, Grenzen und Perspektiven europäischen Richterrechts, Neue Juristische Wochenschrift (NJW) 2005, 929.

Callies, Christian/*Ruffert,* Matthias: EUV/AEUV, 4. Auflage, München 2011, zit. *Bearb.*, in: Callies/Ruffert.

Chapelet, Jean-Loup: Autonomy of Sport in Europe, Strasbourg 2010.

Colucci, Michele/*Geeraert,* Arnout: Social dialogue in European professional football, abrufbar unter http://www.slpc.eu/master/14/article%20social%20dialogue%20in%20european%20professional%20football_mc_ag16.pdf, abgerufen am 30.06.2014.

Cuendet, Sophie: The EU Commission's White Paper on Sport: An Official Coherent Yet Debated Entrance of the Commission in the Sports Arena, The International Sports Law Journal (ISLJ) 2008, Heft 1–2, 9.

Dahm, Katharina: Verpflichtung zum Abschluss des ersten Vertrages als Berufsspieler mit dem ausbildenden Verein, Europäische Zeitschrift für Wirtschaftsrecht (EuZW) 2010, 342.

Danckert, Peter/*Schück,* Holger: Kraftmaschine Parlament: Der Sportausschuss und die Sportpolitik des Bundes, Aachen 2009, zit. *Danckert/Schück*, Kraftmaschine Parlament.

Danwitz, Thomas von: Die Kultur in der Verfassungsordnung der Europäischen Union, Neue Juristische Wochenschrift (NJW) 2005, 529.

Dauses, Manfred A.: Handbuch des EU-Wirtschaftsrechts, Stand 34. Auflage 2013, München 2014, zit. *Bearb.*, in: Dauses.

Dederichs, Mariele: Die Methodik des Gerichtshofes der Europäischen Gemeinschaften, Europarecht (EuR) 2004, 345.

Deloitte LLP: Turn on, tune in, turnover – Annual Review of Football Finance – Highlights, Juni 2013, http://www.deloitte.com/assets/DcomUnitedKingdom/Local%20Assets/Documents/Industries/Sports%20Business%20Group/deloitte-uk-sbg-arff-2013-highlights-download.pdf, abgerufen am 30.06.2014.

Deutscher Fußball-Bund (DFB): Europäische Sportpolitik: Themenüberblick zu aktuellen sportpolitischen Fragestellungen in der EU, Frankfurt 2013, zit. *DFB*, Europäische Sportpolitik.

Deutscher Olympischer Sportbund (DOSB): Sportförderung in der EU, Frankfurt 2010, zit. *DOSB*, Sportförderung in der EU.

Eichel, Benjamin: Der Sport im Recht der Europäischen Union, Baden-Baden 2013, zit. *Eichel,* Der Sport im Recht der EU.

Eichel, Benjamin: Transferentschädigungen für Berufsfußballspieler – Neue Erkenntnisse für die Behandlung des Sports im Europarecht durch „Bosman II"?, Europarecht (EuR) 2010, 685.

Emmerich, Volker: EG-Vertrag und sportliche Betätigung, Juristische Schulung (JuS) 2006, 1123.

Epiney, Astrid: Die Rechtsprechung des EuGH im Jahr 2010: Grundfreiheiten und Gleichstellungsrecht, Neue Zeitschrift für Verwaltungsrecht (NVwZ) 2011, 1425.

Epiney, Astrid: Zur Entwicklung der Rechtsprechung des EuGH im Jahr 2006, Neue Zeitschrift für Verwaltungsrecht (NVwZ) 2007, 1012.

Europarat: Anti-Doping Convention, abgedruckt in The International Sports Law Journal (ISLJ) 2007, Heft 3–4, 125

Fischer, Hans Georg: EG-Freizügigkeit und bezahlter Sport – Inhalt und Auswirkungen des Bosman-Urteils des EuGH, Zeitschrift für Sport und Recht (SpuRt) 1996, 34.

Frenz, Walter: Europäische Bildungspolitik, Die öffentliche Verwaltung (DÖV) 2011, 249.

Frenz, Walter: Handbuch Europarecht, Wirkungen und Rechtsschutz, Heidelberg 2010, zit.: *Bearb.*, in: Frenz, HB Europarecht.

Fritzweiler, Jochen: Autonomie der Sportverbände – Gefahr für den Sport?, Zeitschrift für Sport und Recht (SpuRt) 2011, 1.

Fritzweiler, Jochen/*Pfister,* Bernhard/*Summerer,* Thomas: Praxishandbuch Sportrecht, 2. Auflage, München 2007, zit. *Bearb.*, in: Fritzweiler/Pfister/Summerer, Praxishandbuch Sportrecht.

Frossard, Stanislas: The Council of Europe and Sport, The International Sports Law Journal (ISLJ) 2007, Heft 1–2, 30.

Gammelsæter, Hallgeir/*Senaux* Benoit: The Organisation and Governance of Top Football Across Europe, New York 2011, zit. *Bearb.*, in: Gammelsæter/Senaux, The Organisation and Governance of Top Football Across Europe.

Garcia, Borja: The Independent European Sport Review: Half Full or Half Empty, Entertainment and Sports Law Journal (ESLJ) 2007, Vol. 4 No. 3.

Garcia, Borja: From Regulation to Governance and Representation: Agenda-setting and the EU's Involvement in Sport, Entertainment and Sports Law Journal (ESLJ) 2007, Vol. 5 No. 1.

Garcia, Borja/*Weatherill,* Stephen: Engaging with the EU in order to minimize its impact: sport and the negotiation of the Treaty of Lisbon, Journal of European Public Policy (JEPP) 2012, 238.

Garcia, Borja/*Parrish,* Richard /*Miettinen,* Samuli/*Siekmann,* Robert: The Lisbon Treaty and EU Sports Policy, Brüssel 2010.

Geiger, Rudolf/*Khan,* Daniel-Erasmus/*Kotzur,* Markus: EUV/AEUV Kommentar, 5. Auflage, München 2010, zit. *Bearb.*, in: Geiger/Khan/Kotzur.

Geulen, Reiner: Die Vereinbarkeit des deutschen Sportförderungsrechts mit dem Wettbewerbsrecht der EU, Neue Zeitschrift für Verwaltungsrecht (NVwZ) 2012, 1517.

GHK: Volunteering in the European Union, 2010, http://ec.europa.eu/citizenship/pdf/doc1018_en.pdf, abgerufen am 30.06.2014.

Grabitz, Eberhard/ *Hilf,* Meinhard/*Nettesheim,* Martin: Das Recht der Europäischen Union, 52. Ergänzungslieferung, München 2014, zit. *Bearb.*, in: Grabitz/Hilf/Nettesheim.

Grabitz, Eberhard/*Hilf,* Meinhard: Das Recht der Europäischen Union, 40. Ergänzungslieferung, München 2009, zit. *Bearb.*, in: Grabitz/Hilf.

Grätz, Daniel: Missbrauch der marktbeherrschenden Stellung durch Sportverbände, Tübingen 2009.

Gramlich, Ludwig: Grundfreiheiten contra Grundrechte im Gemeinschaftsrecht?, Die öffentliche Verwaltung (DÖV) 1996, 801.

Grodde, Meinhard: Der Einfluss des Europarechts auf die Vertragsfreiheit autonomer Sportverbände in Deutschland, Berlin 2007, zit. *Grodde*, Vertragsfreiheit autonomer Sportverbände.

Haas, Ulrich/*Haug,* Tanja/*Reschke,* Eike: Handbuch des Sportsrechts (SportR), Aktualisierungslieferung Nr. 67, Neuwied 2013, zit. *Bearb.*, in: Haas/Haug/Reschke.

Hablitzel, Hans: Europäische Bildungsunion und Euro-Bildungsnorm?, Bayerische Verwaltungsblätter (BayVBl.) 2014, 234.

Hablitzel, Hans: Harmonisierungsverbot und Subsidiaritätsprinzip im europäischen Bildungsrecht, Die öffentliche Verwaltung (DÖV) 2002, 407.

Hatje, Armin/*Kindt,* Anne: Der Vertrag von Lissabon – Europa endlich in guter Verfassung?, Neue Juristische Wochenschrift (NJW) 2008, 1761.

Hellenthal, Christian: Missbrauch der Europäischen Fußball-Union durch Bewilligung?, Zeitschrift für Sport und Recht (SpuRt) 2002, 93.

Hendrickx, Frank: The Simutenkov Case: Russian Players are equal to European Union Players, The International Sports Law Journal (ISLJ) 2005, Heft 3–4, 13.

Heermann, Peter W.: Leistungsschutzrecht für Sportveranstalter de lege ferenda?, Gewerblicher Rechtsschutz und Urheberrecht (GRUR) 2012, 791.

Heermann, Peter W.: Ausschließlichkeitsbindungen in Sponsoringverträgen aus kartellrechtlicher Sicht, causa sport 2009, 226.

Heermann, Peter W.: Anwendung des europäischen Kartellrechts im Bereich des Sports, Teil I, Wirtschaft und Wettbewerb (WuW) 2009, 394.

Heermann, Peter W.: Anwendung des europäischen Kartellrechts im Bereich des Sports, Teil II, Wirtschaft und Wettbewerb (WuW) 2009, 489.

Heermann, Peter W.: Kartellrechtliche Betrachtungen zu Europa- und Weltmeisterschaften im Fußball, causa sport 2008, 111.

Heermann, Peter W.: Verbandsautonomie vs. Kartellrecht, causa sport 2006, 345.

Hellenthal, Christian: Missbrauch der Europäischen Fußball-Union durch Bewilligung?, SpuRt 2002, 93.

Herdegen, Matthias: Völkerrecht, 13. Auflage, München 2014.

Hildebrandt, Henning: Die Rechtsproblematik multipler Regulierungsstrukturen in der Doping-Bekämpfung: Zur Notwendigkeit und Möglichkeit einer globalen öffentlich-rechtlichen Kontrolle sozialmächtiger Sportverbände, Frankfurt 2013, zit. *Hildebrandt,* Rechtsproblematik multipler Regulierungsstrukturen.

Hilf, Meinhard: Die Freizügigkeit des Berufsfußballspielers innerhalb der Europäischen Gemeinschaft, Neue Juristische Wochenschrift, (NJW) 1984, 517.

Hilf, Meinhard/*Pache,* Eckhard: Das Bosman-Urteil des EuGH, Neue Juristische Wochenschrift (NJW) 1996, 1169.

Hirsch, Günter/*Montag,* Frank/*Säcker,* Franz Jürgen: Münchner Kommentar zum Deutschen und Europäischen Wettbewerbsrecht (Kartellrecht), München 2011, zit. *Bearb.*, in: MüKomm Wettbewerbsrecht.

Hix, Philip Martin John: Probleme der Normierung einer Sportklausel im Grundgesetz für die Bundesrepublik Deutschland unter Berücksichtigung des Rechts der Europäischen Union, Baden-Baden 2013, zit. *Hix*, Probleme der Normierung einer Sportklausel.

Hobe, Stefan: Europarecht, 7. Auflage, München 2012.

Holzke, Frank: Die Gleichstellung drittstaatenangehöriger Berufssportler nach der „Kolpak"-Entscheidung des Europäischen Gerichtshofs, Zeitschrift für Sport und Recht (SpuRt) 2004, 1.

Holzke, Frank: Der Begriff Sport im deutschen und europäischen Recht, Köln 2001.

Immenga, Ulrich/*Mestmäcker,* Ernst-Joachim: Wettbewerbsrecht Band 1. EU/ Teil 1, 5. Auflage, München 2012, zit. *Bearb.*, in: Immenga/Mestmäcker.

Infantino, Gianni: Meca-Medina: Ein Schritt zurück für das europäische Sportmodell und die Spezifizität des Sports?, Zeitschrift für Sport und Recht (SpuRt) 2007, 12.

International Olympic Comittee (IOC): Common position of the Olympic and Sports Movement on the implementation of the new Treaty on the Functioning of the European Union (TFEU) on Sport (Lisbon Treaty), 2010, abrufbar unter http://www.euoffice.eurolympic.org/ cms/getfile. php?269&download=1, abgerufen am 30.06.2014, zit. *IOC,* Common Position on the implementation of the TFEU on sport.

Ipsen, Knut: Völkerrecht, 6. Auflage, München 2014.

Jarass, Hans Dieter: Charta der Grundrechte der Europäischen Union, 2. Auflage, München 2013.

Jeck, Thiemo/*Langner,* Stefan: Die Europäische Dimension des Sports, Freiburg 2010.

Jellinghaus, Steven: The Position of the Players‘ Agent in European Law after the White Paper on Sport, The International Sports Law Journal (ISLJ) 2008, Heft 1–2, 91.

Kent, Michael: The Oxford Dictionary of Sports Science and Medicine, 2. Auflage, Oxford 1998.

Kienapfel, Philip/*Stein,* Andreas: The application of Articles 81 and 82 EC in the sport sector, EC Competition Policy Newsletter, Nr. 3 2007, 6.

Kloth, Matthias: Die Zusammenarbeit zwischen Europäischer Union und Europarat, Europarecht (EuR) Beilage 2012, 155.

Klees, Andreas: Die so genannte „50+1“-Regel im deutschen Profifußball im Lichte des europäischen Wettbewerbsrechts, Europäische Zeitschrift für Wirtschaftsrecht (EuZW) 2008, 391.

Kment, Martin: Die europäische Gesundheitspolitik und ihre Funktion als Querschnittsaufgabe – Eine Untersuchung des Art. 152 Abs. 1 UAbs. 1 EGV, Europarecht (EuR) 2007, 275.

Koenig, Christian/*Kühling,* Jürgen/*Ritter,* Nicolai: EG-Beihilfenrecht, Heidelberg 2002.

Kornbeck, Jacob: Sport und EG/EU – Ein horizontales oder vertikales Thema? Eine Zwischenbilanz der ersten 30 Jahre (1974–2004), Sport und Gesellschaft (SuG) 2006, 81.

Kornbeck, Jacob: Dopingbekämpfung: Harmonisierungspotential durch die EU nach Inkrafttreten des Vertrags von Lissabon?, Monatsschrift für Kriminologie und Strafrechtsreform (MSchrKrim) 2010, 198.

Kreuzer, Wolfgang: Die öffentliche Förderung von Fußballstadien, Baden-Baden 2011.

Kronberg, Marie: Voraussetzungen und Grenzen der Bindung von Sportverbänden an die Europäischen Grundfreiheiten, Berlin 2011, zit. *Kronberg,* Bindung von Sportverbänden an die Grundfreiheiten.

Leisner, Walter Georg: Die subjektiv-historische Auslegung des Gemeinschaftsrechts. Der „Wille des Gesetzgebers" in der Judikatur des EuGH, Europarecht (EuR) 2007, 689.

Lengauer, Alina-Maria: Drittwirkung von Grundfreiheiten, Wien 2011.

Lenz, Carl Otto/*Borchardt,* Klaus-Dieter: EU-Verträge Kommentar, 6. Auflage, Köln 2012, zit. *Bearb.*, in: Lenz/Borchardt.

Lenzen, Heinz Josef: Der EU-Haushalt: Ein Katalysator für Legislativmaßnahmen? Zur Auswirkung des Verhältnisses von Haushalts- und Gesetzgebungsverfahren auf Umfang und Intensität der EU-Tätigkeit, Europarecht (EuR) 1996, 214.

Lexikonredaktion des Verlags F.A. Brockhaus: Der Brockhaus Sport, 6. Auflage, Mannheim 2006.

Lippert, André: Abwägungsentscheidungen im Europäischen Wettbewerbsrecht, Deutsches Verwaltungsblatt (DVBl.) 2008, 492.

Lutter, Marcus: Die Auslegung angeglichenen Rechts, Juristenzeitung (JZ) 1992, 593.

Manville, Andreas: The UEFA, the „Home-Grown Player Rule" and the Meca-Medina Judgement of the European Court of Justice, The International Sports Law Journal (ISLJ) 2009, Heft 1–2, 25.

Martins, Roberto Branco: Social Dialogue in the European Professional Football Sector – A European Legal Football Match Heading for Extra Time, The International Sports Law Journal (ISLJ) 2004, Heft 3–4, 17.

Martins, Roberto Branco: The Laurent Piau Case of the ECJ on the Status of Player Agents, The International Sports Law Journal (ISLJ) 2005, Heft 3–4, 8.

Martins, Roberto Branco: The Laurent Piau Case of the ECJ on the Status of Player Agents, The International Sports Law Journal (ISLJ) 2007, Heft 1–2, 43.

McKinsey & Company, Inc.: Wirtschaftsfaktor Bundesliga, abrufbar unter http://www.bundesliga.de/media/native/dokument/dfl_bl_studie_mckinsey_gesamt_final.pdf, abgerufen am 30.06.2014.

Meyer, Jürgen: Charta der Grundrechte der Europäischen Union, Baden-Baden 2011, zit. *Bearb.*, in: Meyer, GRC.

Minderhoud, Paul/*Oosterom-Staples,* Helen: Obstacles to free movement of young works, 2011, abrufbar unter http://ec.europa.eu/social/BlobServlet?docId=6668& langId=en, abgerufen am 30.06.2014.

Möllers, Christoph/*Achenbach,* Jelena von: Die Mitwirkung des Europäischen Parlaments an der abgeleiteten Rechtsetzung der Europäischen Kommission nach dem Lissabonner Vertrag, Europarecht (EuR) 2011, 39.

Nafziger, James A.R./*Ross*, Stephen F.: Handbook on International Sports Law, Northampton, USA, 2011., zit. *Bearb.*, in: Nafziger/Ross, Handbook on International Sports Law.

Niedobitek, Matthias: Die kulturelle Dimension im Vertrag über die Europäische Union, Europarecht (EuR) 1995, 349.

Nolte Martin: Staatliche Verantwortung im Bereich Sport, Kiel 2004.

Obwexer, Walter: Gesetzgebung im Binnenmarkt – die Kompetenzverteilung im Verfassungsentwurf, Europarecht (EuR) Beiheft 3/2004, 145.

Olfers, Marjan: From Case-By-Case to a General Playbook, The International Sports Law Journal (ISLJ) 2008, Heft 1–2, 93.

Oppermann, Thomas/*Classen,* Dieter/*Nettesheim,* Martin: Europarecht, 5. Auflage, München 2011.

Osmann, Gritt: Das Europäische Sportmodell – Diskussionspapier der Generaldirektion X der Europäischen Kommission, Zeitschrift für Sport und Recht (SpuRt) 1999, 228 und Zeitschrift für Sport und Recht (SpuRt) 2000, 58.

Otter, Jan Philipp/*Glavanovits* Georg: Sportfinanzierung im Visier der EU-Beihilfenkontrolle, causa sport 2013, 277.

Palme, Christoph: Das Bosman-Urteil des EuGH: Ein Schlag gegen die Sportautonomie?, Juristenzeitung (JZ) 1996, 238.

Papaloukas, Marios: The Sporting Exemption Principle in the European Court of Justice's Law, The International Sports Law Journal (ISLJ) 2009, Heft 3–4, 7.

Parrish, Richard: The Birth of European Sports Law, Entertainment Law, Vol. 2, No. 2, 2003, S. 20, zit: *Parrish*, Entertainment Law 2003.

Parrish, Richard: Sports law and policy in the European Union, Manchester 2003.

Peters, Anne: Europäische Öffentlichkeit im europäischen Verfassungsprozess, Europarecht (EuR) 2004, 375.

Pfister, Bernhard: Meca-Medina: Kein Schritt zurück!, Zeitschrift für Sport und Recht (SpuRt) 2007, 58.

Poll, Günter: Sportübertragungsrechte und „geistiges Eigentum“, Zeitschrift für Sport und Recht (SpuRt) 2012, 5.

Rabe, Hans-Jürgen: Zur Metamorphose des Europäischen Verfassungsvertrages, Neue Juristische Wochenschrift (NJW) 2007, 3153.

Rengeling, Hans-Werner/*Middeke,* Andreas/*Gellermann,* Martin: Handbuch des Rechtsschutzes der Europäischen Union, 3. Auflage, München 2014, zit. *Bearb.*, in: Rengeling/Middeke/Gellermann.

Rincon, Alfonso: EC Competition and Internal Market Law: On the Existence of a Sporting Exemption and its Withdrawal, Journal of Contemporary European Research (JCER) 2007, 224.

Röthel, Anne: EuGH, Freizügigkeit von Basketballspielern, Europäische Zeitschrift für Wirtschaftsrecht (EuZW) 2000, 365.

Röthig, Peter/*Becker,* Hartmut/*Carl,* Klaus/ *Kayser,* Dietrich/*Prohl,* Robert: Sportwissenschaftliches Lexikon, 6. Auflage, Schorndorf 2003, zit. *Röthig,* Sportwissenschaftliches Lexikon.

Ruffert, Matthias: Schlüsselfragen der Europäischen Verfassung der Zukunft Grundrechte – Institutionen – Kompetenzen – Ratifizierung, Europarecht (EuR) 2004, 165.

Schäfer, Philipp: Die Vereinbarkeit der „50+1“-Regel mit dem Europarecht, Baden-Baden 2012.

Schneider, Karl-Heinz: Die Verankerung des Sports im Gemeinschaftsrecht, Zeitschrift für Sport und Recht (SpuRt) 2002, 137.

Scholz, Rupert/*Aulehner,* Josef: Die „3+2“-Regel und die Transferbestimmungen des Fußballsports im Lichte des europäischen Gemeinschaftsrechts, Zeitschrift für Sport und Recht (SpuRt) 1996, 44.

Schroeder, Werner: Sportrecht und Europäisches Wettbewerbsrecht, Zeitschrift für Sport und Recht (SpuRt) 2006, 1.

Schroder, Werner: Die Auslegung des EU-Rechts, Juristische Schulung (JuS) 2004, 180.

Schulze, Reiner/*Zuleeg,* Manfred/*Kadelbach,* Stefan: Europarecht, 2. Auflage, Baden-Baden 2010, zit. *Bearb.*, in: Schulze/Zuleeg/Kadelbach.

Schwarze, Jürgen: EU-Kommentar, 3. Auflage, Baden-Baden 2012, zit. *Bearb.*, in: Schwarze.

Schwarze, Jürgen/*Hetzel,* Philipp: Der Sport im Lichte des europäischen Wettbewerbsrechts, Europarecht (EuR) 2005, 581.

Schwind, Joachim: Zukunftsgestaltende Elemente im deutschen und europäischen Staats- und Verfassungsrecht, Berlin 2008, zit. *Schwind,* Zukunftsgestaltende Elemente.

Siekmann, Robert: Lex Sportiva, Den Haag 2012, zit. *Bearb.*, in: Siekmann, Lex Sportiva.

Siekmann, Robert: Article III-282 of the Constitution for Europe and an EU Policy For Sport, The International Sports Law Journal (ISLJ) 2004, Heft 3–4, 77.

Siekmann, Robert/*Parrish,* Richard/*Verhoogt,* Pieter/*Martins,* Roberto Branco/*Olfers,* Marjan: Professional Sport in the Internal Market, Brüssel 2005.

Stein, Andreas: Das Weißbuch der EU-Kommission zum Sport – Bestandsaufnahme zur Anwendung des Wettbewerbsrechts auf Sportregeln, Zeitschrift für Sport und Recht (SpuRt) 2008, 46.

Steiner, Udo: Quo vadis Sportrecht?, causa sport 2009, 14.

Steiner, Udo: Verfassungsfragen des Sports, Neue Juristische Wochenschrift (NJW) 1991, 2729.

Stelkens, Paul/*Bonk,* Heinz Joachim/*Sachs,* Michael: Verwaltungsverfahrensgesetz, 8. Auflage, München 2014, zit. *Bearb.*, in: Stelkens/Bonk/Sachs.

Stix-Hackl, Christine/*Egger,* Alexander: Sports and Competition: A Never-ending Story?, European Competition Law Review (ECLR) 2002, 81.

Stopper, Martin/*Lentze,* Gregor: Handbuch Fußballrecht, Berlin 2011, zit. *Autor*, in: Stopper/Lentze, HB Fußballrecht.

Streinz, Rudolf: EUV/AEUV, 2. Auflage, München 2012, zit. *Bearb.*, in: Streinz.

Streinz, Rudolf: Europarecht, 9. Auflage, München 2012.

Streinz, Rudolf/ *Ohler,* Christoph/ *Herrmann,* Christoph: Der Vertrag von Lissabon zur Reform der EU, 3. Auflage, München 2010, zit. *Streinz/Ohler/Herrmann*, VvL.

Streinz, Rudolf: Die Auswirkungen des EG-Rechts auf den Sport, Zeitschrift für Sport und Recht (SpuRt) 1998, 1, 45, 89.

Streinz, Rudolf: Anmerkung zu *Simutenkov*, Zeitschrift für Sport und Recht (SpuRt) 2005, 158.

Streinz, Rudolf: Der Vertrag von Amsterdam – Einführung in die Reform des Unionsvertrages von Maastricht und Bewertung der Ergebnisse, Europäische Zeitschrift für Wirtschaftsrecht (EuZW) 1998, 137.

Streinz, Rudolf: Grundfreiheiten des EG-Vertrags für Sportler und Autonomie von Sportverbänden, Juristische Schulung (JuS) 2000, 1015.

Streinz, Rudolf: EG-Grundfreiheiten und Verbandsautonomie, Zeitschrift für Sport und Recht (SpuRt) 2000, 221.

Streinz, Rudolf/*Leible,* Stefan: Die unmittelbare Drittwirkung der Grundfreiheiten, Europäische Zeitschrift für Wirtschaftsrecht (EuZW) 2000, 459.

Streinz, Rudolf: Sport als Staatsziel ins Grundgesetz, causa sport 2009, 106.

Subiotto, Romano: The Adoption and Enforcement of Anti-Doping Rules Should Not Be Subject To European Competition Law, European Competition Law Review (ECLR) 2010, 323.

Terhechte, Jörg Philipp: Der Vertrag von Lissabon: Grundlegende Verfassungsurkunde der europäischen Rechtsgemeinschaft oder technischer Änderungsvertrag?, Europarecht (EuR) 2008, 143.

Tettinger, Peter J.: Sport als Verfassungsthema, Juristenzeitung (JZ) 2000, 1069.

Theeboom, Marc/*Westerbeek*, Hans/*De Knop*, Paul: EU-Involvement in Sport – Between Inspiration and Regulation, Brüssel 2013; *Bearb.*, in: Theeboom/westerbeek/De Knop, EU-Involvement in Sport.

Tokarski, Walter/*Petry* Karen: Handbuch Sportpolitik, Schorndorf 2010, zit. *Bearb.*, in: Tokarski/Petry, HB Sportpolitik.

Tokarski, Walter/*Steinbach*, Dirk: Spuren. Sportpolitik und Sportstrukturen in der Europäischen Union, Aachen 2001, zit. *Tokarski/Steinbach*, Spuren.

Tokarski, Walter/*Steinbach*, Dirk/*Petry*, Karen/*Jesse*, Barbara: Two Players – One Goal?, Oxford 2004.

Trova, Eleni/*Alexandrakis*, Vangelis/*Skouris*, Panagiotis: The Olympic Games of the European Union, Baden-Baden 2011.

UNESCO: International Convention on Doping in Sport, The International Sports Law Journal (ISLJ) 2007, Heft 3–4, 119.

United Nations Inter-Agency Task Force on Sport for Development and Peace: Sport for Development and Peace: Towards Achieving the Millennium Development Goals, 2003, abrufbar unter http://www.un.org/wcm/webdav/site/sport/shared/sport/pdfs/Reports/2003_interagency_report_ENGLISH.pdf, abgerufen am 30.06.2014.

Vedder, Christoph/*Heintschel von Heinegg*, Wolff: Europäischer Verfassungsvertrag, Baden-Baden 2007, zit. *Bearb.*, in: Vedder/Heintschel von Heinegg, EVV.

Vedder, Christoph/ *Heintschel von Heinegg*, Wolff: Europäisches Unionsrecht – EUV – AEUV – Grundrechte-charta, Baden-Baden 2011, zit. *Bearb.*, in: Vedder/Heintschel von Heinegg.

Vedder, Christoph/*Lämmer*, Manfred: Olympische Charta, 2008, abrufbar unter http://www.dosb.de/ fileadmin/fm-dosb/downloads/Olympische_Charta_7.07.07_ DE.pdf, abgerufen am 30.06.2014.

Vedder, Christoph: Ende der territorialen Exklusivität – Totengräber EuGH?, Zeitschrift für Urheber- und Medienrecht (ZUM) 2012, 190.

Vermeersch, An: All's Fair in Sport and Competition? The Application of EC Competition Rules to Sport, Journal of Contemporary European Research (JCER) 2007, 238.

Vermeersch, An: The European Union and the fight against doping in sport: on the field or on the sidelines?, Entertainment and Sports Law Journal (ESLJ) Vol. 4 No. 1.

Vetter, Rainer: Das FIFA-Spielervermittler-Reglement im Spannungsverhältnis zum europäischen Kartellrecht, Zeitschrift für Sport und Recht (SpuRt) 2005, 233.

Vieweg, Klaus: Doping und Verbandsrecht, Neue Juristische Wochenschrift (NJW) 1991, 1511.

Vieweg, Klaus: Zur Einführung: Sport und Recht, Juristische Schulung (JuS) 1983, 825.

Wathelet, Melchior: Sport Governance and EU Legal Order: Present and Future, The International Sports Law Journal (ISLJ) 2007, Heft 3–4, 3.

Weatherill, Stephen: The White Paper on Sport as an Exercise in „Better Regulation", The International Sports Law Journal (ISLJ) 2008, Heft 1–2, 3.

Weatherill, Stephen: Art. 82 EC and Sporting „Conflict of Interest": the Judgement in MOTOE, The International Sports Law Journal (ISLJ) 2009, Heft 1–2, 3.

Weatherill, Stephen: The Olivier Bernard Vase: How, if at All, to Fix Compensation for Training Young Players?, The International Sports Law Journal (ISLJ) 2010, Heft 1–2, 3.

Weatherill, Stephen: Anti-Doping Rules and EC Law, European Competition Law Review (ECLR) 2005, 416.

Weatherill, Stephen: Anti-doping revisited – the demise of the rule "purely sporting interest"?, European Competition Law Review (ECLR) 2006, 645.

Weber, Albrecht: Vom Verfassungsvertrag zum Vertrag von Lissabon, Europäische Zeitschrift für Wirtschaftsrecht (EuZW) 2008, 7.

Weiler, Frank: Grammatikalische Auslegung des vielsprachigen Unionsrechts, Zeitschrift für Europäisches Privatrecht (ZEuP) 2010, 861.

Weisemann, Ulrich/*Spieker*, Ulrich: Sport, Spiel und Recht, 2. Auflage, München 1997.

Weiß, Wolfgang: Anmerkung zu *Deutscher Handballbund*, Zeitschrift für Sport und Recht (SpuRt) 2003, 157.

Weiß, Wolfgang: Transfersysteme und Ausländerklauseln unter dem Licht des EG-Kartellrechts, Zeitschrift für Sport und Recht (SpuRt) 1998, 97.

Werner, Jens: Gelbe Karte durch die EU-Kommission: Der Profi-Fußball im Visier des EU-Beihilfenrechts, Zeitschrift für Sport und Recht (SpuRt) 2013, 181.

Westermann, Harm Peter: Erste praktische Folgen des „Bosman"-Urteils für die Organisation des Berufsfußballs, Deutsche Zeitschrift für Wirtschafts- und Insolvenzrecht (DZWIR) 1996, 82.

Wiesner, Florian: Unionsziele im Europäischen Verfassungsrecht, Kiel 2007.

Wuermeling, Joachim: Kalamität Kompetenz: Zur Abgrenzung der Zuständigkeiten in dem Verfassungsentwurf des EU-Konvents, Europarecht (EuR) 2004, 216.

Zuck, Rüdiger: Wider die Kriminalisierung des Sports – Zu den verfassungsrechtlichen Rahmenbedingungen einer Antidoping-Gesetzgebung, Neue Juristische Wochenschrift (NJW) 2014, 276.

Augsburger Studien zum Internationalen Recht

Herausgegeben von Volker Behr, Luis Greco und Christoph Vedder

Band 1 Ramon Sieveking: Schiedsgutachtenverträge nach deutschem und New Yorker Recht. Eine rechtsvergleichende Untersuchung der Sach- und Interessengerechtigkeit der Ausgestaltung des deutschen Schiedsgutachtenrechts. 2007.

Band 2 Susanne Kobor: Bargaining in the Criminal Justice Systems of the United States and Germany. A Matter of Justice and Administrative Efficiency Within Legal, Cultural Context. 2008.

Band 3 Jérôme Pause: Der französische Conseil d'État als höchstes Verwaltungsgericht und oberste Verwaltungsbehörde. Seine Entwicklung und heutige Stellung. 2008.

Band 4 Henriette Heine: Die Rechtsstellung des Beschuldigten im Rahmen der Europäisierung des Strafverfahrens. 2009.

Band 5 Susanne Kratzer: Die vorweggenommene Erbfolge in Deutschland und Italien unter besonderer Berücksichtigung des Familienvertrages (*patto di famiglia*). 2009.

Band 6 Octavian Gabriel Pascu: Strafrechtliche Fundamentalprinzipien im Gemeinschaftsrecht. Unter besonderer Berücksichtigung des Kartellordnungswidrigkeitenrechts. 2010.

Band 7 Henning Rosenau / Sangyun Kim (Hrsg.): Straftheorie und Strafgerechtigkeit. Deutsch-Japanischer Strafrechtsdialog. 2010.

Band 8 Gerhard Molt: Das Recht der nicht-schifffahrtlichen Wassernutzung am Mekong im Lichte des allgemeinen internationalen Wasserrechts. 2011.

Band 9 Michael Kraus: Rechtsstaatliche Terrorismusbekämpfung durch Straf- und Strafprozessrecht. 2012.

Band 10 Arnd Koch / Matthias Rossi (Hrsg.): Kodifikation in Europa. 2012.

Band 11 Vanessa Desoutter: La responsabilité civile de la société mère vis-à-vis de sa filiale. Comparaison entre l'Aktiengesetz allemande et le droit français des groupes. 2012.

Band 12 Klaus Schwichtenberg: Die Kooperationsverpflichtung der Mitgliedstaaten der Europäischen Union bei Abschluss und Anwendung gemischter Verträge. 2014.

Band 13 Henning Rosenau /Oliver Schön (Hrsg.): Japanisches Recht im Vergleich. Erstes Symposium zum japanischen Recht für Nachwuchswissenschaftler an der Universität Augsburg. Deutsch-Japanischer Strafrechtsdialog ドイツー日本 刑法に関する対話. 2014.

Band 14 Szabolcs Petrus: Europäisches Strafrecht. Gegenwärtige Rechtslage und künftige Perspektiven. 2015.

Band 15 Frank Schemmel: Haftungsfall Burn-Out. Ein Beitrag zur Klärung haftungsrechtlicher Probleme im Rahmen von arbeitsbedingtem Stress und Überbelastung. Insbesondere unter Berücksichtigung der japanischen Rechtslage zu den Phänomenen Karôshi und Karô-jisatsu. 2016.

Band 16 Erhan Temel (Hrsg.): Türkei und Deutschland in Europa. 2016.

Band 17 Donald Riznik: Die Immunität „ratione personae" des Souveräns. 2016.

Band 18 Désirée Hofmann: Die Umsetzung universeller Menschenrechtsverträge in Deutschland. 2017.

Band 19 Christian Gemmer: Die Energieaußenhandelspolitik der Europäischen Union. 2017.

Band 20 Andreas Stegmann: Unternehmenssanktionen durch die Weltbank. 2017.

Band 21 Paul Fischer: Die Rolle des Ein-Platz-Prinzips in der Autonomie der Sportfachverbände. 2018.

Band 22 Felix Burkhart: Der Sport im Recht der EU vor und nach dem Vertrag von Lissabon. 2018.

www.peterlang.com

www.ingramcontent.com/pod-product-compliance
Ingram Content Group UK Ltd.
Pitfield, Milton Keynes, MK11 3LW, UK
UKHW021835290926
8980IPUK00004B/473

9 783631 767061